Wilhelm E. Mühlmann

Geschichte der Anthropologie

4. Auflage

AULA-Verlag Wiesbaden

CIP-Kurztitelaufnahme der Deutschen Bibliothek
Mühlmann, Wilhelm E.:
Geschichte der Anthropologie / Wilhelm E. Mühlmann. –
4. Aufl., (unveränd. Nachdr. d. 2., verb. u. erw. Aufl.). –
Wiesbaden: Aula-Verlag, 1986.
(Sammlung Aula)
ISBN 3-89104-413-5

4. Auflage 1986 (unveränderter Nachdruck der
2. verbesserten und erweiterten Auflage)

Printed in Germany / Imprimé en Allemagne

Herstellung: Druckerei Ernst Uhl, Radolfzell

ISBN 3-89104-413-5

Gewidmet
dem Andenken meiner Schülerin

Dr. phil. Irmgard Lang

geboren 12. März 1926 in Oberlahnstein
ertrunken am 23. August 1957 im Rio Cuiabá (Mato Grosso, Brasilien)
bei helfendem Einsatz während einer Forschungsreise

„... Hierbei bekenn' ich, daß mir von jeher die große und so bedeutend klingende Aufgabe: erkenne dich selbst, immer verdächtig vorkam, als eine List geheim verbündeter Priester, die den Menschen durch unerreichbare Forderungen verwirren und von der Tätigkeit gegen die Außenwelt zu einer inneren falschen Beschaulichkeit verleiten wollten. Der Mensch kennt nur sich selbst, insofern er die Welt kennt, die er nur in sich und sich nur in ihr gewahr wird. Jeder neue Gegenstand, wohl beschaut, schließt ein neues Organ in uns auf."

GOETHE, Bedeutende Fördernis
durch ein einziges geistreiches Wort
(Werke, Artemis-Ausg. XVI 879 f.).

INHALT

VORWORT ZUR 2. AUFLAGE

Das Manuskript der 1. Auflage war seinerzeit auf Anregung von ERICH ROTHACKER für die von ihm herausgegebene Serie *Geschichte der Wissenschaften* verfaßt worden. Es war bei Kriegsende fast fertig und wurde vom Verfasser in der letzten Aprilwoche 1945 aus dem schon fast abgeriegelten Berlin in abenteuerlichen Fußmärschen hinausgerettet. Gedruckt werden konnte es erst 1947 – 1948.

Nach dem Erscheinen war der Verfasser eine Zeitlang bei den Fachgenossen als *Historiker der Anthropologie* abgestempelt. Nichts hätte falscher sein können. Ich war jahrelang mit völlig anderen Problemen befaßt und, zumal in den letzten Jahren, in steigendem Maße sowohl der Theorie als der soziologischen Feldforschung zugewandt. So konnte ich mich lange Zeit nicht entschließen, an die längst fällig gewordene 2. Auflage heranzugehen, obwohl die Kritik der 1. Auflage, besonders von amerikanischer Seite, freundlich und ermutigend gewesen war.

Schließlich habe ich mich doch dazu aufgerafft, wenn auch unter zähneknirschendem Beiseitestellen anderer Aufgaben, die ich für mindestens ebenso dringlich ansehen mußte. Was mich zur Neubearbeitung reizte, waren weniger die Unvollkommenheiten jener Nachkriegspublikation mit ihrem damals nötigen Verzicht auf viele Details, auf eine präzise Nachweisung der Quellen und Belege und eine ausgiebige Bibliographie. Es waren vorab andere Überlegungen:

1. Ich konnte jetzt versuchen, das Konzept einer *überfachlichen* Anthropologie, das in der 1. Auflage noch unausgegoren war, zur Reife zu bringen. Der Leser wird bemerken, daß *Anthropologie* hier in einem sehr breiten Sinne genommen wird. Auch (und gerade) der Fachmann wird auf Namen stoßen, die ihm unvertraut und überraschend sind. Aber sie gehören eben in eine Geschichte der Anthropologie. Die Geschichte nimmt keine Rücksicht darauf, ob die Fachleute aufgepaßt haben.

2. Eine wissenschaftsgeschichtliche Darstellung muß nicht auf Stellungnahme verzichten, ja sie kann es gar nicht. Seit DILTHEY und HUSSERL ist die strenge Trennung von historischer und systematischer Betrachtungsweise hinfällig geworden; das BASTIAN'sche Konzept *Der Mensch in der Geschichte* (schon 1860!) hört nicht plötzlich auf, wenn von Wissenschaftsgeschichte die Rede ist. „Das herrschende Dogma von der prinzipiellen Trennung von erkenntnistheoretischer Aufklärung und historischer, auch geisteswissenschaftlich-psychologischer Erklärung, von erkenntnistheoretischem und genetischem Ursprung ist, sofern man die Begriffe

‚Historie' und ‚historische Erklärung' und ‚Genesis' nicht in der üblichen Weise unzulässig beschränkt, grundverkehrt. Oder vielmehr, grundverkehrt ist die Beschränkung, durch die gerade die tiefsten und eigentlichen Probleme der Geschichte verdeckt bleiben." Unser Wissen von der Kulturgestalt einer Wissenschaft – daß diese zugleich Tradition und tradierend ist – ist kein Wissen von äußerer Kausalität, sondern: diese Kulturgestalt verstehen, heißt schon, sich ihrer Geschichtlichkeit implizit bewußt sein (E. HUSSERL, *Ges. Werke* VI, 379).

3. So konnte ich also auch meine eigene Eingespanntheit in das Netz der Forschung nicht mehr als Hindernis empfinden, im Gegenteil. Manche der Entwicklungen, die in den letzten Kapiteln geschildert werden, habe ich selber mitverfolgt, zum Teil aus nächster Nähe, auf einigen Fachgebieten in bescheidenem Maße mitbestimmend. Und viele der führenden Forscher, die in den letzten Kapiteln erwähnt werden, auf zum Teil sehr verschiedenen Fachgebieten, habe ich selber noch als Student und junger Gelehrter kennengelernt, sie stehen mir lebendig vor Augen als Persönlichkeiten, in ihrem Wollen und Wirken. Und wenn von denen, die zur Zeit der 1. Auflage (1948) noch lebten, inzwischen ein gutes Dutzend heimgegangen ist, so konnte mir das zu Gemüte führen, wie ich mir selber *historisch* wurde.

Allerdings: je mehr man sich der Gegenwart nähert, um so unsicherer wird unser Urteil über das Bleibende und Zukunftzeugende wissenschaftlicher Leistungen. Ich habe mich daher nicht entschließen können, der Anregung einiger Rezensenten der 1. Auflage zu folgen und in meine Darstellung die Gegenwartslage der Anthropologie eingehend einzubeziehen. Das Buch sucht zwar wissenschaftshistorische Linien bis in die Gegenwart hinein zu verfolgen, kann aber die heutige Forschungslage nicht in extenso behandeln. Es ist unmöglich, alles zu erwähnen, was – vielleicht – wichtig ist oder werden kann. Die historische Betrachtungsweise findet ihre Grenze in dem aus Distanz bereits Überschaubaren. Überschreitet man diese Grenze, so ist die Gefahr groß, die Dimensionen zu verzerren.

Das Buch ist vor allem für Studierende und jüngere Gelehrte gedacht; es sucht daher einen möglichst großen Reichtum an *Informationen* zu bieten. Aus diesem Grunde habe ich auf eine umfangreiche Bibliographie (die aber trotzdem natürlich nicht „vollständig" sein kann) und auf Register Wert gelegt.

Herr cand. phil. Fritz Kramer hat Angaben zur Entdeckungsgeschichte der Neuen Welt nachgeprüft. Für das Mitlesen der Fahnenkorrektur danke ich Herrn Dr. Heinz E. Göhring, für die Durchsicht der Bibliographie Frl. Dipl.-Bibliothekarin Alwine Gercke (beide Heidelberg).

Heidelberg, Sommer 1966 – Sommer 1967.

W. E. M.

EINLEITUNG

Die anthropologische Wissenschaft ist aus dem Kuriositäts-Interesse an fernen und entlegenen Ländern und ihren andersartigen Menschen entstanden. An dieser exotischen Neugier entzündeten sich die Fragen nach dem Woher des Menschengeschlechtes, nach den Ursprüngen und Anfängen der menschlichen Kultur, Sprache, Gesellschaft und Religion, und der Ausgliederung der Menschheit in Rassen und Völker, ihrer Entwicklung unter der Einwirkung innerer Kräfte und gegenseitiger Beeinflussung. Man begann sich zu interessieren für die Wechselbeziehungen zwischen dem Menschen und seiner Umwelt, zwischen dem Individuum und der Gesellschaft, und für die verschiedenen Typen geistiger Tätigkeit, welche die Formen der Kultur gestalten; man suchte schließlich vorzudringen zu einer Gesamtvorstellung von der menschlichen Natur und Geschichte. Aus diesen allgemeinen Fragen haben sich in den letzten hundert Jahren Einzelwissenschaften mit besonderen strengeren und schärferen Problemstellungen und besonderen Methoden fachlich herauskristallisiert. Es sei aber hier gestattet, für jene früheren Zeiten einer noch fehlenden fachlichen und sachlichen Besonderung den Terminus *Anthropologie* beizubehalten; er dient noch heute in den meisten Ländern als Sammelbezeichnung für die auf die Erkenntnis von *Rassen* und *Völkern* gerichteten Bemühungen, während in Deutschland allerdings „*Anthropologie*" im Fachsinne heute nur noch zur Bezeichnung der naturwissenschaftlichen Abstammungs-, Erb- und Rassenkunde des Menschen gebraucht wird, also den Menschen als geistiges, in Gesellschafts- und Kulturgestaltungen sich auslegendes Schöpferwesen aus der Betrachtung ausschließt. Es versteht sich, daß wir hier *Anthropologie* in einem umfassenderen Sinne nehmen müssen, der jene Selbstauslegungen mit einschließt. Es gibt ja auch eine *philosophische Anthropologie*, nicht im Sinne eines Faches, sondern eines umfassenderen Bemühens um Besinnung des Menschen auf sich selber. Man kann Anthropologie grundsätzlich nicht in dem Sinne als Naturwissenschaft betreiben, wie etwa die Physik oder Chemie. In Abwandlung eines Wortes von MERLEAU-PONTY: Der Physiker oder der Chemiker sind nicht selbst der Gegenstand, von dem sie zu reden haben, doch der Anthropologe ist grundsätzlich selbst die Tatsache, von der er zu handeln hat (MERLEAU-PONTY 1966 : 121). Dieses Apriori der Anthropologie können wir nicht streichen. Doch müssen wir uns hinsichtlich einer Einbeziehung der philosophischen Anthropologie einige Zurückhaltung auferlegen, weil der Brückenschlag zwischen ihr und den Erfahrungswissenschaften vom Menschen gerade erst begonnen hat (vgl. STRASSER 1964).

Wie alle modernen Wissensgebiete gehört auch die Anthropologie zum ethnographischen Komplex des abendländischen Kulturraumes. Auch sie beruht auf einem säkularen Prozeß der Anhäufung von Kenntnissen und Fertigkeiten, deren Erforschung wiederum ein Teilgebiet der Wissenschaftsgeschichte, insbesondere auch der Wissenssoziologie bildet. Zustande kommt diese Wissensakkumulation durch forschende und denkende Überschreitung jeweils naiv, *lebensweltlich* gegebener Horizonte (das Wort *Horizont* im räumlichen wie im geistigen Sinne verstanden). Kleine Gemeinschaften von Naturvölkern haben bekanntlich einen *ethnozentrisch* eingeengten Horizont und ein dementsprechendes *geschlossenes* Weltbild. Gut bekannt ist nur die eigene Heimat, nach der Peripherie zu werden die Bestimmungen ungenau, und die Lücken realer Kenntnisse werden aufgefüllt mit mythischen Phantasieprodukten, Fabelwesen und Monstra. Auch die Kenntnis anderer Gemeinschaften, das heißt fremdmenschlicher Erscheinungsweisen bleibt, solange dieses naive Weltbild herrscht, mehr oder weniger monströs: der Begriff des *Menschlichen* orientiert sich so stark und primär auch so selbstverständlich am Eigenen, daß viele archaische *Völkernamen* nichts anderes bedeuten als *Menschen.* In sich geschlossen bleiben, Weltzentrum und Ethnozentrum absolut und in eines setzend, kann dieses Weltbild natürlich nur, solange das Stadium der Isolierung anhält, aus welchen Ursachen immer. Mit der Niederlegung der Schranken nach außen hin und dem Fortschreiten zu neuen Horizonten wird es relativiert, es melden sich, aus dem Kontakt mit dem Neuen sich ergebend, das praktische Wertproblem (– welche Werte denn nun eigentlich gelten, die eigenen oder die fremden?), und mit dem praktischen auf die Dauer auch das theoretische, ausgehend von der gewonnenen Einsicht, daß es nicht *eine* Weise menschenmöglicher Lebensgestaltung gibt, sondern mehrere, ja (wenn wir weiterschreiten von Horizont zu Horizont) zahllose solche Weisen. Das ist die *kopernikanische Wendung* der anthropologischen Weltkenntnis, die in der Tat in genauer Analogie zur kopernikanischen Revision des geozentrischen Weltbildes steht. (Praktisch ist die Relativierung des *Ethnozentrismus* sogar ungleich folgenreicher als die Relativierung des *Geozentrismus*!) Sie macht zugleich deutlich, daß der Mensch sich selbst nicht ausschließlich, ja nicht einmal in erster Linie durch *Selbstbetrachtung* (etwa meditierende Versenkung in sein Innenleben) kennenlernt, sondern durch Weltgewinnung. Der Mensch bleibt sich selbst problemlos, solange er naiv in der Lebenswelt einer gegebenen Gemeinschaft dahinlebt. Erst im Weiterschreiten zu neuen Horizonten werden die Selbstverständlichkeiten in Frage gestellt. „Der Geist", sagt NICOLAI HARTMANN (1962 : 53), „ist weit mehr Weltbewußtsein als Selbstbewußtsein. Darin besteht seine Aufgeschlossenheit für die Welt, in der er sich findet ... Ein Geist, der nur Selbstbewußtsein wäre, wäre auf sich bornierter Geist ... Das besagt: er ist nicht, was er von sich, sondern was er von der Welt begreift." – Das ist kein absolut neuer Standpunkt; denn schon KANT hatte die Anthropologie (freilich nicht die theoretische, sondern die pragmatische) als Weltkenntnis aufgefaßt und auf die Bedeutung des Reisens bzw. der Reiselektüre hingewiesen (*Anthropologie in pragmatischer Hinsicht*, 1798). – Der Leser darf sich also nicht darüber wundern, daß in dieser *Geschichte der Anthropologie* die fortschreitende Erschließung der Welt durch Erkundung und Beschreibung fremder Länder und ihrer Menschen, zumal auf Grund von Reiseberichten, auch eine wichtige Rolle spielen. Ein einziges bedeutendes Werk aus der klassischen Epoche der großen Entdeckungsreisen leistet für die Erweiterung unseres anthropologischen Horizontes mehr als ein Dutzend spekulierender und räsonierender Traktate über die *Bestimmung des Menschen* usw., auch wenn letztere den Titel *Anthropologie* in Anspruch nehmen (zum Beispiel Jakob Friedrich Fries' *Handbuch der psychischen Anthropologie* 1820–1821, Joh. Christ. August Heinroth's *Lehrbuch der Anthropologie* 1822, Immanuel Hermann Fichte's *Anthropologie* 1856). Ist also für unsere moderne Sicht vieles anthropologisch wichtig, was den Menschen nicht ausdrücklich thematisiert, so ist umgekehrt auch vieles unwichtig geworden, was sich seinerzeit als *Anthropologie* gab. Der Historiker der Anthropologie muß zudem gerade für die früheren Zeiten das relative Recht des *Empirismus* gegenüber einem unangemessenen *Apriorismus* verfechten: den unschätzbaren Segen einer Denkweise, die für die Beantwortung bestimmter Fragen auf die schlichte Erfahrung im Sehen der äußeren Welt zurückgriff. Wenn es uns heute als unfaßlich erscheinen will, daß man seinerzeit einmal gewähnt hat, Fragen wie zum Beispiel die, ob es Pygmäen in der Menschheit gebe, durch bloßes Spekulieren entscheiden zu können, anstatt durch den Augenschein, so ist dies eben der Erziehung zum Erfahrungsdenken zu verdanken. – Daß heute auch der Erfahrungsbegriff selber wieder einer Revision bedarf, steht auf einem anderen Blatt.

Was wir hier zu charakterisieren versuchen, ist also der historische Gang der menschlichen Selbsterkenntnis durch Weltgewinnung.

Auf diesem Wege sind Tausende und Abertausende vor uns geschritten. Geschichte der Anthropologie heißt also auch: Sichtbarmachung der Vorgänger. Dabei gewahrt man erst, wie wenig selbstverständlich die Eröffnung neuer Horizonte ist, und wie qualvoll sich der „Fortschritt" in der Praxis gestalten kann. Tatsächlich geht er viel langsamer vonstatten, als das naive Selbstvertrauen der alten Aufklärungsdenker des 18. und 19. Jahrhunderts geglaubt hat. Zwar lebt der Gedanke des Sachfortschritts von der Voraussetzung der Ersetzbarkeit des einzelnen; und in diesem Sinne hat Max Weber einmal großzügig geäußert: „Was ich nicht mache, werden andere machen." Doch so vollauf berechtigt ist diese Hoffnung nicht, viele Lücken bleiben oft auf lange hinaus unausgefüllt, Krankheit und früher Tod vereiteln manche Leistung, die dann auch kein Künftiger mehr vollbringt. Selbst konkrete Einzelerkenntnisse, die früher einmal gewonnen waren, können wieder verlorengehen; von Späteren werden sie vielleicht wiedergefunden und als neu verkündet. Gerade in der Anthropologie, die sich mit dem empfindlichsten Gegenstande menschlichen Erkenntniswillens, mit dem Menschen selber beschäftigt, haben manche neuen Erkenntnisse sich nur unter den größten Schwierigkeiten durchsetzen können;

besser: sie sind durchgesetzt worden von anderen, die die vernünftige Einsicht in ihre Richtigkeit gewonnen hatten. Die optimistische Ansicht nämlich, daß jede Wahrheit auf die Dauer gleichsam von selber zum Siege gelange, teilen wir heute nicht mehr. Wissenschaft als Forschung ist freilich eine Sache, die in der Stille der Studierstuben und Forschungsstätten vor sich geht; aber Wissenschaft als empirisches Gesamtphänomen ist eine Sache der Öffentlichkeit, das heißt auf *Veröffentlichung* angewiesen, weil nur so die gewonnenen Einsichten zur Kenntnis der Mitstrebenden und Nachstrebenden – und zur Kenntnis derer gelangen, die die äußeren Existenzbedingungen für die wissenschaftliche Arbeit schaffen. Das *gute Wahre* kommt daher nicht durch eine geheimnisvolle Emanation zur Kenntnis der Welt, sondern durch den irdischen Akt des Publikmachens, – und mitunter hat es recht kräftiger Anstrengungen bedurft, um ein neues Forschungsresultat oder einen entscheidenden Erkenntnisfortschritt in diesem Sinne wirklich durchzusetzen. Daß das alles nicht von selber geht, sondern der tätigen Mit- und Nachhilfe der Vernünftigen bedarf, liegt nicht nur an der allgemeinmenschlichen Trägheit des Geistes, sondern nur allzu oft auch an dem erklärten und erbitterten Widerstand rechtgläubiger Gegner, welche die Entdecker neuer Wahrheiten nicht selten als Friedensstörer, durch Verfemung, Klatsch, Verleumdung, Entlassung aus dem Amt usw. verfolgt haben. Ist es doch ein ständiger Einwand der Dogmatiker aller Richtungen gegen neue Erkenntnisse, daß diese unter den Menschen Verwirrung stiften könnten. Und immer hat es in der etablierten Macht, innerhalb wie außerhalb der Wissenschaften, Kräfte gegeben, die den Erfahrungshorizont der Menschen zu beschränken versuchten und gegenüber dem Vorschreiten zu neuen Perspektiven am liebsten chinesische Mauern errichten oder eiserne Vorhänge herunterlassen würden. Die *Ethnozentriker* und *Feinde der offenen Gesellschaft* sterben eben niemals ganz aus. Solche hemmenden Kräfte gibt es durchaus auch innerhalb der Wissenschaft. Prestigerücksichten der Zunft, Monopolansprüche auf Wissenschaftlichkeit können sich hemmend auswirken. Gewiß, die sachlichen Erfordernisse der Forschung, der Eros des Erkenntnisstrebens und der immanente Prozeß der Wissens-Akkumulation drängen nach vorn, sind offen für alles Neue, jede notwendige Revision, auch für notwendige Abkehr von liebgewordenen Vorstellungen; – doch die Fachkennerschaft als empirische Gruppe ist, wie jede Gruppe, den Gesetzen des Menschlich-Allzumenschlichen unterworfen, durchsetzt mit zünftlerischen Vorurteilen, Eifersucht, Eigenbrötelei und Mißgunst. Mächtige Autoritäten in einer Wissenschaft können segensreich wirken, wenn sie sich für das Wahre und Richtige einsetzen; doch oft haben sie auch durch ihr Machtwort den Fortschritt gehemmt oder mindestens verzögert, und es gibt gerade in der Anthropologie Beispiele dafür. CHARLES DARWIN hat einmal geäußert, „without doubting, there can be no progress", ohne Zweifel könne es keinen Fortschritt in der Wissenschaft geben, – aber gerade der Zweifel an bisher für wahr gehaltenen Lehrsätzen wird ja oft für Ketzerei erklärt; und zwar gilt dies nicht nur hinsichtlich der Einstellung mancher geistlichen und weltlichen Obrigkeiten zu verschiedenen Zeiten, sondern auch für die Autoritäten auf dem Gebiet der Wissenschaft selber. Liegt doch bereits in jeder Herausbildung von Schulen und Richtungen in den Wissenschaften auch die Gefahr einer Tendenz zur Verpflichtung auf Glaubenssätze*: Schüler schwören auf die Auffassung ihres Meisters, bloße Hypothesen gerinnen zu Dogmen, und die Meister geben nur zu leicht dem menschlich verständlichen Hange nach, sich von zustimmenden Jüngern verstanden und bestätigt zu fühlen, anstatt diese zu ständig wacher Kritik zu erziehen. Das Zusammenspiel von *Epistéme* und *Doxa* (Erkenntnis und Lehre) spielt eben seine Rolle in jedem empirischen Wissenschaftsbetrieb. Immer und notwendig gerinnt dabei die *Epistéme,* wenn sie Gestalt gewonnen hat und sich ausbreitet, zur *Doxa;* und immer wieder muß daher von der *Doxa* zurückgefunden werden zur *Epistéme.*

Wenn neue Erkenntnisse sich manchmal nur schwer durchsetzen, so ist es andererseits aber auch nicht so, als ob alles Neue schon an sich bessere Erkenntnis wäre, – ein Vorurteil, dem gerade die Jüngeren mitunter nachgeben. Vor allem der Neuling in der Wissenschaft meint oft, wenn er nach den Neuerscheinungen greife, so habe er damit auch schon das Beste und im Sinne des Erkenntnisfortschritts Neueste in der Hand. Dafür bestände nur dann eine Gewähr, wenn wirklich jede neue Untersuchung die Erkenntnis der Vorgänger wirklich in sich aufgenommen hätte, also getragen wäre von einem kompletten Bewußtsein des Standes der Forschung auf einem bestimmten Problemgebiet. Das ist aber nicht immer in idealem Sinne der Fall, kann auch gar nicht der Fall sein angesichts der wissenschaftlichen Überproduktion auf manchen Gebieten. Nicht jede Apotheose eines Neuen hilft daher wirklich dem Besseren und Richtigeren zum Durchbruch. Es ist daher eine gute Arbeitshypothese für jeden Forscher, die Vorgänger und besonders die Klassiker nicht für törichter zu halten, als sie gewesen sind, und andererseits eine gewisse Skepsis gegenüber einem allzusehr zur Schau getragenen Avantgardismus zu bewahren. Nicht jede ältere Ansicht ist schon darum veraltet, weil sie die ältere ist. In summa gilt, daß es kein außerwissenschaftliches Rezept gibt, um die Valenz irgendeiner wissenschaftlichen These zu beurteilen: um erarbeitete Kritik ist nicht herumzukommen.

Eine ganz geläufige Erscheinung, gerade in der Geschichte der Anthropologie, ist das Weiterschleppen längst als falsch erkannter Theorien in den Nachbar-Wissenschaften, und zwar einfach aus dem Grund, daß eine gewisse Zeit vergeht, bevor die Wissens-Diffusion außerhalb eines Faches zum Tragen gekommen ist und es sich herumgesprochen hat, daß diese oder jene These nicht länger haltbar ist. Häufig auch werden längst erkannte Irrtümer eines Tages wieder aufgewärmt und sogar einem staunenden Publikum als neue Erkenntnisse feilgeboten. Dies ereignet sich natürlich besonders in Populardarstellungen, aber die Grenzen zwischen Populardarstellung und Fachdarstellung sind in der heutigen Zeit eines allgemeinen – und berechtigten – Informationsanspruches des Laienpublikums fließende, so

* ZNANIECKI hat (1940 : 91 ff.) mit Recht auf die Rolle des Sakralen bei der Schulenbildung hingewiesen.

daß es keine Versicherung gegen das Getäuschtwerden gibt. Auch hier gibt es manche unerfreulichen Erscheinungen gerade im anthropologischen Schrifttum.

Aber bleiben wir bei der Wissenschaftsgeschichte selber. Zusammenfassend dürfen wir sagen: Die Logik des sachlichen Erkenntnisprozesses ist empirisch überaus stark gebrochen, von einer einlinigen Evolution derselben kann gar keine Rede sein, sondern bestenfalls von einem Wiederanknüpfen zerrissener Fäden, noch öfter aber von einem wiederholten Beschreiten von Irrwegen und Sackgassen des Denkens, während der gebahnte Pfad daneben für Jahrzehnte unbeschritten bleiben kann. Dieser Zustand bessert sich zwar etwas im Laufe der Zeiten in dem Maße, wie einzelne Denker nicht mehr isoliert ihre Wege verfolgen, sondern gegenseitiger Kontakt und Aussprache zunehmen. Man denke an das Aufkommen der gelehrten Briefwechsel seit etwa LEIBNIZ' Zeit, die mit einem Schlage eine günstigere Atmosphäre für den geistigen Austausch schaffen und die Problemstellungen aufs reichste fördern. In der Anthropologie geht noch die Begründung der fachlichen (rassenkundlichen und völkerkundlichen) Gesellschaften des 19. Jahrhunderts auf derartige gelehrte Briefwechsel zurück. (Es handelte sich dabei natürlich um *offene* Briefe.) Mit diesen Gesellschaften war dann die Vorbedingung erfüllt, ohne die eine moderne Wissenschaft nicht bestehen kann: die *rationale Organisation der Forschungsarbeit,* die ein Hand-in-Hand-Arbeiten ermöglicht. Vollständig rationalisieren läßt sich freilich der Geist nicht, am wenigsten in den geschichtlichen Wissenschaften, und mit der Beteiligung immer zahlreicherer Forscher an einem Wissensgebiet und der Häufung und Überproduktion der Veröffentlichungen entsteht die Gefahr, daß der Überblick verlorengeht, also eine neue Quelle des Übersehens und Vergessenwerdens wichtiger Erkenntnisgewinne aufspringt.

Die Zeiten sind vorbei, da ein einziger Zeitschriftenaufsatz ein wichtiges Forschungsresultat ein für alle Male publik machen konnte. Der heutige Forscher befindet sich in der Lage Mephistos (*Faust* I, 1533): „Du mußt es dreimal sagen."

Um so notwendiger ist von Zeit zu Zeit ein erkenntnisgeschichtlicher Überblick über das Erreichte. Er bietet überdies den weiteren Vorteil, daß es so möglich wird, Wesentliches von Unwesentlichem zu scheiden, antagonistische Strömungen, Theorien und Lehrmeinungen der Vergangenheit auszubalancieren, den gültigen Kern aus ihnen herauszulösen. Der Rückblick aus zeitlicher Distanz schafft eine ganz andere Perspektive. STRASSER (1964) hat mit Recht darauf hingewiesen, daß manche erbitterten Schulfeindschaften für eine spätere Perspektive unwesentlich werden, und daß die heftigen Gegner von einst für den Wissenschaftshistoriker sogar eng zusammenrücken können! Jeder Denker der Vergangenheit muß auf der Basis seiner eigenen historischen Voraussetzungen gewürdigt, dagegen kann das Bleibende seiner Leistung nur vom heutigen Stande der Forschung aus rückschauend beurteilt werden. Der Nachdruck liegt dabei auf dem Leistungszusammenhang von Vorgängern und Nachstrebenden, das heißt auf den feststellbaren Erkenntnis-Fortschritten. Aber die Geschichte einer Wissenschaft muß auch mit den Interferenzen, den Störungen und Brechungen des logisch-kontinuierlichen Entwicklungsganges rechnen. Sie kommt dabei zwangsläufig zu einer Neubewertung mancher Forscher, Ansichten, Hypothesen und Einsichten, die entweder gar nicht oder nicht in ihrer vollen Reinheit weitergewirkt haben, die also eine logische Fortführung hätten finden *können*, aber nicht gefunden *haben*. Wir müssen also die praktische *Wirkungsgeschichte* immer konfrontieren mit der *Ideengeschichte*, welche sich an einer idealtypischen Linie der (an sich möglich gewesenen) Erkenntnis-Fortschritte orientiert. Die Erfahrungen der hellenistischen Völker- und Rassenkunde sind im Mittelalter wieder völlig verlorengegangen; ein Mann wie LAFITAU steht im Beginn des 18. Jahrhunderts vereinzelt da. Spätere gehen wieder *hinter* ihn zurück. Die Systeme anderer großer Denker werden im Laufe der Zeit vereinseitigt und in ihrer Substanz verdünnt durch die Entstehung spezifischer Schulen und Richtungen; gegen diese erheben sich wieder andere Schulen und Richtungen, welche die gegnerischen Thesen noch weiter entstellen. Das Ergebnis ist, daß die allgemeine Ansicht über einen bedeutenden Denker schließlich mehr oder weniger eine Häufung von Schablonen ist, die mit seinem wahren historischen Bilde sich nicht mehr deckt. Ein Blick über die Geschichte der Rassen- und Völkerforschung zum Beispiel zeigt, daß die Klassiker dieser Wissenschaften in ihren Anschauungen nicht so einseitig und töricht gewesen sind, wie sie von der Propaganda gegnerischer Richtungen hingestellt werden. (Der Streit zum Beispiel um den *Evolutionismus* in der Völkerkunde verliert viel von seiner Triftigkeit, wenn man sieht, daß nicht einmal HERBERT SPENCER ein *einliniger Evolutionist* im strengen Sinne gewesen ist.) Die Vereinseitigung von Lehrmeinungen ist meist nicht das Werk der Klassiker selbst, sondern das der Epigonen – und der Gegner. – Häufig stellt sich auch heraus, daß die Bedeutung eines Klassikers nicht auf demjenigen Gebiet oder in denjenigen Anschauungen liegt, auf die er selbst Nachdruck legte, oder die er vielleicht leidenschaftlich verfocht (zum Beispiel bei MEINERS, CUVIER, VIRCHOW), sondern in irgendwelchen Nebenprodukten seines Denkens und Forschens, die vom *heutigen* Stande der Forschung aus gesehen eine Hauptbedeutung besitzen. Die Geschichte einer Wissenschaft besteht zu einem Teil gerade in dem „aufweisenden Aufsammeln von Errungenschaften, deren Systemzusammenhang dabei gar keine Rolle spielt" (N. HARTMANN [1936] 1955 – 1958 : I 40).

Trotz alledem bietet die isolierte Betrachtung der Klassiker nicht den einzigen Ansatzpunkt für eine Geschichte der Anthropologie. Die entscheidenden Epochen, in denen sie wie mit *einem* Ruck einen mächtigen Schritt vorwärts kommt, sind Zeiten eines intensiver werdenden sozialpsychischen Zusammenhanges *mehrerer*, oftmals *vieler* bedeutender Denker, die untereinander in geistigem Austausch stehen und sich wechselseitig geistig befruchten. Es sind Epochen eines beschleunigten Umsatzes an Ideen, die nach einer langen Zeit latenter Stauung mit plötzlichem Glanz ans Licht treten. Diese Ideen müssen als solche gar nicht neu sein; neu ist vielmehr eine gewisse Art, die Probleme zu sehen, der schnellere Rhythmus der Auseinandersetzung und der Ernst und die geistige Entschlossenheit, mit der sie angepackt werden. Vielleicht liegt hierin überhaupt das einzige objektive Kriterium für die Neuheit einer Idee. Die Epoche von etwa 1680–1750, der HAZARD eine solch große Bedeutung für das Erwachen des europäischen Geistes zuschreibt, ist eine solche Zeit der geistigen Tempobeschleunigung; sie ist zugleich eine Blütezeit anthropologischen Denkens. – Auch in einem noch weiteren Sinne erweisen sich die geistigen Strömungen in der Anthropologie als sozialpsychische Erscheinungen, nämlich insofern, als die Blütezeiten immer gebunden waren an die Zeiten eines intensiveren Weltverkehrs, zahlreicher Reisen und geographischer Entdeckungen. Dagegen ergibt sich keine Möglichkeit, die Anthropologie mit bestimmten geistigen Epochen (etwa der Aufklärung oder der Romantik) zu voller Deckung zu bringen. Gerade die Klassiker spotten in der Regel einer derartigen Einordnung, – viel eher ist sie bei den Epigonen und Aposteln anzuwenden, die dem Zeitgeist stärker verhaftet sind, und deren historische Aufgabe es ja gerade ist, den ewigen Kern in den Denkgebäuden der Großen auf eine gemeinverständliche, folglich zeitentsprechende Basis zu reduzieren. Aber selbst in den anthropologischen Schulen und Richtungen verschmelzen die Epochen; Rückstände aus früheren Epochen werden mitgeschleppt (zum Beispiel romantische Konzeptionen im Positivismus oder Naturalismus) und nicht selten sogar das Alte mit dem Neuen organisch verschmolzen. Die Wissenschaftsgeschichte ist voll von *survivals* (wie TYLOR sie nannte), Restbeständen, die aus älteren Kulturkomplexen in jüngere mit hinüber geschleppt wurden, die aber keineswegs bloß als Fremdkörper weiterbestehen, sondern oftmals mit abgewandelten Motiven eine Um- und Einschmelzung erfahren. Auch in der Geschichte der Anthropologie ist dieser Vorgang zu beobachten; und es ist geradezu eine geschichtliche Aufgabe, jedesmal aufzudecken, wieviel Altes im Neuen mit weiterwirkt.

Die fachliche Sonderung in Einzeldisziplinen ist in der Geschichte der Anthropologie eine noch junge Erscheinung; sie begann langsam etwa seit 1860, und noch heute ist die Zahl selbständiger Lehrstühle für die Fächer der Rassenkunde, Völkerkunde und Soziologie gering, und es gibt noch immer zahlreiche Forscher, welche mannigfache Kombinationen vertreten: Rassenkunde und Völkerkunde, Völkerkunde und Linguistik oder Geographie oder Soziologie, Paläo-Ethnographie und Vorgeschichtsforschung, philosophische, psychologische, religionshistorische Anthropologie u. a. m. Für die früheren Zeiten ist eine Trennung vollends nicht durchzuführen. Daraus ergibt sich die Lage, daß ein großer Teil der für die Geschichte der Anthropologie wichtigen Denker auch für die Geschichte *anderer* Wissenschaften (der Philosophie, der Biologie, der Soziologie und teilweise der Erdkunde, Historik und Psychologie) Bedeutung besitzt. Für die Anthropologie kommen diese Denker aber nur insoweit in Betracht, als sie *entweder* die anthropologische Theorie entscheidend befruchtet haben, *oder* insofern, als ihre Anschauungen auf ferne und entlegene Völkerschaften und Rassen in einer für die Systembildung integrierenden Weise Bezug nehmen; denn von der Kenntnisnahme dieser entlegenen Menschengruppen hat die Anthropologie (wie oben ausgeführt wurde) ursprünglich ihre Problematik bezogen: erst die Berührung mit fremdartigen Menschen machte das Phänomen *Mensch* zum Problem.

Aus dem Gesagten ergibt sich, daß für den Zweck unserer Darstellung die heute üblich gewordene Aufgliederung des anthropologischen Wissens in bestimmte akademische Disziplinen keine maßgebende Bedeutung beanspruchen kann. Diese Aufgliederung ist vielmehr selbst ein Produkt der Geschichte des Wissens vom Menschen. Wir wählen eine andere, sinnvollere Unterscheidung: *hominide* und *humanide* Anthropologie. Die hominide Anthropologie ist für uns identisch mit der naturwissenschaftlich verfahrenden Anthropologie (=Anthropobiologie oder Bio-Anthropologie), das heißt, sie sieht den Menschen als ein Naturwesen, das heißt als reines Objekt, speziell: als eine zoologische Form (Homo) unter anderen zoologischen Formen, und erforschbar wie diese. Der Begriff der *Natur*, der dieser Betrachtungsweise zugrunde gelegt wird, ist (wie wir heute erkannt haben), das Erzeugnis einer ideïerenden Abstraktion, welche alle subjektiven Sinngebungen ausschließt. Es bedarf keiner Hervorhebung, welche wichtigen Resultate diese Betrachtungsweise, die den klassischen Naturwissenschaften eignet, hervorgebracht hat, gerade auch in der anthropologischen (Hominiden-) Forschung: die auf die Tatsachen der vergleichenden Morphologie und Physiologie gegründete Abstammungslehre, unser Wissen über die vor- und frühmenschlichen Stufen der Entwicklung, über die Vererbung – das alles wäre nicht zu denken ohne das methodische Werkzeug jenes abstraktiven Natur-Begriffes, der das Sinnproblem bewußt und ausdrücklich ausschaltet. – Nur darf man dabei nicht aus dem Auge verlieren, daß dieser Begriff mit seiner methodischen Fernhaltung des *subjektiven* Sinnproblems damit auch das *Eigentliche des Menschseins* ausschließt, und insofern ist er, trotz seines Namens, nichts weniger als der *Natur der Sache* entsprechend: denn der Mensch ist ein sinnfindendes Wesen. Wenn unser Naturforscher mit unbefangenem Blick die Gesamtheit der Lebewesen auf der Erde überschaut, muß es ihm auffallen, daß die zoologische Form *Homo sapiens* nicht nur am weitesten, sondern auch in allen Klimazonen verbreitet ist, und daß sie dies kann vermöge bestimmter Vorrichtungen künstlicher Art, gewissermaßen Prothesen, die sie aus sich heraussetzt, – unter denen es aber eine Menge Dinge gibt, die mit Klima-Anpassung nicht das mindeste zu tun haben, deren *Zweck* überhaupt objektiv nicht einsichtig zu machen ist. Unser Naturforscher müßte dann feststellen, daß diese *Vorrichtungen* in ihrer ungeheuren Verschiedenheit und Formen-Mannigfaltigkeit das wichtigste Charakteristikum der Form *Homo sapiens* sind, – daß er aber zugleich über dieses Wichtigste mit seinen Methoden nichts aussagen kann. Er müßte vielmehr, um hier auch nur das mindeste zu begreifen, eine völlige Kehrtwendung vornehmen, eine Rückwendung auf sich selbst als gleichfalls menschliches, das heißt subjektiv-verstehendes Wesen. Damit wäre er aber kein Naturforscher mehr, er hätte mit dieser Kehrt- und Rückwendung die Wendung vom *hominiden* zum *humaniden* Anthropologen vollzogen. Der Mensch als *humanides Wesen* (HELLPACH) oder, was dasselbe meint, als Kulturwesen, ist nicht als Natur-Objekt, sondern nur noch aus verstehend-menschlicher Gleichartigkeit heraus zu erfassen. Das bedeutet von der naturwissenschaftlichen Perspektive her freilich einen Verlust an Exaktheit, doch nur darum, weil der

Begriff des *Exakten* den gleichfalls menschlichen Phänomenen gegenüber überhaupt unangemessen ist. Dennoch ist hier Wissenschaft, und sogar strenge Wissenschaft möglich. Die humanide Anthropologie wendet sich also gerade den subjektiven Sinngebungen zu und thematisiert jene sonderbaren *Vorrichtungen*, von denen wir sprachen, als *Kulturen*, weshalb man sie auch als *Kulturanthropologie* bezeichnen kann. Sie setzt genau dort ein, wo der hominide Anthropologe mit seinen Methoden nicht weiterkommen kann: sie vermag jenes Specificum des Menschen in allgemeinster Weise zu bestimmen als die Fähigkeit des Menschen, die allerverschiedensten Kulturen aus sich hervorzutreiben, besser gesagt: sich in diesen Hervortreibungen auszulegen. Das subjektiv-leistende Moment, das in der hominiden Anthropologie bewußt und methodisch ausgeschlossen wird, ist für die humanide Anthropologie gerade Thema.

Die humanide Anthropologie ist also eine Geisteswissenschaft in dem Sinne etwa, den Dilthey diesem Begriff gegeben hat. – Vielleicht scheint die Unterscheidung von hominider und humanider Anthropologie den Nachdruck unnötig auf das Trennende zu legen. Doch soll damit gar nichts behauptet werden über die letzte theoretische Verbindlichkeit der Unterscheidung von Natur- und Geisteswissenschaften als zweier getrennter, auf gleicher Ebene nebeneinander liegender Bereiche von Disziplinen (vgl. darüber unten S. 158). Der Leser wird vielmehr gebeten, diese Unterscheidung einfach zu nehmen als faktische Verschiedenheit des methodischen Zugangs zu den anthropologischen Problemen, die von den Forschern selbst eingehalten wurde, mindestens seit der Zeit, da die Wissenschaften vom Menschen ihre größten Erfolge erzielten, das heißt etwa seit dem 18. Jahrhundert. Auf die früheren Perioden der Anthropologie läßt sich die Unterscheidung von *hominid-* und *humanid* oft nur künstlich zurückprojizieren. Allein die Tatsache, daß man immer wieder, und bis in die neueste Zeit hinein, *Rassen und Völker* zusammen genannt hat, kennzeichnet die Vermischung des hominiden Gesichtspunktes mit dem humaniden. Die Ursache dafür ist freilich keine zufällige, sondern liegt darin, daß sowohl die hominide als auch die humanide Anthropologie ihre Aufmerksamkeit immer ganz besonders (wenn auch nicht ausschließlich!) auf typische Unterschiede zwischen den Menschen gerichtet haben, seien es nun Unterschiede der leiblichen Erscheinungsform oder Unterschiede der *Hervorbringungen* (Kulturen). So konnte man sowohl einerseits die zoologischen Varietäten, Rassen, Unterrassen oder Gautypen, als auch die sogenannten Völker, Stämme, Kulturen, Gesellungseinheiten usw. als *Kollektivgegenstände* auffassen, und für eine dementsprechende Betrachtung der gesamten Menschheit boten sich die Epitheta *Rassen* und *Völker* unmittelbar und suggestiv an, ohne daß man sich über die Problematik dieser Zusammenstellung immer im klaren gewesen wäre*. Heute wissen wir, daß der Begriff des

* Der Verfasser hat selbst vor mehr als dreißig Jahren hominide und humanide Anthropologie am Leitfaden des Stoffes der Rassenkunde und der Völkerkunde zu verbinden versucht (MÜHLMANN 1936). Das Unbefriedigende dieses Versuchs, der mir *heute* als verfrüht erscheinen würde, zeigte sich damals besonders in der Notwendigkeit, Materialien noch ganz anderer Disziplinen, besonders der Soziologie, in die Betrachtung einzubeziehen.

Kollektivgegenstandes (in dem seinerzeit von QUETELET konzipierten Sinne) nicht nur auf Gegenstände der Kulturanthropologie nicht übertragbar ist, sondern selber nur erst begründbar ist auf idealtypische Begriffe. Die Kulturanthropologie (und auch die Soziologie) haben es nicht primär mit statistischen Kollektiven zu tun (MÜHLMANN 1962 : 5 ff.), und Typenbildung ist ganz etwas anderes als die Ermittlung von Durchschnittswerten. Für die Zusammenbetrachtung von *Rassen* und *Völkern* gibt es tatsächlich nur den historischen Grund, daß vom Altertum bis zur Gegenwart immer wieder zahllose Beobachter die Vielfältigkeit des leiblichen wie des kulturellen *Erscheinens* der Menschen unter diesen beiden (oder verwandten) Begriffen beschreibend zusammen behandelt und als *exotische Phänomene* (oder Fremdphänomene) im allgemeinsten Sinne des Wortes subsumiert haben.

I. DIE ANTHROPOLOGIE IN DER ANTIKEN WELT

1. *Die Einstellung zu den Barbaren*

Was JACOB BURCKHARDT einmal von den Hellenen gesagt hat: „Der Gegensatz, durch welchen sich das griechische Bewußtsein erst vervollständigte, der Nichtgrieche, heißt Barbar" (Ges. Ausgabe 1929 –1934, VIII, 297), gilt mutatis mutandis für alle Gesellschaften, in denen eine noch ungebrochene Gruppengesinnung und ein naives Selbstgefühl mit einem beschränkten ethnographischen Horizont zusammentreffen. Das Aufkommen einer anthropologischen Problematik ist notwendig verbunden mit der Erweiterung des ethnographischen Weltbildes, die zur Kenntnisnahme fremder Völkerschaften, zur geistigen Auseinandersetzung mit ihrem Anders-aussehen, Anders-sprechen, -sich-bewegen, -leben und -denken schließlich *zwingt* und so die Anfänge eines *vergleichenden* Verfahrens entstehen läßt. Das Fremdphänomen mußte erst in seiner anthropologischen Individualität in das eigene Bewußtsein aufgenommen werden, ehe die Möglichkeit einer vergleichenden Methode gegeben war.

2. *Herodot und Thukydides*

Noch bei HERODOT (ca. 480 – 424 v. Chr.), der nicht zufällig als *Kolonial*-Hellene zum *Vater der Ethnographie* wurde, ist sie erst in Andeutungen ausgebildet: bei aller staunenden Aufgeschlossenheit für Gehaben, Lebensweise und Sitten fremder Völkerschaften, bei aller Treue und Genauigkeit der Beschreibung im einzelnen neigt er doch dazu, die Gebräuche der fremden Völkerschaften Zug um Zug mit den hellenischen zu vergleichen; die Neigung, vom Fremdphänomen möglichst rasch auf das vertraute und selbstverständliche Eigenphänomen zurückzuspringen, ist also noch nicht unterdrückt. Im übrigen verhält sich HERODOT auch stets beschreibend, er ist Ethnograph und bildet keine Theorie; nur mittelbar läßt sich seinen Schilderungen entnehmen, daß er hinsichtlich der Entstehung von Rassenunterschieden vornehmlich an die Einwirkung klimatischer Kräfte denkt. (Zu HERODOT vgl. auch J. L. MYRES in MARETT 1908, POHLENZ 1937.)

Gegenläufig zu der herrschenden Barbaren-Einstellung findet sich bei den Hellenen früh eine Einstellung, welche die entlegenen Völkerschaften nicht verachtet, sondern sie zu idealisieren geneigt ist. Schon HOMER preist die hochgemuten Rossemelker und milchessenden Abier und die Äthiopier als „göttergeliebtes Südvolk". E. ROHDE in seinem *Griechischen Roman* betont, daß in typischer Weise die „Gerechtigkeit" und „moralische Reinheit" der Randvölkerschaften gepriesen werde (ROHDE[3] 1914 : 215 ff.). Die Barbaren erscheinen dann als Repräsentanten eines ungetrübten, „reinen" Urzustandes, und hiermit kann sich die Vorstellung verbinden, daß die Menschheit von ihrer ursprünglichen Höhe der Tugend und Glückseligkeit stufenweise zu immer schlimmerem Elend und Frevel herabsinke, wie ebenfalls ROHDE (a. a. O. 216) unter Verweis auf HOMER und HESIOD hervorgehoben hat. Das wären dann also die mythischen Keime einer allem Fortschrittsdenken scharf entgegengesetzten Depravationstheorie, und es ist zweifellos aufschlußreich, daß wir diesen Keimen historisch schon so früh begegnen. Wir bemerken früh bei den Menschen der höher entwickelten Zivilisationen eine Neigung zum Regreß ins Archaische, welche unter Anknüpfung an die Nachrichten von Randvölkern dann leicht zur Konstruktion von *Naturzuständen, Natürlichkeitsideen* führt, und die in der abendländischen Geistesgeschichte als eine komplexe Einstellung unter dem Titel des *Primitivismus* beschrieben werden kann (LOVEJOY und BOAS 1935). Und wenn auch schon bei HERODOT sich eine gegensätzliche Stilisierung der Einfachheit der Barbaren zur Kompliziertheit der hellenischen Kultur angedeutet findet, so liegt hierin bereits ein Vorklang jener kulturkritischen Haltung, die *Natur* und *Kultur* einander entgegensetzt und die Rückkehr von dieser zu jener propagiert. – Doch erst nach dem peloponnesischen Kriege erhält diese Haltung schärfere Prägung, unzweifelhaft durch die seelische Erschütterung, welche die Katastrophe dieses Krieges im Bewußtsein vieler Hellenen zurückließ. Diese Erschütterung durchzieht auch das Geschichtswerk des THUKYDIDES (455 bis um 397 v. Chr.), das aber zugleich das erste Beispiel einer tiefdringenden politischen Soziologie bildet. Hier sind zum ersten Male die kausalen Zusammenhänge in ihrer Verwickeltheit gesehen und gedeutet. Richtete sich der Blick HERODOTS auf das Abweichende, Kuriose und Entlegene, so erfaßt das Denken des THUKYDIDES am Beispiele des Krieges zwischen Athen und Sparta das Typische, Gesetzmäßige und in einem höheren Sinn Tragisch-Unausweichliche, also Notwendige im Austragen von *Gruppenkonflikten.* Die gesetzeswissenschaftliche Gesinnung der ionischen Naturforschung ist hier auf den Bereich der menschlichen Natur und zugleich der menschlichen Geschichte übertragen (vgl. JAEGER 1934, SCHWARTZ 1919, SCHADEWALDT 1929). Was dem THUKYDIDES gelungen war: die Schaffung einer Erkenntnisleistung von höchstem Range aus der tragischen Erschütterung heraus, ist von seinen Zeitgenossen und Nachfolgern nicht mehr zuwege gebracht worden; dagegen stoßen wir wohl auf Utopien und Symptome von Kulturmüdigkeit und Kulturkritik. Nur das Geschichtswerk des POLYBIOS enthält noch einmal Ansätze zu einer Soziologie des Konfliktes.

3. Der Hellenismus

Mit dem Alexanderzug erweiterte sich das ethnographische Weltbild: der hellenische Kulturkreis geht in den hellenistischen über. Die idealisierten Randvölker werden weiter an die Peripherie hinausgeschoben, an die Stelle der Skythen treten die Hyperboräer, an die der Äthiopier die Antipoden. Im Osten erscheinen jetzt als

Idealvolk die Inder, deren Büßergestalten das kynische Ideal der Bedürfnislosigkeit reiner darzuleben scheinen, als Hellenen dies jemals vermocht hätten. ONESIKRITOS ist einer der Autoren, die darüber berichten; höheren wissenschaftlichen Rang besitzen die Berichte des MEGASTHENES über Indien, der soziale und politische Verhältnisse aus der Zeit des Chandragupta (Sandrokottos) beschreibt (REESE 1914, vgl. HENRY 1947, STEIN 1921, THAPAR 1961). Auch bei römischen Schriftstellern finden wir später die Tendenz zur Idealisierung der Randvölkerschaften; HORAZ preist das Familienleben der Skythen und Geten, PROPERZ und VALERIUS MAXIMUS rühmen die Treue der indischen Frau, die ihrem Gatten in den Tod folgt. Auch in der höchsten Leistung der römischen Ethnographie, der *Germania* des TACITUS, besteht eine Neigung zur Idealisierung, wie bekannt (NORDEN 1959). Das Problem *Natur gegen Kultur* ist in allen diesen Schilderungen latent enthalten.

Durch seinen geistigen Rang und sein echtes Streben nach Objektivität ragt hervor das Geschichtswerk des POLYBIOS (ca. 201 – 120 v. Chr.), jenes Griechen, in dem sich die Synthese von hellenischer Bildung und römischem Staatsdenken vollzog. Das „völkervergleichende Auge", das BURCKHARDT den Griechen als Vorzug zuerkennt, hat POLYB in hohem Grade besessen. Sein Werk spiegelt die durch Roms Eroberungen im Mittelmeerbecken geschaffene veränderte Weltlage und die dadurch bewirkte Verflechtung der Schicksale bisher getrennter Völker. Verliefen bis dahin die historischen Ereignisse isoliert, gegeneinander abgedichtet oder „sporadisch", wie POLYB sagt (*Hist.* I, 3 f.), so verflechten sie sich nunmehr zusehends; italische, libysche, hellenische und asiatische Dinge sind nicht mehr voneinander zu trennen, sondern verbinden sich zu einem organischen Ganzen. – Das ist eine entschiedene Betätigung ethnologischen Denkens: wird doch unsere Welt gewissermaßen immer *ethnologischer* mit steigender Interdependenz der Völker und Kulturen, in der Richtung auf einen universalgeschichtlichen Zusammenhang.

Die reifste anthropologische Leistung des Altertums aber stammt nicht von einem Griechen oder Römer, sondern von dem hellenisierten Syrer POSEIDONIOS (* um 135 v. Chr. zu Apameia, † um 51 v. Chr; vgl. REINHARDT 1921, 1954). Auf zahlreichen Reisen nach Italien, Gallien und Spanien stellte er planmäßige ethno- und geographische Beobachtungen an, die er mit einer bis dahin unbekannten Objektivität, Lebendigkeit und Anschauungskraft beschreibt. Seine leider nur in Bruchstücken und Zitaten auf uns gekommene Länder- und Völkerkunde enthält auch die früheste Rassentheorie. Die ethnographische Methode des POSEIDONIOS zielt auf die Erfassung des Volkslebens als eines Ganzen, einschließlich der psychologischen Züge; seine Keltenschilderung ist ein Meisterstück, auch das agonale Überbieten (vom Typ des *Potlatsch*) kommt bereits darin vor (MAUSS 1925). Von idealisierenden und kontrastierenden Stilmitteln ist hier nichts mehr zu spüren; die Erfassung fremden Volkslebens wird bei POSEIDONIOS zu einer selbstberechtigten, spezifisch ethnographischen *Erlebnisform*. Aber er gelangt auch zu bedeutsamen theoretischen Ergebnissen. Bei Kelten und Germanen findet er als beherrschenden psychischen Zug den *thymos* (Mut, Leidenschaft, Begierde, Wut), also ein Übermaß von Emotionalität. Der *logos*, die Zügelung des Geistes, ist ein Zug der Südvölker, ist Erzeugnis der Zivilisierung und Bändigung der Instinkte. (Ein Blutsgrieche hätte kaum auf diesen Gedanken kommen können; aber bei dem Bildungsgriechen POSEIDONIOS, der selber aus einer erst sekundär zivilisierten Traditionsgemeinschaft stammte, ist er psychologisch naheliegend.) So ist bei POSEIDONIOS zum ersten Male der Begriff des *Naturvolkes*, angewandt auf die nördlichen Randvölker der Mittelmeerzivilisation, implicite vorhanden. Wie Pflanzen und Tiere, so gedeihen auch die Völker nur am Orte ihres Ursprungs; Nordvölker, die nach dem Süden verpflanzt wurden (Kimbern, Galater), büßen ihre urwüchsige Kraft ein, sie arten aus, verlieren ihre Wildheit und werden zahm und verweichlicht, genau wie domestizierte Tiere. Die *Thymos-Theorie* des POSEIDONIOS ist also entwicklungspsychologisch zu begreifen: der *Thymos* weicht dem *Logos* (mit allen Licht- und Schattenseiten), wenn ein Volk aus dem Norden nach dem Süden kommt und sich zivilisiert. Auch der Begriff der *Anpassung* ist also bei POSEIDONIOS implicite bereits gegeben. Seine Theorie der Entstehung von Rassenunterschieden trägt stark kosmologische Züge; die physiologischen Unterschiede zwischen den mächtig gewachsenen, hellfarbigen Nordvölkern und den kleiner und feiner gebildeten Südvölkern gehen auf astrale und atmosphärische Einwirkungen zurück. Hier schöpft POSEIDONIOS wohl aus vorderasiatisch-magischen und symbolistischen Vorstellungen, die auch seine kulturgeschichtlichen Auffassungen beherrschen, die den schwächsten Teil seines Systems bilden. Aber als entscheidende Einsichten bleiben 1. die Beobachtung der größeren seelischen *Primitivität* der weniger zivilisierten Völker, 2. der Einblick in den Zusammenhang der biologischen Anpassung mit dem Grade der als Domestikation aufgefaßten Zivilisierung, und 3. die Ausdehnung dieses Einblickes auf die gesamte psycho-physische Konstitution der Völker.

Die spätere Anthropologie des Altertums hat POSEIDONIOS nicht mehr erreicht, obwohl der räumliche Gesichtskreis sich in der alexandrinischen Zeit und über Indien und Ceylon bis in das Land der Serer (China), ja bis nach Java ausdehnte.

II. DIE ANTHROPOLOGIE IM ZEITALTER DER ENTDECKUNGEN

1. Die Anthropologie des Mittelalters

Mit dem christlichen Mittelalter reißt die Tradition der antiken Wissenschaftsüberlieferung ab. An die Stelle des aufgeschlossenen hellenistischen und spätantiken Kosmopolitismus tritt eine neue, in sich geschlossene geistige Welt, deren Werte auf ganz anderen Gebieten liegen als in der Erweiterung der ethnographischen Ansicht vom Menschen. Die Kirche fügte den festen Rahmen eines Weltbildes, für das die christliche Existenz mit der schlechthin menschlichen zusammenfiel; die nichtchristlichen Völkerschaften standen außerhalb dieses Rahmens als dem Teufel verfallene Geschöpfe, mit denen eine wissenschaftliche Beschäftigung nicht in Frage kam. Jeder Forscherdrang war schon darum ausgeschlossen, weil ja alles, was man wissen konnte, bereits in der Bibel stand. Jeder Gedanke an eine *Variation* der grundlegenden menschlichen Verhältnisse, sei es im zeitlich-historischen Sinne, sei es im Sinne räumlich-ethnographischer Vielheit, blieb ausgeschlossen, hätte als Ketzerei erscheinen müssen. Die biblische Rassengliederung in die Nachkommen von Sem, Ham und Japhet wurde übernommen; dazu kamen die Teufelsvölker Gog und Magog, deren Bild mit den historischen Erfahrungen an den von Osten einbrechenden Nomadenvölkern der Hunnen, Awaren und Mongolen verschmolz; die fremdartig häßlichen Rassenzüge dieser Nomaden vermehrten die archaische Angst vor ihnen, und die Kirche förderte ihre Dämonisierung, die bis heute nachwirkt (vgl. MÜHLMANN 1964 : 262 ff.).

Soweit man von einem ethnographischen Weltbild im Mittelalter reden kann, handelt es sich um eine Fabelwelt, deren Geschmacksrichtung auf das möglichst Krasse, Abstruse, Paradoxe und Monströse ging.

An Stelle anthropologischer Vielfalt finden wir die Vorstellungen von den sogenannten *Monstra*, die man an die Ränder der bekannten Ökumene versetzte: die einschenkligen Lebewesen, die Fußschattner, Pferdefüßler, Hundsköpfe, Großlippigen, Großohrigen und Kopflosen, Mundlosen, Lang- und Kurzlebigen, die Amazonen erscheinen in den zeitgenössischen Kosmographien, Weltchroniken (zum Beispiel HARTMANN SCHEDELS Weltchronik, 1493) und Erdkarten, aber sogar MARCO POLO berichtet von Cynocephali, die auf den Andamanen leben sollen (MARCO POLO [3]1929). Soweit solche monströsen Vorstellungen nicht dem europäischen Volksglauben entstammen, dürften sie aus antiken Fabelnachrichten des PLINIUS, POMPONIUS MELA, KTESIAS u. a. übernommen sein. Auch das von HOMER und HERODOT behauptete Vorkommen von mit Kranichen kämpfenden Pygmäen an den Quellen des Nils wurde übernommen, aber sie werden bald hier bald dort lokalisiert (z. B. auf der für KARL V. VON FRANKREICH entworfenen katalonischen Erdkarte aus dem Jahre 1375 in Ostasien): auf die Richtigkeit kam es eben gar nicht an, sondern nur auf die Beschäftigung der Phantasie. Bedeutende Scholastiker des 13. Jahrhunderts, wie ALBERTUS MAGNUS und PETRUS DE ALVERNIA warfen auch die Frage auf, ob die Pygmäen Menschen seien? An der Existenz von Pygmäen als solcher zweifelten sie dabei nicht, ALBERT beruft sich auf die antiken Nachrichten über Zwerge in Afrika, PETRUS versteht unter *Pygmäen* die indischen kleinwüchsigen Stämme, von denen KTESIAS berichtet hatte. Beide Scholastiker stimmen darin überein, daß die Pygmäen keine Menschen sein könnten; von den Affen freilich unterscheide sie die Sprache, vom Menschen aber das Fehlen der Vernunft, von welcher die Pygmäen nur einen „Schatten" besäßen (KOCH 1931). – Das für uns Erstaunlichste an solchen Erörterungen ist, daß man damals glaubte, solche Streitfragen auf rein spekulativem Wege entscheiden zu können; wohingegen kein Mensch auf den Gedanken kam, sie auf empirischem Wege, das heißt durch Forschungsreisen zu prüfen.

Diejenigen Schriftsteller, welche wichtige historisch-ethnographische Nachrichten für uns enthalten, entstammen zum Teil noch der antiken Wissenschaftstradition, wie AMMIANUS MARCELLINUS (ca. 320 – 400 n. Chr.), dem wir Berichte über Hunnen und Alanen verdanken, der Gote JORDANES (6. Jahrhundert), der u. a. die zum Reiche ERMANRICHS gehörenden finno-ugrischen Stämme erwähnt, oder die byzantinischen Autoren, vorab PROKOP (6. Jahrhundert), der über die alten Slawen und sogar über die Lappen berichtet. In Europa selbst ist noch ADAM VON BREMEN († um 1076) zu nennen, dessen *Historia Hammaburgensis Ecclesiae* fast alle Völkerschaften der Ostseeländer, auch die heidnischen Pruzzen und die Wenden erwähnt, sowie HELMOLDS *Chronica Slavorum* aus dem 12. Jahrhundert. Das alles aber ist nur ethnographischer *Stoff*, nicht wissenschaftliche Erkenntnisleistung.

2. Das Zeitalter der Entdeckungen

Nach fast tausendjährigem Stillstand beginnt mit dem Zeitalter der großen Entdeckungen im 13. Jahrhundert ein neuer Aufschwung. Auslösend wirkte die Begründung des mongolischen Weltreiches durch DSCHINGISKHAN und seine Nachkommen, welche die asiatische Welt in Osteuropa zu einem unmittelbaren Nachbarn der abendländischen machte und so den europäischen Blick wieder nach Osten öffnete. Mochte die Volksetymologie die *Tataren* (deren Namen ursprünglich nur einen einzigen mongolischen Klan bezeichnete) mißdeuten als Tartaren, das heißt dem Tartarus entsprungene Teufel, – die Kirche erblickte in der religiösen Duldsamkeit und Indifferenz dieser Mongolen eine Möglichkeit zur Anknüpfung diplomatischer Beziehungen durch Entsendung von Missionaren; daran knüpfte sich natürlich die Hoffnung auf eine Bekehrung der asiatischen Welt zum Christentum, die noch genährt wurde durch die Legenden vom Priesterkönig Johannes, der irgendwo im Osten einen frühen Horst der Christenheit erhalten haben sollte. Papst INNOZENZ IV. entschloß sich auf dem Konzil zu Lyon im Jahre 1245, durch Sendboten mit den mongolischen Herrschern in Verbindung zu treten. Von diesen Expeditionen ist die wichtigste die des flämischen Franziskaners WILHELM VON RUBRUCK (RYSBRUCK) (ca. 1215 – 1270), der in den Jahren 1253 – 1256 über Konstantinopel in das Gebiet der Goldenen Horde und dann unter gewaltigen Strapazen durch Zentralasien nach Karakorum an den Hof BATU-KHANS reiste. Sein Bericht (RUBRUCK 1934, ed. RISCH) zeichnet sich durch Beobachtungstreue und echt wissenschaftlichen Geist aus; über das, was er selbst nicht sieht, zieht er sorgfältige Erkundigungen ein. Eine vergleichende Methode deutet sich zum ersten Male seit dem Altertum wieder an. RUBRUCK trifft auf der Krim Goten, die er wegen ihrer Sprache Deutsche (Teutonen) nennt. Er liefert eine prachtvolle Beschreibung der Lebensweise, Wirtschaft, Sozial- und Rechtsordnung der Tataren. Er trifft ferner Alanen, Kumanen, und unterscheidet richtig Mongolen und Tataren. Von Mordvinen, die im Norden in Holzhäusern wohnen, hat er nur gehört, ebenso läßt er sich sorgfältig unterrichten über die Russen, Pruzzen, Baschkiren, Turkmenen, Uiguren, Tangut, Tibeter, Solon, Mandschu, Uriyangchai und (ursprünglichen) Kirgisen. Von „Monstra" hingegen hat er nichts gesehen und gehört, „es wäre auch verwunderlich, wenn es wahr wäre". Die Uiguren nennt er „gemischt aus Nestorianern und Sarazenen" (d. h. Mohammedanern); überhaupt ist sein Bericht eine wichtige Quelle für den religiösen Synkretismus im damaligen Innerasien. RUBRUCK erfaßt auch den ideographischen Charakter der chinesischen Schrift und beschreibt richtig die Schrift der Uiguren, Tangut und Tibeter. – RUBRUCK ist mithin das früheste Beispiel eines Missionar-Ethnographen, eine Kombination, die seitdem für die Materialbeschaffung in der Völkerkunde (weniger in der Rassenkunde) bis zur Gegenwart immer wieder große Bedeutung besessen hat. Reiner Erkenntniswille ist in der Anthropologie überhaupt stets selten gewesen, die Kombination mit der Religion der Liebe aber hat sich in den Fällen, wo es auf die Gewinnung eines sympathetischen Kontaktes mit fremden Völkerschaften ankam, im allgemeinen doch als förderlicher erwiesen, als die Kombination mit kaufmännischen oder militärischen Interessen. Ausnahmen von dieser Regel hat es natürlich immer und überall gegeben.

Nicht wissenschaftlich geschult im Gegensatz zu RUBRUCK war der venetianische Kaufmann MARCO POLO (1254 – 1323), der als erster Europäer ganz Asien der Länge nach durchzog und viele Jahre lang am Hofe KUBLAI KHANS weilte. In seinen Berichten (M. POLO ³1929) sind Fabel und Wahrheit noch heute nicht reinlich zu trennen, aber sie entfalteten auf die Dauer eine weit größere Wirkung als die Berichte RUBRUCKS und spornten die abendländische Phantasie mächtig an.

An Bedeutung kaum zurück gegen MARCO POLO steht die Missionsreise des Franziskaners GIOVANNI DEL CARPINE zum mongolischen Großkhan, 1245 – 1247 (ed. RISCH 1930). CARPINES Bericht ist besonders interessant für die vergeblichen Versuche, die biblische Überlieferung, Gog und Magog mit dem neu Gesehenen und Gehörten in Übereinstimmung zu bringen. Papst INNOZENZ hatte von einer Bekehrung der Mongolen geträumt, aber CARPINE versagte in dieser diplomatischen Mission vollständig.

Mit seinem gelehrten Latein kam er nicht vom Fleck, die Mongolen selbst waren sprachlich gewandter und übersetzten das Schreiben ihres Khans ins Lateinische, und umgekehrt die lateinischen Briefe ins Russische, Persische und Mongolische.

> „Das gelehrte Latein versagte vor den einfachsten Realitäten. Aber leicht drängten sich die gelehrten Fabeln des Plinius wieder zwischen die Reisenotizen: Ochsenfüßler am Indischen Ozean reden zwei Worte in menschlicher Sprache und bellen beim dritten wie Hunde. Und die Genealogie war schnell fertig: Der Großkhan Kujuk war Gog Cham, sein Bruder Mangu hieß eben Magog, auch der Name der Mongolen hing damit zusammen ... Um so besser, wenn man mit Hilfe des mongolischen Titels ‚Khan' diese neuen Gog und Magog zu den Hamiten schlagen durfte. Ob dem Pater dabei ganz wohl war? Die erhoffte Allianz gegen die Sarazenen brachte er nicht mit nach Hause, ganz zu schweigen von der Massentaufe der Mongolen. Durfte man sie dann leichten Herzens in die hergebrachten apokalyptischen Schemata pressen?" (BORST 1959–1963 : II, 772).

Man erhält beim Studium der mittelalterlichen Reisewerke und Chroniken einen starken Eindruck von der Schwierigkeit, fremde und entlegene Völker in ihrer *Menschlichkeit* zu erfassen. Die gelegentlich aufblitzende Einsicht wird sofort wieder durch Vorurteile und Phantasmata verdeckt. Und dies gilt nicht etwa nur gegenüber *Exoten,* sondern auch gegenüber rassisch nahe verwandten, wie zum Beispiel im Verhältnis der deutschen Ost-Kolonisten zu ihren baltischen und finno-ugrischen Nachbarn in den Ostseeländern. Die Urteile über diese Völker sind von ADAM VON BREMEN bis zu MELCHIOR FUCHS († 1678) nichts anderes als *nationale Stereotypen,* geprägt durch Abneigung und Dämonisierung:

> „Esz sind die öst- und liefländische Völcker allezeit eines gottlosen, frechen, wüsten, wilden unndt unbändigen Lebens gewesen, haben abscheuliche Abgötterey getrieben, Sonne, Moondt, Stern, ja Schlangen unndt unreine Thiere, ingleichen Bäume und Höltzer vor Götter angebethet, sindt mit Teufelszkünsten, Salzblasen, allerley Segen sprechen unndt Zauberey umgegangen" (Urteil einer Chronik um 1695).

Und von den Letten heißt es 1590:

> „Von Natur sind sie sterk, grosz, doch ungeschickt, blohende und gottlose Leuth, die mehrtheil zum Zaubern angerichtet, die sich in Wolf und Katz transmutiren, und Nacht auf Böcken in Lüfte fahren, in Wäldern und Wildnissen ihre conventicula, Hagelsieddung, Gabbelschmiedung, Teufels-Danz, diabolicos concubitus und dergleichen unerhörte abscheuliche Greuell halte, von welchen viel wunders gesagt wird" (JOHANSEN 1963 : 96).

Bedeutsam und typisch ist dabei, daß sich der Verdacht der Zauberei und Hexerei immer mit dem ehemaligen Heidentum dieser gewaltsam unterworfenen und bekehrten Völker verknüpft. Stillschweigend wird das Humane und Zivilisierte mit der Christlichkeit gleichgesetzt, was bei dem Missionar und Chronisten HEINRICH von LETTLAND (1225 – 1226) zum Ausdruck kommt, wenn er die (finno-ugrischen) Liven vor ihrer Taufe (!) als *gens perfidissima* bezeichnet (JOHANSEN a. a. O. 104).

3. Die arabischen Reisenden

Eigentümlich ist die Rolle Afrikas in der abendländischen Perspektive. Im Altertum hatten die Hellenen eine mystische Ehrfurcht vor Ägypten, und der übrige Nordrand Afrikas galt den Alten zwar als barbarisch, aber es bestand kein Gefühl kontinentaler Fremdheit wie gegenüber Asien. Heute wissen wir, daß Nordafrika einschließlich der Sahara, deren Austrocknung erdgeschichtlich erst ein junger Vorgang ist, faunistisch, floristisch, anthropo- und ethnographisch zum Mittelmeerbereich gehört, und wir unterscheiden rassisch *Weißafrika* bis zum Sudan von dem weiter südlich gelegenen *Schwarzafrika* der negriden Rassen. Erst die islamische Expansion hat einen Riegel zwischen das christliche Europa und *Schwarzafrika* geschoben und so die Kontinente auch bewußtseinsmäßig voneinander geschieden. Die Reconquista Spaniens vollendete diesen Prozeß. Als aber im 15. Jahrhundert die Portugiesen die Verbindung zu dem afrikanischen Kontinent wieder aufnahmen, durchstießen sie die Scheidewand nicht, sondern umgingen sie und traten auf dem Seewege zum negerischen Westafrika in Beziehungen. So entstand im abendländischen Bewußtsein die Vorstellung vom *schwarzen Kontinent*, die erst heute eine langsame Revision erfährt (Wölfel 1942).

Die portugiesischen Reisen nach Westafrika knüpfen sich an den Namen des Infanten Heinrich des Seefahrers (1394 – 1460), der aber selbst niemals das Meer befuhr, sondern nur die Expeditionen organisierte. 1445 drang Diniz Diaz über die Senegalmündung hinaus bis zum grünen Vorgebirge vor zum Lande der *schwarzen Mohren*, wie man jetzt die Neger im Gegensatz zu den *weißen Mohren*, den Berbern und Arabern, nannte. Durch diese Entdeckung wurde die aristotelisch-ptolomäische Lehre von der Unbewohnbarkeit des heißen Erdgürtels widerlegt; einen unmittelbaren anthropologischen Ertrag brachten diese Reisen jedoch nicht, sie schufen nur die Voraussetzung dafür.

Dem afrikanischen Boden entstammt auch die Theorie der politischen Entwicklung Ibn Chalduns (1332 bis 1406), eines gelehrten arabisierten Berbers aus Tunis. Sein Werk (*The Muqaddimah*, ed. Rosenthal 1958; vgl. ferner Gumplowicz und Schimmel) hat zum ersten Male die staatsbildende Bedeutung der Hirtenstämme erstaunlich prägnant und mit ethnographischen Belegen aus erster Hand herausgearbeitet, – Ibn Chaldun hatte in seiner Heimat den Gegensatz zwischen arabischen und berberischen Viehnomaden einerseits und den städtischen und ländlichen Oasenbevölkerungen anderseits vor Augen, er beschreibt ihr soziologisches Widerspiel genau und zieht richtige Vergleiche mit den Kurden, den Turkmenen und anderen türkischen Viehnomaden der östlichen Länder. Die nomadischen Hirten sind diszipliniert, tapfer, innerlich zusammengehalten durch starke Solidarität ihrer Sippen, typische Eroberer. Die städtischen und ländlichen seßhaften Bevölkerungen dagegen sind unkriegerisch, uneinig und individualisiert, mit auseinanderfallenden Interessen. Die Seßhaften werden daher leicht von den Nomaden unterjocht. So entsteht der Staat. Aber auch die Nomaden bleiben nicht dieselben, wenn sie als Herren seßhaft werden, verstädtern und sich mit den Unterworfenen vermischen, ihr Charakter ändert sich (sie werden *fellachisiert,* wie der heutige Fachausdruck lautet), sie werden verweichlicht durch die Zivilisation, büßen ihren ehemaligen Korpsgeist ein, verlieren sogar ihre Sippennamen und entarten. So werden ihre Staaten machtlos und wieder zur Beute unverdorbener Nomaden der Wildnis, und derselbe Vorgang beginnt von neuem.

Der Wert von Ibn Chalduns Darstellung liegt einmal in der breiten und genauen ethnographischen Ausmalung dieser Vorgänge, sodann in den von ihm gezogenen staatstheoretischen Schlüssen. Er führt gewissermaßen die Konflikt-Theorien des Thukydides und Polybios fort, aber er kennt auch wie Poseidonios das Problem der Ausartung der *unverdorbenen* stammes- und sippenhaft aufgebauten Gesellschaften durch Bändigung (Zivilisierung), Domestizierung und Instinktverlust, und er verbindet beide Linien zu einer Theorie des *zyklischen Ablaufs der politischen Entwicklung.*

Ibn Chalduns Geschichtswerk ist die reifste Frucht der *arabischen Völkerkunde des Mittelalters,* deren Bedeutung sich aber keineswegs in diesem einen Forscher erschöpft. Eine reiche Wissenschaftstradition war voraufgegangen. War doch die arabische Philologie (ausgegangen von dem praktischen Bedürfnis, den zahlreichen neubekehrten Mohammedanern fremder Zunge ein volles Verständnis des göttlichen Wortes und der islamischen Riten zu vermitteln), schon im 9. Jahrhundert zur Blüte gelangt. Die eigentliche arabische Ethnographie setzt kaum später ein und es besteht kein Zweifel daran, daß sie als eine empirische Disziplin der europäisch-mittelalterlichen Ethnographie im ganzen überlegen ist, – hierin eine echtere Erbin der antiken Wissenschaft als diese! Berühmte Reisende arabischer Zunge sind u. a.: Masudi († 956), der über Indien bis Ceylon und sogar in das Chinesische Meer gelangt ist, und dessen Bericht über die alten Slawen (vgl. Marquart 1903) besonders wertvoll ist; Idrisi, der 1154 am Hofe Rogers II. von Sizilien eine berühmte Erdbeschreibung verfaßte (vgl. Caspar 1904 : 442 ff.); der Spanier Ibn Djubair, der um 1200 den Orient und Sizilien beschrieb (ed. De Golje 1907); und Ibn Batuta aus Tanger, der zwischen 1325 und 1349 Persien, Kleinasien, Rußland bereiste und bis nach Indien und China gekommen ist (ed. Gibb, [4]1957). – Die Bedeutung der mittelalterlichen arabischen Völkerkunde ist noch nicht voll gewürdigt worden.

4. Die Epoche der Conquista

Wie sich in Europa der Begriff *Afrika* aus der maurischen Scheidewand formte, die mit der Reconquista (Granada 1492) endgültig aufgerichtet wurde, so bildete sich der Begriff *Asien* durch den Kontakt mit der Welt der Ungläubigen in Osteuropa. Hier verlagert sich nach dem Falle des byzantinischen Kaiserreiches (1453) der Schwerpunkt und Hort der östlichen Rechtgläubigkeit in das nach dem Verfall der

Goldenen Horde am Ende des 14. Jahrhundert aufsteigende Großfürstentum Moskau, das 1552 Kasan, 1554 Astrachan den Tataren entreißt und mit dem Kosakenführer JERMAK 1582 die Epoche der sibirischen Expansion einleitet. Der dritte Horst der Ungläubigen lag in Amerika, in den Hochkulturstaaten der Azteken, Maya und Peruaner: er fiel durch CORTEZ und PIZARRO in den zwanziger und dreißiger Jahren des 16. Jahrhunderts. Auch die Philippinen und die Marianen wurden von den Spaniern erobert und so die Epoche einer zirkumpazifischen spanisch-katholischen Kultur eingeleitet, während die Portugiesen sich in Indonesien, Westindien und Brasilien festsetzten. Alle diese Vorgänge stehen in einem inneren Zusammenhang miteinander. War ihr treibendes Motiv der Durst nach den Reichtümern der Erde, nach Gold, Silber, Seide, Gewürzen, so ist die tragende Idee der Kreuzzugsgedanke. Dieser hat lange Zeit auch die Einstellung zu den Eingeborenen bestimmt. Die Bulle Papst PAULS III. vom 2. Juli 1537 stellte zwar fest, daß die Eingeborenen der Neuen Welt *veri homines* seien, aber sie fügte doch bezeichnend hinzu: *fidei catholicae et sacramentorum capaces,* bestimmte also das Menschsein der Eingeborenen als ein bloße, durch die Christianisierung erst zu verwirklichende *Möglichkeit.* Und die praktische Einstellung der Conquistadoren war die, daß die Indianer nicht besser seien als wilde Tiere, die auszurotten ein gottgefälliges Werk sei (FRIEDERICI 1925 – 1936, Bd. I). Der spanische Dominikaner BARTHOLOMÉ DE LAS CASAS (1474 bis 1566) hat die Greueltaten der Conquistadoren gegen die Indianer schonungslos geschildert. Seine um die Mitte des Jahrhunderts geschriebenen Geschichtswerke *(Historia de las Indias, Historia apologética de las Indias)* sind oft lateinisch nachpubliziert worden, als Propagandaschriften gegen Spanien.

Die Behandlung der amerikanischen Eingeborenen durch die erobernd eindringenden Spanier, Portugiesen, Holländer, Franzosen und Engländer, aber auch die Behandlung der Eingeborenen Sibiriens durch die russischen Eroberer sind gleichsam welthistorische Paradebeispiele dafür, was geschieht, wenn Zivilisationshochmut, Kreuzzugsgeist und das Gefühl der Rassenüberlegenheit zusammenstoßen mit gänzlich andersartigen kulturellen Lebensformen. Das Ergebnis kann zunächst nur eine Katastrophe für die Schwächeren sein. Die unreflektiert ethnozentrische Einstellung der Stärkeren ist nicht einmal imstande, die vorgefundenen „Eingeborenen“ in ihrem besonderen Menschsein zu verstehen: sie erscheinen ontologisch, wenn nicht ganz, so doch fast als Tiere. Für den naiven Ethnozentriker sind *eigene Kultur* und *schlechthin menschliche Kultur* identische Begriffe. Erschwerend bei dieser Beurteilung wirkte (mindestens zu Anfang und für die Mehrzahl der Eindringlinge) auch das Unverständnis der Eingeborenen-Sprachen, die man zunächst vielfach für tierische Laute hielt. (Noch 1832 urteilt DARWIN über die Feuerländer: „The language of these people, according to our notions, scarcely deserves to be called articulated“, DARWIN 1832 : 33.) Das fremdartige Aussehen der Eingeborenen, ihre Nacktheit, ihr Kannibalismus und (bei den Mexikanern) die Menschenopfer sowie die als *Abgötterei* verstandene Idol-Verehrung verstärkten den Schein von Berechtigung, diesem Teile der Hominiden den Charakter wahrer Menschlichkeit abzusprechen. Reste dieser Einstellung ziehen sich bis in die Reise- und Missionsliteratur des 19. Jahrhunderts hinein.

An die abendländische Öffentlichkeit traten die Berichte über die *Wilden* zunächst in der Form von *zeytungen* heran, wie sie seit dem 16. Jahrhundert in Mode kamen. In diesen wurde über die Reichtümer und Seltsamkeiten der fremden Länder berichtet, dabei aber einer immer noch mittelalterlichen Geschmacksrichtung Rechnung getragen, deren Interesse vorwiegend auf die heidnischen Greuel und Martern ging. Bemerkenswert ist der Bericht des Deutschen HANS STADEN (1557) über die Tupí in Brasilien, der schon im Titel die „wilden, nacketen, grimmigen Menschenfresser" führt. Noch ungünstiger war die Lage hinsichtlich der neuentdeckten Stämme der großen nordosteurasiatischen Landmasse. Hier war ja sogar noch das moskowitische Rußland ein unbekanntes Land mit halb wilder Bevölkerung: SIEGMUND FRH. V. HERBERSTEIN (1486 – 1566), ein österreichischer Diplomat, berichtete als erster eingehend über die Russen und andere (finno-ugrische) Völkerschaften Osteuropas in seinen *Rerum moscoviticarum commentarii* (1549, deutsch 1557), welche die beste Quelle über die ethnographischen Verhältnisse des älteren Rußlands bilden.

Im allgemeinen aber steht die ethnographische Reiseliteratur der damaligen Zeit wissenschaftlich nicht sehr hoch. Auf sachlich-historische Treue der ethnographischen Schilderungen kommt es im 16. und 17. Jahrhundert noch nicht an; die den Reiseberichten beigefügten Holzschnitte entbehren der ethnographischen Treue, die verschiedenen Rassen, – Malaien, Neger oder Indianer – werden ganz uncharakteristisch als muskulöse Europäer abgebildet. Der *dokumentarische* Wert der anthropologischen Tatsachen ist eben noch nicht begriffen, hierzu hätte es eines historisch-individualisierenden Denkens bedurft, das aber erst eine Frucht späterer Zeit ist. Nur mit beklemmender Langsamkeit ringt sich der europäische Geist aus den mittelalterlichen Fesseln empor.

Voraussetzung für eine Änderung der Einstellung war aber auch, daß die naive Selbstgewißheit des europäischen Menschen durch den kritischen Vergleich mit anderen Rassen und Völkern einen Stoß erlitt, während gleichzeitig sein Selbstvertrauen in die Kraft seines Denkens und Forschens wuchs. In diesem geistigen Prozeß kommt der *italienischen Renaissance* eine entscheidende Bedeutung zu, die uns vor allem durch JACOB BURCKHARDTS geistvolle Darstellung offenbar geworden ist (vgl. für das Folgende *Ges. Ausg.* V : 98 f., 203 f, 357 und CASSIRER 1927). Die am Studium der Antike genährte Gabe des objektiven Beobachtens und Vergleichens, wie sie zum Beispiel in der Kosmographie des AENEAS SYLVIUS (Papst PIUS II.) in der Mitte des 15. Jahrhunderts hervortritt, bezeichnet deutlich bereits modernen ethnographischen Geist.

Voraussetzung für diese neue Sichtweise war die Entdeckung des „objektiven" Natur-Begriffes – damals eine Errungenschaft (CASSIRER a. a. O. 153 f.)! BURCKHARDT hat energisch hervorgehoben, daß besonders der häufige und nahe Kontakt mit Byzantinern und Mohammedanern bei den Italienern der Renaissance einen

Geist der Toleranz hervorrief, vor dem der ethnographische Begriff einer bevorrechteten abendländischen Christenheit allmählich zurücktrat. Der Blick wurde schließlich doch freier für eine vorurteilslose Schätzung und geistige Erfassung fremder Kulturgestaltungen. Einen bedeutenden Anteil an der Entwicklung einer „kosmopolitischen" Blickrichtung hatten in Italien die zahlreichen, aus ihren Heimatstädten verbannten und entwurzelten Männer der Feder.

Wichtiger als die italienische Renaissance wurde für die Erforschung der Neuen Welt natürlich die spanische. Ihre wertvollste Frucht für die Anthropologie war das Werk des Franziskaners BERNARDINO RIBEIRADE DE SAHAGÚN (1500–1590). Dieser, ein Zögling der Universität Salamanca, kam 1529 als Missionar nach Mexiko, wo er mit durchaus modern anmutenden Methoden authentisches ethnographisches und sprachliches Material zu sammeln begann: Er veranlaßte junge mexikanische Christen von vornehmer Herkunft, ihr gesamtes Wissen über bestimmte Lebensbereiche in aztekischer Sprache niederzuschreiben. Er selber lieferte dazu eine spanische Paraphrase. So entstand der berühmte *Florentinische Codex*, der allerdings erst dreihundert Jahre später veröffentlicht werden sollte (SAHAGÚN 1829–1830, vgl. SAHAGÚN 1952 ff.). Er enthält in zwölf Bänden eingehende Berichte über die alte aztekische Religion, Herrschaftsordnung, Sitten und Bräuche, sowie schließlich eine Geschichte der Eroberung Mexikos. Besonders der 10. Band spiegelt die Anthropologie der Azteken: Tugenden und Laster, soziale Organisation, somatische Eigenschaften, Heilkunde, dazu eine – ziemlich ethnozentrische – Beschreibung der Nachbarvölker. – Diese monumentalen Zeugnisse bieten viel mehr als eine Ethnographie mittelalterlichen Kalibers, vielmehr ist unverkennbar bei SAHAGÚN die wissenschaftliche Absicht, die Intentionalität eines völlig fremden Kulturhorizontes sowohl dokumentarisch zu fassen, als auch in europäisch-faßliche Kategorien zu übertragen. Berücksichtigt man die gleichzeitige Geistesgeschichte Europas, dann war SAHAGÚN „der erste Humanist, der die eben an den antiken Sprachen entwickelten Methoden auf eine Sprache gänzlich anderen Baues anwandte ... Seine Texte sollen, wie er selbst sagt, sprachliches Material mit Vokabeln aus allen Lebensbereichen herbeischaffen" (K. A. NOWOTNY 1959 : 125). Das Überwiegen des humanistisch-sprachlichen Interesses bekundet sich auch darin, daß im Jahre 1640 an der Universität Mexiko ein Lehrstuhl für mexikanische Sprache eingerichtet wurde. – Der gleiche humanistische Geist ist in den wissenschaftlichen Arbeiten der Jesuiten-Missionare in Südamerika zu erkennen. Schon im 16. Jahrhundert haben JOSÉ ACHIETA (1533 bis 1597) und LUIS FIGUEIRA (1573–1643) in Brasilien damit begonnen, Grammatiken und Lehrbücher für Eingeborenensprachen zu erstellen, andere sind ihnen später darin gefolgt. Zu Missionszwecken schufen die Jesuiten auf der Grundlage des Tupí die sogenannte *lingua geral*, eine weitverbreitete Verkehrssprache, die im 16. und 17. Jahrhundert mindestens ebensoviel, auch von Weißen, gesprochen wurde, wie das Portugiesische. In der Missionspolitik der Jesuiten tritt in Südamerika andererseits ein utopisches Element in der Behandlung anthropologischer Fremdphänomene mit Macht in Erscheinung: der mit Sonderrechten ausgestattete

Jesuiten-Staat in Paraguay, in dem die Eingeborenen auf gemeinwirtschaftlicher Basis konzentriert und in eiserner Zucht gehalten wurden, stellt eine rücksichtslos *realisierte Utopie* nach dem Muster von CAMPANELLAS theokratischem *Sonnenstaat* (1602) dar (GOTHEIN 1924 : 211 ff.; vgl. FRIEDERICI 1925 – 1936 : II, 232 ff.) – Wir werden den Jesuiten-Missionaren alsbald wieder begegen – in Nordamerika und Ostasien.

Gegen die Arbeiten SAHAGÚNS und der brasilianischen Jesuiten steht die übrige amerikanistische Literatur des 16. und frühen 17. Jahrhunderts zurück. Wir verzeichnen über die alten Peruaner (Inka) den (allerdings erst 1939 durch TRIMBORN vollständig veröffentlichten) Bericht des Jesuiten FRANCISCO DE AVILA (1573 – 1647), die *Cronica del Perú* (Sevilla 1553) des PEDRO CIEZA DE LEON, die Nachrichten des POLO DE ONDEGARDO (1560 und 1571) und die *Commentarios reales que tratan del origen de los Yncas* (Lissabon 1609) des GARCILASO DE LA VEGA. AVILA und GARCILASO waren übrigens halbblütig, und dieser figuriert in seinem Werk als „el Inca“, weil seine Mutter eine Inka-Prinzessin war (vgl. QUESADA SOSA 1948 und PORRAS BARRENECHEA 1949 – 1950). Schließlich verzeichnen wir GABRIEL SAGARD-THÉODAT, *Le grand voyage du pays des Hurons* (1632), einen der frühesten ethnographischen Berichte über Kanada.

In welchem Maße die frühesten Reiseberichte, besonders über Amerika, ihren Niederschlag in der zeitgenössischen europäischen Philosophie gefunden haben, ist noch nicht geklärt, aber die Tatsache als solche dürfte feststehen. In der Egoismus-Theorie von THOMAS HOBBES (1588 – 1679), derzufolge am Beginn der Menschheit der Kampf aller gegen alle stand und die ersten Menschen nichts anderes waren als blutgierige Raubtiere, bestrebt, einander aufzufressen, klingt die vorangegangene Reiseliteratur nach, wenn wir auch leider nicht wissen, aus welchen Kanälen – vielleicht vielfach verdünnt – sie HOBBES zugeflossen ist. Ähnliche Lehren finden wir bei J. BODIN (1530 – 1596) und S. v. PUFENDORF (1632 – 1694). Die starren naturrechtlichen Auffassungen bildeten überhaupt einen ungünstigen Ausgangspunkt für eine Vertiefung der anthropologischen Kenntnisse und wirkten in dieser Beziehung nicht günstiger als das mittelalterliche christozentrische Weltbild: war in diesem der Mensch notwendig *homo christianus* gewesen, so war er jetzt ein abstraktes Vernunftwesen. Weitaus der Mehrzahl der europäischen Gebildeten war der Blick für die historische und kulturelle Eigenbedeutung der anthropo- und ethnographischen Differenzierungen in Raum und Zeit noch für lange Zeit nicht geöffnet.

III. DIE KRITISCHE EPOCHE

1. Der cartesianische Bruch

Man kann darüber streiten, zu welcher Zeit man den Beginn der modernen Anthropologie ansetzen darf. WILHELM DILTHEY entwickelt die *Grundzüge der neuen Anthropologie* aus dem Denken der Renaissance und des Humanismus; doch die Autoren, die er anführt (DILTHEY *Ges. Schr.* II, 422 ff.): Ärzte, Naturforscher und Philosophen des 16. und 17. Jahrhunderts, scheinen uns eher für die Lehre von den Temperamenten und Charakteren, also für die Geschichte der Psychologie (und Pädagogik) wichtig zu sein, als für die der Anthropologie. Noch weniger finden wir bei den bedeutenden Philosophen des frühen 17. Jahrhunderts Anknüpfungspunkte. DILTHEY macht für diese Zeit zwar die „dualistische Anthropologie des DESCARTES" namhaft (*Ges. Schr.* II, 483). Aber gerade vom Standpunkt der philosophischen Anthropologie läßt sich hierzu ein Fragezeichen machen, und zwar eben wegen des cartesianischen Dualismus von – völlig getrennten – körperlichen und geistigen Funktionen, durch die der französische Philosoph zum Hauptvertreter einer dualistisch-mechanistischen Auffassung des Menschen wurde. Denn hierdurch wird (nach GUSDORF) die Anthropologie von der Philosophie abgeschnitten: „L'anthropologie mécaniste est peut-être une mécanique; elle n'est pas une anthropologie" (GUSDORF 1960 : 93). Dieses Urteil scheint uns richtiger zu sein als das DILTHEYS. Freilich ist der cartesianische Dualismus für das mechanistische *Bild vom Menschen,* das man sich in der Folgezeit machte, von entscheidender Bedeutung gewesen. Nicht erst LAMETTRIE, der 1747 ein Buch unter dem Titel *L'homme machine* veröffentlichte, ist der Schöpfer der Lehre vom Menschen als Maschine gewesen, sondern diese These ist schon mehr als hundert Jahre früher von DESCARTES (im *Traité de l'homme,* 1632) vertreten worden. DESCARTES hat auch schon den Gedanken des Computers vorweggenommen und mit völlig modernen Argumenten begründet. Was der Mensch kann: Automaten bauen (wie Uhren), die selbstbewegend sind „sans aucune pensée" (!), das kann die Natur erst recht, nur viel vollkommener, wenn sie die Tiere und vor allem den Menschen hervorbringt (GUSDORF 1960 : 88 ff.).

Diese mechanistischen Gedankengänge scheinen vor allem durch WILLIAM HARVEYS Entdeckung des Blutkreislaufes (1628) entzündet worden zu sein. Denn mit dieser Entdeckung meldete sich der Gedanke der *autonomen Funktion,* aus dem dann HOBBES, MERSENNE und DESCARTES alsbald die Konsequenzen zogen. Was für den Kreislauf gilt, gilt notwendig auch für Schlafen und Wachen, Gliederbewegungen, Verdauung, Gedächtnis, Begierden und Leidenschaften: dies alles wird jetzt physikalistisch gedeutet. Nicht etwa leugnet DESCARTES das Dasein des *Geistes* im Menschen; ihn kennzeichnet ja gerade die Unterscheidung von Körper und Geist, die jetzt herrschend wird, – *res extensa* und *res cogitans* – als eine prinzipielle und völlig disjunktive. Dadurch entsteht jene *fraktionierende Betrachtungsweise* des

Menschen und seine Unterbringung in beziehungslos nebeneinander stehenden Disziplinen (Philosophie, Biologie, Medizin, Soziologie usw.), wodurch eine wirkliche Anthropologie im Keime erstickt wurde. Der Cartesianismus hat aber auch die Gleichsetzung des Begriffes der menschlichen Natur mit der *res extensa* und damit die Beschränkung des Naturbegriffes auf das bloß Meßbare auf dem Gewissen (PLESSNER 1965 : 37 ff.).

Es handelt sich bei alledem nicht um die persönliche Marotte von DESCARTES. Was er denkt und schreibt, geschieht in einem Milieu Gleichgestimmter und -gesinnter, welche die Folgerungen aus der neuen naturwissenschaftlichen Denkweise ziehen. Dieses neue Milieu ist, obwohl es sich für eine mechanistische Betrachtungsweise erwärmt, in seinen Anfängen enthusiastisch und emotionell, wie alle neuen Bewegungen in der Wissenschaft. GALILEI und andere hatten den Anfang gemacht mit der mathematischen Beschreibung der Natur, die von der Methode her dann auch den Begriff der Natur mathematisierte, das heißt auf Quantitäten reduzierte. Man erfaßte ein Residuum, aber man hielt dieses irrig für das Ganze der Natur. Vielleicht darf man sagen, daß DESCARTES' Begriff der menschlichen Natur als *res extensa* eine Folge der Tatsache war, daß er Mathematiker war; was in ihm weiterwirkt, ist die Gesinnung GALILEIS.

Offenbar war es für eine wirkliche, theoretisch durchdachte Anthropologie zu DESCARTES' Zeiten bei weitem noch zu früh. Seine Auffassungen sind für das *Bild* vom Menschen wichtig, das man sich künftighin machte, nicht aber für die *Kenntnis* vom Menschen. Für alle Beiträge, die für eine Kenntnis des Menschen wichtig sind – des ungeteilten, nicht des in *Körper* und *Geist* zerspaltenen – finden wir uns auch im 17. Jahrhundert noch zurückverwiesen auf die Entdecker der Welt und ihrer Gesellschafts- und Kulturmannigfaltigkeit.

2. *Das Genre der Reisebeschreibungen*

Schon aus den Systemen der Naturrechtsdenker hatte sich ablesen lassen, daß die Nachrichten aus den fremden Ländern und von fremden Völkern und Rassen für die Europäer zu einem Sprengstoff werden sollten, der zu einer kritischen Besinnung darüber führen mußte, ob denn nun der europäische Mensch und seine Formen der Kultur, der Gesellschaft und des Staates wirklich die besten und einzig möglichen seien. Waren die sozialen und staatlichen Formen des Menschen wirklich invariabel im Raume und in der Zeit? Der entscheidende Umschwung des Denkens vollzog sich nach dem Dreißigjährigen Kriege, genauer gesprochen in den letzten Jahrzehnten des 17. und den ersten des 18. Jahrhunderts. Wieder waren es Reisen und Reiseberichte, die den Anstoß gaben.

Die *Reisebeschreibung* triumphiert von dieser Zeit an als literarische Genre, sie dient zum Rahmen für die verschiedensten Vorhaben: für gelehrte Abhandlungen, Museumskataloge, psychologische Studien oder reine Romane, – vor allem aber für die Anspinnung kulturkritischer Betrachtungen (HAZARD [2]1948 : 34 ff.). Es schrieben Missionare, Ärzte, Seeleute, heimgekehrte Kriegsgefangene, sie überschütteten Europa mit einer Unmasse von Wissensstoff, der nun langsam denkend verarbeitet wurde. Und für die Gelehrten am Schreibtisch wurde es Mode, sich auf die Berichte der Reisenden zu berufen; China, Persien, Indien, Mexiko wurden zu Argumenten, wo irgendein gelehrter Kopf die europäischen Zustände und traditionellen Überzeugungen kritisch zu spiegeln beabsichtigte. Ein Prototyp dieser Argumentationsweise ist der berühmte Enzyklopädist PIERRE BAYLE (1647 – 1706), der 1683 beispielsweise die Behauptung eines Consensus aller Völker über die Existenz Gottes mit der rhetorischen Frage abfertigt:

> „Was wollen Sie mir antworten, wenn ich Ihnen die atheistischen Völker entgegenhalte, von denen STRABON spricht, und die, welche die zeitgenössischen Reisenden in Afrika und Amerika entdeckt haben?" (Zit. HAZARD a. a. O. 37).

Aber auch die Ideen des Eigentums, der Freiheit, der Gerechtigkeit, das gesamte Arsenal der Argumente, die erst viel später in der Französischen Revolution politische Gestalt annahmen, sind nicht erst durch die französischen Aufklärungsdenker, sondern bereits um 1700 geprägt worden. Gegenstand der Aussprache aber wurden sie durch den Vergleich mit der Ferne. Die neuentdeckten soziologischen und kulturellen Tatsachen (oder was man dafür hielt) boten einen unerschöpflichen Anschauungsstoff, um die Relativität der bis dahin als absolut geltenden abendländischen Wertungen darzutun. Man widerlegte mit ihnen christliche Dogmen und politische Vorurteile. Neben der rationalistischen Strömung ist auch eine sentimentale schon lange vor ROUSSEAU erkennbar, neben der HOBBES'schen Verzerrung des *Naturmenschen* ins Brutal-Tierische die Verzerrung ins Ideal-Großherzige und Gütige. Das Genre der erfundenen Zwiegespräche zwischen dem *edlen Wilden* und dem Kultureuropäer, mit seiner kulturkritischen Zuspitzung, entsteht schon damals. ARMAND DE LAHONTAN mit seinen 1703 veröffentlichten *Nouveaux Voyages…* scheint es geschaffen zu haben. Der Hurone, der nicht lesen und schreiben kann, ist darum von Leiden frei, denn Wissenschaften und Künste sind nur eine Quelle der Verderbnis; ein einfaches Dasein mit natürlicher Religion und Moral und primitivem Kommunismus verbürgt Gerechtigkeit und Glück, ist besser als unsere gesellschaftlich eingezwängte Existenz (vgl. GONNARD 1946). Neben dem *edlen Wilden* erscheinen der ägyptische Weise, der spottende Türke und Perser (dieser kulminierend 1721 in MONTESQUIEUS *Lettres Persanes*), und schließlich der chinesische Philosoph. Durch die jesuitischen Missionare (u. S. 45) hatte man nämlich Nachrichten über die Lehre des Konfuzius und begeisterte sich für sie.

Dieser Zustand bezeichnet lediglich das Erwachen einer Problematik, besagt aber noch nicht, daß anthropologische Probleme nun auch sofort wissenschaftlich bearbeitet worden wären. Dieser Forderung hatte G. W. LEIBNIZ (1646 – 1716) am nachdrücklichsten Ausdruck verliehen. Sein universales wissenschaftliches Interesse erfaßte auch die Ethnographie; er bemühte sich leidenschaftlich um die Beschaffung zuverlässiger Nachrichten über China. Auch ist LEIBNIZ der erste Europäer, für den Rußland zu einem ethnographischen Problem wurde (B. Richter 1946). Dieses aufsteigende Reich im Osten war für ihn bemerkenswerterweise zuerst als geographische und geistige Brücke nach China bedeutsam geworden, gewann aber dann auch um seiner selbst willen die lebhafteste wissenschaftliche Anteilnahme des Philosophen. Durch eine umfangreiche, über Jahrzehnte sich hinziehende Korrespondenz suchte sich Leibniz über die verschiedenen Sprachen der zahlreichen Völkerschaften Rußlands zu unterrichten. Er hat auch den Zaren Peter den Grossen auf die Aufgabe hingewiesen, Sprachproben sammeln zu lassen. Sein Ziel war, durch Sprachvergleichung die Verwandtschaftsverhältnisse, Wanderungen und historischen Beziehungen der Ostvölker zu erhellen. Zu diesem Zwecke suchte er das Verfahren der Etymologie auf eine wissenschaftliche Grundlage zu stellen. Er schreibt darüber:

> „Wohlverstandene Etymologien sind interessant und wichtig, aber man muß die Sprachen mehrerer Völker miteinander vergleichen und keine zu starken Sprünge von einer Nation zu einer weitentfernten machen, ohne gute Beglaubigung zu haben. Dabei ist es von besonderem Wert, die dazwischen liegenden Völker als Garanten zu haben“ (Zit. B. Richter 1946 : 77).

(Man ersieht aus diesem Zitat zugleich, wie eng Leibniz' völkerhistorische Grundsätze mit seinem philosophischen Kontinuitätsdenken zusammenhängen!) Seine Klassifikation der Sprachen aus dem Jahre 1710 ist für ihre Zeit erstaunlich fortgeschritten: nicht nur grenzt Leibniz die Gruppe der slawischen Sprachen bereits richtig ab, auch der Zusammenhang des Finnischen mit dem Lappischen, Magyarischen und Samojedischen ist bereits im wesentlichen erkannt, die uralische Sprachgruppe also bereits im Kern konzipiert; dasselbe gilt für die türkische, keltische und arabische (das heißt semitische) Gruppe. Mit seiner völkerhistorischen Perspektive ist Leibniz seinen Zeitgenossen so weit vorausgeeilt, daß er mehr Spott als Erfolg erntete. Auch seine Mahnung, die Sprachen der Völkerschaften Rußlands aufzunehmen, hat erst einige Menschenalter später Frucht getragen.

Die Arbeiten der Schreibtisch-Gelehrten waren damals im allgemeinen noch viel zu sehr durch pädagogisch-moralische Absichten bestimmt, sie waren kritisch gegen die traditionalistische Kultur und die bestehende Ordnung der Gesellschaft, aber nicht gegen die ethnographisch-historischen Nachrichten, die sie verwerteten. Und diese Nachrichten selber beruhten auch nicht immer auf vorurteilsloser Beobachtung der ethnographischen Wirklichkeit. Manche Reisende brachten lediglich die Ideen mit nach Hause, die sie bereits in ihrem Gepäck mit auf die Fahrt genommen hatten. Schon von Horaz stammt das Wort: „Coelum, non animam mutant qui trans mare current“ (*Epist., 1. Buch*, XI, 27). So ist der Zuwachs an sachlich-anthropologischer Erkenntnis in dieser Epoche noch gering, aber es lag in der neuerwachenden Haltung doch die Anwartschaft auf eine vergleichend-anthropologische Methode. – Die Erforschung der skandinavischen Lappen setzt (wenn man von älteren Berichten absieht), in der zweiten Hälfte des 17. Jahrhunderts mit einer ausgesprochenen Kuriosität ein: Ein schwedischer Edelmann, Johan Ferdinand Körningh, der in Prag zum Katholizismus übergetreten war, unternahm 1659 – 1660 eine

Missionsreise nach Lappland, über die er einen lateinisch geschriebenen Bericht hinterlassen hat, der allerdings erst 1956 (in schwedischer Übersetzung) veröffentlicht worden ist. Er enthält eine lebendige Beschreibung des Lebens der Rentier-Lappen und erfaßt schon in nahezu moderner Weise die Bedeutung des Rentier-Komplexes für die lappische Kultur (Körningh 1956). Wichtiger ist Johannes Scheffer's *Lapponia* (1675, auch deutsch und französisch), die den ersten umfassenden Bericht über Religion, Schamanismus, Bräuche und Lebensformen der Lappen bietet.

Das bedeutendste Werk vor der Jahrhundertwende ist Olfert Dappers *Beschreibung von Afrika*, 1686, kein Reisebericht, sondern eine Zusammenstellung von Nachrichten aus verschiedenen, heute zum Teil verlorenen ethnographischen Quellen, eine Kompilation also, aber ausgezeichnet durch scharfe Erfassung der Rolle, die bestimmte Bräuche in ihrem jeweiligen Sozialhorizont spielen: es ist ein Beginn individualisierender Betrachtungsweise, der sich hier abzeichnet. Der britische Staatsmann William Temple (1628 – 1699) beschäftigte sich vergleichend mit der Politik und Moral Chinas, Perus, der Tartarei und Arabiens. Um dieselbe Zeit tritt Persien stärker in den Gesichtskreis der abendländischen Gelehrten, hauptsächlich durch die ausführlichen Reisewerke des Franzosen Jean Chardin (1643 bis 1713, war von 1665 – 1677 in Persien) und des deutschen Arztes Engelbert Kaempfer (1651 – 1716, *Amoenitates exoticae*, 1712). Kaempfer gelangte auf seinen zwischen 1663 und 1693 ausgeführten Reisen auch nach Japan, und sein Buch enthält den ersten ausführlichen Bericht über dieses Land. Der ebenfalls vielgereiste Arzt François Bernier (1620 – 1688), ein Schüler Gassendis, lieferte 1684 die erste Rassengliederung der Menschheit. Er ist auch der erste, der das Wort Rasse auf den Menschen anzuwenden wagt. Darin bekundet sich eine neue skeptische und libertinistische Haltung, die nicht mehr durch Ehrfurcht vor der Tradition sich gebunden fühlt und bereit ist, mit Vorurteilen zu brechen. Die biblische Schöpfungsgeschichte war ohnehin durch die Entdeckung Amerikas in Mißkredit gekommen, weil nun die Frage auftauchte, ob denn die Indianer auch von Adam abstammten, wieso sie der Sintflut entgangen wären, usw. Die Freigeister stürzten sich natürlich auf dieses Problem, das die biblische Schöpfungsgeschichte als eine Legende entlarven sollte, und der Kalvinist Isaac de la Peyrère († 1676) stellte (1655) die *Theorie der Präadamiten* auf, nach welcher es schon viele tausend Jahre vor Adam Menschen gegeben hätte, von denen die Indianer abstammten. Sein Buch wurde durch Urteil des Pariser Parlaments verbrannt, der Autor von der Inquisition verfolgt und gezwungen, seiner Theorie sowie seinem kalvinistischen Glauben abzuschwören. Die Theologen halfen sich mit Wanderungstheorien, Salomos Ophir-Flotte oder mit den zehn verlorenen israelitischen Stämmen, um die Existenz der Indianer zu erklären (Gregorio Garcia, *Origen de los Indios*, 1607). Der Jesuit Lafitau läßt die Indianer von den vorhellenischen Bevölkerungen Griechenlands abstammen, deren Nachkommen über Nordostasien nach Amerika eingewandert seien. Aber bei Lafitau ist das nur ein Fehlschluß;

wichtiger ist der Weg, auf dem er zu diesem Ergebnis gekommen ist: er besteht in dem methodischen Vergleich der ethnographischen Kultur der Indianer mit den Nachrichten aus antiken Schriftstellern. Vorbereitet worden war dieses Verfahren bereits durch zahlreiche Ethnographen geistlichen Standes im 17. Jahrhundert, bei denen es Mode geworden war, mit klassischen Literaturkenntnissen zu prunken. (Typisch für diese Richtung ist die *Coronica moralizada del Peru,* 1638, von A. de Calancha.)

3. Lafitau und die jesuitischen Missionare

Joseph François Lafitau (1670 – 1740) bezeichnet den Beginn der modernen vergleichenden Ethnologie. Auf Grund einer fünfjährigen Missionstätigkeit bei den Irokesen schrieb er das Werk *Mœurs des sauvages Amériquains comparés aux mœurs des premiers temps,* Paris 1724. Es beruht, wie schon aus dem Titel hervorgeht, auf der vergleichenden Methode, genauer gesagt, auf dem Verfahren der *wechselseitigen Erhellung* von Eingeborenen-Bräuchen und -Institutionen und entsprechenden Bräuchen und Institutionen des Altertums. Durch dieses Verfahren erfaßt er überhaupt erst gewisse soziologisch-ethnographische Typen (vgl. Mühlmann 1964 : 217 ff.).

Durch den Vergleich von Reifeweihen bei den Karaïben mit entsprechenden Zeremonien bei Hellenen und Römern entdeckt er *die* Initiation, durch die Beziehung der Mutterfolge bei den Irokesen auf Herodots Nachrichten über die Lykier *das* Mutterrecht, durch die Parallelisierung des sogenannten Männerkindbetts bei den Irokesen mit ähnlichen Bräuchen aus dem okzitanisch-baskischen Kulturkreis *die* Couvade, durch den Vergleich indianischer Brautkaufsitten mit der römischen *coemtio* und *confarreatio* den Brautkauf. Freilich geschieht die Interpretation dieser Befunde dann im Sinne einer Wanderungshypothese, durch die Lafitau Couvade, Mutterrecht usw. aus Kleinasien nach Amerika gelangen läßt. Daß es *konvergente* soziologische Typenbildungen gibt, vermochte er noch nicht zu sehen; entscheidend ist, daß er die Typen als solche erfaßte, er wird dadurch zum Begründer der ethnographischen Soziologie. Aber Lafitau hat auch die ethnographische Religionsforschung ins Leben gerufen. Er wendet sich scharf gegen die Schriftsteller, welche die barbarischen Völker als Menschen ohne Gott, ohne Religion, Kultur, Gesetz und Herrschaftsformen hinstellen, kurzum: als Wesen, „die vom Menschen fast nichts als die Gestalt aufzuweisen haben" (Lafitau 1724 I, 5). Die sogenannten barbarischen Völker haben durchaus eine Religion, und diese weist sogar enge Beziehungen zur Frühzeit, zu den antiken Orgien des Bacchus und der Göttermutter und zu den Mysterien der Isis und des Osiris auf, und diese Ähnlichkeiten gehen auf die gleichen Prinzipien und den gleichen Urgrund zurück.

Damit ist das moderne anthropologische Bild in großen Zügen gegeben: der Mensch als ein Wesen, das von Natur *und* Geschichte aus Religion besitzt und in sozialen Ordnungen lebt. Es ist keine christliche Religion und dennoch Religion; es sind keine naturrechtlichen Ordnungen und dennoch Ordnungen. Ein entscheidender Schritt ist mit LAFITAU vorwärts getan.

Auf dem Gebiete der Religion glaubt LAFITAU bei Indianern und anderen heidnischen Völkern Spuren einer ehemaligen Verehrung eines höchsten Wesens feststellen zu können; spätere religiöse Formen seien nur Entartungen davon. LAFITAU ist also auch ein Vorläufer der Theorie des *Urmonotheismus*, die zweifellos durch die Sichtweise des Missionars, der Urstand und Endstand ineinssetzen möchte, bestimmt ist (s. u. S. 206).

Man kann den Geist der französischen Missionare dieser Zeit nur bewundern, denn er ist von einer Toleranz getragen, die man vorher und nachher nur noch selten findet. Die Propaganda-Kongregation an die ersten apostolischen Vikare des Pariser Missions-Seminars für Ostasien aus dem Jahre 1659 erließ folgende Anweisung für die Behandlung der Eingeborenen:

> „Hütet Euch, diese Völker auf irgendeine Weise zu bestimmen, ihre Zeremonien, Gebräuche und Sitten zu ändern, sie müßten denn offenkundig gegen Religion und Tugend verstoßen. Denn läßt sich etwas Ungereimteres denken, als Frankreich, Spanien, Italien oder sonst ein Land Europas nach China verpflanzen zu wollen? Nicht unsere Sitten müssen wir in dieses Reich tragen, sondern unseren Glauben, der auf die Sitten und Gebräuche keines Volkes sieht oder sie verletzt, sie vielmehr zu erhalten sucht. Da nun die Menschen einmal so veranlagt sind, daß sie ihre Nation und all das Ihrige mehr schätzen und lieben als das Ausländische, so gibt es für sie keinen stärkeren Anlaß zur Abneigung und zum Haß, als die Abänderung ihrer vaterländischen Gewohnheiten, zumal wenn sich diese durch ihr Alter empfehlen." (Zit. AUFHAUSER 1932 : 18).

LAFITAU ist nicht der einzige Jesuit, der damals die Völkerkunde bereichert hat. Auch die Jesuitenmission in China hat mehrere hervorragende Werke geliefert. Am frühesten ist hier hervorgetreten P. MATTHIAS RICCI (1552 – 1610); er scheint keine veröffentlichten Schriften hinterlassen zu haben, doch ist von ihm bekannt, daß er die Feldmethode der *teilnehmenden Beobachtung* bis zum Extrem getrieben hat, indem er sich in Kleidung, Wohnweise und Ernährung vollständig den chinesischen Gelehrten anpaßte, mit denen er viel umging, und daß er auf solche Weise tief in Geschichte und Kultur des Landes eindrang, so daß man ihn als „zweiten Entdecker Chinas" bezeichnet hat (BETTRAY 1955). Ebenso beweist den neuen Geist anthropologischer Unvoreingenommenheit LOUIS LE COMTES (1656 – 1729) Meinung über die Zeremonien der Chinesen, die ganz unbefangen – aber für die damalige Zeit doch revolutionär! – die Relativität der Aspekte spiegelt: Die Chinesen finden unsere Sitten genauso seltsam wie wir die ihren; die menschlichen Handlungen beruhen eben auf in der Kindheit erworbenen Vorurteilen, sind an und für sich indifferent, und bedeuten nur das, was die Völker in sie hineinlegen. – Hier klingt schon VOLTAIRE an. LE COMTES Schriften (1698) wurden von der theologischen Fakultät in Paris verboten. Anzureihen ist hier auch CHARLES DE BROSSES (1709 bis 1777), *Du culte des dieux fétiches, ou parallèle de l'ancienne religion de l'Egypte avec la religion actuelle de Nigritie,* (1760), das den neuen positivistischen Standpunkt unzweideutig herausstellt: „Il ne s'agit pas d'imaginer que l'homme aurait pû ou dû faire, mais de regarder ce qu'il fait" (DE BROSSES 1760).

4. *Der Beginn des historischen Denkens*

Unverkennbar ist in der ganzen Epoche das Aufkeimen eines historisch-individualisierenden Denkens. Philosophisch prägt es sich vielleicht am schärfsten in den Systemen von SHAFTESBURY, LEIBNIZ und VICO aus. LEIBNIZ' Anschauung, daß zu jedem andersartigen Ereignis auch eine andersartige Welt gehöre (BARTH [2]1915 : 24), nimmt den Struktur-Begriff vorweg, mit dem noch die heutige Anthropologie ringt. Seine Idee der *Kontinuität,* der Wirksamkeit infinitesimaler Einheiten als Übergangsstufen von einem Phänomen zu einem andern ist für die Erfassung der historischen Abläufe und Periodisierungen ebenso wichtig wie für die Frage der Realität anthropographischer und ethnographisch-soziologischer Typen. Die Frage zum Beispiel, ob die Übergänge zwischen zwei historischen Epochen oder zwischen den geographischen Rassen und Kulturtypen stetig oder unstetig seien, bzw. in welchem Maße sie das eine oder andere sind, ist auch in der Gegenwart noch nicht generell gelöst. Die Erfassung feinster (infinitesimaler) Abstufungen des zeitlichen Ablaufes durch intensive Beobachtung sollte vom Ende des 19. Jahrhunderts ab die Hauptaufgabe der auf den *sozialen Prozeß* gerichteten soziologischen und ethnographischen Feldstudien werden (s. u. S. 228). Nicht übersehen darf schließlich werden, daß die Stetigkeitslehre LEIBNIZ' auch im Widerspruch gegen die cartesianische Psychologie erwuchs, welche die seelischen Erscheinungen ausschließlich als Bewußtseinsphänomene faßte: LEIBNIZ betonte auch hiergegen mit Recht die Wirksamkeit infinitesimaler, nicht wahrnehmbarer und folglich *unbewußter* Momente und wurde damit zum Vorläufer der Psychologie des unbewußten Seelenlebens, wie sie später von C. G. CARUS, ED. VON HARTMANN und C. G. JUNG ausgebaut werden und für die Fragen der Sozial- und Völkerpsychologie große Bedeutung gewinnen sollte. LEIBNIZ' Lehre ist ein spezifisch deutscher Beitrag zur Anthropologie dieser kritischen und skeptizistischen Epoche; sie bildet, – selber im Sinne der Stetigkeitslehre genommen – die latente Unterströmung, aus der sich der geistesgeschichtliche Umschlag in ein echt geschichtliches Denken langsam vorbereitet.

Der neapolitanische Denker G. VICO (1667 – 1744) bot in seiner 1725 erschienenen *Scienza nuova* erstmalig eine ausgebaute Theorie vom *zyklischen Ablauf der Völker und Kulturen.* Zwar war der Zyklus-Gedanke schon früher geäußert worden. Im Altertum hatte POLYBIOS einen zyklischen Ablauf der Formen politischer Verfassung behauptet. Aber bei VICO sind es nicht nur die äußeren Formen, die ablaufen, sondern es ist die seelische Grundkraft der Völker selbst; die Theorie greift also über das Soziologische hinaus ins Völkerpsychologische. Drei Stadien werden von allen Völkern durchlaufen: das sakrale, das heroische und das humane, mit den ihnen entsprechenden sozialen und staatlichen Einrichtungen. Nach ihrem Durchlauf erlahmen die Völker sittlich, sinken in die Barbarei zurück, und das Spiel beginnt von neuem: *corso e ricorsi.* Aus der Gesetzmäßigkeit der Entwicklung ergeben sich eine Menge Parallelen, confronti; jedes Volk hat seinen eigenen Jupiter, Herkules, Solon und Homer (vgl. CROCE ²1949).

Obwohl VICO seine Anschauungen nur an den alten Kulturvölkern entwickelt, sind sie dennoch nicht möglich ohne die durch die ethnographischen Reiseberichte vermittelte Vorstellung eines barbarischen Urzustandes: Die *ricorsi* sind Rückfälle in die Primitivität, enthalten also den Gedanken einer *sekundären Primitivität,* wie er von LAFITAU (ein Jahr vor dem Erscheinen von VICOS Werk) für die Entwicklung der religiösen Vorstellungen behauptet worden war. Allerdings ist die Bezugnahme auf die sogenannten *Primitiven* bei VICO äußerst problematisch. FRIEDRICH MEINECKE, der LAFITAU zugunsten VICOS herabsetzt, sieht in jenem nur einen biblizistischen Konventionalisten, „während VICO mit innerer seelischer Erschütterung die dunkle Nacht der Primitiven nacherlebte und mit schöpferischer Phantasie Seelenleben und Institutionen miteinander verknüpfte" (MEINECKE 1959 : 71). Das ist bare Schwärmerei.

Unter dem Einfluß sowohl VICOS wie LAFITAUS steht dann die analog aufgebaute Zyklus-Theorie von ADAM FERGUSON (1767, vgl. W. E. LEHMAN 1930).

5. Linnés Klassifikation

Eine strenge Grenze zwischen naturwissenschaftlicher (hominider) und geschichtlicher (humanider) Anthropologie läßt sich im 18. Jahrhundert noch nicht ziehen. Auch die Zoologen und Botaniker blieben in engster Berührung mit der Reiseliteratur, die ihnen so viel wichtiges und neues Material zutrug. LINNÉ veranlaßte selber die Entsendung von Reisenden nach Amerika, Japan, China, Afrika und Arabien; sie brachten ihm Pflanzensamen aus aller Welt mit, – aber der bleibende Wert ihrer Reiseberichte liegt im Ethnographischen. Reisten die Naturforscher selber, so richteten sie ihre Aufmerksamkeit zwar in erster Linie auf Pflanzen- und Tierwelt, Geologie, Mineralogie usw., zumal dann, wenn die Reisen in amtlichem Auftrage erfolgten. Noch die bedeutendsten Ethnographen des ausgehenden 18. Jahrhunderts, die beiden FORSTER, PALLAS, GEORGI u. a. sind der Vorbildung nach Naturforscher, und ihr Interesse richtet sich erst sekundär, dann aber in immer stärkerem Maße auf den Menschen, auf Kultur, Sprache, Volkstum und Rasse. Ja, die Geschichte der Anthropologie bleibt sogar bis tief ins 19. Jahrhundert eine Geschichte von Nebenher-Anthropologen. Diese Tatsache muß bei der Beurteilung der Fortschritte anthropologischer Erkenntnis wohl im Auge behalten werden.

Seit KARL VON LINNÉ (1707 – 1778), dem Leibarzt des Königs von Schweden, beginnt eine neue Epoche der anthropologischen *Klassifikation.* Sein *System der*

Natur, das von 1735 bis 1766 in zwölf Auflagen erschien, wirkte epochemachend. Zum ersten Male seit ARISTOTELES wurde hier der Mensch in das Tierreich mit hineingestellt. Von der 12. Auflage an (1766) erscheint die Ordnung der Primaten mit *homo sapiens* an der Spitze und der Unterteilung in *Ferus, Americanus, Europaeus, Asiaticus, Afer* und *Monstrosus*. Bleibend davon sind die Varietäten *Americanus* (Amerikanide), *Europaeus* (Europide), *Asiaticus* (Mongolide) und *(Afer)* (Negride) (vgl. VON EICKSTEDT 1937). Als Klassifikationsmerkmale verwendet LINNÉ Hautfarbe, Körpergestalt und Temperamentsunterschiede; seine Beschreibung des *homo europaeus* deckt sich mit der nordischen Rasse. Viel mehr in die Breite als LINNÉ wirkte L. G. L. DE BUFFON (1707 – 1788), dessen *Historie naturelle* seit 1749 zu erscheinen begann. Das für die Gesellschaft geschriebene Werk zehrt wissenschaftlich von der Mitarbeit des Anatomen DAUBENTON und bezieht auch den Menschen in die Betrachtung ein. Die ursprünglich einheitliche menschliche Art ist durch Klima, Ernährung, Lebensweise usw. in Varietäten differenziert worden; zur Klassifikation derselben verwendet BUFFON Hautfarbe, Körpergröße und Körperform sowie ethnische Charakterzüge. Da er gleichzeitig die Rasse als klassifikatorische Einheit ablehnt, kann man ihn als Hauptexponenten jener Richtung ansehen, die den Begriff der *Rasse* beim Menschen absichtlich etwas in der Schwebe hält und ihn nicht deutlich gegen den Begriff *Volk* absetzt. Gemeint ist dabei die historische Fortpflanzungsgemeinschaft. Dieser reichlich diffuse Rassenbegriff beherrscht seitdem fast die ganze französische, englische und später die nordamerikanische Anthropologie, aber auch die öffentliche Meinung jener Länder. Er bedeutet gegenüber der in Deutschland üblich gewordenen Begriffsfassung einen Mangel an theoretischer Schärfe, andererseits einen Zug ins Realistische, weil durch ihn der Blick stets auf die historisch wirksamen sozialen Einheiten – eben die Völker – gerichtet blieb.

Der Gedanke einer biologischen Evolution konnte im 18. Jahrhundert noch nicht aufkommen. Die unmittelbare Beobachtung schien den Botanikern und Zoologen eine Konstanz der Arten zu beweisen. LINNÉ glaubte an eine Fortbildung aus einer begrenzten Anzahl von Urformen; zusammengesetzte Formen sollten sich durch Kreuzung bilden. Nicht erbliche, zufällige Formen sind nur vorübergehende Abänderungen und werden als *varietates solo* unterschieden; dadurch entstehen zum Beispiel die alpine und die patagonische Menschenvarietät *(Alpini parvi, agiles, timidi* und *Patagonici magni, segnes)*; LINNÉ dachte hier also an umweltbewirkte Monstrositäten.

6. *Montesquieu, Voltaire, Rousseau*

Aber die Biologen des 18. Jahrhunderts hielten mehr oder weniger alle menschlichen Rassenunterschiede für milieubedingte Modifikationen. Und die Moralisten und politischen Denker übernahmen dieselbe Ansicht. MONTESQUIEU (1689 – 1755) sieht den die Menschheit differenzierenden Faktor teils in der Herrschaft des *Klimas*, worunter er die Gesamtheit der physischen Umweltbedingungen versteht, teils in den Wirtschaftsformen, die aber selbst wieder klimatisch bedingt sind, und er glaubt (*Esprit des lois*, Buch XIV) an rasch wirkende vererbbare Umgestaltung des Körpers durch die äußeren Faktoren. Soziale Einrichtungen, wie die Polygamie u. a., werden rein klimatisch erklärt; die Passivität der indischen und siamesischen Metaphysik ist eine Wirkung des Klimas. Das nordeuropäische Klima macht leidenschaftslos, wie man an den alten Germanen sieht; wenn trotzdem im sinnlicheren Klima Südeuropas das Mönchswesen überwiegt, so liegt darin eine Gegenbewegung der Vernunft. Diese schafft auch zur Vorbeugung Gesetze. So ist MONTESQUIEU der eigentliche Vater der *Milieutheorie*. Allerdings steht seine Klimalehre in einer ungelösten „merkwürdigen Spannung zu seinen staatsutilitaristischen und aufklärerischen Ideen" (MEINECKE 1959 : 140). Wie alle seine Zeitgenossen nimmt er reichlich Bezug auf die Reiseliteratur und zitiert LAFITAU, DAMPIER, KAEMPFER u. a. Er gilt auch als der Vorläufer der *anthropogeographischen* Betrachtungsweise (MICHEL 1915), die ja ihren milieutheoretischen Beigeschmack bis heute noch nicht ganz verloren hat. Auf Wanderungen und Bevölkerungswachstum richtet er vornehmlich sein Augenmerk.

VOLTAIRE (1694 – 1778) denkt schon stärker geschichtlich. Er verlängert zum ersten Male die geschichtliche Tiefenperspektive nach rückwärts, in unbekannte Urzeiten. „Die Fortschritte des Geistes sind so langsam, die Illusion der Augen ist so mächtig, die Unterjochung unter überkommene Ideen so tyrannisch", daß den Chaldäern unmöglich nur ein Alter von 1900 Jahren vor unserer Zeitrechnung zugeschrieben werden kann. Was man über die wissenschaftlichen Leistungen der Chaldäer und die früheren staatlichen Zustände der Chinesen weiß, setzt ebenfalls notwendig lange Vorbereitungsstadien voraus (MEINECKE 1959 : 87). – Das bedeutet die Einführung des Entwicklungsdenkens in die Anthropologie. Dieses ist aber mit dem Evolutionismus des späten 19. Jahrhunderts nicht zu vergleichen, schon darum nicht, weil es nur einen äußerst langsamen Fortschritt anerkennt. Am besten würde man VOLTAIRES Anschauung als *Gradualismus* bezeichnen. VOLTAIRE führt auch die Linie der China-Begeisterung (vgl. o. S. 45) weiter, die konfuzianische Vernunftreligion (wie er sie verstand) entsprach seinem Naturell. Er ist auf diesem Gebiete der Gefahr der völkerpsychologischen Mißdeutung, deren er sich sonst wohl bewußt war, nicht entgangen. Vieles Fremde und Entlegene zog er nur zu dem Zwecke heran, um das Christentum zu entwerten (vgl. KAEGI 1942 : 221 ff. und CROCE 1915 : 216).

Für die französischen Aufklärer und die Enzyklopädisten bildete die Reiseliteratur vielfach nur ein Arsenal, dem sie Beweise zur ethnographischen Illustration ihrer Argumente entnahmen. J. J. ROUSSEAU (1712 – 1778) führt die sentimentale Strömung in der Betrachtung des *Naturmenschen* weiter. Die Frage, ob Kultur, Wissen, Bildung den Menschen besser und glücklicher mache, war schon im Altertum und dann wieder von den französischen Skeptikern der Epoche um 1700 gestellt worden (s. o. S. 41). So ist ROUSSEAU weniger ein geistiger Schöpfer als der Exponent einer ewigen Problematik. Keine seiner Ideen war neu, aber er verdichtete einen geistigen Krisenstoff in sich und strahlte ihn blendender nach außen als irgendeiner vor ihm. Anthropologisch genommen, stellen seine beiden berühmten Preisschriften (1750, 1754) und der *Contrat social* (1762) das bisher Erkannte auf den Kopf. Der Mensch im Stande der Natur, für den ROUSSEAU die Karaïben Venezuelas als Vorbild wählt, ist frei von allen Bindungen sozialer und religiöser Art; es gibt kein Eigentum, die Gesellschaft bildet sich erst später und beruht auf einem Vertrage. Kultur, Wissenschaften, Künste sind ein Ergebnis der Entartung. – Diese Thesen, die ja nicht neu waren, hatte schon LAFITAU an Hand der ethnographischen Erfahrung widerlegt. ROUSSEAU streicht das durch LAFITAU geschaffene Bild vom geschichtlichen Menschen wieder aus, um zu *seinem* Bilde vom Menschen zu kommen; eine Projektion von infantiler Undifferenziertheit, in der die Sehnsucht nach einer völligen Auslöschung der Geschichte herrscht.

Daß die französische Gesellschaft in der zweiten Hälfte des 18. Jahrhunderts die Überzeugungen ROUSSEAUS und nicht diejenigen LAFITAUS übernahm, war ein Verhängnis, hatte aber auch unmittelbare Folgen für die Anthropologie. Nicht nur waren die *Gebildeten* nicht mehr in der Lage, die Reiseliteratur zu lesen, ohne ihre eigene Problematik hineinzulegen: die Reisenden selber waren schließlich nicht mehr imstande, die Tatsachen unverzerrt zu sehen.

Die inbildliche Motivation und poetisierende Tendenz herrschen also vor und bestimmen die Optik. Man suchte sein Arkadien, oder seine „glücklichen Inseln". Das gilt nicht nur für die Dichter, die „das Land der Griechen mit der Seele suchten" (GOETHE, *Iphigenie* V. 12), wie HÖLDERLIN (*Hyperion,* 1797 – 1799), sondern sogar für einen Augenmenschen wie GOETHE, der immerhin *sein* Arkadien, d. i. Sizilien, selbst bereiste: Trotz realistischer Beobachtung im einzelnen hält er den sozialen Aspekt sorgfältig von sich fern, und entscheidend ist für ihn doch das *„Bild in der Seele"*, das die Insel ihm macht (*Ital. Reise,* 13. April 1787). Man war aber keineswegs auf „klassisch"-südliche Landschaft angewiesen: War die innere Motivation stark genug, so tat auch eine reizlose Steppe ihre Dienste. Der französische Edelmann FRANÇOIS LEVAILLANT, der 1782 mit einer Eskorte von Kap-Hottentotten in der südafrikanischen Steppe reiste, schwankt in seinen Landschafts-Stilisierungen zwischen „désert" und „solitude" und verfällt – trotz treulich berichteten Expeditionsstrapazen und gefährlich bestandenen Abenteuern mit Löwen, Hyänen, Schakalen, Elefanten und Flußpferden – immer wieder in die Stimmung der Idylle.

Stärker entzündete sich die Phantasie an der eben erst (1768) entdeckten polynesischen Insel Tahiti. Der Bericht des Kapitäns BOUGAINVILLE (1771) nennt sie *La Nouvelle Cythère* und schildert sie als ein Land, in dem der paradiesische Urzustand im Sinne ROUSSEAUS verwirklicht scheint. Bald erscheinen zwar die viel eingehenderen Berichte von COOK, JOH. REINHOLD FORSTER und GEORG FORSTER über Tahiti, und sie zeigen uns eine kastenartig gegliederte Gesellschaft mit komplizierter Rangordnung, ausgeprägtem Kultus und Zeremonial und einem entwickelten

System wirtschaftlicher Leistungen und Gegenleistungen, kurzum das Produkt einer ausgesprochenen soziologischen „Spätphase“: aber die Zeitgenossen lasen auch aus diesen Berichten den *Urzustand* heraus, den sie wünschten. Überhaupt wird man die Quellenkenntnis der Aufklärungsphilosophen nicht überschätzen dürfen. HONIGSHEIM hat (1952) eine Tabelle zusammengestellt, welche die Quellenkenntnis, Gesichtspunkte und Interessenrichtung der französischen und englischen Aufklärungsdenker über die Eingeborenen Amerikas in interessanter Weise veranschaulicht. Es zeigt sich dabei, daß hinsichtlich der Vielfalt und Zahl des benutzten Quellenmaterials die Enzyklopädisten, VOLTAIRE und BACON am besten abschneiden, etwas weniger gut MONTESQUIEU und LOCKE, ausgesprochen schlecht hingegen in jeder Hinsicht ROUSSEAU: er benutzt nur wenige Quellen, hat nur eine mäßige Anzahl von ethnischen Beispielfällen und nur wenige Gesichtspunkte, die Kultur und Religion der Indianer interessiert ihn nur mäßig, andere Fragen aber (physische Eigenschaften, Ursprung, Sprachen, soziales, politisches und wirtschaftliches Leben, die Einstellung des weißen Mannes zum Indianer, die Frage von dessen Anpassungsfähigkeit an die höhere Zivilisation) interessieren ihn überhaupt nicht.

Die vorwiegend durch französische Denker repräsentierte kritisch-skeptische Epoche der Anthropologie schließt etwa mit dem Todesjahre ROUSSEAUS und VOLTAIRES (1778) ab. Sie hatte noch fast ganz im Banne des naturrechtlichen Denkens gestanden mit seinem Glauben an die zu allen Zeiten und überall vorhandene Gleichartigkeit der menschlichen Natur und die Unveränderlichkeit der höchsten menschlichen Ideale. LEIBNIZ, LAFITAU, VICO, DE BROSSES und VOLTAIRE bezeichnen den allmählichen Übergang zum geschichtlichen Denken. In den achtziger und neunziger Jahren geht dann die Führung in der Anthropologie sozusagen schlagartig an die Deutschen über: es beginnt die klassische Epoche.

IV. DIE KLASSISCHE EPOCHE

1. Der Aufschwung der deutschen Anthropologie

Daß die klassische Epoche in der Anthropologie nahezu ausschließlich durch deutsche Denker und Forscher repräsentiert wird, hängt natürlich mit dem allgemeinen Aufschwung des deutschen Geistes auf allen Kulturgebieten in diesem Zeitabschnitt zusammen. Ist doch (nach der glänzenden Charakteristik, die JACOB BURCKHARDT im Jahre 1874 von dieser deutschen Epoche entworfen hat) eines ihrer Hauptkennzeichen der Sinn und die Achtung für die Eigenart aller Länder und Völker, die „hohe Gabe der Nation zur Verdeutschung alles Fremden" und das Erwachen eines „allgemeinen, objektiven Verständnisses des Vergangenen und des Fremden überhaupt" (BURCKHARDT, Ges. Ausg. 1929 – 34: XIII, 24 f.). Daß eine solche Epoche dem Gedeihen der Anthropologie günstig sein mußte, leuchtet ein. Ihr Beginn wird bezeichnet durch eine Atmosphäre gesteigerten Austausches, fördernder Aussprache und auch gegenseitiger Kritik zwischen einigen hervorragenden Geistern. Alle betonen, daß es nun darauf ankomme, die menschliche Natur mit derselben Treue zu studieren wie Tiere und Pflanzen. Das letzte Viertel des 18. Jahrhunderts zeigt eine auffällige Häufung anthropologisch wichtiger Arbeiten in Deutschland.

BLUMENBACHS berühmte Dissertation *De generis humani varietate nativa* erscheint 1788. KANT veröffentlicht seine grundlegenden rassenkundlichen und rassentheoretischen Aufsätze 1775, 1785, 1786 und 1788. Daß darüber hinaus KANTS philosophische Leistung von grundlegender, säkularer Bedeutung für die abendländische Wissenschaft, also mittelbar auch für die empirische Anthropologie ist, bedarf kaum einer Betonung. J. R. FORSTERS *Observations* werden deutsch zuerst 1783 von seinem Sohn GEORG herausgegeben. Dieser veröffentlicht seine wichtigsten eigenen Arbeiten zwischen 1777 und 1786, 1787 – 1788 hat er eine Kontroverse mit KANT über den Rassenbegriff. GEORG FORSTERS Freund SOEMMERRING läßt 1785 seine vergleichend-anatomische Studie über den Neger und Europäer erscheinen; 1792 gibt er PETER CAMPERS Buch *Über den natürlichen Unterschied der Gesichtszüge in Menschen verschiedener Gegenden und verschiedenen Alters* in deutscher Übersetzung heraus. Die wichtigsten rassen- und völkerkundlichen Aufsätze von MEINERS im *Göttingischen Historischen Magazin* und *Neuen Göttingischen Historischen Magazin* fallen in die Jahre 1787 – 1794 (vgl. IHLE 1931). HERDERS *Ideen zu einer Philosophie der Geschichte der Menschheit* erscheinen 1789 – 1790. W. VON HUMBOLDT, der in seiner Frühzeit von MEINERS und G. FORSTER beeinflußt wurde (LEITZMANN 1936), schreibt 1791 seine Abhandlung *Über die Gesetze der Entwicklung der menschlichen Kräfte*, 1795 seinen *Plan einer vergleichenden Anthropologie* (in: HEINEMANN 1929 : 1 – 11, 12 – 45; jetzt auch: W. VON HUMBOLDT 1960 ff. : I, 43 – 55, 337 – 375). – Der Beginn der klassischen Epoche verdichtet sich also in einem Zeitraum von zwanzig Jahren.

Aber diese Fülle ist die Frucht eines während des ganzen 18. Jahrhunderts aufgestauten Erfahrungsschatzes an rassenkundlichen und völkerkundlichen Beobachtungen aus allen Teilen der Erde. Die Berichte der Reisenden waren im Laufe der Zeit zuverlässiger geworden, und die Reisen wurden oftmals von anerkannten Gelehrten von vornherein mit wissenschaftlichen Absichten ausgeführt. Je eingehender und genauer aber die ethnographischen Berichte wurden, desto geschichtlicher wurde der theoretische Niederschlag in den Arbeiten der Denker daheim.

Die russischen Zaren zogen planmäßig fremde berühmte, vor allem deutsche Gelehrte heran, um die Länder ihres ungeheuren Reiches zu durchforschen. PETER SIMON PALLAS (1741 – 1811), JOHANN GOTTFRIED GEORGI (1738 – 1802), SAMUEL GOTTLIEB GMELIN (1744 – 1774), JOHANN ANTON GÜLDENSTÄDT (1745 – 1781), G. W. STELLER (1709 – 1746) sind die bekanntesten von ihnen. PHILIPP JOHANN VON STRAHLENBERG wurde als schwedischer Kriegsgefangener von Poltawa (1709) zu unfreiwilligem Aufenthalt in Rußland gezwungen („Ich muß bekennen, daß ich, wie ich anfänglich in die Gefangenschafft gekommen, von der Beschaffenheit dieser Länder eben so viel gewust, wie ein Ostiake von Teutschland", STRAHLENBERG 1730 : 5), lernte große Teile Sibiriens kennen und sammelte auch Vokabulare, wobei er ausdrücklich der Anregung des „großen Philosophus Baron Leibnitzens" folgt. Durch diese Reisen wurden im letzten Drittel des 18. Jahrhunderts die zahlreichen Völkerschaften im Rahmen des Russischen Reiches zum ersten Male nach Sprache, Kultur, Rasse, sozialen und religiösen Verhältnissen in den Umrissen bekannt. HANS EGEDE (1686 – 1758) und DAVID CRANZ (1723 – 1777) berichteten (1738, 1765) zum ersten Male Genaueres von den Grönland-Eskimos, CARSTEN NIEBUHR (1733 – 1815) wurde berühmt durch seine einzigartige, in Göttingen organisierte Expedition nach Arabien, Persien, Cypern und Palästina (1761 – 1767). Die wissenschaftlich bedeutendsten Reisewerke über Ostasien in diesem Zeitabschnitt sind die *Description de l'Empire de la Chine et de la Tartarie chinoise* von P. J. B. DU HALDE, S. J. (1735), und die *Voyages au Japon* des Schweden C. P. THUNBERG (1796). Aus Amerika sind die Berichte von P. F. X. DE CHARLEVOIX über die Algonkin (1744) und die *Historia de Abiponibus* (1784) von P. MARTIN DOBRIZHOFFER, S. J., bemerkenswert. Das letztgenannte Werk ist die wichtigste Quelle über den Jesuitenstaat Paraguay und die dortige indianische Bevölkerung im 18. Jahrhundert. – Die für die Anthropologie wichtigsten Expeditionen waren aber die Weltreisen von JAMES COOK, von denen die zweite (1771 – 1775) auch mit einem wissenschaftlichen Programm hinausging; an ihr nahmen JOH. REINH. FORSTER und sein Sohn GEORG teil, die beiden einzigen Reisenden dieser Epoche, die zugleich das Bedürfnis nach einer theoretisch-anthropologischen Verarbeitung und Zusammenfassung ihrer Erfahrungen fühlten; – und diese Erfahrungen waren reich, denn die Expedition hatte u. a. Polynesien, Melanesien und Feuerland berührt, und die beiden FORSTER hatten so die ungeheuren kulturellen Unterschiede innerhalb der wilden Menschheit kennenlernen sowie die mannigfachsten Unterschiede der Rasse beobachten können. Ihrer Ausbildung nach waren der ältere FORSTER zuerst Theologe, dann Naturforscher, der jüngere Naturforscher. Beide waren polyglott. Vor ihrer Weltreise mit COOK hatten sie – GEORG war damals erst zwölfjährig – im Auftrage der russischen Regierung die deutschen Kolonien an der Wolga besucht (vgl. MÜHLMANN 1938 : 39 – 51).

2. *Johann Reinhold Forster und Georg Forster. Kant*

Die Probleme, welche die klassische Epoche beschäftigten, sind hauptsächlich folgende: 1. In welchem Verhältnis stehen die verschiedenen Kräfte des Menschen zueinander, insbesondere, wie ist eine psychische Anpassung möglich, und was lehren die neuen Erfahrungen über den *Naturmenschen* hierüber? 2. Was können uns dieselben neuen Erfahrungen lehren über die Kräfte des geistigen und zivilisatorischen Fortschritts und über den Gang der Kurlturentwicklung in der Geschichte der Menschheit? 3. Durch welche anatomischen, physiologischen und moralischen Züge unterscheiden sich die Rassen und Völker, und welche Kriterien haben wir zur Bestimmung der Unterschiede? 4. Was ist überhaupt Volk seinem Wesen nach, auf welchen Wegen kann man in dieses Wesen eindringen und seiner Eigenart gerecht werden?

„Wer noch Fähigkeit und Einsicht genug besäße", klagt JOH. REINH. FORSTER (1729 – 1798), „um mit Nutzen für die Welt zu reisen, schränkt mehrenteils seine Aufmerksamkeit auf unbelebte Gegenstände ein, erstreckt sie höchstens bis zum Tierreich, indes der *Mensch* unter geringschätzigeren Dingen vernachlässigt und vergessen wird" (J. R. FORSTER 1783 : 179). J. R. FORSTER ist also ganz bewußt auch Anthropologe. Er entwickelt aus eigener Anschauung die Unterschiede der Rassen der Südsee, Australiens und Feuerlands. Er erfaßt die Bedeutung der *Tradition,* das heißt der Weitergabe „angeerbter und erworbener Kenntnisse" und die Bedeutung der Anhäufung von Kenntnissen aus früheren Generationen für den „Fortschritt". Der Überlieferungsschatz muß aber stets neu *„angepaßt"* werden. Darum ist Erziehung wichtig: sie hilft den Vorrat von Begriffen, die ein Volk von seinen Voreltern mitbekommen hat, bewahren. Je besser die Erziehung, um so mehr von der Kultur wird bewahrt. Mangel an Erziehung aber kann zur Ausartung führen; so kann man vielleicht die bedeutenden Kulturunterschiede zwischen den Polynesiern, Melanesiern und Feuerländern erklären. Die geographische Milieutheorie (im Sinne MONTESQUIEUS) reicht als Erklärungsprinzip nicht aus. Der Anpassungsbegriff ist auch psychisch zu verstehen und auf das *Glück* der Menschen zu beziehen. FORSTER meint – im Gegensatz zu ROUSSEAU – daß der zivilisierte Mensch in einem wohlgeleiteten Staate doch glücklicher sei als etwa der Feuerländer.

Tiefer faßt GEORG FORSTER (1754 – 1794) die Frage nach dem *Glück der Menschheit:* Vollkommene Anpassung ist die Ruhe des Todes; *Leben* aber besteht in einem dauernden Ringen verschiedener Kräfte, die wir mit Gut und Böse, Tugend und Laster nur unvollkommen charakterisieren. Es ist ganz unberechtigt, mit ROUS-

SEAU anzunehmen, daß alle Kräfte des Menschen in gleichem Maße und gleichzeitig zu vervollkommnen seien. Ihre ungleichmäßige Entwicklung führt freilich zu Anpassungsschwierigkeiten *(Zerrüttungen)*, die aber notwendig im Entwicklungsgange der Menschheit beschlossen liegen, wie er nun einmal abgelaufen ist. Das wissenschaftliche Streben gehört mit zur Natur des Menschen. Die Widersprüche in der menschlichen Natur liegen, wie die in der Natur überhaupt, lediglich in unserer Vorstellungsart. Ein vollkommenes Gleichgewicht der Kräfte wäre nicht mehr Leben, sondern Tod (G. FORSTER 1843 : V, 62–65). – Bei GEORG FORSTER, der völlig durch das Erlebnis der vierjährigen Reise mit COOK und seinem Vater geformt worden ist – er zählte bei Antritt der Reise erst achtzehn Jahre –, ist *das Erlebnis des Fremdphänomens identisch mit der Anerkennung der Wirklichkeit schlechthin.* Beim Eingeborenen, zum Beispiel dem Tahiter, geht die Anerkennung des objektiven Daseins in Anbetung über, sobald er sich gegen das unaufhaltsam Wirkende nicht nur leidend verhält, sondern sich dadurch auch eingeschränkt und überwältigt fühlt (G. FORSTER 1843 : IV, 240). Der Mensch sah ursprünglich die Gottheit in allem, also auch im Fürchterlichen und Bösen; erst allmählich reinigte sich das Gottesbild und streifte die grelle Behauptung, daß auch das Gute Ursache des Bösen sein könne, ab. Aber dieser Zustand ist eben *nicht* der ursprüngliche, sondern eine späte *Rationalisierung* (würden wir heute sagen), und dasselbe gilt demnach auch für das ROUSSEAUsche Kulturbild. Natürlich braucht FORSTER nur aus seiner ethnographischen Erfahrung zu schöpfen, um zu zeigen, daß „der Naturmensch der Neueren ein widersinniges Unding ist, welches in keine mögliche Welt paßt, außer etwa in die, wo Löwen Gras fressen, Tiger Lämmer hüten und Adler die jungen Tauben füttern: das ist eine Welt des Widerspruches, wo alles aufhört zu sein, was ist.“ Es gibt keinen Ur-Kommunismus, auch keine Ur-Weibergemeinschaft; jeder „Wilde“, der nicht schwachsinnig ist, unterscheidet Mein und Dein in allen Teilgebieten seiner Lebenshaltung sehr genau, und seine rechtlichen Beziehungen zu seinen Genossen beruhen auf Gegenseitigkeit (G. FORSTER 1843 : V, 132).

FORSTER hat auch bereits die kulturellen Wandlungen vorausgeahnt, die sich durch die Ausbreitung der europäischen Zivilisation über die ganze Erde vollziehen müßten. Das ganze System des Zusammenhanges werde sich ändern. Ob unsere „auf Freiheitssinn und Griechenlands Philosophie gepfropfte Aufklärung“ auf die uralten, in Jahrtausenden erwachsenen despotischen und patriarchalen Verfassungen asiatischer Völker und ihre jeder Veränderung so abgeneigte Kultur anwendbar sei, sei jedoch noch sehr die Frage (G. FORSTER 1843 : V, 162 f.).

Philosophisch ist FORSTER unverkennbar durch KANT beeinflußt; dagegen folgt er KANT nicht in dessen speziell-anthropologischen Anschauungen über die Frage der menschlichen Rassen. Die Lage war am Ende des 18. Jahrhunderts ungefähr die: Die Anfänge eines geschichtlichen Denkens hatten unvermeidlich dahin gewirkt, daß man auch für den biologischen Ablauf der Menschheit ein oder mehrere Entwicklungsprinzipien annehmen mußte. In der Regel erblickte man diese im Sinn

BUFFONS und MONTESQUIEUS in den äußeren, vornehmlich klimatischen Faktoren; die Unterschiede der menschlichen Rassen waren demnach mehr äußerlich und zufällig bedingte Variationen, die Einheit des Menschengeschlechts und der menschlichen Natur im Sinne der naturrechtlichen Auffassungen wurden dadurch nicht berührt. Insoweit deckte sich das naturrechtliche Bild vom Menschen mit der monophyletischen Abstammungslehre der biblischen Schöpfungsgeschichte. Erst bei denjenigen Aufklärern, welche die ethnographischen Erfahrungen von den unleugbar tiefgehenden Unterschieden zwischen den Rassen und Völkern mit dem Bestreben verbanden, von den biblischen Anschauungen loszukommen oder diese gar zu kritisieren (VOLTAIRE), bildete sich die Ansicht einer mehrlinigen, polyphyletischen Entstehung der Menschheit heraus. Dem damaligen Stande der Forschung nach waren die Polygenisten unleugbar die fortgeschrittenen Geister, die Monogenisten dagegen bibelgebundene Reaktionäre. Wenn die *heutige* Anthropologie zu der monogenetischen These zurückgekehrt ist, so geschah dies auf Grund ganz anderer, neuer Kriterien, die am Ende des 18. Jahrhunderts noch nicht bekannt waren. Wissenschaftsgeschichtlich aber muß jede Erkenntnisleistung auf Grund ihrer eigenen Voraussetzungen gewürdigt werden. – Andererseits mußte in jedem Versuch einer Herausarbeitung von Rassenunterschieden ein Moment liegen, das die naturrechtliche Einheitslehre zersetzte. Es war die seit dem 16. Jahrhundert allmählich aufblühende *anatomische* Wissenschaft, die diese Leistung vollbrachte. Schon VESAL (1514 – 1564) hatte den Menschen mit dem Affen verglichen. Im Jahre 1669 demonstrierte der Londoner Anatom EDWARD TYSON, gefördert durch die kurz vorher begründete Royal Society, den *Pygmäen* als ein Bindeglied zwischen Mensch und Affe *(Orang-Outang, sive Homo sylvestris: or, The Anatomy of a Pygmie Compared with that of a Monkey, an Ape, and a Man,* 1699). Der *Pygmäe* TYSONS war freilich in Wahrheit ein Schimpanse, aber die vergleichende Anatomie der Primaten war damit trotz des Irrtums eröffnet. Mehr als hundert Jahre später (1785) untersuchte S. TH. VON SOEMMERRING (1755 – 1830), ein Freund GEORG FORSTERS, Neger- und Europäerleichen vergleichend-anatomisch mit dem Ergebnis, daß der Neger dem Affen etwas näher stehe als der Europäer; nichtdestoweniger seien die *Mohren* durchaus richtige Menschen, und man dürfe aus dem Befund keinen Schluß auf die Berechtigung der Sklaverei ziehen. Trotzdem wurde SOEMMERRING von theologischer Seite auf das schärfste angegriffen. Die *Mohren* spielten überhaupt in der zeitgenössischen Literatur eine große Rolle. Man warf die Frage auf, warum sie, in ein kaltes Klima versetzt, dennoch ihre schwarze Hautfarbe beibehalten. Der vielgereiste Amsterdamer Anatom PIETER CAMPER (1722 – 1789) arbeitete vergleichend-anatomisch über den Neger und verschiedene Affenarten, bemühte sich zeichnerisch um die Fixierung der verschiedenen Rassenphysiognomien und bildete ein metrisches Verfahren aus, um die primitive Prognathie genau zu bestimmen. Der Vergleich dieses heute sogenannten *Camperschen Gesichtswinkels* ergab eine Stufung von niederen Tierformen über die Affen zum Neger und Europäer. JOHN HUNTER (1728 – 1793) meinte (1775), daß die Umweltwirkungen sich allmählich verstärkten und so erblich würden; plötzlich auftretende Abweichungen erklären sich als Aktivierungen latenter Möglichkeiten, die der Schöpfer in die Organismen hineingelegt hat.

KANT vertritt 1775, 1785 ähnliche Anschauungen. Neu aber ist bei ihm, daß er aus der Tatsache des *Anartens* von Rassenmerkmalen bei *halbschlächtiger Zeugung* (das heißt Kreuzung) den Schluß zieht, daß nur „unausbleiblich anerbende" Merkmale zur Unterscheidung und Klassifikation von Rassen in Betracht kämen. KANT schreibt zuerst 1775:

> „Unter den Abartungen, das ist den erblichen Verschiedenheiten der Tiere, die zu einem einzigen Stamme gehören, heißen diejenigen, welche sich sowohl bei allen Verpflanzungen (Versetzungen in andere Landstriche) in langen Zeugungen unter sich beständig erhalten, als auch, in der Vermischung mit andern Abartungen desselbigen Stammes, jederzeit halbschlächtige Junge zeugen, Rassen ... Auf diese Weise sind Neger und Weiße zwar nicht verschiedene Arten von Menschen (denn sie gehören vermutlich zu einem Stamme), aber doch zwei verschiedene Rassen" (Werke, ed. WEISCHEDEL VI, 12. Noch prägnanter in dem Essay *Bestimmung des Begriffs einer Menschenrasse,* 1785. Werke ed. WEISCHEDEL VI, 65 ff.).

KANT ist also der Begründer des modernen Rassenbegriffs. Wesentlich schwächer ist sein Versuch, das *Gesetz der halbschlächtigen Zeugung* im Sinne einer einheitlichen, also monophyletischen Abstammung des Menschen zu deuten; für diese These führt er (1786) auch das Geschütz der biblischen Schöpfungsgeschichte ins Gefecht („Mutmaßlicher Anfang der Menschengeschichte", Werke ed. WEISCHEDEL VI, 85 ff.) und gerät dadurch in Widerspruch zu G. FORSTER (Werke 1843 : IV, 300, passim) und MEINERS, die aus der ethnographischen Differenzierung den Schluß auf eine mehrstämmige, polyphyletische Entstehung ableiten. Die unleugbare Anpassung der verschiedenen Rassen an verschiedene Himmelsstriche zwingt zur Annahme eines verschiedenen Ursprungs dieser Rassen, meint FORSTER gegen KANT – ein Schluß, der für die damalige Zeit sicher berechtigt war, weil die Prinzipien einer Rassen- und Völkerdifferenzierung aus *einem* Stamm her, die Siebung und Auslese, damals noch nicht gefunden waren; während für KANT zur Erklärung der spezifischen Anpassung der Rassen an spezifische geographische Umwelten tatsächlich nur die Annahme eines „teleologischen Prinzips" übrigblieb *(Über den Gebrauch teleologischer Prinzipien in der Philosophie"*, 1788, Werke ed. WEISCHEDEL V, 139 ff.). Auf den Schöpfergott der Genesis kommt KANT zwar in seiner Antikritik gegen FORSTER nicht mehr zurück. Statt dessen bringt er eine etwas gewundene Argumentation, die nicht voll entscheiden läßt, ob er das „teleologische Prinzip" als Real- oder lediglich als Erkenntniskategorie aufgefaßt wissen will. Da die zweckmäßige Anpassung gewisser Rassenmerkmale unleugbar, der Begriff der Zweckmäßigkeit aber ohne Annahme einer zwecktätigen Ursache sinnlos ist, müssen wir betreffs der organisierten Wesen in der Welt „entweder aller Bestimmung ihrer Ursache entsagen, oder ein intelligentes Wesen uns *dazu denken*" (a.a. O. 167, Auszeichnung von mir). Freilich fügt KANT hinzu, daß dieses hinzugedachte intelligente Wesen keine „erdichtete Grundkraft" sein dürfe, und das klingt wieder mehr nach einer bloßen Auffassungskategorie, die an die Stelle einer vorläufig noch nicht möglichen Theorie treten soll. Aber völlig klar ist die Sache bei KANT in diesem Aufsatz noch nicht. Erst in der *Kritik der Urteilskraft* (§ 75) hat KANT die Kategorie des Zwekkes als einer Erkenntniskategorie von Zweck als Realkategorie klar unterschieden:

> „Es ist doch etwas ganz anderes, ob ich sage: die Erzeugung gewisser Dinge in der Natur, oder auch der gesamten Natur, ist nur durch eine Ursache, die sich nach Absichten zum Handeln bestimmt, möglich, oder: ich kann *nach der eigentümlichen Beschaffenheit meiner Erkenntnisvermögen* über die Möglichkeit jener Dinge und ihre Erzeugung nicht anders urteilen, als wenn ich mir zu dieser eine Ursache, die nach Absichten wirkt, mithin ein Wesen denke, welches nach der Analogie mit der Kausalität eines Verstandes produktiv ist" (KANT 1790 [1963] : 262).

3. Blumenbach

Man rang also damals schon um Probleme, die mit den Mitteln der damaligen Erfahrung und Theorie noch nicht zu entscheiden waren. Vorwegnehmende theoretische Prinzipien, wie die Rassendefinition KANTS, mußten durch ihre – mangels ausreichender empirischer Begründung – abstrusen Folgerungen sofort in Mißkredit geraten und verfielen notwendig der Vergessenheit. Es ist daher auch kein Wunder, wenn gerade die erfolgreichsten und am meisten Schule machenden Forscher der damaligen Zeit sich von theoretischen Problemen mehr oder weniger fern hielten und sich auf das unmittelbar Beobachtbare beschränkten. So vor allem J. F. BLUMENBACH (1752 – 1840). Er gilt als der eigentliche Vater der menschlichen Rassenkunde, und wenn man Erfolg, Schulenbildung, weite und langdauernde Wirksamkeit der Veröffentlichungen (1775, 1795, 1798) als maßgebend ansieht, besteht diese Wertung mit Recht. BLUMENBACH gehört aber auch noch zu der Generation, die durch die Reiseliteratur die entscheidenden Anregungen empfing, und er hat auch später als Professor in Göttingen die Entsendung von Reisenden gefördert, die nicht nur Rassenschädel, sondern auch Ethnographica heimbrachten (PLISCHKE 1937); die Göttinger Sammlung ist dadurch außerordentlich reichhaltig und berühmt geworden. BLUMENBACHS Stärke war Exaktheit und Vollständigkeit der Beobachtung, vor allem am Schädel; so wurde er der Vater der Kraniologie, die dann weiter im Verlaufe des 19. Jahrhunderts lange Zeit die Rassenforschung beherrschen und vereinseitigen sollte.

BLUMENBACHS Rassenklassifikation, besonders die Aufstellung der kaukasischen Rasse, die er mehr ästhetisch als biologisch als eine Art menschliche Mittelform auffaßte, blieb lange Zeit herrschend und wirkt in der angelsächsischen Literatur bis heute nach (vgl. VON EICKSTEDT 1937 : 229 ff.). Die Klassifikation ist bei BLUMENBACH ausdrücklich nicht als biologische Typologie, sondern als eine Angelegenheit der Zweckmäßigkeit betrachtet; tatsächlich, so meint er, seien alle Rassen durch unmerkliche, stetige Übergänge verbunden. (Dasselbe hatten schon Aristoteles und 1761 J. B. Robinet für die Tierarten gelehrt.) So deutet sich bei Blumenbach jene rein konventionalistische und schließlich nominalistische Auffassung der Rassen an, die im 19. Jahrhundert vor allem in der französischen *Ecole d'Anthropologie* weiterwirken und mit Deniker (1900) ihre Krisis erreichen sollte. In dieser Fehlentwicklung ist jedoch eine Folge davon zu sehen, daß die biologischen Prinzipien der Rassendifferenzierung erst nach dem Aufkommen der Selektions- und Vererbungslehre bearbeitet werden konnten.

Trotzdem ist auch Blumenbach biologischen Fragestellungen nicht völlig ferngeblieben. Während er ursprünglich (1779) die Rassenunterschiede im Sinne der traditionellen Umweltlehre (Klima, Ernährung usw.) deutete, setzte er später (seit 1789) die rassischen Verschiedenheiten beim Menschen in Beziehungen zu den *Ausartungen* der Haustiere. Er ist also ein Vorläufer der *Domestikationstheorie* (s. u. S. 188).

4. Meiners

Anscheinend unabhängig von Kant hat auch Christoph Meiners (1747 – 1810) seit 1790 die Anschauung vertreten, es gebe „ursprünglich verschiedene Menschenrassen" mit „erblichen und unauslöschlichen Merkmalen" (*Gött. Hist. Mag.*, VI, 397). Meiners, der philosophische Kollege Blumenbachs an der Göttinger Universität, steht an geistigem Rang hinter den übrigen deutschen Klassikern zurück; er verfügt aber über eine für die damalige Zeit erstaunlich fortschrittliche Findigkeit der Problemstellungen, und seine Arbeiten sind vor allem ein gutes Beispiel dafür, welche allgemeinen anthropologischen Schlüsse der damals vorhandenen völkerkundlichen Reiseliteratur bei scharfer Auffassung zu entnehmen waren. Das Ergebnis ist immerhin erstaunlich (Ihle 1931; Mühlmann 1938 : 28 – 29, daselbst zahlreiche Einzelnachweise).

Anthropographisch vertritt Meiners folgende Anschauungen: Der Mensch ist das Ergebnis unzähliger vorangegangener Zeugungen, wie auch die Erfahrungen der Tierzucht lehren. Die Menschen sind nicht gleich, die Rassenunterschiede Tatsache. Die Humanitätsfrage hat damit gar nichts zu tun, die Sklavenhalter vertreten ja theoretisch auch die Gleichheitslehre! Im allgemeinen – nicht im Einzelfall – besteht ein physiognomisch faßbarer Zusammenhang zwischen körperlichen und geistigen Zügen. Die Kenntnis des Menschen und der „unterscheidenden erblichen Merkmale von ganzen Völkern" ist bisher vernachlässigt worden, während sonderbare Tier- und Pflanzenarten von den Reisenden begeistert gesucht worden sind. Beim Menschen hat man sich bloß auf die Feststellung der Hautfarbe beschränkt und diese durch das Klima erklärt. Aber andere Merkmale, sowie „Fähigkeit und Gemütsart" sind auch erblich bedingt. Die europäischen Völker sind physisch und geistig allen anderen Rassen, einschließlich der Slawen, überlegen. In fremder Umwelt arten die Rassen aus, und zwar gerade die edleren, wie die germanischen Stämme der Völkerwanderungszeit, aber nicht durch Zivilisierung (wie POSEIDONIOS lehrte, o. S. 28), sondern durch Kreuzung mit unedleren Stämmen.

MEINERS vertrat ursprünglich die monophyletische These, die er durch Wanderungstheorien in der Art der Jesuiten des 17. und 18. Jahrhunderts (LAFITAU u. a.) zu unterbauen suchte; später aber wurde er durch die Beobachtung, daß jede Rasse nur an ihren „Ursprungsort" gut angepaßt sei, zu der polyphyletischen Ansicht gedrängt, ähnlich wie FORSTER.

Ethnographisch stellt MEINERS zuänchst einmal grundlegende Unterschiede innerhalb der sogenannten Wilden fest. Manche dieser Völker stehen sehr niedrig, andere reichen an die „gebildeten Nationen" heran. Man muß unterscheiden zwischen a) *Wilden* (Jägern und Fischern) und b) *Barbaren* (nomadischen Hirten). *(Neues Gött. Hist. Mag.*, II, 654 ff.: *Kurze Geschichte der Hirtenvölker,* 1793; *Gött. Hist. Mag.*, VI, 273 ff.: *Historische Bemerkungen über die sogenannten Wilden, oder über Jäger- und Fischer-Völker,* 1790.) Die Jäger und Fischer sind aber meist nicht einseitig, sondern treiben nebenher auch Feldbau, und je mehr sie dies tun, um so sicherer wird ihr Lebensunterhalt, und um so größer werden damit die Gemeinden und Stämme. Einseitige Wildbeuter (wie wir heute sagen würden) leben in kleinen zerstreuten Gemeinden. Die Hirten sind wirtschaftlich viel einseitiger, aber die Differenzen zwischen ihnen sind infolge der Unterschiede des Reichtums dennoch viel größer, so daß einige von ihnen an die gebildeten Nationen heranreichen. Die technisch-wirtschaftlichen Fortschritte geschehen langsam und gestuft, alle Erfindungen bauen auf früheren auf. Einen Übergang vom Hirtentum zum Feldbau gibt es nicht, weil die Hirten einseitig sind und körperliche Arbeit verachten; sie geht gegen ihre Begriffe von Ehre und Schande. Es gibt also keine Entwicklung von der Wildheit zum Hirtenleben (*Neues Gött. Hist. Mag.*, III, 340 ff.: *Kurze Geschichte der Entstehung und Fortbildung des Ackerbaus,* 1794). – MEINERS widerlegt damit die später sogenannte *Dreistufentheorie* der wirtschaftlichen Entwicklung, wie sie 1786 auch von KANT, 1795 von CONDORCET und später vor allem von den Romantikern vertreten wurde, und die bis gegen Ende des 19. Jahrhunderts geherrscht hat. Er bemerkt auch schon richtig die Arbeitsteilung zwischen den Geschlechtern. Die Erfindung des Feldbaus sei jedenfalls in Amerika eine Leistung von Frauen aus wilden Stämmen. Sie ergab sich in Fortsetzung der Sammeltätigkeit.

> „Es mußte daher notwendig bei den oft mühseligen und langwierigen Zusammensuchungen von Wurzeln und Früchten sehr bald einer oder der anderen Wildin einfallen, daß sie sich viele Zeit und Beschwerden ersparen würde, wenn sie eine oder einige der nützlichsten Gewächsarten in der Nachbarschaft ihrer Hütte ansäte oder anpflanzte" (a. a. O., 344 f.).

Nicht alle Völker entwickeln sich auf die gleiche Art. (Es gibt also keine *unilineare Entwicklung.)* Viele scheinbar ursprünglichen Zustände bei *Wilden* sind sekundär und erklären sich aus der Flucht vor mächtigeren Nachbarn in die unfruchtbarsten

Einöden (Theorie der *sekundären Primitivität* in *Rückzugsgebieten!*). Die Theorien von BODIN, HOBBES und ROUSSEAU sind falsch, „gegen alle Erfahrung und Geschichte". Keiner von diesen Autoren hat daran gedacht, irgendein Volk aufzusuchen, bei dem der angeblich ursprüngliche Zustand der Menschheit noch zu finden wäre. HOBBES und ROUSSEAU bringen auch gar nichts Neues, ihre Thesen stehen bereits bei antiken Schriftstellern (*Gött. Hist. Mag.*, II, 700 ff.).

Richtig beobachtet ist bei MEINERS bereits auch die Bedeutung führender Persönlichkeiten bei den Naturvölkern, die er auf erbliche Vorzüge zurückführt, sowie die Rolle der wirtschaftlichen Spezialisierung, die sich ebenfalls auf „wirkliche oder vermeintliche Erblichkeit von Vorzügen" gründete, welche „Erblichkeit von Vorrechten" zur Folge hatte (*Gött. Hist. Mag.*, I, 390 f.).

Völkerpsychologisch stellte MEINERS bei den außereuropäischen Rassen (zuzüglich der Slawen) eine erhöhte sympathetische Reizbarkeit, Beweglichkeit und Anfälligkeit fest, die sich leicht in Verzweiflungsausbrüchen, Konvulsionen, Ohnmachten, Wutausbrüchen und Selbstmordneigung äußern; weitere Symptome dieser Schwäche seien auffällige Nachahmungsgabe, gutes Wortgedächtnis, Furchtsamkeit und Verschmitztheit (Belegstellen bei MÜHLMANN 1938 : 37 f.).

MEINERS' Rassentheorie enthält schon die wesentlichen Züge der späteren Theorie GOBINEAUS. Seine ethnologischen Schlüsse sind durchweg richtig oder bergen einen richtigen Kern; sie enthalten an grundlegenden Einsichten die im Prinzip richtig durchgeführte Sonderung nach der wirtschaftlichen Lebensform, den *Gradualismus* und die Ablehnung der Dreistufentheorie und einer unilinearen Entwicklung. Seine Völkerpsychologie setzt die Thymos-Theorie des POSEIDONIOS fort, gründet sie aber nicht auf Zivilisations-, sondern auf Rassenunterschiede und deckt wesentliche Züge dessen auf, was wir heute entwicklungsgeschichtlich als primitive Mentalität bezeichnen. Allerdings ist es eine elementaristische Psychologie, die in keiner Weise geeignet ist, ein Bild von der psychischen und charakterologischen Verfassung eines individuellen Ethnos zu vermitteln. Ihr schwächster Punkt ist die Verquickung mit der Rassentheorie. Gegen MEINERS' verzerrende Zeichnung der außereuropäischen Völker erhob sich denn auch bald der Widerspruch GEORG FORSTERS: Anstatt alle Völker auf Grund von hundert und mehr aufgelesenen Einzelmerkmalen wertend zu vergleichen, solle man *„ein jedes Volk für sich betrachten, es nach seinen Verhältnissen beschreiben und genau untersuchen, wie es an die Stelle hinpaßt, die es auf dem Erdboden ausfüllt"* (G. FORSTER 1843 : V, 384). Das sind schon HERDERsche Töne, es ist eine historisch-individualisierende Betrachtungsweise, die über die Perspektive der Aufklärungszeit hinausgeht.

5. *Herder*

Nicht als ob bei JOHANN GOTTFRIED HERDER (1744 – 1803) die Motive der Aufklärung fehlten. Seine Absichten sind ethisch-pädagogisch und zielen auf die *Menschheit im Menschen,* aber das Menschliche findet sich für HERDER in individuellen und einmaligen Völkern ausgelegt. Jedes Volk hat seine eigene Entwicklung nach innerster Notwendigkeit. Echt ist nur das Organische, volkstümlich Gewachsene, die künstelnde Nachahmung fremder Muster zerstört und macht unecht. Das Gegenbild zum Organisch-Volkstümlichen ist die *Staatsmaschine,* die verschiedene Völker zusammenfaßt und ihre Eigenart auslöscht. (Die heute oft geübte Unterscheidung von *arteigener* und *nicht arteigener* Kultur ist damit vorweggenommen.) HERDER erstrebte eine Geschichte der menschlichen Seele nach Zeiten und Völkern. Die Gegenstände hierzu bilden die *Sprach*denkmäler, vor allem die Volkslieder, den methodischen Zugang die *Einfühlung.* Der Vorurteile der eigenen, europäischen Kultur muß man sich dabei entschlagen. Jedoch blieb für HERDER – wie auch für seine Nachfolger, die Romantiker – der schöpferische Volksgeist eine Hypostasierung; HERDER blieb in ästhetischer Wertung stecken und drang nicht zur Analyse vor.

Als Anthropologe hat HERDER einen erstaunlichen Horizont. Seine Erörterungen über die Anfänge der Menschheit (in seinem Hauptwerk, den *Ideen der Philosophie der Geschichte der Menschheit,* 1784 – 1791) setzen ungeniert mit einem Vergleich des Menschen mit den anthropomorphen Affen (Orang-Utan) ein. Anatomisch-morphologisch wird an DAUBENTON, TYSON, BUFFON, CAMPER angeknüpft. Vom Orang-Utan heißt es:

> „Die Verrichtungen, die man von ihm erzählt, selbst seine Torheiten, Laster, vielleicht auch gar die periodische Krankheit machen ihn dem Menschen ähnlich." Sogar seine Seele ist menschenähnlich, denn der Affe sei kein reines Instinkttier mehr, „seine Denkungskraft steht dicht am Rande der Vernunft, am armen Rande der Nachahmung. Er ahmt alles nach und muß also zu tausend Kombinationen sinnlicher Ideen in seinem Gehirn geschickt sein, deren kein Tier fähig ist ... *Er will sich vervollkommnen.* Aber er kann nicht; die Tür ist zugeschlossen, die Verknüpfung fremder Ideen zu den seinen und gleichsam die Besitznehmung des Nachgeahmten ist seinem Gehirn unmöglich" (*Ideen* ed. 1966 : 103).

Dieser Gedanke wird anatomisch-morphologisch und ethologisch im einzelnen ausgeführt, wobei auch HERDERS Erwägungen über die Bedeutung des aufrechten Ganges für den Menschen (mit „perpendikulärem Schwerpunkt", a. a. O. 105) ganz modern anmuten. Etwas später erschrickt allerdings der Theologe HERDER vor dem Anthropologen HERDER und meint, man dürfe die Menschenähnlichkeit des Affen auch nicht zu weit treiben:

> „Du aber, Mensch, ehre dich selbst! Weder der Pongo, noch der Longimanus ist dein Bruder; aber wohl der Amerikaner, der Neger. Ihn also sollst du nicht unterdrücken, nicht morden, nicht stehlen; denn er ist ein Mensch wie du bist; mit den Affen darfst du keine Brüderschaft eingehen" (a. a. O. 179).

Aus humanitären Motiven wird also die Einheit des Menschengeschlechtes betont; die Bezugnahme auf die Negersklaverei ist deutlich. Und aus demselben Grunde lehnt HERDER auch die Bezeichnung „Rassen" ab, als gegen diese Einheit verstoßend (a. a. O.).

Noch bedeutender ist HERDER als Ethnologe und Ethnopsychologe. Stammte er doch (ebenso wie die beiden FORSTER!) aus dem Grenzdeutschtum Ost-Mitteleuropas, – aus einer ethnischen Zwischenlage, die besonders für die Erfassung anthropo- und ethnologischer Probleme disponieren mußte. (Wie sehr solche marginalen oder kolonialen Lagen günstige Vorbedingung für anthropologische Problematik schaffen, hatten wir ja schon in der Antike am Beispiel HERODOTS und POSEIDONIOS' gesehen.) Für HERDER wurde schon in jungen Jahren im Baltikum das Erlebnis volkstümlicher (lettischer), von höherer Staatszivilisation überlagerter Kultur bestimmend: Hier wurden die Probleme ROUSSEAUS für ihn unmittelbar konkret. Außerdem wurde HERDER natürlich durch die Reiseliteratur beeinflußt. Er fordert freilich *gute* Reiseberichte, nicht von „durchjagenden Europäernarren" verfaßte (Werke XXV 82), und echte Proben fremder Denkart. Seine persönlichen Erfahrungen aber bezog er aus seiner Heimat, wo ihm zuerst das Problem aufging, wie lange sich die älteren volkstümlichen Kulturen der Letten, Kuren, Pruzzen und Litauer in Liedern, Festen und Bräuchen noch gegen die andringende staatliche Zivilisation werde halten können (MEINECKE 1959 : 366 f.). Die *romantische Ansicht vom Volkstum* und die eigentümliche Wertung, die in jedem Verlust an volkstümlichem Kulturgut in Brauchtum, Sitte und Dichtung einen tief zu beklagenden Verlust an wesenhafter Substanz sieht, beginnen mit ihm, – sie beherrschen die völkerkundliche Literatur bis heute. HERDER steht ROUSSEAU, „diesem sonderbaren menschenfreundlichen Menschenfeind" (Werke X 352 f.), näher als die anderen Klassiker, wie er auch den Naturzustand – gegen die HOBBES'sche Anschauung – als einen Zustand des Friedens ansieht. Das Wertvolle an den *Naturvölkern* ist für HERDER gerade, daß sie nicht *policierte Nationen* sind (Werke XXV, 81). Die sentimentale Unterströmung gegen die Aufklärung, die schon um 1700 zu bemerken ist (s. o. S. 41), gewinnt in HERDER deutlich methodische Form, und die archaistische Grundlage seiner Wertungen kommt unübertrefflich zum Ausdruck in der Gleichsetzung von „Kind und Volk" als des „edelsten Teils der Menschheit" (MEINECKE 1959 : 370). Die Überschätzung der Kräfte volklicher Selbstentfaltung *von innen heraus* verleitete HERDER – wenigstens zeitweilig – zu einer Unterschätzung der Wanderungen, Kulturverbreitung und wechselseitigen Beeinflussungen der Völker. Andererseits hat er aber die Bedeutung der geographischen Umwelt neben dem *Nationalcharakter* lebhaft betont. Die Naturgegebenheit der Völker und die Abneigung gegen die *Staatsmaschine* – verständlich aus dem Erlebnis der etatistischen Politik des 18. Jahrhunderts – bilden den schwachen Punkt in HERDERS Lehre, aber gerade aus diesem Punkt sind später die wichtigsten und stärksten volkstumspolitischen Konsequenzen in Europa gezogen worden (s. u. S. 71). – Es wäre indessen verfehlt, alle diese Konsequenzen einfach auf HER-

DER zurückzuprojizieren, er hat ungeheuer viel geschrieben, und es lassen sich zu vielen Problemen gegensätzliche Äußerungen in seinen Werken entdecken.

Bleibend in HERDERS Leistung ist einmal die Betonung der ethischen Grundvoraussetzungen für jede völkerkundliche und völkerpsychologische Untersuchung: die Forderung, den Menschen als das zu studieren, „was er überall auf der Erde und doch zugleich in jeglichem Strich besonders ist", der jeweiligen volklichen Eigenart unbedingt *gerecht* zu werden und keine *wertenden* Unterschiede zu machen, das heißt „die Überwindung des radikalen Rousseauismus durch den Gedanken des historischen Relativismus" (KORFF 1954 : I, 92). Bleibend ist ferner die Forderung, sich nicht mit den formalen Einzelheiten des ethnischen Daseins, mit der äußeren Lebensart und den physischen Rassenmerkmalen der Wilden und Halbwilden zu begnügen, sondern in Sprache, Seele und Empfindung, in den Kern der *Echtheit* einzudringen. HERDER hat als erster nicht nur der Ahnung irrationaler Tiefenkräfte Ausdruck verliehen – hierin am stärksten von HAMANN beeinflußt –, sondern auch das Problem des völkerpsychologischen Verstehens auf Grund der sprachlichen Dokumente, der Volksdichtung zumal, zwar nicht gemeistert (so weit sind wir auch heute noch nicht), aber doch in seiner ganzen Schwierigkeit unnachahmlich formuliert (Beispielhaft: „Auch eine Philosophie der Geschichte zur Bildung der Menschheit", 1774. Werke [SUPHAN] V, 501 ff.).

Bleibend ist endlich für die Völkerkunde die Perspektive einer auf die *Quintessenz aller Zeiten und Völker* gerichteten Wissenschaft. Das Programm einer *globalen* Völkerkunde ist von HERDER tatsächlich schon im Journal seiner Reise von 1769 formuliert worden, wenn auch die betreffenden Passagen (Werke IV 352 ff.), wie manches andere bei HERDER auch, wegen ihrer aufgeregten Schreibweise schwer lesbar sind. Nicht nur als Enthusiast der *Völker in Liedern,* auch als Ethnograph hat HERDER wirklich die ganze Menschheit im Blick. Das VI. Buch der *Ideen* bietet einen Abriß der Völkerkunde nach dem damaligen Stande der Forschung. Seine Quellenkenntnis reicht nicht ganz an die von MEINERS heran, auch geht er nicht so in die Details wie dieser, dafür überragt er ihn bei weitem durch die philosophische Formung des Aufgenommenen. Seinen Anspruch an den vertieften dokumentarischen Wert der Reisewerke erwähnten wir bereits. Er kennt die wichtigste Literatur über Eskimos (CRANZ) und Lappen (HÖGSTRÖM), sibirische Völkerschaften (PALLAS, GEORGI, STELLER), Afrikaner und Indianer, auch die rezenten Entdeckungen in der Südsee sind ihm vertraut, er hat COOKS Reisen gelesen und JOHANN REINHOLD FORSTER, „den Ulysses dieser Gegenden" (*Ideen* ed. 1966 : 170). Schon 1783 reflektiert HERDER folgendermaßen:

> „Am meisten interessieren mich Nachrichten, wie fremde Nationen *uns* ansehn, was sie von unserer Kultur und Religion, von unseren Sitten und Gebräuchen denken." „Wenn wir in gewissen Sitten und Vorstellungsarten alt und grau geworden, folglich mit ihnen so verwachsen sind, daß wir sie der Menschheit wesentlich, von ihr also gänzlich unabtrennbar glauben; wie oft bin ich sehr heilsam betroffen und beschämt worden, wenn ich fand, daß einige Grade hinauf oder

hinab ganze Völker von diesen Vorstellungsarten und Sitten nichts wissen, nichts je gewußt haben, oft die ganz entgegengesetzten ebenso teuer und wert halten; und doch sich dabei leidlich wohl und gemächlich befinden, als es der brechliche Leim, aus dem die Menschheit geformt ist, ... nur gestatten möchte" (Werke XV 138).

6. Wilhelm von Humboldt

Die Ideen HERDERS sind von WILHELM VON HUMBOLDT (1767 – 1835) seit 1791 methodisch zu einer *vergleichenden Anthropologie* ausgebaut worden. Dies bedeutet den Durchbruch eines historisch-charakterisierenden Verfahrens, das von HUMBOLDT selber auf die *Sprache* angewandt wird. Die Sprache der Völker ist ihr Geist, und ihr Geist ihre Sprache. Der von HUMBOLDT geprägte Begriff *Völkerpsychologie* bezeichnet bei ihm zunächst Geisteserhellung der Völker durch das Studium ihrer Sprache.

Die Brüder HUMBOLDT wurden in jungen Jahren noch stark von GEORG FORSTER beeinflußt (vgl. b. G. FORSTER: LEITZMANN, ZINKE). ALEXANDER VON HUMBOLDT (1769 – 1859) lernte von ihm die Universalität des länder- und völkerkundlichen Interesses. WILHELM wurde durch seine Polyglottie beeindruckt und empfing die ersten Anregungen zu seinen Arbeiten von ihm. Weiterhin hat auf WILHELM VON HUMBOLDT MEINERS gewirkt, besonders aber GOETHE durch seine naturgeschichtlichen Studien und die Anregung, sich mit Anatomie zu beschäftigen. GOETHES Wort „Naturgeschichte beruht überhaupt auf Vergleichung" (1795, „Erster Entwurf einer allgemeinen Einleitung in die vergleichende Anatomie, ausgehend von der Osteologie", Gedenk-Ausgabe XVII, 231) bildet den methodischen Ausgangspunkt für HUMBOLDTS vergleichende Anthropologie, die von Haus aus zunächst als ein Verfahren individuell-physiognomischer Menschenkenntnis entworfen, dann aber auf die historischen Gestalten, besonders den Bau der Sprachen übertragen wurde. Der Aufschwung der vergleichenden Anatomie im 18. Jahrhundert durch DAUBENTON, CAMPER, HUNTER, CUVIER und GOETHE hat also die Voraussetzung gebildet, von der aus HUMBOLDT eine vom Boden der Naturgegenstände schließlich völlig abgelöste Methode der Vergleichung idealer Formen ausgebaut hat, eine Methode, die den Beginn der *Geisteswissenschaften* bezeichnet. Die Bedeutung HUMBOLDTS für die Anthropologie ist also in erster Linie eine methodologische. DILTHEYS Hermeneutik ist bei ihm *in nuce* schon vorhanden (vgl. auch WACH 1926 bis 1933 : I, 227 ff.). W. v. HUMBOLDTS Wort: „Um sich zu verstehen, muß man sich in einem andern Sinne schon verstanden haben"(1821, Werke I, 597) stilisiert eigentlich schon jenen „hermeneutischen Zirkel", der noch die moderne phänomenologische Anthropologie beschäftigt. Bei der Geschichte sei diese Bedingung erfüllt, „da alles, was in der Weltgeschichte wirksam ist, sich auch in dem Inneren des Menschen bewegt". – Doch haben diese Gedanken auf die Anthropologie erst viel später zu wirken begonnen. HUMBOLDT hatte aber auch einen ethnographischen Blick. Seine große Monographie über die Basken (auf Grund einer Reise im Jahre 1801) gibt eine ausgezeichnete Beschreibung von Volkstum und Sprache und stellt das Baskentum ganz richtig in den Zusammenhang der kleinen europäischen Reliktvölker (Waliser, Schotten, Bretonen, Wenden, Esten, Liven u. a.). Doch auch die außereuropäischen Naturvölker lagen in seinem Blick. Er bezog in seine vergleichenden Studien über den Sprachbau bereits auch *die roheren Völker*, zum Beispiel die Indianersprachen ein, soweit sie damals bekannt waren, und zog u. a. psychologische Schlüsse aus dem Unterschied von Genus- und Klassensprachen. Das Ziel einer Charakterologie *ganzer Klassen und Zeiten* hat er deutlich gewiesen. Sie sollte die verschiedenen Tätigkeiten und Interessen der Menschen, die Produkte dieser Tätigkeit und die Lebensführung, sodann das Äußere in Körperbau, Gestalt, Haar- und Gesichtsfarbe, Physiognomie, Sprechen, Verhalten, Gang und Gebärden beobachten und von da schließlich auf die inneren Verschiedenheiten übergehen.

HUMBOLDT denkt aber auch schon stärker soziologisch als irgendeiner seiner Vorgänger; er ist darin mit COMTE zu vergleichen. Die Gesellschaft bildet den Charakter, und der einzelne lebt nur im Gesamtzusammenhang der „wechselseitigen Verschränkung aller Begebenheiten des Menschengeschlechtes" (W. v. HUMBOLDT ed. HEINEMANN: 2). Wechselseitigkeit gilt auch für das Verhältnis von Sprache und Volkscharakter, oder, genauer genommen, beide gehen „zugleich und in gegenseitiger Übereinstimmung aus unerreichbarer Tiefe des Gemüts hervor". Bei HUMBOLDT zeigt sich zum ersten Male jene methodologisch so bedeutsame Denkweise, die nicht ein Phänomen aus einem anderen einlinig-kausativ, sondern beide aus einem überspannenden Dritten *struktural* ableitet. Es ist zugleich die schon bei LAFITAU vorgedeutete und später von DILTHEY sogenannte Methode der *wechselseitigen Erhellung* oder, wie HUMBOLDT sagt, der „Betrachtung einander gegenseitig bedingter Ursachen und Wirkungen" (ebenda 126). Sie gilt nach HUMBOLDT auch für das *vergleichende Studium der Volkscharaktere, die nur als wechselseitig bedingte zu verstehen sind*, und daraus ergeben sich auch volkspolitische Folgerungen. Wie kann man, fragt HUMBOLDT (1795), Geist, Gesinnung und Charakter eines Volkes „vollständig erkennen, ohne nicht zugleich auch die andern erforscht zu haben, mit welchen jenes in den nächsten Beziehungen steht *durch deren kontrastierende Verschiedenheit es teils wirklich entstanden ist, teils allein vollkommen begriffen werden kann?" (Plan einer vergleichenden Anthropologie*, Werke I, 338 f.). Völker bilden sich also „schismogenetisch" (s. u. S. 236) in gegenseitiger Auseinandersetzung. Da aber wissenschaftliches Erkennen für HUMBOLDT zugleich ein Formen und Bilden ist und folglich „das Studium der Charaktere in ihrer Individualität diese letzteren selber vermehrt" (ebenda 350), so muß zum Beispiel der Gesetzgeber in einem Staate, unter dessen Szepter mehrere Völker leben, diese nach Sprache, Sitte, Meinungen usw. empirisch studieren, um ihre Individualitäten, ohne sie auszulöschen, möglichst zum gemeinsamen staatlichen Nutzen einheitlich einsetzen zu können. – Die Bezugnahme auf das etatistische Denken des 18. Jahrhunderts ist auch hier wieder deutlich, ist aber bei dem Staatsmann HUMBOLDT realistischer als bei HERDER, der einseitig gegen den Staat steht.

V. ROMANTIK UND HISTORISCHE SCHULE

1. Die Lehre vom „Volksgeist"

Obwohl die materialen und erkenntnistheoretischen Vorbedingungen für eine fachliche Ausbildung der Völkerkunde (noch nicht der Rassenkunde) mit der klassischen Epoche gelegt waren, kam diese dennoch nicht zuwege. Das hängt mit der Rückbildung des Interesses für fremde Länder und Völkerschaften in dieser Zeit zusammen. Große Expeditionen, wie die COOKschen wurden nur noch selten ausgesandt. Die Erschütterungen der Französischen Revolution und der napoleonischen Zeit rückten den europäischen Völkern ihre eigenen Probleme in den Vordergrund; die in der Nachfolge HERDERS erwachsene *Romantik* lockte zur Versenkung in die Tiefe der historischen Vergangenheit des *eigenen* Volkes und zur liebevollen Erschließung ihrer sprachlichen Zeugnisse (GRIMM). Die romantische Lehre vom *Volksgeist* beraubte sich so einer realistischen Erfüllung, das *Volk* wurde eine mythische Qualität. Die aufblühende *Historische Schule* (SAVIGNY, EICHHORN, NIEBUHR, J. GRIMM, F. BOPP, BOECKH, RITTER, L. v. RANKE) folgte derselben Tendenz, sie wandte sich zunächst den gut dokumentierten Gegenständen der europäischen Geschichte (römische und deutsche Rechtsgeschichte usw.) zu und erprobte an diesen ihre neuen Methoden. Für das Studium der entlegeneren Völkerschaften waren diese Methoden – und zwar notwendig – nicht geeignet. Zugleich schuf das am klassischen Altertum geschulte Humanitätsideal auch ein *ästhetisches* Vorurteil gegen die „häßlichen" und „rohen" exotischen Rassen, – ein Vorurteil, das schon bei MEINERS unverkennbar und bei HUMBOLDT und den Romantikern deutlich ist, und das bis heute eine der wirksamsten irrationalen Hemmungen gegen eine wissenschaftliche Befassung mit außereuropäischen Menschengruppen bildet. Graf YORCK, der Freund DILTHEYS, hat daher von der „sogenannten" *historischen Schule* gesprochen, die man richtiger als eine *ästhetisch-antiquarische* bezeichnen müsse (YORCK 1956 : 9; Briefwechsel DILTHEY – YORCK 1923 : 68 f.).

Was FRIEDRICH SCHLEGEL (1772 – 1829) oder FR. CREUZER (*Symbolik und Mythologie der alten Völker*, 1810 f.) über die Anfänge der menschlichen Gesellschaft, über die Naturvölker zu sagen wissen, ist Rückschritt gegenüber den Einsichten der klassischen Epoche, ja selbst gegenüber den Jesuiten und VOLTAIRE. Die deutsche idealistische Philosophie des 19. Jahrhunderts ist anthropologisch unergiebig; sie könnte höchstens bei moderner phänomenologischer Durchleuchtung einmal Stoff bieten bzw. selber thematisch werden für anthropologische Interpretation. JASPERS' hartes Urteil über SCHELLING dürfte genügen:

> „SCHELLING hat nicht nur keine Ahnung vom Sinn und von den Methoden der modernen Wissenschaften (so wenig wie FICHTE und HEGEL), sondern eine Fremdheit gegenüber faßlichen Realitäten überhaupt. HEGEL ist gegen ihn ein Realist ersten Ranges. SCHELLINGS Scheingenauigkeit im Zitieren, im Erörtern

der Worte, des kleinsten Details auf einem Gemälde, könnte darüber täuschen, daß ihm hier der Wahrheitssinn eigentlich fehlt" (JASPERS 1955 : 249).
SCHELLINGS Vorstellungen von den Naturvölkern Südamerikas (SCHELLING 1856 : I, 63 f., 72 f., 112) muten grotesk an, wenn man bedenkt, was damals ethnographisch bereits seit dreihundert Jahren über diese Menschengruppen veröffentlicht war. Und so können wir auch seine (von JASPERS hochgeschätzte) Mythologie (1856) beiseite lassen, ohne etwas einzubüßen. HEGELS Philosophie hat zu ihrer Zeit und das ganze 19. Jahrhundert hindurch den anthropologischen Horizont eher verdunkelt, und die anthropologisch wichtigen Elemente seiner Lehre vom *objektiven Geist* konnten erst in unseren Tagen aus einem Wust von spekulativen Übertreibungen herausgewonnen werden (N. HARTMANN [2]1960, vgl. u. S. 213). Es sind aber ganz verschiedene Fragen: was uns heute die Philosopheme des deutschen Idealismus noch (oder wieder) sagen können, und wie diese Philosopheme sich zu ihrer Zeit in das Gefüge der Welt- und Menschenkenntnis eingefügt haben. Auch die symbolistischen *Rassentheorien* SCHELLINGS, OKENS und des Dresdener Arztes CARL GUSTAV CARUS (1789 – 1869) entstammen der Spekulation der romantischen Naturphilosophie (BLOME 1943; vgl. BERNOULLI und KERN 1926), bedeuten erkenntnisgeschichtlich Sackgassen und mußten notwendig um die Mitte des 19. Jahrhunderts die Reaktion einer mechanistischen Betrachtungsweise, selbst in der Psychologie, erzeugen. Sogar die vergleichend-anatomischen und physiologischen Studien (M. J. WEBER 1823, CARUS 1851) verharrten im Symbolismus. CARUS zum Bespiel will jede physiognomische Vergleichung nur im Sinne einer Verwandtschaft idealer Formen (wie bei GOETHE, HUMBOLDT und SCHELLING), nicht aber abstammungs- oder rassengeschichtlich gedeutet wissen und wendet sich noch 1864 in nachromantischer Stimmung gegen DARWIN. Leider ist darüber auch seine anthropologisch bedeutendste Leistung, der Hinweis auf die unbewußten Kräfte des Seelenlebens (*Psyche*, 1846) vergessen worden.

Es ist ein wichtiges Werk, in dem „Natur" und „Unbewußtes" metaphysisch gleichgesetzt werden. Interessant ist die Auffassung, daß der schroffe Gegensatz von Ich und Außenwelt für das Unbewußte noch nicht existiere, „in ihm flutet das allgemeine Dasein der Welt noch unmittelbar fort, und in ihm regen sich deshalb alle Fasern der Verbindung, durch welche das Einzelne dem Ganzen überall und immerfort verknüpft ist und verknüpft sein muß" (CARUS 1846 : 80 f.). CARUS' *Psyche* führt hinüber von SCHELLINGS und (noch mehr) GOETHES romantisch-panentheistischer Naturphilosophie, unter Überspringung der positivistischen Epoche, zu modernen Thesen von KLAGES und C. G. JUNG (s. u. S. 145, 181).

Die Bedeutung der *Historischen Schule* für die Anthropologie ist eine vorbereitende. Die immer schärfere Herausarbeitung des geschichtlichen Kontinuitätsprinzips durch F. K. v. SAVIGNY (1779 – 1861), K. F. EICHHORN (1781 – 1854), B. G. NIEBUHR (1776 – 1831, Sohn des berühmten Arabienreisenden) seit etwa 1814, die Hervorhebung der Komplexität aller historisch auf das Leben einer Gesellschaft wirkenden Einflüsse war die unabdingliche Voraussetzung für die Entstehung einer wissenschaftlichen Soziologie (A. B. SMALL 1924), während der auf HERDER und HUMBOLDT fußende Ausbau einer indogermanischen Sprachwissenschaft durch FRANZ BOPP (1791 – 1867) seit 1833 für die vergleichende Linguistik überhaupt die Grundlagen legte. Ohne vertieftes Eindringen in gesellschaftlichen Aufbau und Sprache, also ohne Soziologie und Linguistik, konnte aber auch die Völkerkunde auf die Dauer nicht weiter kommen.

Als methodisches Vehikel war auch die Idee des *schöpferischen Volksgeistes* eine Strecke weit brauchbar, insoweit sie ein entschiedeneres Ernstnehmen der in den Formen des Rechtes, Staates, Mythos usw. wirkenden geistigen Kräfte ermöglichte. Die Gelehrten der romantischen Epoche waren noch imstande, den *Geist* als ein Wirkendes aufzufassen, und ohne HEGELS fatale spekulative Ausbeutung des Begriffes des *objektiven* Geistes hätte dieser schon damals ein von Zweideutigkeiten freies Fundament der Geisteswissenschaften werden können. JAKOB GRIMM (1785 bis 1863), als Märchenforscher mit seinem Bruder WILHELM fragwürdig, wurde durch die Vorstellung vom Volksgeist zu einer sinnvollen Deutung der Rechtsbräuche und mythischen Konzeptionen befähigt (*Rechtsaltertümer*, 1828, *Deutsche Mythologie*, 1835). F. E. D. SCHLEIERMACHERS *Reden über die Religion* (1799) heben das Phänomen des Religiösen mit einem Schlage aus dem Rationalismus der Aufklärung (MEINERS) heraus und waren methodologisch von wesentlicher vorbereitender Bedeutung (WACH 1926 – 1933 : 83 – 167). Auch SAVIGNY leitete die Rechtsformen aus dem *Volksgeist* ab. Sein Schüler war J. J. BACHOFEN (1815 bis 1877, der die Institution des Mutterrechtes wiederentdeckte. (Die Entdeckung durch LAFITAU war vergessen worden.) Allerdings konstruierte BACHOFEN in seinem Mutterrechtswerk (1861, neu ed. MEULI, BACHOFEN, Ges. Werke, 1948 ff., I – II) eine völlig unhistorische Entwicklungsgeschichte der Menschheit mit den Stufen der hetairischen Gynaikokratie, der ehelichen Gynaikokratie und dem Patriarchat. Es muß zwar anerkannt werden, daß BACHOFEN in späteren Jahren den Versuch unternommen hat, seine Mutterrechts-Thesen auch durch ethnographisches Material fester zu unterbauen; er stand dabei u. a. in lebhaftem Gedankenaustausch mit L. H. MORGAN (*Antiquarische Briefe*, Ges. Werke, VIII, 1966). Aber auch wenn BACHOFEN in der Verwertung der ethnographischen Nachrichten eine glücklichere Hand gehabt hätte, so hätte doch der Informationsgehalt des damals zur Verfügung stehenden Quellenstoffes selber nicht ausgereicht, um schwierige Fragen der Verwandtschaftsstruktur und -organisation zu behandeln. BACHOFENS unwissenschaftliche Konstruktionen haben bei Vertretern von Nachbarwissenschaften und Laien (zum Beispiel KLAGES 1929 – 1932) große Verwirrung angerichtet (MÜHLMANN 1964 : 215 ff.). Erscheinungsjahr und Wirksamkeit der Lehre BACHOFENS fallen zwar schon in die zweite Jahrhunderthälfte, nichtsdestoweniger ist BACHOFENS Werk eine Spätfrucht romantischen Denkens. Dasselbe gilt für M. LAZARUS (1824 – 1903) und H. STEINTHAL (1823 – 1899), die seit 1859 ihre Ideen in der *Zeitschrift für Völkerpsychologie und Sprachwissenschaft* vertraten. Es sind HUMBOLDTsche und GRIMMsche Traditionen, die hier fortwirken, verquickt mit der

HERBARTschen Psychologie, die in Wahrheit nicht auf die *Völker*, sondern vermittels der Hypostase des Volksgeistes auf die Gegenstände der Sprache, des Mythos, der Religion usw. angewandt und völkerpsychologisch nur darum genannt wurde, weil die – zwar geforderte, aber nicht verwirklichte – *sozialpsychologische* Mikro-Analyse durch einen Makro-Begriff verschleiert werden mußte. Jede Hypothese ist eben nur eine Strecke Weges brauchbar; dies gilt auch für die Lehre vom *Volksgeist*. Der Begriff der *Völkerpsychologie* hat von HUMBOLDT bis zu WUNDT immer etwas Schwimmendes behalten. Romantisch bestimmt ist auch noch GUSTAV KLEMM (1802 – 1867) mit seiner zehnbändigen *Kulturgeschichte der Menschheit* (1843 – 1852), deren Lehre von den *aktiven* und *passiven* Rassen auch auf GOBINEAU gewirkt hat.

Für die deutsche Völkerkunde kamen die gesündesten Anregungen in dieser Zeit von seiten der aufblühenden erdkundlichen Wissenschaft, namentlich von CARL RITTER (1779 – 1859), dessen Werk *Die Erdkunde in ihrem Verhältnis zur Natur und zur Geschichte des Menschen* zuerst 1817/1818 erschien, und von HEINRICH BERGHAUS (1797 – 1884), dessen Veröffentlichungen länder- und völkerkundliches Wissen in weitere Kreise trugen, und dessen Völkeratlas (im Rahmen seines *Physikalischen Atlas*, 1. Auflage 1836) für die damalige Zeit schlechthin eine Tat bedeutete. Auch ALEXANDER VON HUMBOLDT (1769 – 1859) ist in diesem Zusammenhang zu nennen (PFEIFER 1959).

2. *„Nationale“ Volks- und Sprachwissenschaft*

Wichtiger wurden die in verschiedenen europäischen Ländern allmählich entstehenden *nationalen Philologien und Ethnographien*.

Die Methoden der Sprachvergleichung sind erst eine junge Errungenschaft. Der Gedanke, daß jede Sprache das Ergebnis eines Werdens ist, mußte die älteren mythischen Anschauungen der Sprache erst verdrängen. Bis tief in das 17., ja das 18. Jahrhundert hinein blieb die biblische Anschauung, daß das Hebräische die von Gott verliehene heilige Sprache sei, von der sich nach der Zerstörung des Turmes zu Babel alle übrigen Sprachen abgespalten hätten, herrschend (BORST 1957 – 1963, besonders IV, 1946 f., 2103 f.; A. D. WHITE s. d. II, 135 ff.). Dabei ist wohl zu erwägen, daß das Sprachstudium seit der Renaissance und der Reformation eine Lieblingsübung in der katholischen wie der protestantischen Kirche gewesen ist; auf die günstigen Folgen für die Erforschung von Sprachen amerikanischer Eingeborener schon im 16. und 17. Jahrhundert hatten wir hingewiesen (o. S. 37). Aber dogmatische Vorurteile hemmten den methodologischen Fortschritt. Der Schweizer CONRAD GESNER hat (1555) die These verfochten, daß das Hebräische die Ursprache sei, ebenso ETIENNE GUICHARD noch 1606 und 1631 (BORST ebenda III, 1259 f.). Und noch 1678 haben die Genfer Calvinisten durch ein besonderes Kirchengesetz die Anstellung jedes Geistlichen verboten, der nicht öffentlich anerkannte, daß die hebräischen Bibeltexte sowohl in den Konsonanten als auch in den Vokalpunkten göttlich und authentisch seien. Erst LEIBNIZ hatte mit vollem Nachdruck die These der hebräischen Ursprache abgelehnt (BORST ebenda III, 1477). Daß LEIBNIZ auch als erster die Anregung zur Sammlung von sprachlichen Zeugnissen exotischer Völker gab, wurde schon erwähnt. Durch ihn angeregt, sammelte der spanische Jesuit LORENZO HERVÁS (1735 – 1809) Material aus vielen hundert Sprachen, das er zum Teil selbst als Missionar in Amerika beibrachte. HERVÁS ist zuerst die klare Herausarbeitung der semitischen Sprachfamilie zu danken, wodurch das Hebräische aus seiner glänzenden Isolierung herausgehoben wurde (vgl. BORST ebenda III, 1621 f.). HERVÁS ward gefolgt von J. C. ADELUNG (1806 ff.). Damit war endlich das Eis gebrochen. Die romantischen Richtungen der Folgezeit haben dann die sprachvergleichenden Studien auf ihre Schultern genommen und die Epoche der nationalen Philologien und Ethnographien heraufgeführt.

Diese sind als solche aus den Anregungen HERDERS und der deutschen Romantik, besonders des Volksgeistbegriffes und der romantischen Sprachwissenschaft hervorgegangen und stehen in engstem Zusammenhang mit der nach der napoleonischen Epoche erwachenden Nationalitätsidee bei solchen Völkern, die in fremdem staatlichem Rahmen lebten, wie die Tschechen, Ungarn, Finnen u. a.

Das wirksame Moment dabei ist eine spezifische Verbindung des Gedankens der „volonté générale“ mit dem romantischen Geschichtsbegriff, der das Vergangene (= „Volk“) als in der Gegenwart zwar unbewußt weiterlebend, doch zugleich als gefährdet begreift, – ein Konzept, das begreiflicherweise immer brauchbar war für Minoritätsvölker ohne eigenen Staat.

Die Intellektuellen dieser Völker erfaßten die Chance rasch und gingen nunmehr an den Ausbau einer auf Sprache, Historie und vaterländische Altertümer gegründeten eigenen Geschichtsideologie. Die später so verhängnisvoll gewordene *Gleichsetzung von Sprachfamilien und Völkerkreisen* (slawische, finnisch-ungarische, ural-altaische Einheit) ist aus diesen geistigen Voraussetzungen geboren worden. Die ethnischen Klassifikationen erfolgten künftighin auf Grund nur noch der sprachlichen, nicht mehr sonstiger Kriterien. Dadurch wurden ideologische Einheiten geschaffen, die oftmals der geschichtlichen Wirklichkeit nicht entsprachen. Es ist ungewöhnlich fesselnd, zu beobachten, wie hier durch ein letzten Endes irrationales Grundmotiv Forschungen in Bewegung gesetzt wurden, deren positive Ergebnisse sich in ihrem schließlichen Effekt nach einem Jahrhundert gegen jenes Grundmotiv wenden müssen. Für die Völkerkunde lieferten die Reisen und Forschungen des Finnen M. A. CASTRÉN (1813 – 1853) in Rußland und Sibirien den reichsten Ertrag (STERNBERG 1931).

In Finnland hatte zuerst ELIAS LÖNNROT (1802 – 1884) die epischen Volksdichtungen gesammelt und selbst dichterisch zu dem Kalevala-Epos verbunden (1835). Die weitere finnische Forschung wandte sich besonders den zahlreichen über das Russische Reich verstreuten näher oder ferner Sprachverwandten sowie der Frage der finnischen *Urheimat* zu. Bei CASTRÉN (*Nordische Reisen und Forschun-*

gen, 1853 – 1862) ist der romantische Trieb, in der *Mutter Asien* die letzten Quellen finnischen Volkstums zu entdecken, unverkennbar (deutlich: I, 278). Aber CASTRÉN hat auf seinen Reisen (1838 – 1849) in Lappland, Nordrußland und Sibirien auch eine Unmenge wertvollsten sprachlichen Materials und ethnographischer Beobachtungen über Lappen, Samojeden, Ob-Ugrier, Jenissejer und Tungusen gesammelt. Soziologisch geht die Entdeckung der Einrichtung der Sippen-Exogamie auf ihn zurück. CASTRÉN hat auch als erster klar Familie, Sippe und Stamm unterschieden. Auch die finnisch-ugrische Religions- und Mythenforschung beginnt mit ihm. Er ist der erste Vertreter der Ansicht gewesen, daß die Magie der Religion vorausgeht; auch die Bedeutung irrationaler und instinktiver Regungen für die Religion hat er klar erfaßt und psychologisch durchleuchtet. Seine linguistischen Ergebnisse schließen an die Arbeiten der Deutschen P. S. PALLAS (s. o. S. 53) und HEINRICH JULIUS KLAPROTH (1783 – 1875) an, dessen auf eigene Reisebeobachtungen gegründete Klassifikation der östlichen Sprachen schon 1823 und 1831 erschienen war (*Asia polyglotta*, nebst Sprachatlas). CASTRÉNS Theorie einer Ur-Verwandtschaft der finnisch-ugrisch-samojedischen mit der türkisch-mongolisch-tungusischen Sprachgruppe (*ural-altaische Theorie*, im Rohbau schon von dem Altaisten WILHELM SCHOTT 1836 skizziert) scheint heute gesichert zu sein, nicht hingegen seine (früher schon von KLAPROTH geäußerte) Annahme einer *Urheimat* der ural-altaischen Stämme am Altai. Neben ihm ist als Erforscher der frühhistorischen ethnographischen Verhältnisse Nordrußlands und der westfinnischen Stämme sein Landsmann, der Petersburger Akademiker A. J. SJÖGREN (1794 – 1855) zu nennen (SJÖGREN 1861).

Die ungarische Völkerkunde ist sinngemäß hier anzuschließen. Hier hatte zuerst JÁNOS SAJNOVICS (1733 – 1785) die Verwandtschaft des Magyarischen mit dem Lappischen dargetan (*Demonstratio Idioma Ungarorum et Lapponum idem esse*, 1770, vgl. PÁPAY 1922); aber erst die Romantik ließ diesen Keim wachsen. Zuerst reiste ANTAL RÉGULY (1818 – 1858) in den Jahren 1843 – 1848 zum Ural, um über die Ostjaken und Wogulen, die nächsten Sprachverwandten der Magyaren, linguistisches Material zu sammeln. Das romantische Motiv der Urheimatsuche ist auch bei ihm unverkennbar (vgl. KARJALAINEN 1908). Ausgewertet haben diese Texte aber erst die Begründer der Finno-Ugristik in Ungarn, P. HUNFALVY (1810 – 1891) und JOSEF BUDENZ (1836 – 1892) in den siebziger und achtziger Jahren.

Auch die Völker slawischer Zunge sind stark von HERDERS Ideen beeinflußt worden. Der Gedanke einer slawischen Einheit geht auf ihn sowie den Göttinger Historiker A. L. v. SCHLÖZER (1735 – 1809), den Übersetzer der altslawischen Nestor-Chronik (Göttingen 1802 – 1809) zurück. An HERDER und SCHLÖZER knüpften die russischen Slawophilen an. Wissenschaftliche Bedeutung für die historische Völkerkunde besitzen die *Slawischen Altertümer* (tschechisch 1827, deutsch 1843 bis 1844) des Tschechen P. J. ŠAFARIK (1795 – 1861).

Im allgemeinen hatten die Vertreter dieser nationalen Philologien und Ethnographien, der romantischen Interessenrichtung entsprechend, mehr antiquarische Neigungen und kamen mit lebenden Völkern nur dann zusammen, wenn sie neues sprachliches Material an schriftlosen Stämmen unmittelbar zu erheben hatten. Die dabei oft nur nebenher gemachten ethnographischen Beobachtungen besitzen aber für die heutige Völkerkunde häufig größeren Wert als die sprachlichen. Die summarische Verurteilung der *Historischen Schule* durch den Grafen YORCK (o. S. 67) gilt jedenfalls nicht für die finnischen und ungarischen Feldforscher um die Mitte des 19. Jahrhunderts. Daß die ethnographische Feldforschung überhaupt ein Korrektiv bilden könnte für einen einseitigen historischen Antiquarismus, wurde allerdings damals noch nicht erkannt und ist auch heute noch ein Gesichtspunkt, der der von DILTHEY herkommenden Hermeneutik fremd ist.

An die nationalen Philologien muß die Geschichte der Erforschung der alten orientalischen Sprachen angeschlossen werden, um die sich außer den Deutschen Gebrüder SCHLEGEL (später CHRISTIAN LASSEN, MAX MÜLLER), der Däne RASMUS RASK, vor allem aber französische Forscher verdient machten (ABEL RÉMUSAT, ST. MARTIN, CHÉZY, EUGÈNE BURNOUF). Fast allen diesen Männern ging es keineswegs bloß um die Sprache als solche, sondern um das Ganze von Altertum, Geschichte und Ethnographie der alten orientalischen Kulturen (vgl. DÚGAT 1868 bis 1870).

VI. WESTEUROPÄISCHE ENTWICKLUNGEN

1. Comtes Positivismus

Eine bedeutende theoretische Leistung der westeuropäischen Anthropologie in der ersten Hälfte des 19. Jahrhunderts ist der Ausbau einer positiven Soziologie durch AUGUSTE COMTE (1798 – 1857) in seinem *Cours de philosophie positive,* 1830 bis 1842. COMTES als Philosophie der Geschichte verstandene Soziologie ist das eigentliche Gegenstück zur *Historischen Schule* in Deutschland, beide zusammen haben den späteren soziologischen Ausbau der Völkerkunde ermöglicht.

Neu ist der Name *Soziologie* bei COMTE (1839), nicht die Sache. In der deutschen Entwicklung waren die beiden FORSTER, W. v. HUMBOLDT, HERDER, STEINTHAL und BASTIAN, weniger WAITZ soziologische Denker; aber eine bloße Äußerlichkeit ist es dennoch nicht, daß diese Denker kein Bedürfnis zur Hervorhebung einer besonderen soziologischen Betrachtungsweise empfanden. Das Soziologische als eine eigene Dimension entdeckten sie eben noch nicht. Diese Hervorhebung entstammt einer überwiegend westeuropäischen Wissenschaftstradition. Schon seit 1700 war der Geist der geometrischen Rationalisierung aufgekommen und hatte nicht nur die Naturwissenschaften, sondern auch die Philosophie (DESCARTES, SPINOZA), die Poesie und die Theologie ergriffen (vgl. HAZARD 1948 : 53 f., 363 ff.). Das Denken über den Menschen und die Gesellschaft konnte davon nicht unberührt bleiben. Die früheste Form einer auf die großen Fortschritte der Mathematik und Physik des 17. Jahrhunderts gegründeten mechanistischen Soziologie ist die *soziale Physik,* deren Wurzeln also in diesem Jahrhundert liegen, wiewohl sie erst im 19. Jahrhundert zu voller Blüte gedieh. Die positivistische Bewegung hat eine lange Geschichte, die sich nicht nur auf die soziale Welt, sondern auf alle Wissenschaftsgebiete bezieht (FOUILLÉE 1896). Daß sie als *positive Philosophie* bei COMTE zugleich mit dem Eröffnungsprogramm der Soziologie als Wissenschaft verbunden auftritt, bezeichnet von Anfang an ihre Tendenz zum *Soziologismus,* das heißt zur Überinterpretation des Menschen vom *Sozialen* her. COMTES Unterscheidung von „sozialer Statik" und „sozialer Dynamik" lehnt sich an die Physik an, und seine Ausführungen machen reichlich Gebrauch von anatomischen und physiologischen Analogien. Auch die den exakten Naturwissenschaften gegebene Möglichkeit der Vorausberechnung („prévision rationelle") sollte nach COMTE bei ähnlich exaktem Ausbau der Soziologie möglich sein und so dem sozialen Handeln die Wege weisen: *Voir pour prévoir.* Allerdings liegt der Ton mit demselben Nachdruck auf dem Sehen wie auf der Voraussicht: das bisherige metaphysische Denken habe voraussehen wollen, ohne gesehen zu haben. Das soziologische *Sehen* ist der Kern von COMTES positiver Philosophie (BARTH 1915 : 164 f.).

COMTES Hauptanliegen ist der Aufweis des logisch-notwendigen und kontinuierlichen Zusammenhanges der Wissenschaften untereinander. Die Bearbeitung verwickelter und spezieller Gegenstände setzt die der einfachen und allgemeineren Gegenstände voraus, jede spätere Wissenschaft impliziert notwendig die Einsichten jeder früheren. Daraus ergab sich nach COMTE eine Hierarchie der Wissenschaften, von der Mathematik, über die Astronomie, Chemie, Biologie zur Soziologie. Der „notwendige Zusammenhang" gilt natürlich nicht nur für die Wissensgebiete, sondern für alle sozialen Elemente, auch die Künste, die Religion usw. Ihr „Consensus" ermöglicht methodisch Rückschlüsse von beobachtbaren Elementen auf nicht der Beobachtung zugängliche, genau wie in der Physik und Biologie. Jedoch sind nur die einfachsten und frühesten Erscheinungen der sozialen Evolution noch biologisch ableitbar, die komplizierteren bedürfen der historischen Analyse (BARTH 1915 : 160 ff).

Neu war dieses Verfahren nicht. Schon LAFITAU hatte es angewandt, wenn er zum Beispiel die Behauptungen früherer Reisender über die Religionslosigkeit der Indianer widerlegte durch den Nachweis von sozialen Elementen in der Kultur dieser Indianer, welche notwendig Kultus und Gottesdienst voraussetzen. Aber vor COMTE war dieses *integrative* oder *konstruktive* Verfahren methodologisch noch nicht scharf herausgearbeitet worden. Wenn wir heute zum Beispiel in der Lage sind, aus vor- und frühgeschichtlichen Bodenfunden Wahrscheinlichkeitsrückschlüsse auf die zugehörige soziale Organisation zu ziehen, oder auch aus mangelhaften ethnographischen Quellen ein vollständigeres Kulturbild zu amplifizieren, so verdanken wir das teils dem seit LAFITAU ausgebildeten vergleichenden Verfahren, teils der soziologisch-integrativen Methode, wie sie seit COMTE in Übung kam. Jedoch betont COMTE, daß der *zwingende* Charakter des Rückschlusses von einem Element auf das andere um so mehr abnimmt, je höher wir in der Hierarchie der Wissenschaften steigen. Schon in der Biologie gebe es keineswegs mehr bloß *eine* mögliche Art der Verknüpfung, und in der Soziologie wird der Zusammenhang noch verwickelter, und zwar um so mehr je höher wir in der sozialen Serie von der Familie über den Stamm zum Volk oder gar zu ganzen Völkerkreisen aufsteigen; Ostasien und Europa zum Beispiel berühren sich viel zu mittelbar, als daß nur *eine* Art des Zusammenhanges, ein *zwingender* consensus zwischen ihnen bestehen müßte. Je höher wir also in der sozialen Serie steigen, um so weniger lassen sich gesetzesartige Verknüpfungen aufweisen. Die Abschätzung des Spielraumes der möglichen Verknüpfungen ist in der Soziologie besonders wichtig. Das einfachste soziale Element – nach COMTE nicht das Individuum, sondern die Familie – läßt sich fast noch rein biologisch aus den Einzelveranlagungen seiner Glieder ableiten; der Hauptgegenstand der Soziologie aber, der „allmähliche, fortgesetzte Einfluß der unendlichen Generationen aufeinander", kann ohne historische Analyse nicht erschlossen werden. *So wenig eine soziologische These, sie sei historisch noch so zwingend gestützt, gegen unsere Kenntnisse über die menschliche Natur verstoßen darf, so wenig ist es möglich, die komplizierteren sozialen Erscheinungen aus einer noch so gut bekannten Natur des individuellen Menschen abzuleiten.*

Befaßt sich die *statische* Soziologie mit den Beziehungen zwischen den sozialen

Elementen, so studiert die *dynamische* Soziologie die Rückwirkungen der Veränderung eines Elements auf die mit ihm zusammenhängenden anderen. Ergreift der Fortschritt ein Gebiet, so werden die anderen Gebiete infolge der engen Verbindung mit davon betroffen. – Hier hat COMTE, gegen seine eigenen Grundsätze verstoßend, sich den consensus der sozialen Elemente als zu eng vorgestellt; wir wissen heute, daß diese sich durchaus nicht stets solidarisch, sondern oft in sehr verschiedenem Tempo verändern (s. u. S. 224). Dagegen ist COMTES Gedanke epochemachend, daß auch die Wissenschaften wechselseitig abhängig sind, und daß folglich die Ausbildung der Soziologie auf die von ihr implizierten Erkenntnisgebiete zurückwirken müsse; COMTE fordert eine neue Durcharbeitung aller Wissenschaften in soziologischem Geiste, das ist eine Soziologie der gesamten menschlichen Erkenntnis. „L'étude de l'humanité est la seule étude vraiment finale" (COMTE, ed. LITTRÉ, 1869 : VI, 670). Und zwar seien zunächst die fortgeschrittensten Zivilisationen ins Auge zu fassen, weil sie die Evolutionsgesetze am besten erkennen lassen, hernach die zurückgebliebenen Völker. Als primäre Kraft der soziologischen, geschichteschaffenden Dynamik sieht COMTE den menschlichen *Geist* an, die soziale Evolution ist zugleich eine geistige; hierin konvergiert seine Konzeption der Geschichte mit der der deutschen Bewegung (HUMBOLDT, HEGEL, BASTIAN). Dazu kommen als sekundäre Kräfte mit lediglich tempobeschleunigender oder -hemmender Wirkung Rasse, Boden und Klima.

Die Ausführung, die COMTE diesen Ideen gegeben hat, ist ohne bleibende Bedeutung. Sein berühmtes Drei-Stadien-Gesetz (1822), demzufolge die Evolution der Menschheit nacheinander den theologischen, den metaphysischen und den positiven Zustand durchläuft, ist zu vereinfachend (vgl. FETSCHER in COMTE 1956 : S. XXIV ff.), seine kulturhistorischen Vorstellungen im Detail gehen hinter MEINERS zurück. Zweifellos hat COMTE, eingeschworen auf die *„positive Methode"*, die Religiosität und Metaphysizität der menschlichen Natur unterschätzt. Verständlich ist aber auch, daß diese Eingeschworenheit und Ablehnung jeder „inneren Erfahrung" (das heißt verstehenden Methode) dem persönlich zur Mystik geneigten Manne den Streich spielte, das Heraufziehen der *„positiven Epoche"* in den Wendungen eines Religionsstifters verkündigen zu müssen.

2. Naturforschung

Während sich der allmähliche Aufbau der Geisteswissenschaften in der ersten Hälfte des 19. Jahrhunderts in Deutschland zentriert hatte, wurden die *biologisch-naturwissenschaftlichen Grundfragen* der Anthropologie namentlich in Frankreich behandelt. Dort steht die Zeit bis etwa 1830 im Zeichen GEORGES CUVIERS (1769 bis 1832), des eigentlichen Begründers der vergleichenden Anatomie und der Paläontologie. Er stellte, einem Gedanken A. D'ORBIGNYS folgend, die sogenannte *Katastrophentheorie* auf, nach welcher die spezifische Fauna und Flora jeder geologischen Epoche mit dieser zugrunde gegangen sei, die Fauna und Flora der darauf folgenden Epoche ihr Dasein also einer völligen Neuschöpfung verdanke. Nach dieser Auffassung konnte es auch keinen fossilen Menschen geben. CUVIER verneinte sein Bestehen ausdrücklich. Seine Beherrschung der vergleichend-morphologischen Methoden und die Wucht seiner Detailkenntnisse ließen die Kritik seiner Gegner nicht aufkommen. Erst nach seinem Tode brach sich das genetisch-evolutionäre Denken der LAMARCK, GEOFFROY DE ST. HILAIRE u. a. siegreich Bahn.

In England waren die Versuche von LAWRENCE und PRICHARD, eine evolutionär-genetische Betrachtungsweise einzuführen, nur von vorübergehender Bedeutung. Die Versuche der französischen wie der englischen Forscher litten sämtlich daran, daß die Begriffe *Rasse* und *Volk*, getreu der BUFFONschen Tradition, nicht scharf unterschieden wurden.

J. B. DE LAMARCK (1744 – 1829) hat in seiner *Philosophie zoologique* (1809) den Gedanken einer phylogenetischen Verwandtschaft des Menschen mit den anthropoiden Affen bereits kaum verklausuliert vertreten. Seine Idee, daß die Umwandlung der Arten unter dem Einfluß des sich dauernd wandelnden *Milieus* durch die Übung oder Nichtübung der Organe erfolge, hat, auf das Gebiet des Psychischen als *Psycho-Lamarckismus*, auf das des Sozialen als Milieu-Theorie übertragen, in der späteren soziologischen Literatur eine nicht geringe Wirkung geübt. JEAN-BAPTISTE BORY DE ST. VINCENT war speziell an den menschlichen Rassen interessiert (1825, 1827, 1836). In England übernahm der Londoner Arzt WILLIAM LAWRENCE (1783 – 1867) BLUMENBACHS Domestikationstheorie in seinen anthropologischen Vorlesungen (1817 – 1819). LAWRENCE erkannte auch klar die genetischen Beziehungen zwischen Mensch und Anthropomorphen sowie die Erblichkeit der für die Arten und Rassen wesentlichen Unterschiede. Die für ihre Zeit modernen Vorlesungen stießen in der britischen Öffentlichkeit auf solchen Widerstand, daß LAWRENCE ihre Veröffentlichung zurückziehen mußte. Auch J. C. PRICHARD (1786 bis 1848) merzte die evolutionären Ideen, die er in der 2. Auflage (1826) seiner *Researches into the Physical History of Mankind* geäußert hatte, wegen geistlichen Widerspruchs in der 3. Auflage (1836 – 1847) dieses Werkes wieder aus, – und diese Auflage begründete seinen Ruhm. Im Falle PRICHARDS sowohl wie LAWRENCES ist die Unterdrückung anthropologischer Forschungsresultate durch den Widerspruch strenggläubiger Geistlicher offenkundig (PENNIMAN 1935 : 58, 77 f., 81).

3. Die ethnologischen Gesellschaften

War schon im 18. Jahrhundert die Erörterung von Rassenproblemen stark durch humanitäre Motive bestimmt gewesen (s. o. S. 62), hatte auch W. v. HUMBOLDT schon die Zivilisierung als eine Humanisierung verstanden, so sind aus ähnlichen weltanschaulichen Voraussetzungen auch die ersten *ethnologischen Gesellschaften* in Frankreich, England und den Vereinigten Staaten hervorgegangen: Die Erkenntnismotive lösten sich in diesem Falle von den Bestrebungen einer philanthropischen *Eingeborenenpolitik* ab. Die Ethnologie umfaßte nach dem Programm dieser Gesellschaften nicht nur die Völker- sondern auch die Rassenkunde, dabei aber blieb der Rassenbegriff, der westeuropäischen Überlieferung entsprechend, schwebend und wurde mehr im Sinne einer biologischen Kontinuität der tragenden ethnischen Einheiten gefaßt.

Die Bezeichnungen *Ethnologie* und *Ethnographie* sind erst durch diese gelehrten Gesellschaften in Gebrauch gekommen. *Ethnographie* scheint auf J. H. CAMPE (1807) zurückzugehen, *Ethnologie* auf EDWARDS (s. u., TOPINARD s. d. [1876] : 7). – Die in der Literatur gelegentlich anzutreffende Zurückführung des Wortes *Ethnographie* auf die *Ethnographia mundi* von OLORINUS (= JOHANN SOMMER, Magdeburg 1607, 1609) ist ein Aufsitzer: das betreffende Werk heißt *Ethographia mundi.* GUICHARDS *Harmonie ethnologique* von 1606, die P. W. SCHMIDT (1926 : 29) zitiert, ist wohl nur ein Druckfehler (für *étymologique).* – Außer mit *Ethologie* und *Etymologie* gibt es bei *Ethnologie* tückische Verwechslungen mit *Entomologie* und sogar mit *Ennologie*, obwohl die betreffenden Gegenstände höchstens in einer Ethno-Zoologie und Ethno-Botanik bzw. Ethno-Methysologie unterzubringen wären.

Das Ziel, Naturgeschichte und ethnische Geschichte zu verbinden, ist bei dem Gründer der Pariser *Ethnologischen Gesellschaft*, dem in Paris lebenden englischen Naturforscher WILLIAM FREDERIC EDWARDS (1777 – 1842) ebenso wie bei PRICHARD deutlich erkennbar; aber erreicht haben sie und ihre Nachfolger dieses Ziel noch nicht. Es blieb vielmehr bei den „deux séries de résultats", wie es EDWARDS in seinem berühmt gewordenen Briefe an AMÉDÉE THIERRY (1829) formulierte, das heißt, bei den Ergebnissen der Naturforschung einerseits, der Geschichtsforschung andererseits, ohne daß eine organische Verbindung zustande gekommen wäre. EDWARDS stand unter dem Einfluß der zeitgenössischen französischen Geschichtsschreiber Brüder AUGUSTIN THIERRY und AMÉDÉE THIERRY, deren Arbeiten über englische und französische Frühgeschichte in den *historischen Rassen* die treibenden geschichtlichen Kräfte sahen (s. u. S. 81 f.). – EDWARDS glaubte nun, auf Reisen in Frankreich die Konstanz der THIERRYschen *historischen Rassen* festgestellt zu haben. Dabei fließen die Begriffe *Ethnos* und *Rasse* ineinander; die nächste Folge ist die – bis heute nachwirkende – Verwechslung der untersetzten, kurzköpfigen *Alpinen* mit den *Kelten,* während in dem hochgewachsenen langköpfigen Schlag Nord-Frankreichs THIERRYS *Kymren* erblickt wurden. Die durch EDWARDS zusammen mit einigen Pariser Geographen 1839 begründete *Société ethnologique* definiert als Hauptelement zur Unterscheidung der menschlichen *Rassen* „l'organisation physique, le caractère intellectuel et moral, les langues et les traditions historiques", aber gemeint ist eben nicht die *Rasse,* sondern die ethnische Kontinuität, weshalb die genannten Elemente eben auch die Wissenschaft der *Ethnologie* aufbauen sollen. – Die *Mémoires* der Gesellschaft bringen Arbeiten über die Guanchen der Kanarischen Inseln, die Parsen, Sikhs, Ful usw., dann besonders über *Des arts et inventions de la vie sauvage.* Das Hauptverdienst der Gesellschaft aber besteht in einer *Instruction générale, adressée aux voyageurs etc.* Diese behandelt in acht Paragraphen physische Merkmale, Sprache, Individual- und Familienleben, gesellschaftliches Leben (Wohnung, Verkehr, Wirtschaft, Kleidung, Technik, Berufe, freie Künste, Erziehung, Wohlfahrt, Recht), Beziehungen zu den fremden Völkern, Religion, Beziehungen zu Boden und Klima, sowie endlich historische Überlieferung und Zeugnisse historischen Wandels. Ein entschiedener Fortschritt dieser *Instruction* ist die Betonung des Eindringens in die soziologische Sphäre (Mem. Soc. Ethn. Bull. I, pp. VI ff.).

In London war im Jahre 1838 eine *Society for the Protection of Aborigines* mit philanthropischen Zielen gegründet worden. Die Briten hatten ihren Landsmann EDWARDS in Paris angeregt, dort eine gleichartige Gesellschaft zu begründen, jedoch hatte EDWARDS die Gelegenheit benutzt, um seine rein wissenschaftliche *Société ethnologique* ins Leben zu rufen, die allerdings nebenher auch möglichst dazu beitragen sollte, das Los der Eingeborenen in den Kolonialländern zu bessern. Die Londoner und die Pariser Gesellschaft arbeiteten in diesem Sinne zusammen, doch entstand in England 1843 eine besondere *Ethnological Society of London,* und 1842 in New York die *American Ethnological Society.* Der Klassiker der englischen Gesellschaft wurde PRICHARD; ROBERT KNOX lieferte eine Rassentheorie (*The Races of Men,* 1850), während für die amerikanische Richtung das Werk von J. C. NOTT und G. R. GLIDDON (*Types of Mankind*) bezeichnend ist, das zwischen 1854 und 1871 zehnmal aufgelegt wurde. Der westeuropäischen Ethnologie nahe steht auch die seinerzeit vielgelesene *Anthropologie der Naturvölker* (1. Teil 1859) des Marburger Psychologen THEODOR WAITZ (1821 – 1864); sie bietet eine Ethnologie im Sinne des Programms von EDWARDS und behandelt auch Probleme der Rassenkreuzung, Eigentümlichkeiten der Mischlinge usw. Im Gegensatz zu GOBINEAU aber sucht WAITZ unter Verwischung völkerpsychologischer Unterschiede die *Einheit des Menschengeschlechts* zu erweisen.

Derselbe neue, positivistische Geist wie in den ethnologischen Gesellschaften herrscht auch in den historisch-ethnologischen Essays des italienischen Soziologen und Psychologen CARLO CATTANEO (1801 – 1869). War durch die Arbeiten der Brüder THIERRY und EDWARDS' die Aufmerksamkeit der Forscher auf die Unterschiede zwischen Eroberern und Unterworfenen, also zwischen ethnischen Ober- und Unterschichten gelenkt worden, so hat CATTANEO diesen Gesichtspunkt auf die Entstehung der indogermanischen Völker, ja auf die Ausbreitung der Weltsprachen überhaupt erweitert (*Sul principio istorico delle lingue europee,* 1842, und spätere Arbeiten). Er will die eigentlichen bodenständigen Völker scharf unterschieden wissen von den wandernden, beweglichen, rasch auftauchenden, aber ebenso rasch verschwindenden Kriegerkasten. Es sei oberflächlich, die Wanderzüge solcher erobernder Kasten jedesmal in einen radikalen Gestaltwechsel von Rassen umzudeuten. Was wandere, seien zumeist nur kleine Gruppen, Heere von Eroberern usw. Prüft man, wie die Sprachen sich ausgebreitet haben, zum Beispiel das Lateinische, Germanische,

Slawische, oder in den großen Kolonialreichen der Neuzeit das Spanische, Englische und Russische, so stößt man nicht auf große, wandernde Völker als die Träger dieser Ausbreitung, sondern auf kleine, assimilierende Kerne, welche einer ungeheuren Zahl vormals verschiedensprachiger Stämme ihr eigenes Idiom aufgedrängt haben. Nicht anders aber muß man sich auch in vorgeschichtlicher Zeit die Ausbreitung der indogermanischen Sprachen vorstellen. In Alteuropa hat einstmals zweifellos eine ebenso große Vielfalt und Zersplitterung sprachlich isolierter Stämme geherrscht, wie noch heute im Kaukasus, bei den Negern und Indianern. Sprachliche Vereinheitlichung ist das Werk der Zivilisation, des Handels, Verkehrs und der Propagierung neuer Glaubenslehren. Isolierte Sprachen, die sich dem indogermanischen Druck noch nicht gefügt haben, findet man noch in den europäischen Randgebieten, zum Beispiel Baskisch, Finnisch, Samojedisch, Gälisch. Die letztgenannte Sprache bezeichnet CATTANEO als „nicht so tiefgehend assimiliert, daß sie die Spuren ihres ursprünglichen, stark abweichenden Baues eingebüßt hätte" [1881 : I, 171], – durchaus in Übereinstimmung mit der Anschauung der heutigen indogermanischen Sprachwissenschaft über das Verhältnis des Keltischen zum Indogermanischen. Das Werk der Einschmelzung der vielen kleinen Sprachgemeinschaften durch die wenigen großen schreitet noch heute auf der ganzen Erde fort.

> „Ich behaupte nur, daß das, was sich heute in einem ungeheuren Raume und mit äußerster Geschwindigkeit abspielt, als die Fortsetzung und das Vorbild dessen betrachtet werden muß, was sich in den viel engeren Grenzen unseres Europa und in dem langen Zeitraum von vierzig Jahrhunderten abspielen konnte, als der Abstand zwischen primitiver Barbarei und keimender Zivilisation noch viel geringer war, wodurch die Einschmelzung der extremen Elemente erleichtert werden mußte" (CATTANEO 1881 : I, 171).

Die Weite des Überblicks und die Tiefe des Durchblicks CATTANEOS sind um so erstaunlicher, wenn man bedenkt, daß die Vertreter der indogermanischen Sprachwissenschaft, welche sich gerade erst zu seiner Zeit auszubilden begann, von einer derartigen Erweiterung ihres Erfahrungsstoffes auf das ethnologische Gebiet damals und noch auf lange spätere Zeit hinaus weit entfernt waren. CATTANEO ist seiner Zeit so weit vorausgeeilt, daß seine Einsichten völlig vergessen werden konnten (vgl. DE MICHELIS 1933).

4. Gobineau, seine Vorläufer und Nachfolger

Wir hatten gesehen, welche Wichtigkeit die Ideen der französischen Historiker Gebrüder THIERRY über die „Volksrassen" für W. F. EDWARDS' Konzept der Ethnologie und die Stiftung der ältesteten ethnologischen Fachgesellschaften gehabt hatten (o. S. 77). Die THIERRYS haben aber nicht nur nach dieser Seite gewirkt. Ihr „ethnischer" Rassenbegriff ist vielmehr auch ein sehr wichtiges Mittelstück innerhalb der Entwicklung französischer Rassenideologien, die sich von BOULAINVILLIERS über die THIERRYS bis zu GOBINEAU und TAINE erstrecken. Es handelt sich dabei (im allgemeinen) um eine Zwei-Rassen-Theorie, welche Germanen und Kelten gegeneinander setzt, und (im speziellen) um die Variante einer ethnisch-rassischen Überlagerungstheorie, die mit dem Gegensatz einerseits von erobernden und herrschaftsgründenden Germanen = Franken und andererseits dem Substrat der unterworfenen Kelten = Gallier operiert. Ethnisch-rassische Schichtung geht dabei in eine soziale Schichtung über, durch die noch das französische Volk unter dem *ancien régime* gekennzeichnet ist, aber die rassische Dichotomie besteht, so behauptet wenigstens diese Theorie, im Volkskörper fort.

Diese Lehre scheint als erster der Graf HENRI DE BOULAINVILLIERS (1658 – 1722) vertreten zu haben, dessen staatstheoretische Abhandlungen allerdings erst nach seinem Tode veröffentlicht wurden („Histoire de l'ancien gouvernement de la France", 1727). Seiner Auffassung zufolge haben in der Völkerwanderungszeit die germanischen Franken die Gallier von der römischen Herrschaft befreit; Freie, die sie selber waren (Franken = Freie), haben sie den Galliern die Freiheit gebracht. Darauf gründet sich das historische Recht ihrer Eroberung und der Herrschaftsstellung des französischen Adels. Den ideologischen Bestandteil dieser These, welche die etablierte Stellung des Adels gegen die Ansprüche des „Dritten Standes" verteidigen soll, hat bald danach MONTESQUIEU mit scharfem Blick erkannt. Und doch ist MONTESQUIEUS eigene Stellungnahme derjenigen von BOULAINVILLIERS nicht absolut entgegengesetzt: Zwar leitet er die Freiheitsidee aus dem Naturrecht ab, aber historisch sind es die Germanen gewesen, die sie nach Frankreich (und auch nach England) getragen haben (BARZUN 1932 : 198 ff.).

Und nun sehen wir, wie in der Großen Revolution die Überlagerungs- und Zwei-Rassen-Theorie zwar beibehalten, doch mit ihrer Spitze umgekehrt wird. Der Abbé SIEYÈS macht sich in seiner berühmten Schrift „Qu'est-ce que le tiers-état?" von 1789 zum Sprecher des Dritten Standes. Diesen identifiziert er mit den alten Galliern, den Adel mit den germanischen Franken, – also ganz wie bei BOULAINVILLIERS. Doch wird jetzt proklamiert, daß das gallische Volk, gleichgesetzt mit dem modernen Begriff der Nation, in der Revolution sein Land von der fränkischen Invasion befreien und die Überlagerer zurückjagen müsse in jene germanischen Wälder, aus denen sie einst hergekommen seien. – SIEYÈS' Traktat ist reine Demagogie, aber der antigermanische Affekt hat sich erhalten bei einer Reihe von französischen Historikern der Restaurationszeit, die der Überlagerungstheorie ein wissenschaftliches Fundament zu geben suchten. Dies sind CLAUDE CHARLES FAURIEL (1772–1844), die Gebrüder THIERRY – AMEDÉE THIERRY (1797 – 1873) und AUGUSTIN THIERRY (1798 bis 1856) und HENRI MARTIN (1810 – 1883). Sie alle sind als Kinder der Revolution von der Gleichsetzung von „nation" und „tiers-état" ausgegangen. In ihrer Kindheit und Jugend gesättigt mit der Erfahrung der *levée en masse,* der großen handelnden Massen in den napoleonischen Kriegen, übertrugen sie diese Erfahrung auf die Deutung der Geschichte als einer Abfolge von Eroberungen und Überlagerungen von „Volksrassen". Ein Element der französischen Romantik wirkt da unverkennbar hinein und wird am deutlichsten, wenn AUGUSTIN THIERRY, seine „sympathies plébéjennes“ bekennend, die angeblich kleingewachsenen „Kelten“ gegen die germanischen Eroberer herausstreicht: „Nous aussi, nous avons des aieux!“

THIERRY schreibt auch „sur l'antipathie de race qui divise la nation française“ (!). „Nour croyons être une nation, et nous sommes deux nations sur la même terre, deux nations ennemies dans leurs souvenirs, inconciliables dans leurs projets: l'une a autrefois conquis l'autre.“ Die beiden feindlichen Elemente bestehen bis heute fort; trotz aller eingetretenen physischen Vermischung der beiden ursprünglichen Rassen bleibt deren Geistigkeit unverträglich. Als Folge der germanischen Eroberung „les distinctions des castes ont succédé à celles du sang, celles des ordres à celles des castes, celles des titres à celles des ordres“ (AUG. THIERRY [1820] ²1836 : 288 – 296). Das ist, lange vor GUMPLOWICZ (u. S. 116), eine ethnisch-rassische Überlagerungstheorie in präziser Fassung. Ethnisch-rassische Schichtung geht in gesellschaftliche Schichtung über, und diese verfestigt sich in Titeln und Rechten. Die Überlagerung ist kein einmaliger historischer Vorgang, sondern ein fortzeugend Böses. Die Herkunftselemente bleiben ideologisch getrennt in einem nur scheinbar geeinten Volkskörper, nach AUGUSTIN THIERRY „un fait grave et triste, que nous voulons nous cacher, et qui revient incessament à notre vue, parce que nous ne le détruisons pas en le niant“ (a. a. O. 289). Die aus der Revolution stammenden Klassen-Ressentiments werden also rassengenealogisch zurückgedeutet und für unaufhebbar erklärt – eine für das weitere Schicksal der Anthropologie folgenreiche Interpretation.

Von einer ähnlich antigermanischen Stimmung beherrscht zeigt sich FAURIEL in seiner „Historie de la Gaule méridionale sous la domination des conquérants Germains“ (1836).

Die Ausläufer der französischen Rassentheorien um die Mitte des 19. Jahrhunderts sind die Lehren von ARTHUR GRAF GOBINEAU (1816 – 1892) und HIPPOLYTE TAINE (1828 – 1893).

GOBINEAUS Rassenlehre baut auf dem „Volksrassen“-Begriff von PRICHARD und THIERRY auf, doch sind die Herkunftselemente seiner Gedanken vielfältig. Durch seine Erziehung wurde er frühzeitig mit der deutschen Sprache und Literatur vertraut. Die romantische deutsche Sprachwissenschaft hat auf ihn gewirkt. Der „Essai sur l'inégalité des races humaines“ (1853 – 1855) läßt die Einflüsse von MEINERS, KLEMM, den beiden HUMBOLDT, BOPP und POTT erkennen. Dazu kommt nun aber merkwürdigerweise eine ebenso starke orientalisierende Romantik; GOBINEAU lernte Arabisch, Persisch, Sanskrit und wurde in zweimaliger diplomatischer Mission mit Persien und Zentralasien vertraut. Diese westöstliche Spannweite gibt uns aber auch das Verbindungsglied zwischen der „germanisierenden“ und der „orientalisierenden“ Romantik in die Hand: die vedischen Arier!

Wie die französischen Historiker der Restaurationszeit liest auch GOBINEAU die Wirksamkeit der ethnischen Kontinuität aus der Geschichte ab, wie MEINERS und PRICHARD betont er die Bedeutung der völkerpsychologischen Unterschiede, und sogar die These von der Verderbnis der Volksrassen durch Vermischung und von der Überlegenheit der weißen Rasse stammt ja schon von MEINERS; ebenso hatte COMTE sie schon vertreten. Offenkundig ist auch der Zusammenhang mit den THIERRYS, die GOBINEAU reichlich exzerpiert hat. GOBINEAU gibt den THIERRYschen Gedanken eine völlig neue Wendung und bringt sie damit eigentlich erst zu universalgeschichtlicher Wirkung, die sie vorher nicht gehabt hatten. Hatte das französische Volk sich geweigert, die Zwei-Rassen-Theorie zur Deutung seiner eigenen Geschichte anzunehmen („cette vérité sombre et terrible, qu'il y a deux camps ennemis sur le sol de la France", AUG. THIERRY ²1836: 293), so überträgt nunmehr GOBINEAU die Düsterheit und den Pessimismus dieses Aspekts von Frankreich auf die ganze Menschheit. Er baut sie aus zu einer nachromantischen Depravationstheorie. Außerdem stellt er die wertende Tendenz der THIERRYS auf den Kopf. Hatten diese sich als „Plebejer", „Kelten" gefühlt, so fühlt sich GOBINEAU als ein Nachkomme germanischer Eroberer und macht sogar den (vergeblichen) Versuch, seiner Familie einen normannischen Stammbaum zu konstruieren. Waren jene Kinder der Revolution gewesen, welche als Historiker die Rechte der Überlagerten ideologisch vertraten, so ist GOBINEAU ein echter Sohn der Restauration, Anhänger des germanischen Überlagererelements. Die Vermischung der Stämme wirkt nach GOBINEAU vor allem dadurch verderblich, daß sie den sozialen Elementen einen zu großen Grad von Mannigfaltigkeit verleiht, die die Fähigkeit zur Gemeinschaft der Denkweisen, Interessen und Instinkte zerstört; hier hört man COMTE durch: der Gedanke ist gar nicht biologisch, sondern soziologisch. „Keine größere Geißel als dieser Wirrwarr, denn so schlimm er auch die Gegenwart machen mag, er bereitet eine noch schlimmere Zukunft vor" (GOBINEAU, übers. SCHEMANN, I, 286). GOBINEAU war Berufsdiplomat; seine historisch-antiquarischen Interessen waren Liebhaberei, genuin dagegen sein Ausgang von der Beobachtung der sozialen und politischen Zustände seiner Zeit. Zu sehr Aristokrat, um nicht mit seinem ganzen Denken im Gegensatz zu der Entwicklung seit 1789 zu stehen, und zu klug, um nicht die Zerstörung der Welt, der er selbst entstammte, als historische Notwendigkeit zu empfinden, fand er den Ausweg einer pessimistisch projizierten Kulturtheorie; die rassischen Argumente dazu sind erborgt, sind akzidentell. Es ist keine biologische, sondern eine im Geiste der sozialen Physik des 18. Jahrhunderts (Chemie der Rassen!) naturalistisch verbrämte soziologische Theorie.

Sie hat in Frankreich keinen großen Widerhall gefunden. Zum Leidwesen ihres Verfassers hat auch dessen älterer Freund ALEXIS DE TOCQUEVILLE (1805 – 1859), der den verarmten Standesgenossen einst in die diplomatische Laufbahn hineinprotegiert hatte, das Rassenwerk abgelehnt (vgl. die Korrespondenz mit GOBINEAU: TOCQUEVILLE, Oeuvres IX, 1959). Die große Erudition und das scheinbar sichere Sichbewegen des „Essai" in den verschiedensten Materien konnten den tiefgründigen Erforscher der amerikanischen Gesellschaft und des „Ancien régime" nicht über den Mangel an streng wissenschaftlichem Geist hinwegtäuschen. Wohl aber reüssierten

Gobineaus Rassenthesen im nachromantischen Deutschland in dem von Schopenhauer beeinflußten Kreis um Richard Wagner in Bayreuth.

Die Beziehungen zu den Wurzeln des deutschen „Rassismus" scheinen damit hergestellt zu sein. Dennoch wäre es verfehlt, den viel späteren politischen Mißbrauch der „Arier"-Theorien auf Gobineau zurückzuprojizieren. Diesem mehr künstlerisch als wissenschaftlich gestimmten Geiste lag der Doktrinarismus eigentlich fern. In seinen Romanen „Die Plejaden" (1874) und „Amadis" (1876) erscheint der Elite-Gedanke in eigentümlichen Brechungen. Wohl steht die Depravationstheorie im Hintergrund, doch nichts hätte Gobineau ferner gelegen als der Gedanke an „eugenische" oder „rassenpolitische" Maßnahmen; für ihn war vielmehr die einzig mögliche Devise die „Flucht in die Einzelexistenz" (*Plejaden* Buch III Kap. 4.). – In seinen Asienwerken fehlt die Rassentheorie vollständig; die *Religions et philosophies de l'Asie centrale* (1867) enthalten wichtige Mitteilungen über den Religionssynkretismus und religiös labile Gesinnungslagen („ketman") in Zentral- und Vorderasien.

Wie Comte und Gobineau betont auch Hippolyte Taine, dessen berühmte literar-, kunst- und politisch-historische Arbeiten allerdings erst in die zweite Hälfte des Jahrhunderts fallen (1864, 1870, 1875 ff., 1882), die Notwendigkeit gemeinsamer Ideen für die Existenz der Gesellschaft und ihrer Erzeugnisse, insbesondere der Kunst. Seine anthropologische Grundstimmung ist düster: Der Mensch ist von Natur ein Narr, geistige Gesundheit ist eine glückliche Ausnahme. Theoretisch will Taine drei Faktoren berücksichtigt wissen: *race, milieu* und *moment*. Aber er verwendet diese Begriffe nicht in präzisem Sinne. Zuweilen räumt er der „Rasse", die er sogar als erbliche Anlage bestimmt („dispositions innées et héréditaires"), die vornehmste Bedeutung unter den geschichtsbestimmenden Kräften ein, später hingegen zuweilen dem „Milieu", d. h. dem geistigen und sittlichen Zustande der Zeit. Da dieser aber auch im menschlichen Geiste lebendig ist, besteht eine scharfe Abgrenzung von *race* gegen *milieu* bei Taine nicht. Nach solchen Auffassungen, die ganz der deskriptiven Wirklichkeit entsprechen, die der Geschichts- und Kulturmorphologe vor sich hat, kann es nur als ein Selbstmißverständnis angesehen werden, daß Taine die Geisteswissenschaften gänzlich in Naturwissenschaften auflösen wollte. Dabei mußte es ihm unterlaufen, daß er z. B. bei der Erklärung der niederländischen Malerei sich für den Natur-Faktor der Landschaft („milieu") – von den Landschaftsdarstellungen eben dieser Malerei inspirieren läßt; andererseits für seine Vorstellungen von der griechischen „Rasse" – von der griechischen Plastik (Cassirer 1961: 78 ff.). Es ist der typische Streich, den die verleugnete „innere Erfahrung" allen Naturalisten zu spielen pflegt. – Noch verwickelter ist die Sachlage bei Taines Vorläufer Comte. Bei diesem rechnen Boden, Klima *und* Rasse zu den *milieux biologiques* eines Organismus, aber auch die Begriffe *milieu intelellectuel* und *milieu social* tauchen daneben auf (Comte ed. Littré VI, 238, 574; *Discours préliminaire* 97, 104). Diese Verschiedenheit der Begriffsbildungen muß wohl im Auge behalten werden, wenn man Comtes und Taines Anschauungen vom Stande der modernen biologischen Begriffsfassungen aus beurteilt.

VII. DIE ENTFALTUNG DES POSITIVISMUS (1860–1900)

1. Materialsammlung und Fortschrittsglaube

Obwohl COMTE die Forderung aufgestellt hatte, an Stelle des mathematischen Geistes müsse der soziologische Geist in den Wissenschaften herrschen, lag in seinem positivistischen Programm doch vieles, was in Gemeinschaft mit dem Zuge der Zeit dem Geiste des Zählens und Rechnens auch in der Anthropologie den Weg ebnete. Der Niedergang der idealistischen Philosophie, besonders der idealistisch-naturphilosophischen Spekulationen, war so offenkundig, daß er eine übermäßige Reaktion der Naturforscher wachrief, eine Absage an das *Philosophieren* und eine Beschränkung auf exakte Beobachtung und Darstellung. Es beginnt die Zeit des Positivismus, der Analyse, der Detailerkenntnis, der Quantifikation und des Vorwiegens technischer Zwecke. Entscheidend aber war die optimistische geistige Gestimmtheit, daß man auf diesem *positiven* Wege allen Problemen beikommen könne. Die Summierung der Teile sollte dann – so hoffte man – das Ganze ergeben. Aufgekommen war dieser Enthusiasmus schon im 18. Jahrhundert, aber niemals zuvor hatte er auf so viele Erfolge im Gebiete der exakten Naturwissenschaften hinweisen können wie auf der Höhe des 19. Jahrhunderts. Der Fortschrittsglaube der Naturforscher fand eine empirische Stütze in den objektiv feststellbaren raschen Fortschritten der Forschung (HELMHOLTZ [1869] 1964). Daß er objektiv nicht unbegründet war, war tatsächlich seine stärkste Stütze.

Ein Symptom dieses Positivismus ist aber auch die Aufspaltung der Anthropologie in zahlreiche Einzelfächer, die nunmehr einsetzt. Langsam angebahnt hatte sich diese Trennung schon mit der Entstehung der Geisteswissenschaften seit W. v. HUMBOLDT. Die Spezialisierung war freilich notwendig zur Bearbeitung des ständig wachsenden Materials, und die Fortschritte der einzelnen *Fächer* beruhen darauf. Aber auch die definitive Trennung von Natur- und Geisteswissenschaften, somit auch von hominider und humanider Anthropologie, ist ein Ergebnis dieser Entwicklung; ebenso das Überlegenheitsbewußtsein der Naturwissenschaften – und der Inferioritätskomplex der Geisteswissenschaften.

Eine weitere Voraussetzung der Fortschritte bildete natürlich dieses Material selber. Zwar hatte die Erforschung fremder Länder und Völker in der ersten Hälfte des 19. Jahrhunderts nicht in dem Maße zugenommen, wie man nach dem großartigen Aufschwung in der zweiten Hälfte des 18. Jahrhunderts hätte erwarten sollen; aber immerhin hatten die Berichte sich vermehrt und die Beobachtungen verfeinert.

Es reisten u. a. in Rußland, Russisch-Asien, Zentral- und Hochasien: BERGMANN (Kalmüken 1804 – 1805), KLAPROTH (China 1805, Kaukasus 1807 – 1808), KRASCHENINNIKOV (Kamtschatka 1819), I. J. SCHMIDT (Mongolei-Tibet 1824, 1829),

v. Ledebour (Altai 1829–1830), A. v. Humboldt (Altai 1828), A. G. Schrenk (Samojeden, Ende der 30er Jahre), Castrén (Lappland, Finnland, Nordrußland, Sibirien 1838–1849), Réguly (Westsibirien 1843–1848), A. L. M. v. Haxthausen (Rußland, Ukraine 1843–1844), E. R. Huc (Mongolei, Tibet 1844–1846), Th. v. Middendorff (Sibirien 1851, 1875), G. Radde (Krim 1852–1855, Ostsibirien 1855–1860, Ukraine 1862, seit 1863 im Kaukasus).

In Amerika: Maximilian Prinz zu Wied (Brasilien 1802–1803, Ver. Staaten 1832–1834), A. v. Humboldt (Ibero-Amerika 1799–1804), K. F. P. v. Martius (Brasilien 1817–1820), Robert und Richard Schomburgk (Guiana-Orinoko 1835–1839), Alcide Dessalines d'Orbigny (1802–1857, Reise 1839, zusammenfassendes Werk *L'homme américain* 1839).

In Indonesien: J. R. Logan (40er Jahre, Zeitschrift *Journal of the Indian Archipelago* 1847 ff.), Franz Junghuhn (Java und Sumatra, 30er bis 60er Jahre).

In Japan: Ph. Fr. v. Siebold (1796–1866, in Japan 1823–1830, 1859–1862).

In Polynesien: G. H. v. Langsdorff (1803–1807), J. A. Moerenhout (20er Jahre), die nonconformistischen Missionare William Ellis (1794–1872, Reisen 1816–1824, Werk *Polynesian Researches* 1. Auflage 1829), John M. Orsmond (1784 [?]–1856, 1817–1856 auf den Gesellschafts-Inseln) und John Williams (in Polynesien 1816–1834, Melanesien 1838–1839), ferner der Ethnograph und Linguist der United States Exploring Expedition 1838–1842, Horatio Hale (1817–1896, verfaßte den IV. Band der Ergebnisse dieser Expedition: *Ethnography and Philology, 1846).*

In Afrika: Mungo Park (Niger, 1795–1805), J. Campbell (Südafrika, 1822), R. Caillie (Zentralafrika und Sahara, 1830), D. Livingstone (50er bis 60er Jahre) und Heinrich Barth (Sudan 1849–1855).

Das sind die ethnographisch wichtigsten Reisen, doch ist die Liste nicht erschöpfend. Fast noch völlig unbekannt sind am Ausgang der Epoche (1860) Australien, Melanesien und Neuguinea, das Innere Borneos, der Philippinen usw., aber auch Vorder- und Hinterindien, Grönland. Auch die Reisen nach Brasilien usw. waren natürlich nur Stichproben. Die Kenntnis der Menschheit war noch lange nicht komplett!

Eine dritte Voraussetzung waren die archäologischen Bodenfunde, und damit die Vermehrung der Zeugnisse für ein höheres Alter der Menschheit: sie waren positive Dokumente von unbestreitbarem Wert, und sie ermutigten Forscher wie Wallace, Darwin, Huxley, Haeckel, ihre naturgeschichtlichen Untersuchungen fortzusetzen; während die einfachen Steinwerkzeuge und ihre offenkundige Vervollkommnung in den aufeinanderfolgenden geologischen Schichten der Idee des kulturhistorischen Fortschritts einen mächtigen Aufschwung gaben. Sowohl im Reiche der organischen Natur wie in der menschlichen Geschichte schien der Fortschritt von einfachen zu komplizierteren Formen erwiesen zu sein.

Zwar die Existenz eines fossilen Menschen wurde auch weiterhin noch oft bestritten. In den 40er Jahren hatte Lund fossile Menschenschädel an der Lagoa Santa in Brasilien entdeckt; 1857 publizierten FUHLROTT und SCHAAFHAUSEN den Neanderthal-Fund, aber die Autorität VIRCHOWS, der den fossilen Charakter bestritt, verhinderte die Durchsetzung des neuen Standpunktes. Jedoch berichtete BUSK schon 1864 über den Gibraltar-Schädel, der zum gleichen Formenkreis wie der Neanderthaler gehört. Weitere Funde häuften sich rasch, nicht nur Schädel und Skelette, sondern auch Steine, deren Werkzeugcharakter unbestreitbar war. Die geologische Lagerung zwang zur Anerkennung des hohen Alters des paläolithischen Menschen, und 1869 konnte DE MORTILLET die erste, in den Grundzügen lange in Gebrauch gebliebene Gliederung der paläolithischen Epochen nach den Werkzeugen geben. Diese Fortschritte waren natürlich auf den Aufschwung der Geologie durch LYELL, AGASSIZ u. a. zurückzuführen. Diese Linie, die zur Entstehung der prähistorischen Wissenschaft führte, wird in der vorliegenden Darstellung nicht weiter verfolgt (vgl. HEBERER 1965). Man muß sie aber kennen, um die Schwungkraft zu verstehen, mit der in der zweiten Hälfte des 19. Jahrhunderts der Gedanke eines allgemeinen und *gesetzmäßigen* Fortschrittes der Menschheit ins Rollen kam, als dessen Träger die Forscher sich selber fühlten.

2. *Adolf Bastian*

Der wichtigste Träger der neuen Gesinnung wurde zunächst ADOLF BASTIAN (1826 bis 1905). Aber er ist noch nicht Positivist; wohl verficht er die neuen Forderungen einer positiven naturwissenschaftlichen Methode, unter Ablehnung der Metaphysik und naturphilosophischen Spekulation und unter Betonung der Notwendigkeit, zunächst einmal eine breite Basis von Tatsachen für die weitere Forschung zu schaffen. Auch ist BASTIAN fachlich bereits Ethnologe, also Spezialist. Aber dennoch bewahrt er sich aus der vorangegangenen Epoche die totale Sicht des Menschen als eines Natur- *und* Geschichtswesens.

Ähnlich wie für COMTE erscheint auch für BASTIAN der religiös-mystische und metaphysische Weg der Annäherung an die Welträtsel entwicklungsgeschichtlich als eine niedrigere Form der Erkenntnis und überdies gänzlich als ein vergeblicher, weil sich im Kreise drehender Versuch. Und auch die deutsche idealistische Philosophie ist gescheitert. Dagegen sei *ein* Weg bisher noch unbeschritten geblieben, „ein Versuch, es ist der letzte, auch der nächstliegende zugleich, doch ein bis dahin unausführbarer, weil erst mit der induktiven Wissenschaft angebahnt, – der Versuch nämlich: uns an den Menschen selbst zu wenden, ihm selbst die Antwort abzufragen. Und wer sonst in der Natur könnte besser und berechtigter aufklären über das, was ihm am nächsten liegt als nächste und eigenste Interessen? Was wir hier suchen, wir werden es finden, in objektiver Überschau über die Gesamtheit der Völkergedanken, in einer Erschöpfung der Denkmöglichkeiten, da damit das Denken an die irdisch erreichbaren Grenzen seiner Fähigkeiten angelangt ist ...“ (BASTIAN 1881 a : 181 f.). Aber wie COMTE in seiner letzten Lebensphase wieder zum Mystiker wurde, so bewahrte sich auch Bastian ein lebhaftes Verständnis für die mystischen und metaphysischen Systeme, und seine religionsethnographischen Arbeiten zur Psychologie und Weltanschauung des Buddhismus, Jainismus und Hinduismus zeugen von einer inneren Anteilnahme, die – ähnlich wie Castréns Untersuchungen über finnisch-ugrische Religion und Mythologie – nur aus dem geistigen Erbe der Romantik und der Geisteswissenschaften des frühen 19. Jahrhunderts begriffen werden kann. Bastian war seiner Vorbildung nach ein humanistisch tief gebildeter Arzt, der zugleich auf der ganzen Höhe der naturwissenschaftlichen Kenntnisse seiner Zeit stand. So ist er seinem Wesen nach noch nicht Positivist, sondern eine Übergangserscheinung. Auch seine Theorie vom *Völkergedanken* ist noch eine Fortbildung der romantischen Volksgeistlehre. Wenn ihm eine wirkliche Synthese der romantischen Erschlossenheit für Fülle und Tiefe des Völkerdaseins mit den neuen methodischen Forderungen einer positiven Soziologie nicht gelang, so liegt dies einmal daran, daß mit diesen Methoden das Ziel einer menschlichen Selbstdurchschau nicht erreicht werden kann, zweitens aber daran, daß seine geistige Gestaltungskraft die Fülle der Gesichte nicht mehr zu meistern verstand. Seine späteren Schriften sind derart abstrus und inkohärent, daß sie sich nicht mehr als wissenschaftliche Leistungen begreifen lassen.

Bastians rationales Programm ging auf die Schaffung einer naturwissenschaftlichen Psychologie, deren Tatsachenbasis aber nicht auf die paar Jahrtausende dokumentierter abendländischer Geschichte oder auf die Erfahrungen der Psychiater, der Selbstbeobachtung usw. beschränkt sein, sondern der Ethnographie der gesamten Menschheit entnommen werden müsse (Bastian 1860 : I, S. XI). Das Material hierzu erhob er nicht nur aus seiner umfassenden Kenntnis der bisherigen ethnographischen Quellen, sondern er suchte es in erster Linie auf seinen zahlreichen Reisen selber zu sammeln. Seine ersten Reisen als Schiffsarzt (1851 – 1859) hatten ihm die Konzeption dieses Programms vermittelt, das seinen Niederschlag in dem dreibändigen Werk *Der Mensch in der Geschichte* mit dem Untertitel *Zur Begründung einer psychologischen Weltanschauung* (1860) fand. Es ist ein Werk aus dem Geiste der Herder und W. v. Humboldt. Außerdem aber besaß Bastian als Mediziner das psychiatrisch-neurologische Wissen seiner Zeit, und es gelingen ihm auf diesem Gebiet überraschende Durchblicke. Der II. Band des Werkes behandelt Religion und Mythologie von dieser Seite her. Tanz, Ekstase, Besessenheitszustände, mystische Einigung mit der Gottheit, die Rolle von Rauschmitteln, Exorzisationen, psychische Ansteckung, Wunderheilungen werden besprochen. Die Fragen der primitiven Geistesverfassung (wie sie zuerst von Poseidonios, dann von Meiners angegriffen worden waren) werden von Bastian mit modernerem Rüstzeug behandelt. Den Zusammenhang mit klinischen Erscheinungen (wie besonders der Hysterie) sucht er herauszuarbeiten. Der große Schlußabschnitt dieses II. Bandes ist überschrieben: „Abnormes Geistesleben“, und sein 1. Kapitel betitelt sich – drei Jahre vor der ersten (italienischen) Schrift Lombrosos – *Genialität und Wahnsinn* (vgl. a. Bastian 1868). Führt Comtes Soziologie aus dem religiösen und metaphysischen Stadium ins Positive, so ist BASTIANS Sozialpsychologie (er nennt sie *politische Psychologie* oder meist schlechthin Psychologie, sie ist ihm selbstverständlich eine soziale) im Gegenteil dazu bestimmt, „den weiter und weiter auseinander klaffenden Zwiespalt zwischen Glauben und Wissen zu vermitteln, um den Grundstein einer einheitlichen Weltanschauung zu versiegeln" (ebenda S. XIII). – Die folgenden Jahrzehnte führen BASTIAN dann in alle Teile der Erde, mehr als achtzehn Jahre lang hat er seit 1861 in fremden Ländern geforscht und ist auf seiner letzten Reise 1905 in Trinidad verstorben. Mit seinen reichen ethnographischen Sammlungen begründete er 1868 das Berliner Museum für Völkerkunde, seit 1869 vertrat er das Fach auch als Dozent an der Berliner Universität und in der von ihm mitbegründeten Berliner Anthropologischen Gesellschaft (MÜHLMANN 1938 : 63 – 72; Festschrift für A. B. 1896; PREUSS 1926).

BASTIAN definiert die Völkerkunde oder Ethnologie als „die Lehre vom Menschen in seinen geselligen Verhältnissen" (BASTIAN 1875 : 1367). Jedoch fällt das Schwergewicht der historisch wirkenden Mächte für ihn nicht auf die *Gesellschaft* (wie bei COMTE), sondern mit charakteristischer Akzentverschiebung ins Kultursoziologische auf den *Gesellschaftsgedanken.* Dieser beruht auf dem allgemeinen *geistigen* Zusammenhang. Er ist nicht etwa ein Durchschnitt aus den *Gedanken der einzelnen,* sondern wird in seiner *qualitativen Schwere* durch den vorwaltenden Einfluß einer Minderheit von stärkeren und geistig mächtigeren Persönlichkeiten und Gesellschaftsschichten bestimmt. In diesem Sinne lassen sich zum Beispiel auch esoterische Kulte höherer Kasten (wie in Polynesien) dennoch als Quintessenz des nationalen Denkens auffassen, und sei es auch nur infolge ihrer Resonanz oder ihres Durchklingens in der Gesamtbevölkerung (BASTIAN 1881 b : 4). BASTIAN wünscht also den Einzelgedanken eine verschiedene Wertigkeit zuerteilt, im Geiste seiner Zeit spricht er von einer *Gedankenstatistik* und von *Zahlenwerten der Gedanken,* meint aber in Wahrheit eine Abschätzung der relativen historisch-sozialen Wirksamkeit. BASTIAN verknüpft hier und vertieft zugleich die überkommene romantische Vorstellung vom *schöpferischen Volksgeist* mit dem Gesichtspunkt einer historisch-kulturellen Gewichtigkeit. Diese ist zugleich die *Quintessenz des nationalen Denkens,* welche nicht identisch ist mit dem Durchschnitt der Gedanken der einzelnen. Das ist also ein Qualitäts-, kein Quantitätskriterium. – Der Mensch ist aber nicht bloß *zoón politikón,* sondern zugleich ein *Mensch in der Geschichte.* Daher erscheint der Gesellschaftsgedanke verwirklicht immer nur als *Völkergedanke.* Wie das Individuum, steht auch das Volk „mit seinen Nachbarn und durch sie mit allen übrigen" im Zusammenhange einer geistigen Wechselwirkung. Diese allgemeine geistige Teilhaberschaft bricht nach BASTIAN in einem gewissen Grade die Eigentümlichkeiten des Rassentypus und nähert die Völker der Norm des Idealmenschen an. Mit der weiteren Erschließung der Erde werden auch die abgelegensten Berg- und Inselbewohner in den Wirbel dieser *emporstrebenden Spirale* hineingezogen werden.

BASTIAN dachte also wirklich universalgeschichtlich im Sinne der humanistischen

Überlieferung HERDERS. Er war kein *Evolutionist* im Sinne SPENCERS – davor schützte ihn schon seine vielfältige ethnographische Erfahrung. Allein, daß er die Entwicklung nicht linear, sondern spiralig auffaßt, spricht gegen die damals herrschende Allgemeinauffassung, kommt dagegen heutigen Auffassungen nahe (s. u. S. 228). BASTIAN hat sogar entscheidende Verdienste um die Aufhellung der Geschichte Hinterindiens (BASTIAN 1866) und spottete ironisch über jene Indologen, welche in humanistischer Befangenheit die *Geschichte* jenseits des Ganges aufhören ließen:

> „Das war die Vorderansicht im verlockenden Schmuck der Brahmanen und Bajaderen ... Die *pars posterior* im Hinteren Indien blieb außer Acht, als ultragangetisch jenseits des heiligen Bezirks gelegen, eine *pars aversa,* für den konventionellen Ton ungeziemend, sich damit abzugeben, und man wandte sich naserümpfend ab. So saßen die hinterindischen Völker da, in Sack und Asche trauernd, denn eine hochachtbare Autorität hatte sie eindringlich und scharf verwarnt, daß sie eines vollen Blicks des Historikers sich nicht würdig bezeugt hätten (‚méritent à peine les regards de l'histoire')" (BASTIAN 1881 a : S. XII).

Das ist der angeblich unhistorische BASTIAN. Eine Denkweise, wie er sie rügt, ist heute natürlich längst antiquiert, aber BASTIAN gehört eben zu denen, die das Vorurteil der Geschichtslosigkeit der hinterindischen Welt gebrochen haben.

Neben den Gesellschafts- und Völkergedanken unterscheidet BASTIAN drittens die *Elementargedanken;* das sind aus den Völkergedanken *abstrahierbare* allgemeinpsychologische Phänomene des religiösen, rechtlichen, sozialen und ästhetischen Lebens. Diese treten aber niemals rein in Erscheinung, sondern immer in ihrer lokalen Färbung als Völkergedanken, differenziert nach geographischen Provinzen. Hauptproblem ist ihre psychologische Aufklärung; Wanderung und Übertragung erklären nicht, sondern verschieben bloß das Problem, die psychologische Deutung hat also voranzugehen. Auch den Begriff der Entwicklung faßte BASTIAN psychologisch; es gibt Stufen der Bewußtseinsentfaltung, die Naturvölker stehen darin tiefer als wir, weil sie weniger erleichternde Anpassungssysteme besitzen. Es fehlt ihnen die bequeme Eselsbrücke des Systems (BASTIAN 1868 : 57).

Damit stellt sich die Frage, wie BASTIAN sich zum naturwissenschaftlichen Entwicklungsgedanken geäußert hat. War es damals, in den siebziger und achtziger Jahren des 19. Jahrhunderts, überhaupt möglich, den Entwicklungsgedanken, angewandt worauf immer, anders als naturalistisch zu verstehen? Tatsächlich aber ist BASTIAN in der Übertragung des Entwicklungsprinzips auf ethnographisches Material vorsichtig gewesen. Stattete er auch die Elementargedanken mit einwohnenden Entwicklungsfaktoren aus, so schließt doch die Vielfalt ihrer Ausformungen in Völkergedanken die Annahme aus, er habe der Ansicht einer einlinigen Entwicklung der Menschheit gehuldigt. Scharf lehnte er evolutionistische Spekulationen über die Anfänge der Religion und des Rechtes, wie sie in der zweiten Hälfte des 19. Jahrhunderts blühten, ab. Einen heftigen Kampf hat BASTIAN schließlich gegen eine Popularisierung unreifer oder falscher Ergebnisse des Entwicklungsgedankens geführt, wie sie ERNST HAECKEL in seiner *Natürlichen Schöpfungsgeschichte* (1868) betrieben hatte.

Diese Auseinandersetzung mit HAECKEL (BASTIAN 1874) ist über alle Schärfe des Tones hinweg (BASTIAN war der zuerst Angegriffene) geistesgeschichtlich bedeutsam. HAECKEL hatte in seinem Buche vertreten, daß die verschiedenen Hauptrassen der Menschheit von verschiedenen Menschenaffen (dem Orang, dem Gorilla und dem Schimpansen) abstammten. BASTIAN empört sich nicht nur als Naturforscher über die Propaganda dieser zunächst doch völlig hypothetischen Annahmen; er wehrt sich als Kenner der Elementargedanken, dem die Einheit der psychischen Grundlage der Menschheit aufgegangen ist, auch sachlich gegen die Annahme einer polyphyletischen Herkunft der Menschheit. BASTIANS Polemik gegen HAECKEL setzt also die Polemik GEORG FORSTERS gegen KANT in der Frage *Monophylie oder Polyphylie?* fort, nur sind diesmal Recht und Unrecht genau umgekehrt verteilt: die Waagschale der Erkenntnis neigt sich zugunsten BASTIANS und der monophyletischen Entstehung der Menschheit, die sich in der heutigen wissenschaftlichen Anschauung endgültig durchgesetzt hat.

Diese zunächst paradoxe Gegenüberstellung ist historisch völlig berechtigt. Müssen wir uns doch wissenschaftsgeschichtlich daran gewöhnen, Thesen nicht nur vom heutigen Stande der Forschung, sondern auch von ihren eigenen Voraussetzungen her zu beurteilen. Dann ergibt sich, daß zu verschiedenen Zeiten durchaus entgegengesetzte Thesen „wahr“ sein können. Wer vom heutigen Stande der Forschung aus die Auseinandersetzung FORSTER – KANT beurteilt, gibt KANT recht, weil dieser die monophyletische These vertritt; und trotzdem hatte seinerzeit in Wahrheit FORSTER recht, weil er vollständigere Folgerungen aus den damals wissenschaftlich bekannten Tatsachen zog, während KANTS Stellungnahme lediglich dem Wunsche entsprang, die biblische Schöpfungsgeschichte zu retten. – Als hundert Jahre später BASTIAN wiederum in gewissem Sinne eine *Einheit des Menschengeschlechts* vertritt, da tut er dies auf Grund völlig anderer Voraussetzungen als vor ihm KANT, nämlich nicht aus einer Bindung an die Bibel, sondern aus der Kenntnis der Elementargedanken heraus. – Ähnlich steht es um die These von der Gleichartigkeit der menschlichen Natur. Als ein Pendant des naturrechtlichen Denkens mußte sie im Laufe des 18. Jahrhunderts reaktionär werden und wurde namentlich von MEINERS mit Recht bekämpft. Als sie dann im 19. Jahrhundert bei BASTIAN und TYLOR wieder auftritt, beruht sie auf gänzlich neuen Voraussetzungen, nämlich auf den Elementargedanken, besagt also inhaltlich etwas völlig Neues und Anderes. – Mit dem Aufkommen der modernen mendelistischen Erb- und Rassenforschung besteht dann wieder eine exakte Voraussetzung für die Betonung der *Unterschiede* der menschlichen Naturen. Einen endlichen Ausgleich zwischen beiden Thesen suchen wir erst heute.

Schließlich ist BASTIANS Polemik gegen HAECKEL noch wichtig zur Beurteilung seiner denkerischen Persönlichkeit. BASTIAN findet in der *Natürlichen Schöpfungsgeschichte* die Entwicklungstheorie nicht als Theorie wieder, sondern als verfrüht auf den Markt getragenen populären Glaubensartikel, wogegen sich seine wissenschaftliche Strenge und Reinheit ebenso empören wie sein aristokratischer Sinn. Er schreibt, sich selbst gegen den Vorwurf stilistischer Mängel in seinen Schriften verteidigend:

> „Ich besitze in keiner Weise den Ehrgeiz, mich zu einem Modeschriftsteller zu erheben. Im Gegenteil bin ich mir der jetzt noch unausbleiblichen Schwächen in einer kaum begründeten oder vielmehr in einer erst noch zu begründenden Disziplin zu wohl und zu deutlich bewußt, als daß es mir lieb wäre, die soweit gewonnenen Resultate, die noch vielfachst wiederholter und sorgfältigster Revisionen bedürfen, in ihrem noch unfertigen Zustande bereits allgemeinen und kursorischen Diskussionen zu überlassen und sie dem leichtfertigen Tagesgeschwätz verfallen zu sehen." „Wer in diesem Bewußtsein, an dem Bau der Jahrhunderte als integrierender Teil mitgewirkt zu haben, keine genügende Befriedigung findet, der mag, wenn er nicht anders kann, sich in verallgemeinernde Hypothesen einspinnen, darf aber dann nicht diesen Mummenschanz auf einem Liebhabertheater als Repräsentanten der ernsten Naturforschung vorführen." „Die neue Philosophie wird dann geboren werden, wenn die Psychologie in die Reihen der Naturwissenschaft eingeführt ist, und um das zu bewirken, bedarf es zunächst einer Ansammlung von Material aus den Tatsachen der vergleichenden Ethnologie."

Und schließlich:

> „Es bleibt immer der letzte Zweck der Wissenschaft, populär zu sein und Allgemeingut des Volkes zu werden. Hier jedoch ist darüber zu wachen, daß ihre Erzeugnisse erst im Zeitpunkt voller Reife die Stille der Studierstube, die Universitätsräume verlassen, da sie, wenn noch umdeutungsfähig, im Getöse des Marktgetriebes sicher mißgedeutet und mißverstanden, zur Mißgeburt entarten werden" (Bastian 1874 : 7, 15, 17, 9).

Das Kernbekenntnis dieses Aristokraten aber lautet:

> „Nicht mehr einer Kaste . . ., sondern dem ‚gesamten Volke' gehört die Wahrheit, und deshalb sei es die Wahrheit, die Wahrheit ungeschminkt und echt, die man ihm gibt" (Bastian 1875 : S. VII).

Dem Dienste an der Wahrheit weihte er sein Leben, im vollen Bewußtsein der Aufgabe. „Mißverstandene Spekulationen haben schon manchen Weltschmerzler in die Nacht des Wahnsinns gejagt, und niemand wage des Lebens Sphinx zu befragen, der nicht die Kraft in sich fühlt, mit ihr auf Leben und Tod zu ringen" (Bastian 1860 : I, 28). Dabei lehnte Bastian jedes bloße Enthusiastentum für die Völkerkunde ab. Er spottete über Prediger in der Wüste ebenso wie über Propheten.

Was Bastian endlich am Schlusse seiner Schrift *Die Vorgeschichte der Ethnologie* bemerkt, gilt heute noch ebenso wie vor einem halben Jahrhundert:

> „Obwohl in der vorliegenden Schrift die Ethnologie eine Zeitfrage, und zwar eine brennende genannt ist, so werden doch der Leser gar manche sein, die sich im Grunde nur wenig dafür erwärmt finden dürften. Die Sache ist noch zu neu, und die Gesichtspunkte liegen, selbst räumlich, etwas fern. Mit Leib und Seele

> pflegt man nur zugunsten desjenigen einzutreten, wofür man bereits aus alter Vertrautheit sympathische Wechselwirkung empfindet, ein innerliches Verwachsen durch allerlei Interessen, nicht ideale allein. Was sie eine sogenannte Ethnologie angehen sollte, werden die meisten nicht recht begreifen.
> Wer dagegen aus irgendwelcher Veranlassung dazu gekommen ist, dieser ihrer eigenen Natur nach noch gar fernliegenden Sache einigermaßen näher zu treten, der meint in der Ethnologie nicht nur eine Zeitfrage, nicht nur eine brennende, sondern die brennendste der Gegenwart zu erkennen, ja die brennendste Frage, die jemals auf unserem Erdplaneten aufgeflammt ist, im bedrohlichsten Scheine unheimlich leuchtend, und zwar im letzten für die Zukunft, denn die von ihr gestellte Frage, ob die Geschichte der Menschheit *jemals* wird geschrieben werden, verzehrt sich in ihrer eigenen Glut" (BASTIAN 1881 c : 119 f.).

Man sieht: Das ist kein flacher Evolutionismus, sondern eine universalgeschichtliche Perspektive. Diese ist freilich damals noch als Hypothese formuliert. Daß sie aber als solche auch schon zu ihrer Zeit vollauf verstanden worden ist, beweisen die Äußerungen eines geistig im ganzen so anders gerichteten Historikers wie JACOB BURCKHARDT, der die frühen Schriften BASTIANS studiert und ausgiebig exzerpiert hat: Den Reflex davon finden wir in den „Weltgeschichtlichen Betrachtungen" (konzipiert 1868 – 1870), wo es einmal heißt: „Man möchte sich eine riesige Geisteslandkarte auf der Basis einer unermeßlichen Ethnographie denken, welche Materielles und Geistiges zusammen umfassen müßte und allen Rassen, Völkern, Sitten und Religionen im Zusammenhang gerecht zu werden strebte" (BURCKHARDT Ges.-Ausg. VII, 4 f.). Das ist genau BASTIANS Programm.

Im eigentlichen Sinne Schule gemacht hat BASTIAN als Denker nicht, wohl aber als Museologe. An die Gründung des Berliner Museums (1868) schlossen sich in rascher Folge weitere Gründungen in den großen deutschen europäischen Städten an.

Die Errichtung besonderer ethnographischer Museen wurde in den 20er bis 40er Jahren des 19. Jahrhunderts wiederholt gefordert. Petersburg machte 1837 den Auftakt, es folgten 1843 GUSTAV KLEMM mit einer Privatsammlung in Dresden (HEYDRICH 1939) und 1848 J. C. THOMSEN in Kopenhagen. Vorbildlich wurde die große Sammlung BLUMENBACHS in Göttingen (s. o. S. 58).

3. Darwin

Steht BASTIANS Entwicklungsbegriff ersichtlich unter dem Einfluß der deutschen Wissenschaftsentwicklung, so bildet sich der seit dem Jahre 1860 aufkommende „Evolutionismus" unter der Einwirkung hauptsächlich COMTES und HERBERT SPENCERS aus. DARWIN spielt darin eine nur sehr mittelbare Rolle; der sogenannte Darwinismus ist größtenteils das Werk seiner Zeitgenossen und Nachfolger (MÜHLMANN 1931).

Weder der Gedanke des Fortschrittes noch das allgemeine Prinzip der Entwicklung waren zur Zeit des ersten Auftretens DARWINS neu. In der Naturgeschichte war das Entwicklungsprinzip durch HUNTER, LAMARCK u. a. längst ausgebildet, und in der philosophischen Anthropologie ist es sogar schon früher, bei VICO, dann bei den französischen Enzyklopädisten, bei VOLTAIRE, HERDER und seinen Nachfolgern zu erkennen. Der Gedanke des *Kampfes ums Dasein* ist schon bei HOBBES angelegt. Terminologisch wurde *struggle for existence* von ROBERT MALTHUS (1766 – 1834) in dessen *Essay on the Principle of Population* (1798, 1815) geprägt. Hieraus schöpfte DARWIN nicht nur den Begriff, sondern er übertrug auch den Grundgedanken MALTHUS', daß die Vermehrung der menschlichen Bevölkerung über ihre Unterhaltsmittel hinausgehe, und daß Not, Hunger, Elend und als Resultat hiervon der erbitterte „Kampf ums Dasein" die Folge sein müßten, auf die Geschichte der Arten überhaupt. Das Selektionsprinzip ist die Folge davon. „Natural selection follows from the struggle for existence; and this from a rapid rate of increase" (DARWIN 1922: 219, vgl. 7, 94, 220, 928). Den zeitbedingten Hintergrund dieser Anschauung hat schon NIETZSCHE erkannt, der den Darwinisten nachsagt:

> „Ihre Vorfahren waren arme und geringe Leute, welche die Schwierigkeit, sich durchzubringen, allzusehr aus der Nähe kannten. Um den ganzen englischen Darwinismus herum haucht so etwas wie englische Übervölkerungs-Stickluft, wie Kleiner-Leute-Geruch von Not und Enge" (*Die fröhliche Wissenschaft* [1886], Aph. 349).

Diese Beobachtung ist sicher nicht falsch, nur werden durch solche wissenssoziologischen Zurückführungen die in einem Begriff oder einer Vorstellungsart liegenden Sachprobleme nicht aus der Welt geschafft. Der Gedanke hingegen, daß Lebenssorge und Widerstreit der Individuen und Gattungen das Verhältnis bilden, aus dem sich schöpferisch eine allgemeine Ordnung und Harmonie gebiert, entstammt der Aufklärung. Er findet sich u. a. in HERDERS „Ideen" (ed. 1966 : 400 ff.). DARWIN hat eine mechanistische Theorie auf diesem Hintergrunde entworfen; aber noch die Schlußworte seines *Origin of Species* enthalten eine fast dichterische Apotheose der aus Not und Verwirrung erwachsenden Harmonie.

Dennoch wäre es eine Verzeichnung von DARWINS Forscherpersönlichkeit, wenn man ihn als spekulativen Theoretiker mißverstehen würde. Er war kein Gelehrter, der aus geistesgeschichtlicher Erbschaft Theorien entwickelte, sondern ein nüchterner Naturforscher, der von einer Unzahl von Beobachtungen und Zuchtversuchen aus zu allgemeingültigen Schlüssen zu gelangen suchte; und der diese Schlüsse erst dann veröffentlichte, als er bemerkte, daß Zeitgenossen, wie A. R. WALLACE (1823 – 1913), ähnliche Gedanken hegte wie er selber (vgl. HEBERER 1959). DARWIN verhielt sich skeptisch gegen jede Überspannung des Evolutions- und Selektionsgedankens; SPENCERS System stand er kühl-reserviert und im Grunde verständnislos gegenüber. Er hob auch hervor, daß er den Begriff *struggle for existence* lediglich als Metapher verwenden wolle für die Bezeichnung nicht nur des Überlebens der bestangepaßten Organismen, sondern vor allem auch – was selektionistisch entscheidend ist – ihrer höheren Fortpflanzungsquote (*Descent of Man* ed. KEITH 1928 : 68).

CHARLES DARWINS (1809 – 1882) bleibende Leistung ist die empirische Begründung des Prinzips der biologischen Selektion (Auslese). Daß *Auslese* auch an der Entstehung der menschlichen Rassen mindestens mitwirkt, daß menschliche Populationen sich in ihrer erbbiologischen Beschaffenheit durch unterschiedliche Fortpflanzungsstärke ihrer Träger (also durch relative Auslese und Ausmerze) differenzieren können, ist heute allgemein anerkannt, und insofern ruht die ganze moderne Rassenkunde auf der Leistung DARWINS. Dagegen hat er die Objekte, an denen die Selektion angreift: die Variationen, nicht scharf definiert. Er hat eine Vererbung individuell erworbener Variationen – wir sagen heute dafür *Modifikationen* – ebenso wie LAMARCK zeitweilig angenommen, zeitweilig verneint. Die Zeit für eine exakte Bestimmung der biologischen Variationen war noch nicht gekommen, obwohl GREGOR MENDELS grundlegende Untersuchungen nur sechs Jahre nach DARWINS *Origin of Species* (1865) erschienen. DARWINS zweite bleibende Leistung ist, daß er als erster die Auslesetheorie auch auf menschliche Populationen anzuwenden versuchte. Dies geschah in seinem zweiten Hauptwerk *The Descent of Man* (1871). DARWIN war auf seiner Weltreise mit der *Beagle* (1831 – 1836), die für die Ausbildung seiner biologischen Erfahrungen so wichtig geworden ist, auch mit Naturvölkern (Feuerländern, Polynesiern) in Berührung gekommen und hatte dabei ein persönliches Verhältnis zur Ethnographie gewonnen. Im *Descent of Man* versucht er, unter weiterer Heranziehung ethnographischer Quellen, die Entwicklung der geistigen und sittlichen Fähigkeiten des Menschen als Ergebnis der Auslese zu begreifen. Einen geradlinigen Fortschritt gebe es in dieser Hinsicht nicht, weil die Aufwärtsentwicklung durch Unwissenheit, Unvernunft, Aberglauben und erhaltungswidrige Bräuche gehemmt werde.

> „We are apt to look at progress as normal in human society, but history refutes this. The ancient did not even entertain the idea, nor do the Oriental nations at the present day" (DARWIN, *Descent of Man* ²1922 : 204).

Die Entwicklung der Humanität beruht auf einer Ausbildung der sozialen Instinkte auf Grund von Auslese. Eine Tierart, welche wohlausgeprägte elterliche und kindliche Instinkte ausbildete, mußte notwendig menschlich werden, sobald ihre intellektuellen Fähigkeiten adäquat ausgebildet waren. Im Kampfe verschiedener wilder Stämme miteinander siegt nicht sowohl die rohe Gewalt, als die sittlich begründete Solidarität, und diese war es, die ausgelesen wurde (DARWIN ebenda 73, 94, 149f., 158, 161, 163, 169, 174, 182, 186, 199f., 203f., 932f., 936). Damit hat DARWIN im Grunde genommen der *natural selection* das aufklärerische *natural* genommen und die Auslese in durchaus modernem Sinne, aber entgegen den darwinistischen Epigonen, nicht auf den individuellen Daseinskampf, sondern auf die Lebensbewährung der Gruppe bezogen. Gerade in diesem konkreten Studium der Auslesevorgänge beim Menschen hat DARWIN charakteristischerweise zunächst keine Nachfolger gefunden: er blieb selbst der Beste der Darwinisten.

Darwins dritte bleibende Leistung ist sein Werk *The Expression of the Emotions in Man and Animals* (1872). Hier liegen die Linien einer Entwicklungspsychologie auf charakterologischer Grundlage vorgezeichnet; Carus ist hierin Darwins Hauptvorgänger gewesen.

Dagegen sind die abstammungsgeschichtlichen Folgerungen von Darwins Lehre für den Menschen zunächst gar nicht von ihm selber gezogen und ausgewertet worden, sondern zuerst von Th. H. Huxley (1825 – 1895) und Ernst Haeckel (1834 bis 1919), dann von Carl Vogt (1817 – 1895) seit den sechziger Jahren (Huxley 1863, Haeckel 1868, Vogt 1863).

Huxley kommt schon 1860 zu dem Schluß, daß die Körperbauunterschiede zwischen dem Menschen einerseits und dem Gorilla und Schimpansen andererseits geringer seien, als zwischen diesen beiden Affenarten und den niederen Affen. Eine Erklärung für dieses Verhältnis könne nur in einer Theorie der Artenumwandlung liegen, wie sie Darwin kurz vorher aufgestellt habe. Huxley erklärte auch als erster den Neandertal-Schädel als eine relativ *pithekoide,* primitive Form. Dennoch wählte er später als Hauptklassifikationsmerkmale der menschlichen Rassen nicht die Schädelform, sondern Haar- und Hautfarbe. – Haeckel ist als der erste methodische Phylogenetiker für die Anthropologie mittelbar wichtig geworden. Seine Behauptung, daß die individuelle (ontogenetische) Entwicklung die Stammes-(phylogenetische) Entwicklung rekapituliere *(biogenetisches Grundgesetz),* ist später stark eingeschränkt worden. Ausgesprochen unglücklich war sein Versuch, die drei großen menschlichen Rassenkreise von den drei anthropomorphen Affenarten polyphyletisch abzuleiten. Haeckels weltanschauliche Agitation hat in der zweiten Hälfte des 19. Jahrhunderts nicht die schlechtesten Geister gegen den Darwinismus eingenommen (vgl. o. S. 91 f.).

4. *Die anthropologischen Gesellschaften*

Der machtvolle Aufschwung des Interesses für Fragen der menschlichen Naturgeschichte führte seit den sechziger und siebziger Jahren zur Gründung *anthropologischer Fachgesellschaften.* In Deutschland gaben Rudolf Virchow, Bastian u. a. dazu den Anstoß (1869), in Frankreich Broca (1859), in England James Hunt (1863). Ein großer Teil der Geschichte der Anthropologie in fast allen europäischen Ländern hat sich seit dieser Zeit bis etwa 1914 im Rahmen dieser Gesellschaften abgespielt, deren fördernde Wirkung außerordentlich hoch anzuschlagen ist.

Paul Broca begründete 1859 in Paris in die *Société d'Anthropologie.* Es folgten: 1863 Moskau, 1863 bzw. 1871 London, 1869 Berlin, 1870 Italien, 1871 Wien, 1875 Spanien, 1879 Washington, 1882 Brüssel, 1884 Tokyo, 1888 St. Petersburg usw. Einige dieser Gesellschaften bezeichneten sich als solche für *Anthropologie und Ethnologie* (oder *Ethnographie*), während die übrigen unter dem Oberbegriff *Anthropologie* stillschweigend die Ethnologie mit einbezogen.

Die früheren ethnologischen Gesellschaften (s. o. S. 79) gingen teilweise in den Neugründungen auf. Der Terminus *Ethnologie* bot den neuen Bestrebungen keinen genügend weiten Rahmen mehr; die DARWINsche Theorie, die fossilen Menschenfunde, die prähistorischen Entdeckungen hatten jetzt das Interesse von den menschlichen Rassen verlagert auf die Anfänge des Menschen und seinen wunderbaren Aufstieg über primitive Stufen zur höchsten Kultur. Das Vordringen des Namens *Anthropologie* bezeichnet in dieser Zeit aber auch die naturalistische Verengung auf den Einzelmenschen, wie sie namentlich bei den tonangebenden Anatomen zu finden war. Die Mehrzahl der Anthropologen bestand aus hauptamtlichen Anatomen – eigene Lehrstühle für Anthropologie gab es noch auf lange Zeit hinaus nicht. In der 1869 begründeten *Berliner Gesellschaft für Anthropologie, Ethnologie und Urgeschichte* (Organ: Zeitschrift für Ethnologie), die 1870 zu einer Deutschen Gesellschaft mit zahlreichen Zweigvereinen erweitert wurde (Organ: Archiv für Anthropologie), übte der vielseitig interessierte Anatom RUDOLF VIRCHOW einen oft autoritativen Einfluß aus. Zwar bestimmte der Naturalismus zunächst noch nur das methodische Denken, nicht die Vielfalt der Interessen, die bei allen maßgebend beteiligten Persönlichkeiten in und außerhalb Deutschlands über ihr engeres Fachgebiet hinaus ging und die Totalität der Menschenforschung im Auge zu behalten suchte. Aber schon BASTIANS sozial- und völkerpsychologische Interessenrichtung konnte in der Berliner Gesellschaft, die er selbst mitbegründete, nicht hinreichend zur Geltung kommen, und die Soziologie und Psychologie blieben ganz draußen.

Die lebhafte Beteiligung der Anatomen an der Tätigkeit der anthropologischen Gesellschaften verlieh der Anthropologie allmählich einen immer stärkeren Zug ins *Physische*, gelegentlich nannten diese Forscher ihr Gebiet sogar *physische Anthropologie*, um eine Verwechslung mit den kultur- oder geisteswissenschaftlichen Zweigen der Anthropologie auszuschließen. Die Herkunft dieser *physischen Anthropologie* aus alten, bereits festgefügten Disziplinen verlieh ihnen aber auch ein Übergewicht über die Nicht-Naturwissenschaftler. Zudem waren sie bereits im Besitz fester, gesicherter Forschungsmethoden, oder glaubten es wenigstens zu sein; in Wahrheit waren es eigentlich nicht die Methoden, sondern es war die Meß- und Beobachtungstechnik, besonders am Schädel und Skelett, über die Einigkeit erzielt worden war, – die Verwechslung von Methodik und Technik beherrscht jene Zeit, sie ist ein Signum der *positivistischen Wendung*, welche die Anthropologie nunmehr genommen hatte. Diese Tendenz ist auch heute noch nicht ausgestorben.

Nachdem schon BLUMENBACH dieser Entwicklung vorgearbeitet hatte, führte der Schwede ANDERS RETZIUS (1842, 1856, 1860) die Unterscheidung von Lang- und Kurzschädeln auf Grund des Längen-Breiten-Index ein, die sich rasch einbürgerte. Im Jahre 1861 hatten sich KARL ERNST V. BAER, RUDOLF WAGNER, LUCAE, SCHAAFHAUSEN und VROLICK in Göttingen über die Meß- und Beobachtungstechnik sowie allgemeine Fragen verständigt; ausdrücklich waren sie dabei auch zu der Entscheidung gekommen, alle philosophischen Fragen aus dem Spiele zu lassen. Das war der notwendige Rückschlag auf die romantische Naturphilosophie, den wir ja auch schon bei BASTIAN konstatiert hatten (o. S. 87); daß aber die Absage an die Philosophie auf die Dauer zu völliger Problemlosigkeit führen mußte, bedachte man damals nicht. Die Kraniologie wurde vielfach zur Nebenbeschäftigung der Anatomen, zumal die Schädelsammlungen ja in der Regel den anatomischen Sammlungen angeschlossen waren. Sogar die Beobachtungen am Lebenden traten dagegen zurück (s. u. S. 185). Die Meßtechnik am Schädel wurde ständig vervollkommnet, und im Jahre 1890 kam der ungarische Anthropologe A. v. TÖRÖK auf rund 5 000 an *einem* Schädel zu nehmende Maße. Die Sackgasse war damit erreicht.

Die Entwicklung der Anthropologie in Frankreich in der zweiten Hälfte des 19. Jahrhunderts steht im Zeichen PAUL BROCAS (1824–1880) und seiner hochbegabten Mitarbeiter und Nachfolger an der von ihm 1876 begründeten *École d'Anthropologie:* A. DE QUATREFAGES (1810–1892), E. T. HAMY (1842–1908), P. TOPINARD (1830–1911) und L. MANOUVRIER (1850–1927). Auch hier folgt einem scheinbar glänzenden Aufschwung ein allmähliches Versanden in Problemlosigkeit, das aber in den naturalistischen Grundvoraussetzungen von vornherein angelegt ist. Doch hat die BROCA-Schule in ganz Europa großen Einfluß ausgeübt, die osteuropäischen, namentlich die russischen Anthropologen sind fast alle durch sie hindurch gegangen.

BROCA war Arzt und Professor der Chirurgie, bevor er sich für die Anthropologie begeisterte. Er eröffnete 1876 die *École d'Anthropologie* gegen klerikalen Widerstand als eine private Gründung, jedoch in loser Verbindung mit der *École des Hautes Études* an der Universität Paris. Gelehrt wurden an der Schule außer der physischen Anthropologie (mit Betonung der Meßtechnik und der Kraniologie) Ethnologie, Prähistorie, Linguistik und Demographie. Scheint sich darin eine totale Sicht des Menschen zu bekunden, so steht diese doch unter einem naturalistischen Vorurteil, wie die unheilvolle Vermischung der Begriffe *Rasse* und *Volk* schlagend dartut (BROCA 1859 : *L'ethnologie de la France;* QUATREFAGES und HAMY 1882 : *Crania ethnica [!]*). Zudem zerfiel die Schule tatsächlich seit den neunziger Jahren immer mehr in ihre Einzelfächer, weil leitende theoretische Prinzipien nicht vorhanden waren. MANOUVRIER bemüht sich 1890 vergeblich um eine „natürliche Klassifikation der Wissenschaften", die den Prozeß aufhalten soll (MANOUVRIER 1890). Schon BROCA selbst war zu keiner Klarheit über den Begriff der Rasse durchgedrungen. Die unzweifelhafte Mehrrassigkeit aller historischen Völker führt ihn zu der (u. a. gegen GOBINEAU als Einwand erhobenen) Anschauung, daß es ungemischte Rassen nicht gebe. Dieses bis heute oft wiederholte Argument stammt aus der BROCAschen Schule, daß es eine *petitio principii* enthält, wurde anscheinend nicht bemerkt.

Diese Unklarheiten waren auch ein Kunstprodukt des Verfahrens, *Rasse* mit *Typus* gleichzusetzen. Schon im Jahre 1835 hatte der belgische Mathematiker ADOLPHE QUETELET (1796–1874) den Nachweis geführt, daß auch organische Kollektivgegenstände in ihrer Vielgestaltigkeit dem Zufallsgesetze gehorchen, sich also im Sinne einer binomialen (GAUSS'schen) Kurve um einen *Mittelwert* oder

Typus gruppiert verteilen (QUETELET 1835, 1848). Für die Ausbildung der anthropologischen Massenstatistik erlangten die Arbeiten QUETELETS entscheidende Bedeutung; er selbst legte noch die Grundlagen dazu (*Anthropométrie*, 1870). Übersehen wurde nur, daß auch die verfeinertste Statistik bloß Technik ist und nicht Methode, daß also mit ihr auch keine Rassen errechnet werden können. Die Anthropologen der BROCA-Schule fühlten wohl, daß den errechneten Typen kein Realitätswert zukommen konnte, aber sie zogen daraus den falschen Schluß, daß man beim Menschen ernstlich nicht von Rassen reden könne.

Der synthetisch begabteste Kopf der Schule war TOPINARD (1876, 1885). HAMY und QUATREFAGES arbeiteten kraniologisch (1882), der Letztgenannte auch über die Pygmäen (1887). Das Werk des derselben Schule angehörenden in Paris lebenden Russen J. DENIKER (1852 – 1918), *Les races et les peuples de la terre* (1900) faßt an der Jahrhundertwende noch einmal die Anschauungen der Schule zusammen: Gegeben sind uns zunächst nur die Völkerschaften, Stämme, Nationen, Populationen, Völker. „Rassen" hingegen sind nur „theoretische Typen", die man durch genaue Analyse der physischen Merkmale einer großen Anzahl von Individuen aus einer ethnischen Gruppe ableiten kann; jedoch ist kaum einer dieser Typen an irgendeinem Individuum realisiert, im Unterschied zu den zoologischen Typen. Die meisten Individuen sind rassisch gemischt, und zwar um so mehr, je zivilisierter die Völker sind, denen sie angehören. Beim Menschen kann man von Spezies, Varietät und Rasse im zoologischen Sinne nicht reden (SCHEIDT 1925 : 77). – So werden die menschlichen Rassen zu bloßen Namen: es ergibt sich ein anthropologischer Nominalismus.

In Deutschland war F. v. LUSCHAN (1854 – 1924) Schüler BROCAS, in Rußland D. ANUTSCHIN (1843 – 1923), der Vater der neueren russischen Anthropologie. In Italien wirkten P. MANTEGAZZA (1831 – 1910), G. SERGI (1841 – 1936), dieser wichtig als Erforscher der mediterranen Rasse (1895), jener als Verfasser von Schriften über die „Physiologie" der Lust, des Schmerzes, der Liebe und des Hasses. Kennzeichnend für MANTEGAZZAS Betrachtungsweise ist der Satz: „Jedes lebende Protoplasma müssen wir des Schmerzes und der Lust und also auch der Liebe und des Hasses für fähig halten." Freilich sei der Unterschied zwischen einer „liebenden" und einer „hassenden" Nervenzelle mikroskopisch oder chemisch „bis jetzt" nicht feststellbar (MANTEGAZZA s. d.: 7, 11). – Alle diese Forscher waren naturwissenschaftlich vorgebildete *physische Anthropologen* und bezogen die Völkerkunde nur nebenbei, doch mit dem Anspruch auf naturwissenschaftliche Methodik, in ihre Betrachtung ein, zumal wenn sie, wie das meist der Fall war, akademisch beide Fächer vertraten.

In England unternahm der Arzt JAMES HUNT (1833 – 1869), geistig unter dem Einfluß von LAWRENCE, PRICHARD, ROBERT KNOX und BROCA stehend, im Jahre 1863 einen Anlauf zur Begründung einer naturwissenschaftlichen Anthropologie in der *Anthropological Society of London*. Er suchte folgendermaßen abzugrenzen: „While Ethnology treats the history or science of nations or races, we have to deal with the origin and development of humanity" (HUNT 1863 : 2). Aber über BLUMENBACHS physische Anthropologie müsse man hinausgehen zur Erfassung auch der geistigen und moralischen Züge der Menschheit. Hierin sei man seit HERDER nicht weitergekommen. Neu waren diese Gedanken nicht, jedoch wäre HUNT vielleicht der Mann gewesen, das Programm in die Tat umzusetzen. Im Jahre 1871 ging die Gesellschaft zusammen mit der seit 1843 bereits bestehenden *Ethnological Society* im *Anthropological Institute of Great Britain and Ireland* auf. Der Name *Anthropologie* wurde dabei im Hinblick auf die vorangegangenen Gesellschaftsgründungen in Frankreich und Deutschland gewählt, tatsächlich waren im *Institute* künftighin die Anthropologie im Sinne HUNTS und die Ethnologie gleichberechtigt vertreten. In England mit seinen zahlreichen überseeischen Besitzungen war – ebenso wie in Rußland – das Interesse für die außereuropäischen Rassen stets wacher geblieben als in andern europäischen Ländern. Neben Forschungsreisenden und Gelehrten haben Kolonialbeamte und -offiziere in den Veranstaltungen des *Institute* stets eine besondere Rolle gespielt, sie suchten hier die wissenschaftliche Vertiefung ihrer Feldstudien und haben oft ausgezeichnete ethnographische und anthropographische Arbeiten geliefert. Auch in Deutschland läßt sich mit dem Beginn der kolonialen Ära in den achtziger Jahren eine Zunahme des ethnographischen Interesses feststellen; hingegen ist nach der Liquidation des wilhelminischen Kolonialreiches (1919) eine gewisse provinzielle Verengung des Gesichtsfeldes festzustellen, die bis heute anhält.

5. Rassenkunde und Abstammungslehre

Für die menschliche *Rassenkunde* war die Zeit von 1850 bis etwa 1914 aus den angedeuteten Gründen im großen und ganzen steril. Das Übergewicht des technologischen Interesses, dagegen das völlige Versagen theoretischer Überlegungen infolge des naturalistischen Vorurteils führte zu einer Anhäufung zahlreicher Tatsachen, deren biologischer Deutungswert fraglich blieb; man trieb Rassen-Anatomie, -Physiologie, sogar gelegentlich -Psychologie, – aber man glaubte im Grunde nicht an die biologische Realität der Rassen. Einen Abschluß fand diese Richtung in dem klassischen, in seiner Art imponierenden *Lehrbuch der Anthropologie* (1914) von RUDOLF MARTIN (1864 – 1924); das Werk war in Wahrheit ein Leitfaden der Körpermeßtechnik.

Die Zufuhr neuer Ideen kam hier, wie so oft in der Wissenschaftsgeschichte, nicht aus dem Kreise der Zunftgenossenschaft selbst, sondern von außen her durch die menschliche *Erblichkeitslehre*. Durch den Zwang zur Auseinandersetzung mit den Ergebnissen dieser Wissenschaft wurde die *physische Anthropologie* auf die rassen*biologischen* Probleme zurückgeführt, von denen sie seit KANT, G. FORSTER und MEINERS ausgegangen war (s. o. S. 57 ff.).

Glücklicher als die eigentliche Rassenkunde war der *abstammungsgeschichtliche*

Zweig der hominiden Anthropologie, weil hier unter Benutzung und Weiterbildung der traditionellen vergleichend-anatomischen Methoden wirklich weiterzukommen war. Die Auffindung weiterer fossiler Menschenreste vom Neanderthal-Typus sowie vormenschliche Fossilfunde (*Pitecanthropus erectus* von Java, DUBOIS 1891, publiziert 1894, 1924, 1926 ff., *Homo Heidelbergensis,* SCHOETENSACK 1908) waren die wichtigsten Etappen. Dem Straßburger Anatomen GUSTAV SCHWALBE (1844 bis 1917) gebührt das Verdienst, die Sonderstellung des Neanderthalmenschen als einer besonderen, dem *Homo sapiens* gegenüber primitiveren Species – *Homo primigenius* – exakt herausgearbeitet zu haben (1901, 1908, 1923). SCHWALBE lieferte auch wichtige Arbeiten über den Pitecanthropus (1899, 1921).

6. Ethnographische Soziologie und „Evolutionismus“

Im Gegensatz zur physischen (hominiden) Anthropologie erlebte die kulturelle oder soziale (humanide) Anthropologie in der Zeit nach 1860 keine bloße Scheinblüte, sondern eine wirkliche Vermehrung ihrer Einsichten. Zusammenfassen lassen sich diese Studien am besten unter der Bezeichnung *ethnographische Soziologie;* es handelt sich dabei in der Tat um eine „sociologie d'après l'ethnographie“ (wie der Titel eines Werkes von LETOURNEAU, 1880, lautet), um die theoretisch-soziologische Verarbeitung des ethnographischen Erfahrungsstoffes. In Deutschland wurde für die Arbeiten dieser Richtung der Name *Ethnologie* oder *Völkerkunde* bevorzugt (im Sinne der Anregungen BASTIANS), in Frankreich sprach man lieber von *Sociologie* (im Sinne der COMTEschen Überlieferung), in England und den Vereinigten Staaten sagte man meistens *Anthropology* oder auch *Sociology.*

Die soziologische Seite der *Ethnology* oder *Anthropology* wird in den englischsprechenden Ländern gern auch als *Social Anthropology* bezeichnet, die kulturkundliche als *Cultural Anthropology.* In den Vereinigten Staaten hat sich an Stelle des in Mitteleuropa gebräuchlichen Namens *Ethnologie* (oder *Völkerkunde*) immer mehr die Bezeichnung *Cultural Anthropology* durchgesetzt (trotzdem gibt es noch eine *American Ethnological Society* und eine Zeitschrift *Ethnology*). Andererseits ist diese *Cultural Anthropology* nicht identisch mit dem, was in Deutschland *Kulturanthropologie* genannt wird. Die terminologische Verwirrung, die seit je bestanden hat, ist auch heute noch sehr groß und erschwert mitunter sogar den Fachleuten den Überblick (MÜHLMANN und MÜLLER 1966 : 9 ff.).

Oft wurde die ethnographisch-soziologische Schule des 19. Jahrhunderts auch *evolutionistisch* genannt. Das ist eine polemische Bezeichnung, die von der gegnerischen kulturhistorischen Schule (s. u. S. 126) geprägt worden ist; sie hebt eine Schwäche der ethnologisch-soziologischen Richtung wirkungsvoll hervor, eignet sich aber schlecht als charakterisierender Name. Keiner der maßgebenden Evolutionisten hat die These einer einlinigen Entwicklung der Menschheit wirklich vorbehaltlos vertreten; viele Forscher, die als Methodologen evolutionistisch klingende

Thesen vertreten haben, sind als Einzelforscher nicht selten durchaus historisch verfahren, zum Beispiel BASTIAN, TYLOR und MORGAN.

Die wichtigsten Vertreter der ethnographischen Soziologie in den sechziger und siebziger Jahren sind MORGAN, MCLENNAN, HERBERT SPENCER, TYLOR; dazu treten später (bis zur Jahrhundertwende) LETOURNEAU, HADDON, BALFOUR, FRAZER, WESTERMARCK, KOVALEVSKIJ, POST, KOHLER, HARTLAND u. a. Ihre Hauptgegenstände sind Ursprung und Entwicklung des Rechtes, der Familie und des Staates, der Kunst und der Religion. MORGAN entdeckte (1868 ff.) das *klassifikatorische Verwandtschaftssystem* und gab (1877) einen neuen Versuch der Gliederung in Kulturstufen. MCLENNAN arbeitete (1865, 1867, 1876) als erster Totemismus und Exogamie als soziologische Institutionstypen scharf heraus, LUBBOCK interpretierte (1865, 1870) als erster die prähistorischen Artefakte im Lichte der ethnographischen Befunde an zeitgenössischen Naturvölkern. TYLOR formte (1865 ff.) den ethnographischen Typus-Begriff als das auf Kulturtatsachen angewandte Gesetz der binomialen Verteilung; er bemühte sich, die parallelen Entwicklungsstufen der einfachen Kulturen schärfer zu erfassen, sah aber auch schon das verschiedene Entwicklungstempo ethnographischer Erscheinungen und die Überlebsel *(survivals)* aus früheren Perioden. Ferner stellte er (1871) die Theorie des *Animismus* auf. SPENCER ist der soziologische Systematiker der Epoche (*Descriptive Sociology*, seit 1867; *The Principles of Sociology*, 1876). Die anderen bauen hierauf weiter, teils in Übereinstimmung, teils im Widerspruch. Es war eine geistig äußerst lebendige Periode der Forschung, keine ihrer zahlreichen Thesen war unbegründet, keine bloßer Blindlauf, alle wirkten als Ferment lebendiger Auseinandersetzungen und produktiven Weiterdenkens.

Der Amerikaner LEWIS H. MORGAN (1818 – 1881) hatte zuerst 1851 eine klassische soziologische Monographie über den Bund der Irokesen geliefert. Hierbei trat ihm zuerst die – schon von LAFITAU entdeckte – Mutterfolge als soziale Regelung vor Augen. Nach dem Erscheinen von BACHOFENS Werk (1861, s. o. S. 69) schloß sich MORGAN den dort aufgestellten Hypothesen über *Mutterrecht* und *Promiskuität* an. Die Entdeckung des „klassifikatorischen Verwandtschaftssystems" – zunächst bei den Hawaiiern – schien diesen Vorstellungen recht zu geben. In diesem System wird zwischen linearer und kollateraler Verwandtschaft nicht unterschieden, die Geschwister gleichen Geschlechtes sind daher terminologisch äquivalent, insbesondere werden Vater und Vatersbruder nicht unterschieden. Daraus zog MORGAN den Schluß, daß in den Anfängen der menschlichen Gesellschaft infolge der Regellosigkeit des Geschlechtsverkehrs der Vater unbekannt gewesen sei, daher die Kinder zur sozialen Gruppe der Mutter gerechnet werden mußten. Am Beginn der Entwicklung stehe schrankenlose Promiskuität, dann folgen zunächst Eheverbote zwischen verschiedenen Generationen, hierauf Verbot der Ehe innerhalb der eigenen Verwandtschaft, danach Gruppenehe (hawaiischer Typus), dann mutterrechtliche Paarungsehe mit Polygamie, dann patriarchale Familie mit Polygamie, und endlich die monogame Familie. Die sich häufenden Entdeckungen des sog. klassifikatorischen

Verwandtschaftssystems bei einfachen Stämmen schienen MORGANS Anschauungen zu bestätigen; SPENCER, LUBBOCK, POST, KOHLER, LETOURNEAU schlossen sich ihnen mehr oder weniger an. Der Widerspruch kam vor allem von seiten der umfangreichen und eingehenden Studien WESTERMARCKS (1862 – 1939) über die menschliche Ehe (1891). MORGAN suchte aber auch nach den weiteren Stufen der Entwicklung. Sein Schema (1877) bietet eine Einteilung in drei Hauptstufen mit je drei Unterstufen: 1. *Savagery* a) Essen roher Früchte, b) Fischfang, Feuergebrauch, c) Erfindung des Bogens; 2. *Barbary* a) Töpferei, b) Haustierzähmung und Gartenbau, c) Eisenbearbeitung; 3. *Civilization* (mit der Schrifterfindung beginnend). Jede neue Stufe wird durch *entscheidende neue technische Errungenschaften* heraufgeführt. Die Entwicklung der sozialen Organisation bildet eine zweite Reihe, die in einer gewissen Korrelation zur ersten steht und vor allem durch die Ideen über das Eigentum bestimmt wird. Die monogame Familie verdankt ihre Entstehung der Idee des Privateigentums, die schließlich die ganze Gesellschaft bestimmte. Zwei Grundauffassungen über das Eigentum stehen sich diametral gegenüber: das Gemeineigentum, welches den Typus der auf rein persönlicher und verwandtschaftlicher Beziehung beruhenden Gesellschaft (societas) entwickelt, und das Privateigentum, aus dem der Staat (civitas) entsteht. Alle geschichtlichen Veränderungen gehen nach MORGAN zunächst auf die relative Höhe der Technik der Nahrungsgewinnung zurück, in zweiter Linie auf die geographische Lage.

Die funktionalen Zusammenhänge zwischen dem Stande der Naturbeherrschung (Technik), der Wirtschaft usw. und den Rechtsanschauungen waren vor MORGAN noch nie so klar herausgestellt worden. Aber in ihrer definitiven Form erwies sich die Theorie nicht als haltbar und eignete sich in keiner Weise zu der agitatorischen Ausweitung, der sie bald anheimfiel. Die Ideen MORGANS wurden in Europa von den Theoretikern KARL MARX, FRIEDRICH ENGELS und BEBEL übernommen, besonders ENGELS propagierte sie in seiner Schrift *„Der Ursprung der Familie, des Privateigentums und des Staates.* Im Anschluß an L. H. MORGANS Forschungen“ (1884). Für die bolschewistische Ethnographie im heutigen Rußland ist MORGAN verständlicherweise noch heute ein bedeutender Klassiker, obwohl er seiner Persönlichkeit nach, ebenso wie der Wiederentdecker des Mutterrechts, BACHOFEN, ein treuer Sohn der Kirche und Kapitalist war (B. J. STERN 1931; vgl. WHITE 1944). Zufällig ist der ideologiegeschichtliche Zusammenhang BACHOFEN-MORGAN-MARX dennoch nicht: er ist begründet in dem gemeinsamen geistigen Hang zur Welt des Stofflichen *(Chthonischen,* vgl. *mater – materia).*

Daß das Studium der *Technik* besondere Einblicke in den Evolutionsprozeß bieten mußte, hatten schon die Untersuchungen des englischen Obersten A. H. LANE FOX PITT-RIVERS (seit 1851) über die Vervollkommnung von Waffen bewiesen. PITT-RIVERS konnte zeigen, daß von den zahlreichen Verbesserungsversuchen nur ganz wenige zu Verbindungsstücken in der Kette des Fortschrittes wurden, während alle übrigen lediglich Sackgassen waren. Aus dieser Entdeckung bildete PITT-RIVERS typologische Reihen für alle Waffengattungen aus (*Primitive Warfare*, 1868); später übertrug er dies Verfahren auch auf das Studium der Schiffahrt. Das von ihm in Oxford errichtete Museum ordnet die Objekte nach evolutionären Serien. Später arbeiteten nach der typologischen Methode besonders H. BALFOUR (1899) und der Amerikaner O. T. MASON (*Origins of Invention,* 1895), der Deutsche HEINRICH SCHURTZ (1863 – 1903, *Urgeschichte der Kultur,* 1900) und der Russe N. N. CHARUZIN (1865 – 1900, *Etnografija,* 1. Bd. 1901). BALFOUR (1893) und HADDON (1895) wandten das Verfahren auch auf die dekorative Kunst an (vgl. a. MUNRO 1963). Von besonderer Bedeutung wurde die typologische Methode für die Bearbeitung prähistorischen Fundstoffes. JOHN LUBBOCK (LORD AVEBURY, 1834 – 1913) formulierte als erster (1865, 1870) den Grundsatz, Werkzeuge und Geräte heutiger Naturvölker zur Deutung prähistorischer Artefakte sowie überhaupt die Lebensformen der Naturvölker zur Gewinnung eines lebensvolleren Bildes vom vorgeschichtlichen Menschen heranzuziehen. Auch A. H. KEANE (*Ethnology,* 1896; *Man, Past and Present,* 1899) ist hier zu erwähnen.

Den meisten der hier beteiligten Forscher ist es wohl nur selten zum Bewußtsein gekommen, daß mit einer solchen Ausdehnung des Begriffes „Entwicklung" auf Gegenstände der Kultur das Gebiet der Biologie eigentlich verlassen war. Durch die Verwendung des Begriffes der „Naturgeschichte" suchte man immer noch nach einer gemeinsamen Klammer, welche sowohl die Entwicklung des Menschen als auch die seiner kulturellen Schöpfungen umfassen sollte. Und doch bleibt es, wenn zum Beispiel BALFOUR von der „natural history of the musical bow" spricht (1899), oder HADDON von „life-histories of designs" (1895), unklar, ob hier die Begriffe der „Naturgeschichte" bzw. des „Lebens" bloß noch metaphorisch, oder ob sie wörtlich zu verstehen sein sollen. Indem man die Grenze zwischen einer eigentlichen und einer uneigentlichen Redeweise von „Evolution" bzw. „Entwicklung" in der Schwebe hielt, mogelte man sich über die Problematik hinweg. – Daß man von der „Entwicklung" zum Beispiel einer Institution oder einer technischen Vorrichtung *überhaupt nicht in demselben Sinne* reden kann wie von der „Entwicklung" einer zoologischen Form, wurde erst später klar.

Damals war methodisch entscheidend der Versuch MORGANS, die Evolution der Technik zu den anderen Sphären der Kultur in Beziehung zu setzen. Dabei mußte sich auf die Dauer ergeben – wenn auch noch nicht klar ausgesprochen bei MORGAN und seinen Zeitgenossen selbst, – daß die logische (oder typologische) Reihe in der Technik viel leichter zu gewinnen war als etwa in den Sphären des rechtlichen oder religiösen Lebens, und damit mußte die Vorstellung einer allgemeinen und *synchronen* Evolution allmählich fallen. Diese Erkenntnis liegt eigentlich auch schon dem Begriff *survival* (Überlebsel) zugrunde, den TYLOR prägte. Er versteht darunter Kulturerscheinungen, die aus einer älteren Epoche in eine jüngere hinüberragen, zum Beispiel veraltete Techniken, altertümliche Rechtsbräuche, Aberglauben usw. Es steckt ein bißchen Fortschrittshochmut in dem Begriff, aber insofern als er den asyntaktischen Charakter der kulturellen Evolution voraussetzt, hat er dazu geholfen, die Vorstellungen über das Wesen des *sozialen Prozesses* zu klären.

Der schottische Rechtsgelehrte J. F. McLennan (1827 – 1881) unterschied 1865 zum ersten Male systematisch Endogamie und Exogamie (Binnen- und Außenheirat) und leitete die Exogamie aus ursprünglichem Frauenraub ab (Raubehe). Epochemachend war seine Herausarbeitung des *Totemismus*. Die terminologische und ideologische Verbindung bestimmter Sippen mit bestimmten Tierarten hatte Ph. J. v. Strahlenberg schon in den zwanziger Jahren des 18. Jahrhunderts bei den Jakuten in Ostsibirien beobachtet (Strahlenberg 1730 : 378):

> „Sonst hat und hält ein jedes Geschlecht eine absonderliche Creatur heilig, als Schwan, Ganß, Raben etc. und dasjenige Thier, welches ein Geschlecht für heilig hält, wird von solchem nicht gegessen, die andern aber mögen es essen";

die Nachricht war aber unbeachtet geblieben. 1791 beschrieb J. Long das *Totem* bei den Ojibwa-Indianern (Long 1791), aber erst McLennan konnte auf Grund eines größeren Materials vergleichend den *Totemismus* als weitverbreiteten soziologischen und weltanschaulichen Typus klarstellen. Auf ihm konnte J. G. Frazer (1854 – 1941) weiterbauen (1910), nachdem die reichen Berichte von Spencer-Gillen u. a. über den Totemismus der Australier um die Jahrhundertwende hinzugekommen waren.

Hervorragend beteiligt war an diesen Studien die Schule der vergleichenden Rechtswissenschaft, so in England schon vor McLennan Sir Henry Maine (1822 bis 1888, *Ancient Law*, 1861), später in Deutschland A. H. Post (1839 – 1895) mit seinem *Grundriß der ethnologischen Jurisprudenz* (1894) und J. Kohler (1849 bis 1919) mit seiner *Zeitschrift für vergleichende Rechtswissenschaft* (seit 1878), in den Niederlanden S. R. Steinmetz (1862 – 1940, *Ethnologische Studien zur ersten Entwicklung der Strafe*, 1894), in Rußland M. M. Kovalevskij (1851 – 1916), der zum Teil bei den Eingeborenen des Russischen Reiches selber Material sammelte, in Frankreich von Ch. Letourneau (1831 – 1902), Professor an der Ecole d'Anthropologie, der sich besonders mit der Entwicklung der politischen Formen (1890) und des Krieges (1895) befaßte. Nicht selten bestand bei den ethnographischen Soziologen der siebziger bis neunziger Jahre die Neigung, die herausgearbeiteten soziologischen Typen, deren bloß heuristischen Charakter sie zunächst noch nicht erkannten, ganz oder teilweise für *allgemeine* Durchgangsstufen der sozialen Entwicklung zu halten. Der eine Forscher machte diesen, der andere jenen Abstrich von dieser Annahme, McLennan interpretiert die Exogamie psychologisch anders als Westermarck, und dieser wieder anders als Kovalevskij usw.; die Gesamttendenz zur Ermittlung allgemeiner gesetzlicher Abläufe ist vorhanden. Die einsetzende Kritik schaltete zunächst das Mutterrecht als allgemeine Durchgangsstufe aus, da Westermarck zeigen konnte, daß gerade die einfachsten Stämme sich häufig als vaterrechtlich herausstellten, matrilineare Regelungen sich hingegen bevorzugt bei höher entwickelten Gesellschaften fanden. Auch beim Studium der übrigen Institutionen zerbrach schließlich das unilineare Entwicklungsschema. Das soziologische Studium der verschiedenen Sphären der Kultur: Recht, Religion, soziale Organisation usw. in ihrer wechselseitigen Bedingtheit schuf von innen heraus die methodische Möglichkeit, Irrtümer zu korrigieren, sobald ethnographisch hinreichende Feldstudien vorlagen.

EDWARD B. TYLOR (1832 – 1917) ist der bedeutendste Anthropologe in der zweiten Hälfte des 19. Jahrhunderts neben BASTIAN, den er aber an schriftstellerischer Wirksamkeit übertrifft. Seine Bedeutung liegt hauptsächlich auf dem Gebiete der Methodologie. Im Anschluß an QUETELET suchte er statistisches Denken in die Anthropologie einzuführen. Dieser hatte sich nicht damit begnügt, die statistische Technik zu entwickeln, sondern den Versuch gemacht, eine *soziale Physik* darauf aufzubauen. Die Gruppierung um den Mittelwert, das *Gesetz der zufälligen Ursachen,* suchte er als ein allgemeines Gesetz nachzuweisen, das auf Völker wie auf einzelne Anwendung finde. QUETELET maß dem Mittelwert eine reale, ja die einzig reale Existenz zu: der *„homme moyen"* spielt eine entscheidende Rolle in einem Volke, die andern Menschen unterscheiden sich von ihm nur durch den Einfluß zufälliger Ursachen, deren Wirkungen bei genügend lang fortgesetzter Probe schließlich berechenbar werden (HALBWACHS 1912). Und das gilt nicht nur für körperliche, sondern auch für geistige und moralische Eigenschaften. Diese, von QUETELET in seiner *Physique sociale* (1835) und in weiteren Schriften, (1848,1869) entwickelten Anschauungen enthalten das Gerippe einer zugleich atomistischen und kollektivistischen Soziologie, die auf einer kennzeichnenden Verwechslung von Mittelwert und Typus basiert; sie lassen aber auch den Streit um die kollektivistische Geschichtsauffassung vorausahnen, der um die Jahrhundertwende um LAMPRECHT u. a. entbrennen sollte. Aber noch moderne naturalistische Kulturauffassungen basieren auf dem QUETELETschen Irrtum, daß kulturelle Strukturen sich als *Kollektivgegenstände* auffassen ließen. Aber das Grundsätzliche der Auseinandersetzung um die Realität oder Irrealität des Typus tritt auch schon bei TYLOR hervor.

Er überträgt, gestützt auf QUETELET, den Mittelwert-Begriff auf die ethnographischen Erscheinungen. Die Gesetzmäßigkeit der menschlichen Gesellschaft sei so groß, daß man individuelle Abweichungen unberücksichtigt lassen und so allgemeine Schlüsse über die Fertigkeiten, Anschauungsformen usw. ganzer Völker ziehen könne. Man müsse die Gegenstände kollektiv aus der Vogelperspektive sehen. Die Gesamtleistung der Gesellschaft wird dementsprechend – ganz folgerichtig-atomistisch – als Resultante vieler individueller Leistungen aufgefaßt, im Gegensatz zu BASTIAN, der die unter Umständen *überwiegende* Leistung von Extremvarianten betonte (s. S. 89). Es ist in der Tat ein Fehler fast aller Evolutionisten dieser Jahrzehnte gewesen, daß sie in naturalistischer Verblendung an den *homme moyen* glaubten und die Bedeutung der führenden Persönlichkeit übersahen, die auch schon bei Naturvölkern besteht, – was freilich erst durch die eingehendere ethnographische Feldforschung seit dem Ende des 19. Jahrhunderts zutage trat.

TYLOR hat noch mehr Gebrauch von QUETELETS Wahrscheinlichkeitslehre gemacht; er prüfte (1889) korrelationsstatistisch, welche Kulturerscheinungen häufiger in einer Gesellschaft zusammen auftraten, als nach zufälliger Verteilung zu erwarten wäre. Korrelierte Erscheinungen bezeichnete er als durch *adhesion* verbunden. Die heutige Anschauung ist freilich in der Frage, ob und wie sich für die Statistik brauchbare ethnographische Rechnungseinheiten gewinnen lassen, weniger optimistisch als TYLOR es war. Entscheidend war auch nicht die korrelative Technik, sondern die größere Exaktheit des *Denkens*, die durch solche Versuche erreicht wurde.

TYLOR war nicht unbedingt „Evolutionist". Die Unterschiede in Kultur und Geistesverfassung zwischen verschiedenen Rassen deutete er zwar mehr als Unterschiede der Entwicklung denn als solche der Art; niedrige Zivilisationen entwickeln sich gleichläufig, wenn auch nicht gleichzeitig. Dennoch müsse auch die Frage der Kulturausbreitung und -übertragung geprüft werden; TYLOR hatte nämlich seine Studien als Mexikanist begonnen (TYLOR 1861), und das Problem amerikanisch-asiatischer Kulturbeziehungen war ihm dabei nahegetreten (TYLOR 1865 – 1878). Auch für religionssoziologische Fragen interessierte er sich sehr; er ist der Schöpfer der Animismus-Theorie (TYLOR 1871).

7. Herbert Spencer

Die Bedeutung HERBERT SPENCERS (1820 – 1903) liegt nicht nur auf dem Gebiete der ethnographischen Soziologie, sie greift vielmehr auf das gesamte Gebiet der Anthropologie über und hat fast alle Zweige der Sozialwissenschaft aufs stärkste bis heute nachwirkend beeinflußt. Sein *System of Synthetic Philosophy* ahmt das Werk COMTES nach, dessen vornehmster Nachfolger SPENCER ist; aber er ist viel stärker naturalistisch als COMTE; die bewußte Macht des Geistes tritt bei ihm ganz zurück, die menschliche Evolution ist ihm nur ein Teilprozeß der kosmischen, die menschliche Geschichte nur eine Fortsetzung der Natur in die Gesellschaft hinein. Sterblich an seiner Soziologie ist alles, worin ihn seine extrem liberalistische – an ADAM SMITH, BENTHAM und MILL geschulte – Weltanschauung zu allzu zeitbedingten Schlüssen verleitet. Auch sieht er, wesentlich infolge dieses Liberalismus, die natürlichen Aggregate als Summen ihrer Elemente, und demgemäß die Gesellschaft zu sehr unter dem Aspekte des Individuums und seiner Freiheit; aber er hat dennoch den organischen, das heißt strukturalen Charakter der Gesellschaft deutlicher herausgearbeitet als dies COMTE vergönnt gewesen war, und sein Nachweis einer allgemeinen Ordnung in der Koexistenz und Sequenz der sozialen Erscheinungen stellte den *Gegenstand des soziologischen Sonderzweiges der Anthropologie* gegen jeden Zweifel fest.

Im Gesamtsystem der synthetischen Philosophie SPENCERS nehmen die *Principles of Sociology* (1880 – 1896) den ersten Rang ein: In seiner Soziologie blieb SPENCER zeitlebens in Kontakt mit dem ethnographischen Stoff, den er in seiner *Descriptive Sociology* (seit 1867) bereits systematisch zu sammeln begonnen hatte. Viel schneller veralteten seine *Principles of Biology* (1864 – 1867), und *Principles of*

Psychology (1870 – 1872), in denen er die These einer „Vererbung erworbener Eigenschaften" in physischer und psychischer Hinsicht verfocht. Die Rasse sei ein Produkt ihrer Umgebung, vor allem der klimatischen Faktoren. Emotionale Äußerungen neigen dazu, anzuerben und werden dadurch zu Instinkten. Die unmittelbaren sinnlichen Gefühle weichen im Laufe der Entwicklung den ideellen und abstrakten, parallel mit einer ständig wachsenden Freiheit der Individuen. Der ganze Prozeß ist nichts anderes als die Fortsetzung des vormenschlichen und frühmenschlichen Lebens in den höheren Stufen der zivilisatorischen Entwicklung, und er ist rein physiologisch zu begreifen. Die differenzierende Kraft liegt im *survival of the fittest;* SPENCER hat diesen Begriff schon vor DARWIN verwandt, ebenso das Prinzip der *natürlichen Auslese,* das er *discipline of nature* nannte. Ungleich DARWIN, der die anthropologische Auslese hauptsächlich in einer Kollektivauslese, gegründet auf die Solidarität der Gruppenangehörigen sah (s. o. S. 95), faßte SPENCER die Auslese schlechthin als einen *individuellen* Kampf ums Dasein auf, der als in der Natur der Abläufe begründet auch an und für sich nützlich und wünschenswert sei und durch kein staatliches Eingreifen (– etwa sozialpolitischer Art) behindert werden dürfe. (Man sieht, wie stark SPENCER durch die alten naturrechtlichen Anschauungen bestimmt ist.) In dieser *individualistischen* Fassung haben die Begriffe *natürliche Auslese* und *Kampf ums Dasein* auf einen großen Teil der sozialdarwinistischen Schriftsteller weitergewirkt (s. u. S. 110 ff.), die also in Wahrheit nicht Darwinisten, sondern Spenceristen sind.

Wichtig ist SPENCERS *naturalistische Soziologie* (vgl. BARTH 1915 : 287 – 339). SPENCER sieht die sozialen Erscheinungen in ihrer wechselseitigen Bedingtheit; nicht mehr einlinige Kausation ist der leitende Gesichtspunkt, sondern die Verankerung der Tatsachen in einem übergeordneten funktionalen Zusammenhang. Angedeutet war diese Denkweise bereits bei W. v. HUMBOLDT und COMTE, aber ausgebildet hat sie erst SPENCER. Das reziproke Verhältnis zwischen sozialen Strukturen, zwischen *development* (den sozialen Abläufen im kleinen) und *evolution* (dem Entwicklungsprozeß im großen) findet bei ihm eine schärfere Prägung als bei seinen Vorgängern. Die Evolution ist keine innewohnende Tendenz eines Aggregats zur Höherentwicklung, sondern entsteht nur aus dem Zusammenwirken innerer und äußerer Kräfte zu einem Gleichgewicht, das freilich bewegend sein müsse, um lebendig zu sein, – ein *vollständiges* Gleichgewicht bedeute Tod. (Das hatte schon G. FORSTER gesehen.) Die Evolution bedarf sogar einer dauernden Interferenz äußerer Einwirkungen, andernfalls erstarren die Gesellschaften und sind nicht mehr wandlungsfähig (genau wie es fertige, nicht mehr veränderliche zoologische Formen gibt). Wandel der äußeren Umwelt-Bedingungen (durch meteorologische Änderungen, Wanderungen, Flucht vor stärkeren Rassen usw.) muß auch Wandel in der sozialen Struktur nach sich ziehen; aber dieser bedeutet nicht notwendig Fortschritt, es gibt vielmehr auch viele Rückfälle in niedrigere Zivilisation *(retrogression),* – was SPENCER mit Beispielen von Naturvölkern in Rückzugsgebieten zu beweisen versucht: die sozialen Zustände der niedrigsten Stämme sind das Ergebnis nicht von jetzt, sondern von früher wirkenden Faktoren, zum Beispiel können die Verwandtschaftssysteme der australischen Stämme nur als Überlebsel aus einem einstigen Stadium engerer Gemeinschaft dieser Stämme verstanden werden, nicht aber aus rezentem Übereinkommen. Viele soziale Ideen stammen aus früheren, höheren Stadien, sind also nur scheinbar primitiv, was freilich nicht rein induktiv, sondern nur unter Zuhilfenahme der deduktiv-soziologischen Methode zu ermitteln sei. – Das sind wichtige Einsichten. Wenn SPENCER dann allerdings die *Retrogressionen* in eine unmittelbare (das heißt von ihm offenbar als Homologie, nicht als Analogie verstandene!) Beziehung bringt zu dem Aussterben der großen Saurier sowie zu der „Tatsache, daß wir unter den parasitischen Geschöpfen beinahe zahllose Formen finden, die sicherlich herabgekommene Modifikationen von höheren Arten sind" (SPENCER 1877–1897 : I 119), so bemerkt man hier wieder die Wirkung des naturalistischen Vorurteils. – SPENCER stellt ferner fest, daß die Evolutionserscheinungen sich nicht serienhaft ordnen lassen, es gebe vielmehr stets zyklische Wandlungen, *Divergenzen und Redivergenzen.* Die Unterschiede innerhalb der niedrigeren Menschenrassen sind ebenso groß wie die zwischen den zivilisierten Völkern, und zwar je nach dem Grade und der Dauer der sozialen Zuchtwahl *(social discipline).* Selbst die Emotionalität der „Wilden" ist nur im allgemeinen größer als die unsere.

Der Soziologie stellt SPENCER die Aufgabe, die sozialen Einheiten als Ergebnisse kombinierter Handlungen zu erforschen; zunächst die Formen der Familie, dann die kombinierten Handlungen des Stammes für Angriffs- und Verteidigungszwecke, also die politischen Organisationen, und die koordinierende und kontrollierende Rückwirkung dieser Organisationen auf ihre Mitglieder; sodann ihre Beziehungen zum bewohnten Areal, zu Bevölkerungszahl und -verteilung und zu den Kommunikationsmitteln. Herauszuarbeiten sind die Formunterschiede der Tätigkeit bei den verschiedenen Sozialtypen, Nomaden und Seßhaften, militanten und industriellen Gruppen, die reziproken Einflüsse zwischen politischen und religiösen Institutionen, die Wechselwirkung zwischen dem kontrollierenden Einfluß der Gruppe und dem reaktiven der Gruppenangehörigen usw. – Unter Zuhilfenahme eines großen ethnographischen Materials sucht SPENCER dieses Programm durchzuführen. Manche Erscheinungen sind dabei im Kern richtig gesehen, zum Beispiel die – struktural betrachtet – größere Kohärenz der höher organisierten ethnischen Einheiten bei gleichzeitiger größerer Heterogenität, im Vergleich zu den zwar homogeneren, aber viel loser gruppierten unseßhaften niedersten Naturvölkern, oder – funktional betrachtet – die Bedeutung zunehmender Spezialisierung der Funktionen (Arbeitsteilung) für die Zunahme der wechselseitigen Abhängigkeit und – folglich – Verletzlichkeit der Gesellschaft. SPENCER bedient sich zur Veranschaulichung dieses Sachverhaltes ausgiebig anatomisch-physiologischer Analogien, wie COMTE. Naturalistisch ist seine Auffassung der sozialen *Integration,* die er teils als äußeres Wachstum an Masse, teils als Koaleszenz und Rekoaleszenz der Massen ansieht, nicht aber als ein vereinheitlichendes Wachstum nach innen; infolgedessen hat er auch die innere Kompliziertheit der einfacheren Kulturen ähnlich unterschätzt, wie früher die innere Kompliziertheit der niederen Organismen unterschätzt worden ist. SPENZERS Ansicht, daß die höher entwickelten Gesellschaften auch die höher integrierten seien, hat sich empirisch als falsch herausgestellt.

Richtig beurteilt hat SPENCER – wohl als erster – die evolutionäre Bedeutung des Krieges. Kämpfe begünstigen die Entstehung eines autoritativen Häuptlingtums, politischer Organisationen und korporativer Anstrengungen, folglich gibt es kein Wachstum einfacher Gesellschaften ohne Durchgang durch den militanten Typ. Die Vereinigung kleinerer Aggregate für offensive oder defensive Zwecke erzwingt eine Koordination der Handlungen; damit ist die Voraussetzung zur Entstehung erweiterter *(compound)* Gesellschaften gegeben, so entstehen aus Stämmen Völker (SPENCER 1877 – 97 : II 129 ff., III 391 f., 397 f.). – Völlig zeitgebunden indessen ist SPENCERS Gegenüberstellung von *militantem* und *industriellem* Sozialtyp (SPENCER ebenda III 668 – 754). Neu ist übrigens diese Antithese keineswegs; schon SAINT-SIMON und vor ihm FERGUSON hatten *kriegerische* und *industrielle* Nationen unterschieden, und das im 18. Jahrhundert allmählich aufkommende Leitbild des Bürgers ist von vornherein mit einer pazifistischen Haltung verbunden gewesen (STEINMETZ 1929 : 602 ff.; HAZARD 1939, 1948 : 376 ff.) Je mehr SPENCER sich der Schilderung moderner Hochzivilisationen nähert, um so inadäquater wird seine Darstellung.

8. Der Sozialdarwinismus

Die Anthropologie der Nachfolger SPENCERS bis zum Beginn des 20. Jahrhunderts läßt sich in zwei Richtungen gliedern: 1. die sozialdarwinistische Richtung, 2. die deterministische Soziologie. – Zwischen beiden bestehen mancherlei Übergänge. Es ist eine Eigentümlichkeit der naturalistisch-biologischen Systeme der Soziologie in der zweiten Hälfte des 19. Jahrhunderts, daß sie im Grunde nur sehr indirekt biologisch sind. Schon die Tatsache, daß PAUL V. LILIENFELD (1873, 1898), G. A. LINDNER (1871) und A. E. SCHÄFFLE (1875 – 1878) ganz unabhängig von SPENCER die Gesellschaft mit dem biologischen Organismus verglichen, weist – ebenso wie die Priorität COMTES in diesem Punkte – darauf hin, daß dieser Vergleich in Wahrheit auf der Linie einer Auffassung des soziologischen *Struktur*begriffes lag; die Biologie leistete hierzu logische Hilfsstellung. Wirklich methodisch-biologisches Vorgehen würde nicht in einer analogisierenden Betrachtung von Gesellschaft und (individuellem) Organismus bestanden haben, sondern in einer anthropobiologischen Untersuchung der menschlichen Kollektive, zum Beispiel in dem konkreten Studium der Auslese bei menschlichen Gruppen, wie es DARWIN bereits versucht hatte. Es ergibt sich das Paradoxon, daß DARWIN als Nicht-Soziologe der kollektiven Auslese beim Menschen eine ungleich größere Bedeutung zumißt als der individuellen Auslese (s. o. S. 95), während der Soziologe SPENCER und nach ihm die Mehrzahl der Sozialdarwinisten (das heißt Spenceristen) in der Vorstellung vom (individuellen) Kampfe ums Dasein befangen blieben. Hatte DARWIN ausdrücklich von einem *survival of the fittest* gesprochen, so übersahen die Spenceristen, daß die *fitness* auf die jeweilige Umwelt einer Gruppe rückbezüglich ist, und sie machten aus *fit* unbedenklich *best*. Oder umgekehrt: der gesellschaftliche Erfolg (bei Individuen) oder die Geschichtsmächtigkeit (bei Gruppen) wurde zum Kriterium der Lebensbewährung und biologischen Wertigkeit.

Solche Grundauffassungen fanden ihren Niederschlag vor allem im (klassischen) amerikanischen Sozialdarwinismus (vgl. HOFSTADTER 1959). Es ist wenig bekannt, daß SPENCERS Ideen ursprünglich in den Vereinigten Staaten einen stärkeren Widerhall fanden als in England selbst und in Kontinentaleuropa, und zwar schon seit den sechziger Jahren. (SPENCERS *Study of Sociology* erschien in den Vereinigten Staaten 1872–1873 sogar früher als in England!) Aufgenommen wurden SPENCERS Ideen vor allem von WILLIAM GRAHAM SUMNER (1840–1910) an der Yale-Universität und von WILLIAM JAMES (1842–1910) an der Harvard-Universität (JAMES, der berühmte pragmatistische Philosoph und Psychologe, hat sich allerdings von SPENCER später abgewandt); zuletzt namentlich von FRANKLIN H. GIDDINGS (1855–1931) an der Columbia-Universität. Man darf sich bei der Beurteilung dieser Tatsachen nicht von heutigen Bewertungen des Sozialdarwinismus leiten lassen: Was uns heute als reaktionär erscheint, war damals genau umgekehrt avantgardistisch, die akademische Jugend der Vereinigten Staaten, mitsamt ihren jungen Professoren, griff nach SPENCER als einer Manifestation des geistigen Fortschritts, und der alsbald einsetzende klerikale Widerstand gegen DARWIN und SPENCER hat deren Rezeption eher gefördert als erschwert. Zudem stellte sich allmählich heraus, daß die neuen sozialdarwinistischen Ideen mit der puritanischen Lehre von der Gnadenwahl recht gut harmonieren konnten (vgl. MÜHLMANN 1962 : 23 ff.); HOFSTADTER bezeichnet (1959 : 10) den amerikanischen Sozialdarwinismus geradezu als einen naturalistischen Calvinismus. Vor allem SUMNER, der selbst ursprünglich Geistlicher war, vollzog die Synthese zwischen den älteren religiösen Anschauungen und den neuen Ideen.

Der amerikanische Sozialdarwinismus enthält folgende Lehrbestandteile: 1. Die menschliche Gesellschaft ist ein Teil der Natur, folglich finden auf sie die Gesetze der Natur Anwendung. Die Soziologie ist daher (ganz wie bei SPENCER) in eine umfassende Kosmologie hineinzustellen. 2. Solche Gesetze sind vor allem *struggle for existence* und *survival of the fittest;* sie sind ein Teil der Gesamtökonomie der Natur. 3. Die Menschen sind von Natur ungleich, daher reflektiert die soziale Stufenleiter diese Ungleichheit. 4. Hieraus resultiert eine streng deterministische Auffassung der Gesellschaft. Es ist verfehlt, in den Haushalt der Natur zu intervenieren, und da der soziale Fortschritt sich nach Naturgesetzen vollzieht, soll man ihn möglichst ungehindert vonstatten gehen lassen. 5. Nach alledem fällt das Walten der Naturgesetze mit dem Willen Gottes zusammen. Staatliche Interventions- bzw. Sozialpolitik ist in gewissem Sinne gegen die Religion – E. L. FARIS hat daher (1950 : 162) den Sozialdarwinismus schlicht definiert als „the policy of noninterference with the harsh evolutionary competition". – In der politischen Praxis ergab sich daraus, daß eine ultra-konservative Haltung (wie bei SUMNER) durchaus vereinbar sein konnte mit einer Bejahung des sozialen Aufstiegs, die soziale Mobilität besorgt gleichsam den Ausgleich des Haushalts der Natur. In äußerster Konsequenz kann dabei das besitzlose Proletariat als ein Rückstandsprodukt der *natürlichen Auslese* erscheinen und das Zugrundegehen der Armen als ein Naturgesetz (wie SPENCER schon 1850 gelehrt hatte). Der naturwissenschaftliche Determinismus ist hier verschmolzen mit der calvinistischen Prädestinationslehre. Das dynamische Element dieser Ideologie, durch das sie ihre eigene Grundlage unterminierte, hat sie dabei zu ihrer Zeit keineswegs erkannt; HOFSTADTER schreibt mit Recht:

> „There is a certain touching irony in the thought that, while writers like these preached slow change and urged men to adapt to the environment, the very millionaires whom they took to be the ‚fittest' in the struggle for existence were transforming the environment with incredible rapidity and rendering the values of the Spencers and the Sumners of this world constantly less and less fit for survival" (HOFSTADTER 1959 : 12).

Es ist nicht leicht, von diesem weltanschaulichen und ideologischen Hintergrund den wissenschaftlichen Gehalt des amerikanischen Sozialdarwinismus abzuheben. Er ist bei den führenden Köpfen dennoch vorhanden. Bei SUMNER findet er sich weniger in den frühen Schriften als in dem berühmt gewordenen Spätwerk, den *Folkways* (1908). Unter diesem Begriff sind nicht einfach Volksbräuche zu verstehen, es sollen darunter vor allem die Kräfte verstanden werden, von denen die vorgezeichnete Bahnung des Fühlens, Denkens und Handelns des einzelnen durch das Urteil der Leute ausgeht. Die *Folkways* können als eine Exposition des BASTIANschen Elementargedankens betrachtet werden, sie sind in ihrem Ursprung unbewußt und anonym, niemand ist für sie verantwortlich; trotzdem sind sie vorhanden, wirksam und unbedingt das Individuum bindend und sein Verhalten kontrollierend. Sie bilden die Elemente des für wahr und richtig Gehaltenen, des Sanktionierten, sie formen und sieben die Individuen und zwingen sie zu sozialer Anpassung. Zur Lehre systematisiert werden sie *Sitten (mores)*; Recht, Moral, Lebensführung und -philosophie entspringen alle aus der Anonymität dieser diskreten, ungreifbaren und dennoch allmächtigen Bestimmungskräfte. In der Betonung der Sitten erinnert SUMNERS Buch an die etwa gleichzeitig (1906) erschienenen Werke von HOBHOUSE *(Morals in Evolution)* und WESTERMARCK *(Origin and Development of Moral Ideas)*, die es aber an zwingender soziologischer Interpretation des historischen und ethnographischen Materials übertrifft. Arten, Wesen, soziale Selektion, Konflikt, Wandel und Verfall der *Folkways* werden von SUMNER entschieden herausgearbeitet. Durchgesetzt hat sich auch seine Unterscheidung von interner (Wir-) und externer (Sie-)Gruppe. Die Wir-Gruppe ist ein moralisch isoliertes, unabhängiges Lebens-, Interessen- und Handlungszentrum. Sie ist ethnozentrisch, insofern sie alle Werte naiv von sich aus abschätzt. Stamm- und sippenhafte Gruppen repräsentieren diese Einstellung am reinsten, sie kann aber auch für Sekten, Jugendgruppen und sogar Nationen gelten. Treue, Freundschaft und Solidarität bilden den Kitt der Wir-Gruppe, in ihr herrschen Ordnung und Frieden. Aber der Friede im Innern ist zugleich eine Funktion des Krieges nach außen: Alle externen (Sie-)Gruppen gelten primär als feindselig. Die *intraethnisch* geltenden moralischen Kräfte, Zucht, Treue und Gemeinsinn bilden die moralische Ergänzung zu der *interethnisch* geltenden Feindseligkeit und Kampfbereitschaft. Das moralische und das politische Beziehungssystem entsprechen sich also. – Mit diesen Gedanken, welche wiederum Anregungen SPENCERS weiterführen (o. S. 110), greift SUMNER über seine Zeit weit hinaus und wird zu einem wichtigen Vorläufer der heutigen politischen Soziologie und Ethnologie.

SUMNER hat auf die amerikanische Soziologie tief gewirkt (vgl. a. SUMNER und KELLER 1927, sowie HOFSTADTER 1959 : 51 – 66), weniger auf die europäische. Ihm anzureihen ist FRANKLIN H. GIDDINGS (1855 – 1931). Obwohl er ebenfalls noch von SPENCER herkommt, erklärt er es (1896) nichtsdestoweniger für einen fundamentalen Fehler der biologischen Schule, daß sie die Möglichkeit einer *Rück*wirkung der sozialen Kräfte auf Auslese und Variation nicht ins Auge fasse. Die Kommunikation von Gefühlen und einfachen Gedanken durch Ton, Gestik, Attitüde, weiter Nachahmung, Konflikt, wechselseitige Hilfe, ansteckende Wirkung spielerischer Tätigkeit, Sympathie und endlich elementares Sozialbewußtsein, Traditionsanfänge, Jagd-, Fischerei-, Wandergewohnheiten, Familienbeziehungen, Arbeitsteilung, – das alles habe schon bei vor- oder frühmenschlichen Formen auf die Auslese, vielleicht auch auf die Variation eingewirkt. Die Menschwerdung ist ohne die *Gesellung (association)* überhaupt nicht zu denken. Auf diese *zoogene* Gesellung folgen die *anthropogene Gesellung*, von der uns die einfachsten heutigen Naturvölker noch eine *angenäherte* Vorstellung geben, die *ethnogene Gesellung* (mit Klan, Stamm, Volk) und endlich die *demogene Gesellung* (die großen hochorganisierten Nationalstaaten oder Imperien umfassend) (GIDDINGS 1914 : Book III, ch. I – IV). Ähnliche Gedanken über die sozialbiologische Rückwirkung der Gesellungsfaktoren auf den Prozeß der Menschwerdung äußerte auch SCHÄFFLE (1906), sie blieben jedoch von den abstammungsgeschichtlich arbeitenden *physischen Anthropologen* ebenfalls gänzlich unbeachtet. Ebenso übersahen die Ethnologen SCHÄFFLES beachtenswerten Versuch einer Klärung des Begriffes Volk (SCHÄFFLE 1906).

9. Eugenik und Sozialanthropologie

Sozialdarwinistische Vorstellungen liegen auch dem Lebenswerk von FRANCIS GALTON (1822 – 1911) zugrunde, der ein Vetter DARWINS war und die Laboratoriumspsychologie in England begründete. Er ist beeinflußt von QUETELET und hat wie dieser die biostatistische Technik gefördert, ebenso sein Schüler KARL PEARSON

(1857 – 1936). Durch seine Studien über die Familien kam GALTON (1869, 1874, 1883, 1889) zu der Überzeugung, daß die Erblichkeit für das Zustandekommen schöpferischer Leistungen mehr Bedeutung habe als die Umwelt: *nature* sei wichtiger als *nurture*. Die soziale Leistung wurde also hier mit der Penetranz der erblichen Veranlagung ineinsgesetzt. Die quantifizierende Betrachtung von Erblichkeit und Umwelt stammt aus der Denkweise des Physikalismus, hat aber bis in die Gegenwart nachgewirkt. Kenntnisse über Vererbung standen GALTON noch nicht zu Gebote. Seine Thesen sind zunächst auch nur für die Begabtenforschung, Geniekunde usw. von Bedeutung und wurden es für die Anthropologie als Gruppenwissenschaft in dem Augenblick, wo sie auf soziale Schichten, Rassen, Völker usw. übertragen wurden. Dies geschah zum Teil schon durch GALTON selbst, der den Standpunkt vertrat, daß die oberen sozialen Schichten mehr begabte Menschen hervorbrächten als die unteren. Da sie aber sich zugleich schwächer fortpflanzten als die unteren Schichten, müsse die Rasse sich verschlechtern. (Rasse ist dabei als erbliche Beschaffenheit einer Population zu verstehen.) Damit war die Erscheinung der *unterschiedlichen Fortpflanzung* festgestellt, eine *wirklich* darwinistische Beobachtung, nur mit der Modifikation, daß in unseren höheren Zivilisationen die Regel des *survival of the fittest* in ihr Gegenteil verkehrt sei. Die Folge davon war die Auffassung, daß zunehmende Zivilisierung die natürliche Auslese einschränke und schließlich in ihr Gegenteil verkehre, bis zum schließlichen Überwuchern gerade der Untauglichen. Die Annahme einer natürlichen Auslese auf den Frühstufen der Menschheit war dabei ein Erbstück der naturrechtlichen Anthropologie, zutreffend hingegen war die allgemeine Feststellung, daß der Charakter der Auslese sich mit den kulturhistorischen Bedingungen ändere. Der nächste logische Schritt wäre gewesen, das Verhältnis von Auslese und kulturhistorischer Umwelt in seiner jeweiligen strengeren oder lockereren Koordination zu studieren; dies hätte aber wiederum eine genauere Vorstellung über die Natur des Objektes der Auslese: der Erbanlagen, vorausgesetzt, als damals vorhanden war. Dadurch, daß GALTON die Forderung erhob, der Staat müsse die „Rasse“ vor Entartung schützen und eine genügende Fortpflanzung der Begabten sichern, wurde er auch der Vater der *Eugenik*, der Lehre von der erbbiologischen Volkswohlfahrt. Die Forderung war jedenfalls echt darwinistisch, dagegen völlig unspencerisch, weil SPENCER nichts mehr haßte als ein Eingreifen des Staates in die Rechte der Individuen. Im Gegensatz dazu forderte auch HUXLEY im Sinne GALTONS eine Kontrolle des *Kampfes ums Dasein* durch die Gesellschaft. Auch DARWIN selbst stand solchen Forderungen freundlich gegenüber.

GALTONS Ideen fanden einen starken Widerhall. Sie wurden in Frankreich von GEORGES VACHER DE LAPOUGE (1854 – 1936) aufgegriffen (*Les sélections sociales*, 1896), aber auch mit GOBINEAUS Lehre von der Überlegenheit der weißen Rasse verschmolzen (*L'Aryen, son rôle social*, 1899). In Deutschland bildete H. ST. CHAMBERLAIN (1855 – 1927) die „indogermanische“ Rassentheorie weiter aus (*Die Grundlagen des 19. Jahrhunderts*, 1899), doch ohne sich der pessimistischen Perspektive GOBINEAUS anzuschließen, während die eigentliche GALTONsche Linie sich auf dem

Kontinent zur *sozialanthropologischen* Schule erweiterte. Dazu gehörten OTTO AMMON (1842–1915) mit zwei bekanntgewordenen Werken (1893, 1895), WILHELM SCHALLMAYER (1857–1919, Hauptwerk 1903), ALFRED PLOETZ (1860–1940), der 1904 die Zeitschrift *Archiv für Rassen- und Gesellschaftsbiologie* begründete (erloschen 1943). Man untersuchte jetzt den Einfluß des Krieges, der politischen und wirtschaftlichen Kräfte, der Binnenwanderungen, des sozialen Aufstieges usw. auf die Auslese und prüfte besonders das Verhältnis von sozialer Schichtung und rassischer Beschaffenheit. Der bedeutendste Vertreter der sozialanthropologischen Schule wurde der Italiener ALFREDO NICEFORO (1876–1960). In seinem Jugendwerk *L'Italia barbara contemporanea* (1898) führte er die Rückständigkeit des italienischen Südens im Vergleich zu Norditalien auf die Unterschiede verschiedener Rassen zurück, wobei übrigens der Rassenbegriff verschmilzt mit der Vorstellung von *ethnischen Strata.* Dieselbe Vorstellung findet sich, verallgemeinert, auch in NICEFOROS *Anthropologie der nichtbesitzenden Klassen* (1909); doch hat NICEFORO in reiferen Jahren auch bedeutende soziologische Untersuchungen geliefert, die von jener Doktrin unabhängig sind. – Das Hauptverdienst der sozialanthropologischen Schule besteht überhaupt darin, eine unbefangene Forschung nach den Beziehungen zwischen sozialer Mobilität und Fluktuation (Wanderungen, sozialer Auf- und Abstieg) zu den sozialen Kräften ins Rollen gebracht zu haben.

10. Die deterministische Soziologie

In Kontinentaleuropa bemühten sich seit etwa 1880 zahlreiche Denker in der Nachfolge der deutschen Völkerkunde und der COMTEschen und SPENCERschen Systeme um den Ausbau der *Soziologie.* Wie die Ethnologen sich um die Mitte des Jahrhunderts gestritten hatten, ob der Volksgeist eine Realität sei (STEINTHAL) oder nur eine Hilfsvorstellung (WAITZ), wie die BROCA-Schule dieselbe Frage gegenüber der Rasse stellte, so rangen die Soziologen um die Bestimmung ihres Objektes: die menschliche Gesellschaft. Schon COMTE hatte die Eigentümlichkeit des soziologischen Sehens betont, ohne welches die Methode der Soziologie nicht auszubilden sei, und SPENCER hatte auf den diskreten, d. h. nicht sinnlich wahrnehmbaren Charakter der Gesellschaften, die nichtsdestoweniger real seien, hingewiesen. Es ging in der ganzen Folgezeit, ja bis etwa 1920, vor allem um die Vergegenwärtigung des Sehens in der soziologischen Dimension, nachdem klargeworden war, daß – nach dem Worte DE GREEFS (1889) – die zwischenmenschlichen Rapporte „tout en participant à la nature physiologique et psychique des unités comparantes, laissent un résidu inexplicable par les seules lois des sciences antécédentes à la sociologie“ (DE GREEF 1886–1889 : I 180). Hierüber war man noch einig, jedoch nicht über die Abgrenzung des Faches. Die einen definierten die Gesellschaft aus der Wechselwirkung der Individuen, die anderen das Individuum aus der Formung durch die Gesellschaft. Die letzte Richtung siegte zunächst, und mit ihr die deterministische Soziologie.

Als beherrschend wird die Gesellschaft angesehen, in deren Hand Staatsmänner und Masse nur blinde Werkzeuge sind; nicht ich denke, sondern die Gesellschaft denkt in mir. Radikale Vertreter des soziologischen Determinismus sind vor allem GUMPLOWICZ, sowie DURKHEIM und seine Schule, in geringerem Grade RATZENHOFER, WARD und SUMNER.

Die Österreicher GUMPLOWICZ und RATZENHOFER sowie der Italiener VACCARO und der Russe NOVIKOV sehen die gesellschaftliche Determination vornehmlich unter der Kategorie des Kampfes. Das geschieht natürlich unter der Nachwirkung des sozialdarwinistischen *Kampfes ums Dasein*. GUMPLOWICZ knüpft außerdem an IBN CHALDUN (o. S. 33) an. Viele Hypothesen wie die Entstehung des Staates aus dem *Rassenkampf* (GUMPLOWICZ), der Kampf zwischen Germanentum und Nicht-Germanentum als Grundlage der heutigen abendländischen Kultur (H. S. CHAMBERLAIN), die angebliche Entwicklung von brutalen zu verfeinerten Formen des Kampfes (VACCARO) usw. enthalten höchstens ein Korn Wahrheit; doch haben diese Studien nicht nur die spezielle Soziologie und Ethnologie des Krieges gefördert, sondern auch – v. a. dies gilt für RATZENHOFER – die für Soziologie und Ethnologie grundlegenden Kategorien des *Konfliktes* und des *Interesses* herausarbeiten helfen.

In LUDWIG GUMPLOWICZ' (1838 – 1909) selektionistischer Kampftheorie (1875, 1883, 1909) siegen auf der untersten Stufe der Menschheit die stärkeren Rassen über die schwächeren durch kannibalische Ausrottung, auf höheren Stufen hingegen durch Unterjochung, verbunden mit Staatsbildung, Leibeigenschaft und Sklaverei. Wie GOBINEAU sieht auch GUMPLOWICZ die Vermischung der Rassen als unvermeidlich an, jedoch liege völlige Durchmischung in so ferner Zukunft, daß man praktisch mit dem „ewigen" Rassenkampf rechnen könne. Die beiden Naturgesetze des Rassenhasses und der Vermischungstendenz beherrschen die Geschichte. Übernommen sind diese Vorstellungen wohl aus der Egoismus-Theorie der Aufklärung, wonach die Menschen sich zwar nicht mögen, aber dennoch nicht voneinander lassen können. Auch GOBINEAU hatte übrigens von den beiden Gesetzen der *Repulsion* und *Attraktion* gesprochen (Essai, dt. Ausg. 1922 : I 38). Ausgeführt hat dieses Schema FRANZ OPPENHEIMER (1908, 1926 – 1929). Nach ihm entstand der Staat durch Krieg, Eroberung, Unterjochung, Ausbeutung und systematisch durchgeführte Bodensperre. OPPENHEIMER zog in größerem Umfange ethnographisches Material herbei und berief sich besonders auf die erobernde und staatsbildende Tätigkeit der Hirtenstämme; jedoch war die Deutung durch sozialpolitische und -ethische Motive getönt (MÜHLMANN 1964 : 256 f.). Daneben sind wichtig die Studien des Italieners M. A. VACCARO und des Russen J. NOVIKOV (1849 – 1912). Beide unterschieden bereits schärfer die verschiedenen Formen des Kampfes (VACCARO [1886,1898]: Interaktion = Konflikt zwischen Gruppen, Introaktion = Konflikt innerhalb der Gruppe) und suchten das Verhältnis von Konflikt und Kooperation zu bestimmen. VACCARO verwendete reichlich ethnographisches Material. NOVIKOV gebärdete sich antidarwinistisch, indem er darauf hinwies, daß man biologischen und sozialen Kampf unterscheiden müsse (1893, 1894, 1910).

Der originellste Kopf dieses Kreises war der österreichische Feldmarschalleutnant GUSTAV RATZENHOFER (1842–1904), ein wirklich soziologischer Denker. Er sieht den grundlegenden sozialen Prozeß im *Konflikt:* Die Tendenz zur Feindseligkeit nimmt mit dem Bevölkerungswachstum auch innerhalb der Gruppe zu und neigt zum Ausbruch, sobald die auf Solidarität des Blutes oder der Kriegführung sich gründenden gemeinsamen Interessen entfallen. Der Kampf nach außen bildet also den Kitt der Solidarität nach innen. RATZENHOFER sah (1898, 1907) als erster den dynamischen Zusammenhang von interethnischem Kampf, territorialer Ausdehnung, ethnischer Differenzierung, Schichtung und Staatsbildung. Seine Klassifikation und Theorie der Interessen hat in der amerikanischen Soziologie bei LESTER F. WARD (1841–1913) und ALBION W. SMALL (1854–1926) Nachfolge gefunden, von denen namentlich der Erstgenannte stärker von der österreichischen Soziologie (GUMPLOWICZ, RATZENHOFER) beeinflußt ist als von SPENCER; wahrscheinlich eben deshalb ist sein Einfluß auf die junge amerikanische Soziologie (wie auch der von SMALL) viel geringer gewesen als der SUMNERS. Dagegen haben die Ethnologen, welche die Ergebnisse der Soziologie in erster Linie hätten angehen müssen, davon keine Notiz genommen, – die Fächer hatten sich damals schon zu weit spezialisiert, und die Bezugnahme auf ethnographisches Material ist bei den damaligen Soziologen etwas vage. Bei den genannten, wie auch bei GIDDINGS und anderen Soziologen der neunziger Jahre finden wir zuerst das Bestreben, den diffusen Begriff *Gesellschaft* durch das Studium der einzelnen *Gruppen* zu ersetzen. Die menschliche Gesellschaft, sagen RATZENHOFER und auch GIDDINGS, gibt es überhaupt nicht; es gibt nur sich differenzierende Sozialgebilde als Willensschöpfungen; eine Erweiterung der Wechselbeziehungen zu einer *Menschheit* durch den zunehmenden Weltverkehr sei allerdings erkennbar, könne jedoch nur über den Untergang einzelner Rassen hinaus verwirklicht werden. Die Soziologie soll jetzt untersuchen, welche Arten der Gesellschaft es in der Menschenwelt überhaupt gibt, was Klans, Stämme, Stände, Klassen, Völker usw. ihrem Wesen nach *sind.* – Man strebt also jetzt nach einer Klassifikation und Analyse der gesellschaftlichen Gattungsbegriffe, aber zugleich nach der Erforschung ihres Werdens, – nicht mehr im Sinne eines abstrakten, nach hypothetischen Anfängen fragenden Evolutionsprinzips, sondern durch konkretes Studium der jeweiligen sozialen Abläufe (Prozesse). Besonders WARD betonte (1883, 1898, 1903, 1906) den funktionalen Standpunkt: menschliche Kultur beruhe im Gegensatz zur Tiergesellschaft auf Errungenschaften, die Soziologie habe es mit Tätigkeiten zu tun. Das ist kein deterministischer Standpunkt mehr, keine Hinnahme eines immanenten Evolutionsgesetzes, sondern es sind die Keime einer modernen aktivistischen Soziologie. Anthropologisch von erstrangiger Wichtigkeit ist in Frankreich die Soziologie E. DURKHEIMS (1858–1917). Was SUMNER *Folkways* nennt, entspricht in mancher Beziehung DURKHEIMS *représentations collectives;* diese entspringen aber nicht dem unbewußten Seelenleben, wie bei SUMNER (und früher die Erzeugnisse des Volksgeistes bei den Romantikern), sondern einem kollektiven Bewußtsein; dieses freilich, sagt DURKHEIM, dürfe nicht ontologisiert werden, verwirklicht sei es nur im individuellen Bewußtsein. Solange die Begriffe der kollektiven Repräsentation und des kollektiven Bewußtseins, die eine erste Annäherung an heutige gestalt-psychologische Anschauungen bedeuten, nur heuristisch benutzt wurden, erwiesen sie sich als fruchtbar zur Aufhellung der in den verschiedensten Sphären der Kultur gleichgerichteten Denkwege des Individuums. So konnten Durkheim (1912) und seine Nachfolger zeigen, daß die Einteilung der innerweltlichen Dinge bei australischen Eingeborenen deren Organisation in Totem-Klans, Phratrien usw. gewissermaßen widerspiegelt. Folglich entsprängen die objektive Begriffsbildung, die Anschauungen von Raum, Zeit, Totalität usw. alle der Gesellschaft. Diese sei auch primär gegenüber der Familie; die von der Gesellschaft geforderten Beziehungen zu künstlich Verwandten (zum Beispiel Adoptivsöhnen) können unter Umständen enger sein als die individual-psychologisch verankerten Gefühle gegenüber Blutsverwandten. Freilich ist dieses Primärsein bei Durkheim schon mehr psychologisch als historisch zu verstehen, eine klare Abgrenzung gegen die evolutionistischen Theorien (s. o. S. 101) erfolgte jedoch nicht. Die soziologische Ableitung der Religion, Sprache, des Gedächtnisses, der Gefühle usw. durch Durkheim und seine Nachfolger führte zu manchen fruchtbaren Entdeckungen, wenn auch der *konsequente* Soziologismus sich auf die Dauer als verfehlt erwies, weil er die Manifestationen der Religion, der Sprache, des Gedächtnisses usw., die er zu erklären unternimmt, um das Eigentliche ihrer Aussage bringt. Durkheims Methode hat die Reichweite, aber wider Willen auch die Grenze der *soziologischen Reduktion* von Kulturphänomenen unübertrefflich klargemacht. *La collectivité* wurde bei Durkheim (und fast noch mehr bei M. Mauss) nahezu zu einer metaphysischen Hypostase; dies trat mit der Zeit um so deutlicher in Erscheinung, als bei genauerer sozialpsychologischer Erforschung viele Wirkungen, die man früher summarisch auf *la collectivité* zurückgeführt hatte, auf das Handeln einzelner, angebbarer Persönlichkeiten zurückgeführt werden konnten.

Durkheims Gegner Gabriel Tarde (1843 – 1904) räumt dem Individuum eine viel größere Rolle ein. Das Individuum erfindet, die Menge ahmt nur nach. Sah Durkheim nur die Überordnung der gesellschaftlichen Phänomene, die auf das Individuum einen Druck ausüben, so fragt Tarde: wie entstehen denn überhaupt die Phänomene, die den Druck erzeugen? Die Antwort lautet (1890): durch Nachahmung und suggestive Übertragung. Tarde griff hier mit einer nicht sehr lebenskräftigen Psychologie (vgl. a. Tarde 1898) Fragen auf, die hundert Jahre früher schon Meiners behandelt hatte; es blieb aber bei der Problemstellung. Tardes *soziale Logik* (1895) ist unverhüllt psychologistisch.

Dem Prinzip der Nachahmung wird von Tarde zuviel zugemutet. „Am armen Rande der Nachahmung", wie Herder von den Affen sagte (o. S. 62), hätte der Mensch niemals produktiv werden können.

Andere französische Autoren wie Gustave Le Bon und Scipio Sighele wandten sich in den neunziger Jahren den psychologischen Fragen des kollektiven Handelns zu. (Le Bon in seiner Massenpsychologie [1895], Sighele in seiner Sektenpsychologie [1898]). Auch DURKHEIMS Lehre lief, so sehr er sich selbst zunächst gegen die Psychologie – als reine Individualpsychologie verstanden – gewehrt hatte, schließlich auf eine Fusion mit der Psychologie hinaus, die von seinen Nachfolgern, vor allem M. MAUSS und LÉVY-BRUHL, auch vollzogen wurde. L. LÉVY-BRUHL (1857 – 1939) bezeichnet sogar den völligen Umschlag der Lehre von der *kollektiven Repräsentation* ins Psychologische. Die Art, wie er das primitive Denken erklärt (1910, 1912, 1927, 1931), deckt nur zum Teil die Wirklichkeit, zeigt dagegen oft, wie ein Schreibtischgelehrter *seine* Begriffe der Mystik, der Natur und des Übernatürlichen, der Logik und des Unlogischen den Weltanschauungen fremder Gesellschaften hypostasiert. Das Ergebnis war die radikale Verschiedenheit des primitiven Menschen von uns, – in Wahrheit war nur der Unterschied von emotionalem und rationalem Denken herausgestellt, der aber nicht zwischen den Primitiven und uns verläuft, sondern zwischen Alltag und Gelehrten-Schreibtisch. Die Antithese war also falsch gewählt. Möglich war dieses Mißverständnis durch eine unbewußt eklektische Auswahl seltsamer, abergläubischer und abliegender Nachrichten aus den ethnographischen Quellen; – die Gefahr der elementaristischen Schreibtisch-Ethnologie, die im Grunde schon G. FORSTER in seiner Polemik gegen MEINERS betont hatte (s. o. S. 61): die Verarbeitung hunderter aus dem Zusammenhang gerissener Einzeltatsachen zu einer letzten Endes subjektiven Synthese. In seinen nachgelassenen *Carnets* (1949) hat übrigens LÉVY-BRUHL seine früheren Anschauungen zu einem guten Teil revidiert (vgl. LEENHARDT 1949).

11. Die Völkerpsychologie

Es war ganz natürlich, daß der elementaristische Geist der Zeit sich auch in der Völkerpsychologie geltend machte. Alle Versuche in dieser Richtung krankten an dem Bestreben einer sekundären Sinn-Verleihung an die Seele des Primitiven, des Naturmenschen usw., nachdem man zunächst einmal mit Erkenntnismitteln an diese Seele herangetreten war, die den Sinn notwendig subtrahieren mußten. Und was dann sekundär hinein interpretiert wurde, war das, was dem europäischen Beobachter selbst fehlte: das Mystische, Sonderbare, Abstruse usw. Das Ergebnis war ein gewaltiger Verfremdungseffekt.

Ein wichtiger Grund für diese Fehldeutungen aber war auch, daß es nicht gelang, zu einer Psychologie des unbewußten Seelenlebens durchzustoßen. Die Epoche nach 1860 stieß mit der romantischen Naturphilosophie (vgl. S. 68) auch die Ansätze zu einer geisteswissenschaftlichen Psychologie ab und ergab sich den Ideen einer exakten physiologischen Psychologie, die mit Maß und Zahl das Psychische bannen sollte. Wie in der Ethnographie die Museologie, in der physischen Anthropologie die Schädel- und Körpermeßtechnik zu herrschen begann, so in der Psychologie das Laboratoriumsexperiment. So Wertvolles damit auch für manche Bezirke des höheren Seelenlebens gefunden werden mochte, so blieben diese Studien doch ganz im

Bereiche der Individualpsychologie; zur Wirklichkeit des lebendigen Menschen in seiner sozialen und ethnisch-historischen Vielfalt verharrten sie in völliger Erlebnisferne. Diese Erlebnisferne, begründet in einer *inneren* Beziehungslosigkeit der Laboratoriumstechnik zur geschichtlichen Wirklichkeit des Menschen, überschattet auch das Werk jenes Mannes, der nicht nur die experimentelle Psychologie in Deutschland recht eigentlich begründet, sondern auch den umfassendsten Versuch einer Darstellung der Völkerpsychologie gemacht hat: die Völkerpsychologie von WILHELM WUNDT (1832–1920). WUNDT suchte das ethnographische Material mit seiner im Laboratorium erwachsenen Apperzeptionslehre zu verarbeiten. Religiöse, mythische, künstlerische Schöpfungen sind Erzeugnisse der Phantasie. Diese wirkt teils durch einfühlende und belebende Apperzeption, teils durch die gefühlssteigernde Macht der Illusion. Diese allgemeine Auffassung WUNDTS wurde sehr bald überwunden und zwar noch vom Boden der Psychologie selber her. Bedenklicher war, daß WUNDT sich gar nicht weiter mit der Psychologie der mythischen und künstlerischen Produktion befaßte; seine zehnbändige Völkerpsychologie (1900 bis 1921) bot tatsächlich vielmehr eine Darstellung des *Inhaltes* der Produktion in Mythos, Religion, Sprache und Gesellschaft (vgl. R. OTTO 1932). Die Explikation dieser Inhalte als *Psychologie* aufzufassen und darzubieten, – das war in Wahrheit nicht Psychologie, sondern Psychologismus. Es paßt dazu, daß WUNDT auch als Logiker Psychologist war. Die Rechtfertigung des ganzen Vorhabens dieser *Völkerpsychologie* lag in dem Axiom, es gebe eine Stufe geistigen Hervorbringens, wo noch die Gemeinschaft (das Volk) selber bildet, nicht der einzelne. Dieses Axiom stammt noch aus der romantischen Vorstellung des gemeinschaftlich-bildenden Volksgeistes, WUNDT fügte die Apperzeption hinzu, die er – echt atomistisch – als *schöpferische, psychische Synthese* gewertet wissen wollte; eine Auffassung, die den Mangel an sozialpsychologischer Analyse nicht ersetzen konnte. So ist WUNDTS *Völkerpsychologie* eine sonderbare Verbindung nachromantischer Denkvoraussetzungen mit einer ganz äußerlich aufgepfropften Apperzeptionspsychologie geblieben. Die Gesetzmäßigkeit, mit der im Verlaufe der menschlichen Entwicklung die Stufen des Animismus, des Totemismus und des Helden- und Götterzeitalters aufeinanderfolgen sollen (WUNDT 1912), hat nichts zu tun mit den Gesetzmäßigkeiten einer physiologischen Psychologie, sondern sie ist eine evolutionistische Konstruktion.

Man muß dabei bedenken, daß WUNDT, als er im Alter von achtundsechzig Jahren an die Herausgabe der zehnbändigen Völkerpsychologie schritt, bereits ein ganzes Lebenswerk als Experimentalpsychologe hinter sich hatte; er hatte zahlreiche Werke zur Psychologie und Philosophie, sowie eine psychologistisch orientierte Logik (1880–1883), Ethik (1886) usw. geschrieben. Ein einheitliches System, wie bei COMTE oder SPENCER, steckt in dem Ganzen nicht, es ist ein Torso. Die *Völkerpsychologie* hatte weder mit den Völkern zu tun, noch war sie Psychologie. Sie war aber auch keine Soziologie, obwohl WUNDTS Lebenswerk Beiträge zu einer solchen enthält. Aber auch diese haben eher mit der idealistischen und romantischen deutschen Wissenschaftstradition zu tun als mit WUNDTS eigener experimenteller

Erfahrung, wenn er zum Beispiel den menschlichen Gemeinschaften Selbstbewußtsein und Willenseinheit zuschreibt und sie als Gesamtpersönlichkeiten bezeichnet. In seiner *Logik* betonte er, ähnlich wie die zeitgenössischen Soziologen Ratzenhofer, Paul Barth, Lester F. Ward, Giddings u. a. den willensmäßigen Charakter der Gesellschaft; diese sei wesentlich nicht ein Organismus, sondern Organisation, und fortschreitende Willensvereinigung sei überhaupt ein Gesetz alles Seienden (Wundt 1889 : 400; Logik [3]III, 638 ff.).

Der bedeutendste Psychologe des späten 19. Jahrhunderts ist aber nicht Wundt, sondern Nietzsche – gewiß nicht als *Völkerpsychologe,* wohl aber als Entdecker der Tiefenregionen, als Enthüller der Selbsttäuschungen, des Ressentiment und des Moralismus (Klages [3]1958).

Neuerdings ist man auch auf die geistesgeschichtliche Verwurzelung von Nietzsches Anthropologie in der Romantik aufmerksam geworden (Hans Kern 1927), und es hat eine förmliche Renaissance der romantischen Naturphilosophen des frühen 19. Jahrhunderts eingesetzt, deren Anschauungen durch den Geist der exakten Naturwissenschaften abgelöst wurden und daher zu ihrer Zeit rasch vergessen worden sind. Nietzsches Lehre von der Bedeutung des Leibes, der Instinkte und des Unbewußten stammt noch aus der Romantik; schon Carus, E. M. Arndt (1769 – 1860), G. F. Daumer (1800 – 1875) und Gotthilf Heinrich v. Schubert (1780 – 1860) hatten die Lehre einer metaphysischen Feindschaft von Geist und Leben vertreten, wie später Nietzsche und auf ihm fußend Klages (1929 – 1932). Besonders Carus als Psychologe und Metaphysiker des Unbewußten ist wieder ans Licht gezogen worden. Man schließt ihn heute gern an Goethe, Hamann und Herder an, weniger an Leibniz, für den das Unbewußte, seiner Lehre von den stetigen Übergängen entsprechend, im Grunde doch nur ein Bewußtseinsdifferential geblieben war, wie schon Eduard v. Hartmann in seiner *Philosophie des Unbewußten* erkannte. Die entscheidende Bedeutung des unbewußten Seelenlebens erkannt zu haben, ist also letzten Endes ein Verdienst der Romantik.

Man kann die Entdeckung des unbewußten Seelenlebens nicht erwähnen, ohne der Psycho-Analyse Sigmund Freuds (1856 – 1939) zu gedenken, durch den das Unbewußte zwar nicht in die Anthropologie, wohl aber in ein Randgebiet derselben als eine wissenschaftlich begründete Kategorie eingeführt wurde. Freuds wichtige Arbeiten setzen schon vor der Jahrhundertwende ein, ihre Hauptwirkung liegt aber später, und die Rezeption der Psycho-Analyse in die Anthropologie hat erst vor kurzem ihren Höhepunkt überschritten (s. u. S. 180 f.).

So verschieden die Laboratoriums-Psychologie Wundts, die enthüllende Psychologie Nietzsches und die Psycho-Analyse Freuds untereinander auch sind, das eine haben sie doch gemeinsam: die Tendenz zum *Psychologismus,* zur Absorption aller Wissensgebiete durch die psychologische Deutung.

12. Universalgeschichtliche Perspektiven

WUNDT hatte zu dem Dreigestirn weltberühmter Lehrer gehört, das die Leipziger Universität in den neunziger Jahren erleuchtete; die beiden anderen waren der Historiker KARL LAMPRECHT (1856–1915) und der Erd- und Völkerkundler FRIEDRICH RATZEL (1844–1904). Auch diese besitzen eine mehr als periphere Bedeutung für die Geschichte der Anthropologie. LAMPRECHT ist ein wichtiger Vertreter der kulturhistorischen Methode in der Geschichtswissenschaft, RATZEL hat den Anstoß zur Anwendung derselben Methode in der Ethnologie gegeben. Diese Übereinstimung ist jedoch mehr äußerlich und verbal. Die wirkliche Gemeinsamkeit beider liegt darin, daß sie einen *universalgeschichtlichen Horizont* eröffneten, der alle Gesellschaften der Erde umfassen sollte; hierin schließen sie am ehesten an BASTIAN an und berühren sich auch mit WUNDT. LAMPRECHT und WUNDT entwickelten beide eine evolutionäre Auffassung der Abfolge von Kulturzeitaltern, WUNDT am ethnographischen Material der geschichtslosen Gesellschaften, LAMPRECHT an historischen Völkern, ja eigentlich nur an der Geschichte des deutschen Volkes, jedoch mit universalgeschichtlicher Zielsetzung. LAMPRECHTS Auffassung ist stärker deterministisch als die WUNDTS, obwohl auch dieser im Ich nur eine Abstraktion sieht und die Wirksamkeit der volkspsychologischen Gesamtpersönlichkeit betont; aber LAMPRECHT vertritt bewußt, ausdrücklich, sogar polemisch eine kollektivistische Geschichtsansicht, in der die an ein Zeitalter gebundene Sozialpsyche die Potenzen der Entwicklungsrichtungen in sich schließt (ähnlich wie BASTIANS Gesellschafts- und Völkergedanke), wohingegen die großen Männer nur insoweit wirken, als sie sich mit den stillen Gesamttendenzen des kollektiven Werdens, den unbewußten, gleichsam unterirdisch verlaufenden sozialpsychischen Strömen in einem Verhältnis der Wahlverwandtschaft befinden. Der Wandel der Ereignisse zeige oftmals nur sekundäre Konstellationen an, die zu den allgemeinen und primären Zielen hindrängen.

Bei genauerem Hinsehen enthüllt LAMPRECHTS Widerspruch gegen die individualistische Geschichtsansicht ein Motiv, das gerade heute wieder überaus modern anmutet: den Protest gegen den Heroenkult, in dem LAMPRECHT „den weitaus gefährlichsten Feind wahrer Geschichtswissenschaft" sieht (LAMPRECHT 1905 : 98). Und so will seine „vom Heldenlied zur Kulturgeschichte" (a. a. O. 3) gezogene Linie nicht nur den tatsächlichen Geschichtsverlauf aufweisen, sondern auch den Weg der Emanzipation der modernen wissenschaftlichen Methode von der Heroenverehrung.

In der Tat ein modernes Motiv! – LAMPRECHTS methodologische Präzisierungen stießen bei vielen Historikern auf scharfen Widerspruch. Sie waren aber in ihrer Formulierung, zum Beispiel in der schroffen Entgegensetzung von Individual- und Sozialpsyche, einseitiger als in der Durchführung. Wie bei vielen Denkern, war auch bei ihm seine angewandte Methodik schmiegsamer und wirklichkeitsnäher als seine präzisierte Methodologie, so daß EDUARD MEYERS scharfe Kritik an LAM-

PRECHT (1910) heute nicht mehr als treffend erscheint. Erkenntnisgeschichtlich aber war die Übertreibung des Standpunktes damals notwendig, um dem sozialpsychologischen Gesichtspunkt Geltung zu verschaffen.

Gegen die individualistisch-heroistische Geschichtsansicht wandten sich gleichzeitig auch E. BERNHEIM (1889) in seinem *Lehrbuch der historischen Methode*, das weiterhin auch auf die Völkerkundler RATZEL und GRÄBNER stark wirken sollte, sowie in Frankreich der Soziologe und Geschichtsphilosoph LOUIS BOURDEAU (1824 bis 1900), dessen Anschauungen von QUETELETS Typusbegriff abhängig und eher noch kollektivistischer waren als die TYLORS. Die Ereignisse, *sekundären Konstellationen* (LAMPRECHT), beruhen für BOURDEAU (1888, 1901) nur auf *causes occasionelles*, ihre Bedeutung ist örtlich und zeitlich beschränkt. Der Historiker ist geneigt, sie zu bevorzugen, weil sie laut und aufdringlich sind, während die eigentlich wirksamen *Funktionen* in der Stille als mächtige Unterströmungen verlaufen; einzelne Männer und Ereignisse können daran nichts ändern; sie lösen die Kräfte nur aus, bestimmen aber nicht ihre Entwicklung (BOURDEAU 1888 : 115, 129–137, passim). BOURDEAUS Determinismus zielt innerlich auf ein kollektives Unbewußtes hin, darin scheidet er sich von dem rationalistischen Soziologismus der DURKHEIM, GUMPLOWICZ usw., spricht dies aber nicht klar aus. Er betrachtet durchgehends den stetigen Übergang (im Sinne der GAUSS'schen Kurve), nicht die Extreme (Ereignisse, große Männer). Auf dem Stetigkeitsdenken LEIBNIZ-QUETELETscher Provenienz beruht auch seine Auffassung des technischen Fortschritts: auch dieser erfolge nicht in Sprüngen, die Erfindungen seien nur Vervollkommnungen früherer Errungenschaften. Der wahre Meister der Kultur ist das Volk, die Volkspoesie ist die höchste. Hierin berührt sich BOURDEAU mit der deutschen Romantik und ihren Ausläufern in STEINTHAL und WUNDT. Er fordert eine statistische Überschau des *ganzen* Lebensinhaltes der Menschheit; das entspricht wieder BASTIANS *Gedankenstatistik* und weist auf eine universalgeschichtliche Perspektive.

Das waren wichtige Ansätze zu einer anthropologischen Bearbeitung der kulturellen Erscheinungen. Ihre Gefahr lag in der Erweiterung zu weitgespannten Theorien, vor allem in der Aufstellung von Kulturzeitaltern, die bei allen menschlichen Gesellschaften gleichsinnig ablaufen sollten; das heißt, sie lag in der evolutionistischen Konstruktion. LAMPRECHT war, wie COMTE, zu einer vollständigen Durcharbeitung seines Programms nicht mehr gekommen, aber er hatte doch zum Beispiel angenommen, daß die fünf von ihm festgestellten Stadien der deutschen Kulturgeschichte – Symbolismus, Typismus, Konventionalismus, Individualismus, Subjektivismus – auch in der chinesischen Ornamentik nachweisbar seien (LAMPRECHT 1909 : 55 ff.). Aber schon COMTE hatte gezeigt, daß der innere Zusammenhang verschiedener Kultursphären so absolut starr nicht sei, und noch weniger derjenige verschiedener Kulturkreise untereinander (s. o. S. 75). Die Reaktion gegen den einlinigen Evolutionismus – mochte dieser auch durch Hilfsannahmen wie Selbstentfaltung und Wachstum der geistigen Intensität usw. gestützt sein – konnte nicht ausbleiben. Sie kam von verschiedenen Seiten.

In Rußland stellte der zu den Slawophilen gehörende Schriftsteller N. J. Danilevskij (1822–1885) die Lehre von den einmaligen und unvergleichbaren *historischen Kulturtypen* auf (Danilevskij 1871). Es gebe keine allgemeine Menschheit folglich auch keine allgemeine Menschheitsgeschichte und keine allgemeingültigen historischen Perioden; Altertum, Mittelalter und Neuzeit gelten nur innnerhalb des historischen Kulturtypus, denn die Entwicklung verläuft nur lokal innerhalb dieses Typus. Der Übergang von einem Stadium in ein neues geschieht schockartig durch eine plötzliche Aktivitätssteigerung des Volkes, also unstetig. Auch einen universalen Fortschritt gibt es nicht, sondern nur eine Bearbeitung des ganzen Feldes des historischen Lebens auf volklich verschiedenen Wegen. Außer den funktionierenden Kulturtypen unterscheidet Danilevskij noch temporäre, unabhängige Typen von lediglich zerstörender Wirkung, wie die Hunnen, Mongolen und Türken, und schließlich bloße Rohmaterial-Kulturen, die weder aufbauend noch zerstörend wirken: die Naturvölker.

Den entscheidenden Anstoß gab Ratzel. In der Völkerkunde hatte sich der Streit inzwischen auf die Frage zugespitzt, ob die zahlreichen Ähnlichkeiten kultureller Formen, die zwischen weitentlegenen Stämmen zu beobachten sind, auf unabhängige Entstehung, also parallele Entwicklung etwa im Sinne der biologischen Konvergenz zurückzuführen seien, oder auf historische Übertragung (Diffusion) durch Wanderungen, Handel, Verkehr usw. Bastian und Tylor hatten diese Frage nicht generell zu entscheiden gewagt, theoretisch den Nachdruck auf die gleichläufige Entwicklung gelegt, praktisch aber doch mit beiden Möglichkeiten gerechnet. In dem Streit zwischen Evolutionisten und Diffusionisten knüpfte nun Ratzel an die Anschauungen seines Straßburger Kollegen Georg Gerland (1833–1919) an, der in seinen *Anthropologischen Beiträgen* gelehrt hatte, daß die Menschheit aus ihrem allerfrühesten Stadium einen gemeinsamen Vorrat von Erfindungen mitbekommen habe und daß alles später Hinzuerworbene nur durch Diffusion allgemein geworden sei (Gerland 1875).

Das ist eigentlich noch ein Gedankengang der alten Aufklärung. Es erscheint mir aber als fraglich, ob das Fechner'sche Gesetz der Beharrung, auf das Gerland sich (a. a. O. 52) beruft, in seiner Anwendung auf die Frage der schöpferischen Spontaneität oder Nicht-Spontaneität der Menschheit etwas anderes zum Ausdruck bringt als die voltairianische Ungeduld mit der Tyrannei der Tradition (vgl. o. S. 49 und u. S. 225).

Ein weiteres Herkunftselement der Ratzel'schen Ideen ist die sogenannte Migrationstheorie des Münchener Zoologen Moritz Wagner. Dieser hatte (seit 1868) in Anknüpfung an Darwins Entdeckungen die Lehre vertreten, daß die Differenzierung der Arten durch Wanderungen und Anpassung an die jeweils neuen Umwelten zustande gekommen sei.

Diese Motive und Ideenkomplexe nun griff Ratzel in seiner *Anthropogeographie* (1882, 1891) auf (ohne freilich Gerland die Ehre der Namennennung anzutun) und nahm eindeutig für die diffusionistische These Partei. Er schob die „evolutionistischen" Thesen beiseite und lehrte die menschlichen Kulturgesellschaften wieder in ihrem räumlich gebundenen Nebeneinander, aber auch in ihrer Dynamik durch wechselseitige Beeinflussungen, Wanderungen und Überschichtungen verstehen. Er überwand die Raumscheu, welche bisher die Ethnographen gehindert hatte, mit weitausgreifenden Wanderungen der angeblich geschichtslosen Naturvölker und mit Kulturverbreitung über große Entfernungen zu rechnen. In seinen Arbeiten über die Formen der afrikanischen Bögen, Pfeile und Speere (1887, 1891) zeigte er zuerst, wie durch Anwendung des Formkriteriums historische Beziehungen festgelegt und kartographisch dargestellt werden könnten. In der Nachfolge RITTERS studierte RATZEL die Einwirkungen geographischer Umstände auf die Geschichte; Bodengestaltung, Siedlung, Bevölkerungszahl und -dichte berücksichtigt er eingehend, ebenso die den Verkehr und die Verbreitung sperrende oder erleichternde Bedeutung von Landschaftstypen, die Lage der Naturvölker in den Rückzugsgebieten oder Grenzzonen der Ökumene wird klar herausgearbeitet. Jedoch sind die geographischen Faktoren mehr als einwirkende Kräfte gesehen, als funktional ist das Verhältnis zwischen ethnischem und landschaftlichem Typus noch nicht erfaßt. Wohl aber kennt RATZEL das Eingreifen des geschichtlichen Momentes in die anthropogeographischen Kräfte in der Form, daß die einem Volke von der äußeren Natur zugemessenen Möglichkeiten durch Entlehnung angereichert werden können. Es ist RATZEL, der auf eine beschreibende *Völkerkunde* (1885 – 1888) eine *Anthropogeographie* (1882, 1891) und eine *Politische Geographie* (1897) folgen ließ, nicht gelungen, den inneren Widerspruch, der in einer geographischen Auffassung des Menschen- und Völkerdaseins liegt, aufzulösen und die zahlreichen Apriorismen seiner *Anthropogeographie* zu beseitigen. Seine Ansicht, kein Volk der Erde könne auf dem Boden, auf dem es heute lebt, entstanden, sondern ein jedes müsse dorthin von anderswoher eingewandert sein, ist unhaltbar und nichts weniger als geographisch begründet, sondern ein reiner Apriorismus, der aber in der Folgezeit in seiner dogmatischen Erweiterung durch die Vertreter der Kulturkreislehre geradezu verhängnisvoll gewirkt hat.

Als besonders verhängnisvoll erwies sich RATZELS unkluger und bedingungsloser Anschluß an die WAGNER'sche Migrationsthese (die er für die „fundamentale Theorie der Weltgeschichte" erklärt, Anthropogeogr. I [4]1921 : 126). Daß RATZEL diese für die Erklärung der Artendifferenzierung entworfene Theorie ohne weiteres auf die Völker- und Kulturdifferenzierung überträgt, ist ein naturalistischer Lapsus, doch die Überschätzung der „Völkerwanderungen" ist es nicht minder. Hatte doch CARLO CATTANEO ein halbes Jahrhundert vorher gemahnt, man solle nicht so sehr mit der Wanderung ganzer großer Völker, sondern der Wanderung kleiner, überlagernder Eliten rechnen (o. S. 79)! Daß RATZEL diese Forderung nicht beachtet, ist um so auffälliger, als er selber auf die staatenbildende Kraft der nomadischen Überlagerer wiederholt hingewiesen hat (vgl. MÜHLMANN 1964 : 254 f.). Der Fehler liegt natürlich darin, daß Ratzel unreflektiert mit dem Begriff „Völker" operiert, daß er nicht sieht, daß es sich in aller Regel nur um kleine, überlagernde

Eliten handelt, und daß er die von ihm irrtümlich angenommenen großen Bevölkerungskomplexe gedanklich wandernd im geographischen Raum verschiebt, anstatt sein Augenmerk auf die Vorgänge im sozialen Raum zu richten.

Das waren verhängnisvolle Fehlperspektiven. Ebenso ist RATZELS Polemik gegen BASTIANS *Völkergedanken* (Anthropogeographie II, 1912, 459 ff.) gänzlich unangebracht, und sein – inzwischen unzählige Male von anderen nachgesprochenes – Prinzip: die Erforschung des Ursprungsortes, der Verbreitung und Übertragung von Kulturerscheinungen habe deren psychologischer Aufklärung (im Sinne des Völkergedankens) voranzugehen, theoretisch so falsch wie nur denkbar, weil ohne die phänomenologische bzw. phänomenologisch-psychologische Aufklärung des Kultursinnes einer Bogen-, Haus- oder Schildform oder dergleichen die Frage nach der Identität derselben hier wie andernorts nicht einmal gestellt werden kann. Und als ob die Frage der Übertragung einer Form von einer Kultur in eine andere kein psychologisches Problem sei! Man hat den Verdacht, daß RATZEL allzusehr an der materialen Hyle der Erscheinungen haftet, und daß ihm das Sinnproblem bei den Kulturerscheinungen, das heißt das eigentliche Kulturproblem als solches, überhaupt nicht aufgegangen sei. Wir befinden uns in der zweiten Hälfte des 19. Jahrhunderts, WILHELM v. HUMBOLDT ist längst vergessen, und die Linien des alten RATZEL und des jungen DILTHEY zusammenzuführen, wäre damals ein verfrühtes Unternehmen gewesen. Tatsächlich hat denn auch die an RATZEL anknüpfende Richtung die Beziehung zu den deutschen Geisteswissenschaften gänzlich verloren.

Andererseits verdient indessen hervorgehoben zu werden, daß RATZEL keineswegs einseitig kulturgeschichtlich, sondern auch staatengeschichtlich eingestellt war; er brachte auch zum ersten Male wirkliche Belege für den Übergang ethnischer Schichtungen in soziale Schichtungen bei der Staatsbildung.

Die Völkerkunde hat indessen diese Linie nicht weitergeführt – sie wurde später von der geopolitischen Schule unter voller Wahrung ihrer aprioristischen Elemente aufgenommen –, sondern sich einseitig an das von RATZEL angeregte Studium der sogenannten Kulturformen gehalten. Sein nächster Schüler auf diesem Gebiete wurde LEO FROBENIUS (1873 – 1939), der die *Kulturkreislehre* entwickelte. Diesen Gedanken nahm dann die Kölner Schule mit WILLIAM FOY (1873 – 1929) und FRITZ GRÄBNER (1877 – 1934) auf, und von dieser ging die Führung an die Wiener Schule von P. WILHELM SCHMIDT (1868 – 1954) über (vgl. dazu LESER 1963). Dieser suchte die von ihm aufgestellten *Kulturkreise* auch als Linguist durch kongruente *Sprachenkreise* zu unterbauen (*Die Sprachfamilien und Sprachenkreise der Erde*, 1926), fand damit aber weniger Beifall denn als linguistischer Einzelforscher (s. u. S. 133). Die schon in RATZELS Formkriterium erkennbaren Gefahren: die Überschätzung der äußeren Form und die atomistische Auffassung der Kultur als eines bloßen Aggregats von Objekten, mußten sich für diese Schulen auf die Länge der Zeit um so verhängnisvoller auswirken, je mehr man versuchte, nicht bloß die materiellen, das heißt musealen Dokumente, sondern auch die Erzeugnisse der geistigen Kultur in die Betrachtung einzubeziehen. Der Konkretismus des Stofflichen in den Museen verführte dazu, gerade infolge der Unterscheidung von materiellen und geistigen Kulturerzeugnissen das Geistige nach Analogie des Stofflichen aufzufassen, – ein typischer Fehler der naturalistischen Betrachtungsweise.

Am meisten entging noch FROBENIUS, der Schöpfer des Kulturkreisgedankens, dieser Gefahr. Er war durch ein vergleichendes Studium westafrikanischer und melanesischer Museumsstücke zu der Überzeugung gelangt, daß nicht bloß einzelne Elemente, sondern die Kulturen als Ganze zusammenhängen müßten: diesen Zusammenhang nannte er *Kulturkreis* (1897), und als Kriterien für die Feststellung solcher Kulturkreise gab er außer dem der *Form* das der *Quantität* an: je mehr übereinstimmende Formen, um so wahrscheinlicher der Zusammenhang (1898). Im Jahre 1898 entwickelt dann FROBENIUS allerdings auch eine *naturwissenschaftliche Kulturlehre,* welche die *Kulturformen* nach den Prinzipien der Anatomie und Physiologie studieren sollte: die Kultur sei ein realer Organismus, unabhängig von Menschen und Volk, von denen sie sich tragen lasse, wohin sie wolle. FROBENIUS übertrug hier also den Gedanken der soziologischen Organizisten, daß die Gesellschaft ein Organismus sei, auf die Kultur (MÜHLMANN 1931 : 357). Nach der Entwicklungsgeschichte der anorganischen Stoffe und organischen Lebewesen sei als dritte Entwicklungsgeschichte die der Kultur zu fordern (FROBENIUS 1925 – 1929 : I, 250, 254, 258, 309, 315, 319). Der Gedanke, daß die Träger der Kultur selber organische Lebewesen sein könnten, kam FROBENIUS offenbar nicht; er hielt sich allen Ernstes damals für einen Schüler DARWINS. Es stellte sich allerdings bald heraus, daß diese „Naturwissenschaft" trotz ihres scheinbiologischen Vokabulars doch mehr im Sinne der idealistischen Morphologie eines GOETHE und W. v. HUMBOLDT verstanden werden sollte, und auch LAMPRECHT scheint dabei Pate gestanden zu haben. Tatsächlich hat FROBENIUS seine Richtung später als *Kulturmorphologie* bezeichnet und seine Organismus-Auffassung der Kultur zu dem *Paideuma*-Gedanken emporgeläutert. Kultur war ihm Stileinheit, jedoch bekümmerte er sich nicht um ihre Analyse. Er war ebensowenig wie RATZEL Theoretiker, und sein Hauptverdienst liegt in den zehn afrikanischen Expeditionen, die mehr als alle Theorien dazu verholfen haben, diesen ethnographisch bis dahin wenig bekannten Kontinent in die universalgeschichtliche Betrachtung einzubeziehen. Die Erkenntnis der Bedeutung der weißafrikanischen Kulturen, die in den Staatsgründungen des Sudan allmählich vernegerten, ist in erster Linie ihm zu verdanken, ebenso der Aufweis ihres Zusammenhanges mit den vorindogermanischen Mittelmeerkulturen. FROBENIUS war seinem wissenschaftlichen Typus nach Enthusiast, und seine Einzelergebnisse blieben oft unkontrollierbar, bis andere sie durch ihre Forschungen bestätigen oder widerlegen konnten.

GRÄBNER übernahm 1904 das Kulturkreisprinzip für Ozeanien, BERNHARD ANKERMANN gleichzeitig für Afrika. (Dies geschah in einer berühmt gewordenen Sitzung der Berliner Anthropologischen Gesellschaft vom 19. November 1904: ANKERMANN 1905, GRÄBNER 1905.) Beide waren nicht Feldforscher, sondern Museumsleute, also der Gefahr des naturalistischen Atomismus stärker ausgesetzt. Das zeigte sich besonders an GRÄBNERS *Methode der Ethnologie* (1911), die für die Wiener Schule Pater W. SCHMIDTS dann richtungweisend wurde (vgl. MÜHLMANN 1937). Kritischer ging ANKERMANN zu Werke, der stets die Bedeutung der *Stammeswanderungen* betonte und nicht auf den Gedanken kam, Kulturen als geschlossene Komplexe wandern zu lassen.

Zunächst hatte also auch in der Völkerkunde der Atomismus gesiegt. Daß die Kulturen von lebendigen Menschen getragen wurden, hatte man vergessen, und daß sie nicht Aggregate von Objekten sind, sondern sinnhafte Strukturen, ebenfalls. An die Stelle der beabsichtigten geschichtlichen Methode war eine rein inventarhistorische Betrachtungsweise getreten, welche die wandernden und sich verbreitenden Kulturdokumente nicht anders behandelte als Museumsobjekte, die man von einem Schrank in einen anderen versetzt. Mit dem Menschen wurden aber auch die menschlichen Gesellschaften, die Völker, das eigentliche Objekt der Disziplin, vergessen. Bezeichnend ist folgende Einzelheit: Im Jahre 1892 hatte GEORG GERLAND eine völlige Neubearbeitung des alten BERGHAUSschen *Atlas der Völkerkunde* vorgelegt – für seine Zeit übrigens ein hervorragendes Werk (BERGHAUS ³1892, ed. GERLAND). Charakteristisch ist nun, daß dieser Versuch eines Völkeratlas der letzte seiner Art blieb: in der Folgezeit verstand man unter völkerkundlichen Atlanten kartographische Festlegungen des kulturellen Inventars: der Hausformen, Bogenformen, Schildformen usw.

Die Voraussetzungen für den Weiterbau der Anthropologie liegen

1. in den *großen Entdeckungen* auf dem Gebiete der menschlichen Biologie, Abstammungskunde, Psychologie (s. u. S. 162 ff.), besonders aber der Ethnographie und Archäologie seit dem Ende des 19. Jahrhunderts,
2. in der *Integration* dieses neuen Wissens zu einer universalgeschichtlichen Perspektive der Menschheit. Hierzu kommen
3. die großen Entdeckungen und Fortschritte der *Philosophie* seit dem Ende des 19. Jahrhunderts, die Ausbildung der *geschichtlichen Verstehens-Methode* durch WILHELM DILTHEY, die erkenntniskritische Durcharbeitung des *soziologischen Verstehens* durch MAX WEBER, und vor allem die Entwicklung der *phänomenologischen Methode* durch EDMUND HUSSERL und seine Nachfolger, durch welche die Geisteswissenschaften auf eine neue Basis gestellt wurden.

Die Synthesen, welche BASTIAN, TYLOR, SPENCER, SUMNER u. a. versucht hatten, können heute und künftig auf einer viel breiteren und tragfähigeren Grundlage neu versucht werden. Erfahrung und Theorie vermögen jetzt besser ineinanderzugreifen als vor zwei oder drei Generationen.

Die Forschergeneration der Jahrgänge 1860 – 1870 kam noch überwiegend von anderen, älteren Wissenschaften her und wuchs erst durch das ethnographische Erlebnis in die Anthropologie hinein. Viele waren Ärzte, Zoologen, Geologen, andere kamen von der Psychologie, der Geschichtswissenschaft oder den orientalischen Sprachen her; die Väter der modernen russischen Ethnographie waren teilweise politisch Verbannte in Sibirien, die dort ein wissenschaftliches Interesse für die Eingeborenen gewannen. Neben diesen Männern, die hauptberuflich zur Anthropologie übergingen, steht eine große Anzahl von Kolonialbeamten, Offizieren, Missionaren und vereinzelt sogar Kaufleuten, die sich eine wissenschaftliche Schulung nachträglich aneigneten und oft wichtige regionale Arbeiten lieferten. Eine primäre Ausbildung für die anthropologischen Wissenschaften ist meist erst eine Errungenschaft der Lehrstätten, die von jener älteren Generation errichtet wurden.

13. Die anthropologischen Schulen

Wir kommen damit zu den *anthropologischen Schulen.* Wir haben bereits die *École d'Anthropologie de Paris* erwähnt, doch war deren Glanzzeit zu Ende des 19. Jahrhunderts ja bereits vorüber. Wenn wir als Ziel einer anthropologischen Schule im idealen Sinne die Doppelaufgabe bezeichnen dürfen, eine Gesamtperspektive vom Menschen zu verbinden mit der fachlich-spezialistischen und methodischen Ausbildung der Forscher für die – sehr verschiedenen! – Aufgaben des Humanbiologen, Ethnographen, Linguisten und gegebenenfalls auch Archäologen, so hat die Schule von Franz Boas in den Vereinigten Staaten diese Aufgabe relativ am besten bewältigt. Das ist teils der überragenden Persönlichkeit Boas' zu danken, teils der Gunst der Umstände (ethnographische Kulturen im eigenen Lande, von selbst anfallende Probleme der Linguistik und Archäologie, anthropologische Probleme der Einwanderer, usw.). Es ist dann allerdings, auch schon etwas bei Boas selbst, doch stärker noch in der zweiten und dritten Schülergeneration, die hominide Anthropologie zurückgetreten gegenüber der ethnographischen, sprachlichen und archäologischen Indianerforschung; aber die große Gesamtperspektive ging doch nicht mehr verloren; vor allem Kroeber hat sie bewahrt. – Die Rolle der englischen und kontinentaleuropäischen Schulen soll damit nicht verkleinert werden, doch war hier die fachliche Aufgliederung (sozusagen nach Fakultätskompetenzen) eine viel stärkere. Die sehr einflußreiche Schule von Eugen Fischer (1874 – 1967) in Deutschland (Freiburg i. Br., später Berlin) zum Beispiel war rein bio- (vor allem rassen-) anthropologisch, obwohl Fischer in seiner Person noch die Tradition der alten *Gesellschaften für Anthropologie, Ethnologie und Urgeschichte* weitertrug; ebenso folgten die Schulen von Rudolf Martin, Theodor Mollison und E. v. Eickstedt in Deutschland der naturwissenschaftlichen Richtung. Die ebenfalls einfluß- und zahlreiche Schule von Wilhelm Schmidt und Wilhelm Koppers in Wien andererseits war rein völkerkundlich und linguistisch. In anderen Fällen waren die Persönlichkeiten zwar bedeutend, kamen aber infolge der Zeitereignisse und anderer widriger Umstände nicht so recht zum Tragen, wie im Falle von Richard Thurnwald (Berlin), der als erster und seinerzeit einziger in Deutschland die Ethnologie mit der Soziologie verband und in seinen Anfängen auch der alten sozialanthropologischen Richtung nahegestanden hatte. In England bevorzugten die Schulen von BRONISLAW MALINOWSKI und A. R. RADCLIFFE-BROWN den Terminus *Social anthropology*, der aber mit der alten sozialanthropologischen Richtung nichts zu tun hat, sondern ausschließlich an ethnographische Gegebenheiten anknüpft. Auch diese beiden einflußreichen Schulen hatten tatsächlich *keine* gesamtanthropologische Perspektive mehr.

FRANZ BOAS (1858 – 1942) stammte aus Minden in Westfalen. Er studierte ursprünglich Physik und Geographie und wurde erst durch seine (vorwiegend geographisch orientierte) Expedition nach Baffinland (1883 – 1884) zur Anthropologie geführt. BOAS war dann kurze Zeit unter BASTIAN am Museum für Völkerkunde in Berlin tätig, wo er sich 1886 habilitierte. Er hat noch die persönlichen Einflüsse nicht nur von BASTIAN, sondern auch von KARL VON DEN STEINEN, TYLOR und GALTON erfahren. 1887 ging BOAS endgültig nach den Vereinigten Staaten, 1888 unternahm er seine erste Expedition nach der Nordwestküste. Schon 1889 wurde er Vorstand einer neubegründeten anthropologischen Abteilung an der Columbia-Universität. BOAS war groß als Organisator der Feldarbeit, als Forscher auf den verschiedensten Spezialgebieten (primitive Kunst und Dichtung, somatische Modifikationsprobleme bei Einwanderern in Nordamerika); hervorzuheben ist die große Solidität seiner Arbeiten. Man kann zwar nicht sagen, daß BOAS die Anthropologie in den Vereinigten Staaten begründet habe: Schon vorher waren POWELL und MCGEE hervorgetreten (s. u. S. 132), BANDELIER, BRINTON, J. W. FEWKES, O. T. MASON, WILLIAM H. HOLMES u. a. hatten wichtige Impulse gegeben (LOWIE 1956); doch erst BOAS hat eine einflußreiche Schule gebildet, aus der eine ganze Reihe erstrangiger Forscher hervorgegangen ist, deren erste Generation inzwischen schon selber wieder verstorben ist (A. F. CHAMBERLAIN, A. L. KROEBER, C. WISSLER, R. H. LOWIE, P. RADIN, A. A. GOLDENWEISER, M. J. HERSKOVITS, dazu die jüngeren EDWARD SAPIR, LESLIE SPIER und RUTH BENEDICT). Oft gerügt worden ist die Theoriearmut der BOAS-Schule, ein Steckenbleiben in solide erarbeiteten zahllosen Details, ohne den Versuch von Zusammenfassungen. Richtig ist, daß die große Nüchternheit, anti-dogmatische und anti-doktrinäre Einstellung des Meisters und die Spontaneität seines kritischen Urteils einer gewissen Seite der amerikanischen Intellektualität entgegenkamen, richtig auch, daß eine solche Haltung ihrerseits wieder doktrinär werden kann. An LESLIE WHITES scharfer Kritik an der BOAS-Schule (WHITE 1945, 1947 a, 1947 b, 1963) ist sicher manches berechtigt. Der Historiker der Anthropologie kann nur feststellen, daß BOAS' theoretische Zurückhaltung zu ihrer Zeit eine heilsame Wirkung geübt hat, – was nicht besagt, daß dies auch heute noch so sein müßte. BOAS war unzweifelhaft eine geistige Führernatur, die unbeirrbar ihren persönlichen Überzeugungen folgte, auch außerhalb der Wissenschaft. Während des Ersten Weltkrieges optierte BOAS, der sich auch als Amerikaner seine Anhänglichkeit an seine deutsche Heimat bewahrt hatte, für die Mittelmächte; nach diesem Kriege war er maßgebend beteiligt an den Unterstützungsaktionen für die deutsche und österreichische Wissenschaft *(Notgemeinschaft der deutschen Wissenschaft)*. Daß er sich dann nach 1933 ebenso erbittert gegen den Rassismus HITLER-Deutschlands wandte, entsprang ebenso seinen wissenschaftlichen Überzeugungen wie seiner enttäuschten Liebe.

Mit den nationalen Schulen in der Anthropologie stellt sich die Frage nach den Beiträgen der einzelnen Völker. Natürlich kennt die Anthropologie, wie jede Wissenschaft, an für sich nur über-nationale Sachprobleme; trotzdem aber hat es in den letzten Jahrhunderten immer Aktivitäten, Fachgesellschaften, Akademien, Zeitschriften, Forschungsprogramme usw. auch auf nationaler Basis gegeben, und die Frage, was auf dieser Basis geleistet worden ist, ist daher nicht unberechtigt. Natürlich läßt sich der Anteil der einzelnen Völker nicht exakt bestimmen, sondern nur über den Daumen peilen, und solche Peilungen sind von geringem Aussagewert, weil bei den einzelnen Völkern das Potential an Menschen, Begabungen und Forschungsmitteln weder das gleiche noch gleichbleibend ist, weil unter Umständen schon die Publikationssprache ein Hindernis für internationale Diffusion sein kann, usw. Ganz im allgemeinen wird man sagen können, daß in der Zeit bis etwa zum Ersten Weltkriege das Übergewicht Englands, Deutschlands und Österreich-Ungarns, Frankreichs noch deutlich vorhanden ist, doch arbeiten sich seit der Jahrhundertwende die Vereinigten Staaten mehr und mehr in den Vordergrund, und für die Zukunft muß man mit einem steigenden Anteil Rußlands, Japans, Chinas, der lateinamerikanischen Länder und schließlich auch der afrikanischen Neustaaten rechnen. In Indien ist mit D. N. Majumdar (1903 – 1960) bereits die erste Generation einer einheimischen Anthropologenschule dahingegangen.

Auffällig ist seit dem Ende des 19. Jahrhunderts in vielen Ländern der steigende Anteil jüdischer Forscher an der anthropologischen Wissenschaft. Man hat von einer besonderen Neigung der Juden zu den Wissenschaften vom Menschen gesprochen, aber ihr schöpferischer Beitrag auf anderen Gebieten der Wissenschaft ist kaum geringer. Der norwegisch-amerikanische Soziologe Thorstein Veblen hat in einem vielzitierten Essay (*The intellectual pre-eminence of Jews in modern Europe*, 1919) die starke Beteiligung der Juden an den Wissenschaften mit der *Entfremdung* der jüdischen Intellektuellen zu den Kulturen ihrer Wirtsvölker in Verbindung gebracht (Veblen 1934; dazu Riesman 1953 : 131 ff.). Doch erscheint diese Erklärung als fragwürdig; die geistig produktiven Juden scheinen den Kulturen ihrer Heimatländer eher kongenial als entfremdet zu sein*. In der Anthropologie legt die Betrachtung etwa der Boas-Schule und der besonderen Rolle, die in ihr Gelehrte aus Familien, die aus dem deutschen, österreichischen und osteuropäischen Judentum zugewandert waren, gespielt haben, eher den Gedanken nahe, daß es sich dabei um eine Fortsetzung der jüdischen Emanzipation durch Weiterwandern in liberalere Länder handelt, verbunden zugleich mit einer Befreiung (= Säkularisierung) der jüdischen Intellektualität. Man darf ja nicht vergessen, daß die jüdische Emanzipation historisch weder ein homogener noch ein ungehemmter Vorgang war. Der ungeheuren Lernbegierde der dem Ghetto entströmenden jungen Juden ant-

* Der Beitrag der deutschen Juden zur deutschen Kultur vor 1933 war nicht nur groß im Maßstabe, sondern auch wesenhaft. Die Verarmung bleibt dauernd fühlbar.

wortete zum Beispiel in Rußland alsbald die Errichtung neuer Bildungs- bzw. Siebungssperren, und die Antwort gerade der geistig regsamen Juden war oft das Weiterwandern in ein (relativ) liberaleres Land, zuletzt: nach Amerika (vgl. dazu auch FEUER 1963 : 297 – 318). – Die Anthropologie verdankt diesem Vorgang sehr vieles.

Eine Abkehr vom atomistischen Denken lag in der neuen Methode der *stationären Feldforschung*, die sich nicht mehr mit den zufälligen Erfahrungsfragmenten des eiligen Durchreisenden begnügte, sondern forderte, daß die Forscher planmäßig längere Zeit, Monate oder gar Jahre am gleichen Ort, bei derselben Bevölkerung weilten und durch intimen psychologischen Kontakt ein möglichst vollständiges Bild aller Seiten des kulturellen und gesellschaftlichen Lebens zu gewinnen suchten. Da dies nicht möglich war ohne Erlernen der Sprache, so wurde für die stationäre Ethnographie die *Verbindung mit der Linguistik* auf die Dauer immer wichtiger.

Von selbst verstand sich dies für die aus der Generation der nationalen Philologien und Ethnographien stammenden Forscher (s. o. S. 70 ff.). Hier sind vor allem die finnischen Erforscher der Sprachen und Kulturen des finnisch-ugrischen Kreises zu nennen: OTTO DONNER (1835 – 1909) und sein Sohn KAI DONNER (1888 – 1935), E. N. SETÄLÄ (1864 – 1935), YRJÖ WICHMANN (1868 – 1932), H. PAASONEN (1865 bis 1919), P. RAVILA, UNO HARVA-HOLMBERG (bedeutende mythologische Werke), U. T. SIRELIUS (1872 – 1929), I. MANNINEN (1494 – 1935) u. a. Sie haben namentlich die rußlandfinnischen Stämme erforscht, die Verwandtschaftsverhältnisse der Sprachen untereinander, die Lehnwortbeziehungen zu den slawischen, baltischen und türkischen Sprachen, die religiösen und kulturellen Verhältnisse der vorchristlichen Zeit usw. weitgehend geklärt (vgl. SINOR 1963; STIPA 1963, 1964; SCHIEMENZ 1964). Ihnen reihen sich einige hervorragende skandinavische Lappenforscher (K. B. WIKLUND, 1868 – 1932, J. QVIGSTAD u. a.) an. Um die Erforschung der obugrischen Stämme machten sich in der Nachfolge RÉGULYS (o. S. 72) ungarische Forscher (J. PAPAY, 1873 – 1931, B. MUNKACSI, 1860 – 1937, u. a.) verdient. Aber auch in anderen Ländern bildete sich eine enge Gemeinschaft der Ethnographie und der Linguistik heraus. In den Vereinigten Staaten gründete Major J. W. POWELL (1834 bis 1902), ursprünglich Geologe, im Jahre 1879 das *Bureau of American Ethnology*, das besonders auch der planmäßigen Erforschung der Indianersprachen gewidmet war. In den Veröffentlichungen dieses Bureaus (1879 – 1931) erschienen die ersten grundlegenden Arbeiten der älteren Generation amerikanischer Anthropologen, zum Beispiel von HEWITT, J. R. SWANTON, J. MOONEY (1861 – 1921, *„The Ghost dance Religion"*, (1896). Die Schule von FRANZ BOAS konnte hieran anknüpfen. Die berühmte *Jesup North Pacific Expedition* (1897 – 1900) war eines der frühesten Beispiele stationärer Forschung. Ihr Ziel war die Aufhellung der Kulturbeziehungen zwischen Nordostasien und Nordwestamerika; von amerikanischer Seite nahmen BOAS, SWANTON u. a. daran teil, von russischer W. BOGORAZ (1865 – 1936) und W. JOCHELSON (1855 – 1937), die damals durch ihre eingehenden Arbeiten über die altsibirischen Stämme ihren Ruhm begründeten. Beide waren ursprünglich politisch Verbannte in Sibirien gewesen, ebenso L. STERNBERG (1861 bis 1927), der auf Sachalin weilte und durch seine Arbeiten über die Giljaken berühmt wurde. Die russischen Anthropologen hatten ebenso wie die nordamerikanischen den Vorzug, Eingeborene gleich vor der Tür zu haben. Sie widmeten sich natürlich vorzugsweise deren Erforschung, interessierten sich weniger für die finnisch-ugrischen Sprachen, die meist den finnischen und ungarischen Gelehrten überlassen blieben, wohl aber stärker für die eigentliche Ethnographie dieser Stämme (J. N. SMIRNOV, S. PATKANOV, N. N. CHARUZIN u. a.) sowie noch mehr für die der kaukasischen, türkischen, tungusischen und alteurasiatischen (altsibirischen) Gruppe. Es sind auch in der zweiten Hälfte des 19. Jahrhunderts vorwiegend noch Deutsche (wie früher PALLAS und GEORGI) oder Baltendeutsche, welche die russische Anthropologie aufbauen halfen: der berühmte Turkologe WILHELM RADLOFF (aus Berlin, 1837 – 1918), der Sibirien- und Kaukasusforscher GUSTAV RADDE (aus Danzig, 1831 – 1903), sowie der Erforscher der Tungusen LEOPOLD VON SCHRENK (1826 bis 1894), dem sich von russischer Seite LOPATIN und S. M. ŠIROKOGOROV anreihen. Als Erforscher der Mongolei seien aus der älteren Zeit N. M. PRSCHEVALSKI (1839 – 1888) und G. N. POTANIN, aus der neuesten G. E. GRUMM-GRZIMAJLO (1926) erwähnt. Der georgische, in Leningrad wirkende Linguist und Ethnologe N. MARR († 1934) brachte (1920, 1922, 1923) die kaukasischen Sprachen in verwandtschaftlichen Zusammenhang mit vorindogermanischen Sprachen des Mittelmeerraumes (Etruskisch, Pelasgisch, Baskisch usw.) und stellte dadurch die japhetitische Sprachfamilie auf, die eine Zeitlang als Hilfsgerüst für die Rekonstruktion der vorindogermanischen Mittelmeerkultur in Anspruch genommen wurde. In Österreich folgte ihm besonders der Kaukasologe und Ethnograph R. BLEICHSTEINER (1891 – 1954, *Die kaukasische Sprachgruppe*, 1937). Zur Gliederung und Klassifikation der afrikanischen Sprachen stammen die wichtigsten Untersuchungen von W. H. J. BLEEK (1862, 1869), R. LEPSIUS (1880), C. MEINHOF (seit 1888, vgl. 1906, 1912), D. WESTERMANN (seit 1905), B. STRUCK (seit 1909), M. DELAFOSSE (seit 1901), N. W. THOMAS (seit 1920), A. DREXEL (seit 1923), GREENBERG (1949 ff.) und anderen. Für Indien und Birma wurden die wichtigsten linguistischen Ergebnisse im *„Linguistic Survey of India“* (1906 ff. mit zusammenfassenden Untersuchungen von G. A. GRIERSON, STEN KONOW u. a.) niedergelegt. Die indochinesische Gruppe erforschten der auch als Anthropologe bedeutende A. H. KEANE (1880), A. CONRADY (1896), L. FINOT (1920 ff.), M. MASPÉRO (1911 ff.) und viele andere. P. WILHELM SCHMIDT (1868 – 1954), als Religionsforscher, Kulturhistoriker und Linguist gleich bedeutend, interessierte sich linguistisch besonders für Südostasien, Ozeanien und Australien. Die Klassifikation der austroasiatischen und austronesischen (früher von W. v. HUMBOLDT *malaio-polynesisch* genannten) Sprachfamilien und die Zusammenfassung beider mit den Munda-Sprachen Indiens zur austrischen Gruppe (1899, 1901, 1906) wurde allgemein angenommen. In der Erforschung der austronesischen Sprachen leisteten weiter noch H. C. VON DER GABELENTZ (1860, 1873), H. KERN (1886), R. H. CODRINGTON (1885), SIDNEY H. RAY

(1894 ff.) und besonders Otto Dempwolff (1934 – 1938) Bedeutendes (vgl. den neuesten Forschungsbericht des Linguisten Arthur Capell 1962). Auch der dänische Eskimo-Forscher William Thalbitzer (1873 – 1958) ist als Linguist-Ethnograph mit hervorragenden Arbeiten (1910, 1912, 1914, 1930) hier zu nennen.

Eine zweite, kaum weniger wichtige Kombination der Ethnographie war die mit archäologischen und historischen Forschungen. Man grub natürlich zunächst nur im Gebiet untergegangener Hochkulturen, aber es stellte sich immer mehr heraus, daß die Denkmäler der Vergangenheit auch auf die Geschichte lebender Naturvölker Licht warfen, also von der ethnographischen Betrachtung nicht getrennt werden konnten. In vielen Fällen konnten die Archäologen die heutigen Bevölkerungen oder Teile solcher als Erben der alten Kulturen betrachten; so die französischen Archäologen in Indochina (Lefèvre-Pontalis, A. Pavie, Finot, Parmentier, Aymonier, Mansuy, Maspéro, Colani), oder die Pioniere der mittel- und südamerikanischen Altertumsforschung, A. F. Bandelier (1840 – 1914) W. H. Holmes (1846 – 1933), Eduard Seler (1849 – 1922), Max Uhle (1856 – 1944), T. A. Joyce (1878 – 1942), K. Th. Preuss (1869 – 1938), in neuester Zeit Sigvald Linné, F. Termer, H. Ubbelohde-Doering. Man wandte sich bald auch der Prähistorie lebender Eingeborener direkt zu. Das *Heye Foundation Museum of American Indians* veranstaltete seit 1913 planmäßige archäologische Expeditionen zur Erforschung der früheren Siedlungsverhältnisse der nordamerikanischen Indianer. Die von dem erfolgreichen dänischen Eskimoforscher Knud Rasmussen (1879 – 1933) geleitete 5. Thule-Expedition (1921 – 1924) zu den Zentral-Eskimos Nordkanadas veranstaltete neben ethnographischen und sprachlichen Erhebungen zum ersten Male in diesen Breiten umfassende Grabungen, deren Ergebnisse über die frühere Besiedlungsgeschichte der nordamerikanischen Arktis wertvolle Aufschlüsse erteilten (vgl. die Expeditionsberichte von Rasmussen, Birket-Smith und Mathiassen, 1927 – 1933, ferner Mathiassen 1930). Diese Forschungen bilden ein Ruhmesblatt der allezeit sehr aktiven dänischen Ethnologie (Birket-Smith 1952). Das auffallendste Ergebnis der Durchforschung des Bodens war, daß in vielen Teilen der Erde die Denkmäler der Vergangenheit auf eine entfaltetere, ästhetisch vollkommenere Kultur und damit mittelbar auf eine höher organisierte Bevölkerung hinwiesen, als sich heute an gleicher Stelle findet. Das ergab sich für Westafrika (Joruba, Benin), aber auch für Rhodesien (Simbabwe-Ruinen), für Südarabien, Vorderindien, Hinterindien, Indonesien, ja sogar für das Amazonas-Gebiet, für Sibirien, Polynesien, Melanesien und das Innere (!) von Neuguinea. Selbst den von den Europäern um 1500 noch angetroffenen Hochkulturen in Mittel- und Südamerika sind ältere Kulturen vorausgegangen, die ihnen an Höhe, Wirkungskraft und vermutlich auch Dichte der tragenden Bevölkerung (H. Spinden) überlegen gewesen waren. Ebenso ließen die auf Linguistik, Rassenkunde und Eingeborenentradition gegründeten Arbeiten über die früheren Stammeswanderungen in der Südsee (Dunmore Lang 1834, A. de Quatrefages 1866, A. Fornander 1877 – 1885, A. Lesson 1880 bis 1884, S. Percy Smith 1898 ff., William Churchill 1911 f., Elsdon Best 1898 ff.,

W. H. R. Rivers 1914, R. W. Williamson 1924, E. S. C. Handy 1930) erkennen, daß auch die heutigen austronesischen Kulturen auf älteren, höher organisierten Schichten ruhen müssen. In die gleiche Richtung weisen auch die archäologischen Grabungen des *Bernice P. Bishop Museum* in Honolulu (Hawaii) und der *Polynesian Society* (Wellington, Neuseeland). Solche Tatsachen waren wohl der stärkste Schlag für die Doktrin von der eingleisigen Höherentwicklung der Menschheit. Besonderes Interesse beanspruchen die großen Steinsetzungen (Megalithen), die sich zum Teil an heutige Kulturen anschließen lassen (Zentralindien, Assam, Nias, Sumatra, Flores, Luzon). Eine Zeitlang wurde die Megalithkultur als ein einheitlicher Kulturstrom angesehen (R. v. Heine-Geldern, F. M. Schnitger, D. J. Wölfel 1951; vgl. Schuster 1960).

Wichtig sind auch die in Afrika, Amerika, Sibirien, Ozeanien und Australien immer häufiger aufgefundenen Felsmalereien sowohl in stilgeschichtlicher wie allgemein-kulturhistorischer Hinsicht. In Afrika hat sich besonders Frobenius um ihre planmäßige Aufnahme verdient gemacht (Frobenius und Obermaier 1925, Frobenius 1937). Von Frobenius hat das von ihm begründete Kulturmorphologische Institut in Frankfurt am Main auf dem Gebiet der Felsbildforschung eine bleibende Inspiration empfangen (Rhotert 1938, 1939, 1952).

Erst begonnen hat die systematische Durcharbeitung der *Schriftquellen* der außereuropäischen Länder unter anthropologischen Gesichtspunkten. Die Erschließung und ethnographische Durcharbeitung altchinesischer Annalen (de Groot, Eberhard u. a.) wurde besonders fruchtbar durch den Vergleich mit den Ergebnissen der archäologischen Grabungen in Ostasien (Chavannes, J. G. Andersson). Die nichtchinesischen Randstämme in Süd- und Westchina erwiesen sich zum Teil als Überbleibsel früherer Kulturen, die dem Einschmelzungsprozeß ins Chinesentum entgangen sind. Diese neue dynamische Auffassung der chinesischen Volkstumsgeschichte (W. Eberhard 1942) verspricht noch weitgehende Aufschlüsse. Aber auch für die Frühgeschichte der Stämme Zentral- und Westasiens sind die chinesischen Quellen von größter Bedeutung; schon Radloff hatte sich (1884) um ihre Auswertung bemüht, moderne Sinologen sind erfolgreicher damit beschäftigt (Eberhard 1943). Die Durcharbeitung der hinterindischen Geschichtsquellen und der mexikanischen Bilderhandschriften (Seler, Preuss, Walter Lehmann), dann die Bergung alter vergessener Schriftquellen, zum Beispiel aus Iberoamerika (Niederschriften von Eingeborenen aus frühkolonialer Zeit in lateinischen Lettern, aber oft eigener Sprache, Aztekisch, Maya, Quechua) und ihre Herausgabe und Kommentierung (Walter Lehmann, H. Trimborn) sind planmäßig in Angriff genommen. Viele Amerikanisten leisteten sowohl auf historischem und archäologischem wie auch auf linguistischem und ethnographischem Gebiet Hervorragendes, so Walter Lehmann (1878 – 1939, vgl. Kutscher 1939) und P. Rivet (1876 – 1958, vgl. 1957), wobei das Interesse bald mehr antiquarisch, bald mehr den lebenden Bevölkerungen zugewandt war.

Ein ungelöstes Problem sind noch die Maya-Handschriften (vgl. Termer 1952).

Schon Brasseur de Bourbourg und Léon de Rosny hatten sich in der zweiten Hälfte des 19. Jahrhunderts um ihre Entzifferung erfolglos bemüht. Seit 1886 arbeitete Ernst Förstemann auf diesem Gebiete, ihm schlossen sich besonders Paul Schellhas und Hermann Beyer an. Die besonders für Kalender und Astronomie wichtigen Inschriften der Steindenkmäler erforschten Förstemann, H. Ludendorff und in Amerika H. Spinden, S. G. Morley, J. E. Thompson u. a. Die Korrelation der Maya-Zeitrechnung mit der christlichen ist noch nicht gelungen. Die beiden herrschenden Theorien (Spinden – Morley – Ludendorff gegen Goodman – Thompson – Martinez) differieren um 260 Jahre. Die Ruinenstädte der Maya erforschten Désiré Charnay, A. P. Maudsley, E. P. Dieseldorff, systematisch aber erst seit 1912: E. H. Thompson, S. K. Lothrop, S. G. Morley und A. M. Tozzer. Auch die Probleme der Herkunft und des Unterganges der Maya-Kultur sind noch umstritten; nur erst wenige Ruinenplätze sind sorgfältig archäologisch durchforscht, die Hälfte der Hieroglyphen noch unentziffert, über die politische Verfassung und das tägliche Leben der alten Maya wissen wir nichts, ihre Religion ist „ein Buch mit sieben Siegeln" (Termer 1952 : 154 f.).

Wichtig bleibt immer die stationäre Erforschung der lebenden Volkstümer, weil nur sie gegen die Gefahr gefeit ist, über kultur- und sprachhistorischen Zusammenhängen den lebendigen Menschen aus den Augen zu verlieren. Die Völkerpsychologie, die Soziologie und die allgemeine ethnologische Theorie zehren heute ausschließlich von den besten, auf stationärer Forschung beruhenden Monographien. Es ist aus Raumgründen nicht möglich – wiewohl ungerecht – auch nur die wichtigsten dieser Arbeiten alle zu erwähnen. Hervorgehoben sei nur, wie stark die Aussprache über die Urformen der Ehe und Familie befruchtet worden ist durch die Forschungen von Baldwin Spencer und F. J. Gillen (1899 ff.), C. Strehlow (1907–1920) u. a. über australische Stämme. Weitere Beispiele sind die Feuerland-Indianer, die noch auf Grund der Expedition von Deniker und Hyades (1891) als gänzlich kulturlos gegolten hatten, bis die vier Forschungsreisen von P. Martin Gusinde zwischen 1918 und 1924 (veröffentlicht 1931–1939) zur allgemeinen Überraschung ein entwickeltes System von religiösen und mythischen Vorstellungen, von geheimen religiösen Gesellschaften, Initiationsbräuchen und Schamanismus bei diesen Indianern feststellten; oder die Jagga-Neger in Ostafrika mit ihren hochkomplizierten Rechtsbräuchen und Stammeslehren, deren eingehende Erforschung durch den protestantischen Missionar Bruno Gutmann (1926, 1932–1935) ganz neue Einblicke in die Weltanschauung der Bantu eröffnete; oder die von der Wiener Schule P. W. Schmidts in die Wege geleitete systematische Erforschung der Pygmäen und Pygmoiden in Afrika (P. Paul Schebesta, P. M. Gusinde, vgl. vor allem Gusinde 1942, Schebesta und Lebzelter 1933, Schebesta 1938–1948), auf Malakka (Schebesta 1927, 1928) und den Philippinen (P. Vanoverbergh seit 1925), deren Ergebnisse für eine Unzahl von religions- und sozialethnographischen, aber auch rassenkundlichen und historischen Fragen von ausschlaggebender Bedeutung waren und noch sind; oder die Entdeckung und Beschreibung von hochorganisierten

Stämmen im Innern von Neuguinea, wo man sie am wenigsten vermutet hatte (P. Aufenanger, P. G. Höltker, Missionar Vicedom); oder die Forschungen von Konrad Theodor Preuss in Mexiko und Kolumbien, von Leonhard Schultze-Jena (1872 – 1955) und Robert Redfield (1897 – 1958) in Mittelamerika, von Rafael Karsten und H. Baldus im Chaco und in Brasilien, von Karl von den Steinen (1855 – 1928), Theodor Koch-Grünberg (1872 – 1924) und C. Nimuendaju in Brasilien, von N. N. Miklucho-Maklay (1846 – 1888), Georg Friederici (1866 – 1947), Augustin Krämer, Thurnwald, Malinowski, Felix Speiser, Paul Wirz, F. E. Williams, Gunnar Landtman, A. M. Hocart, Peter H. Buck u. a. in Ozeanien, von Eduard Pechuel-Lösche (1840 – 1913), Jacob Spieth, D. Westermann, H. A. Junod, H. Labouret, John Roscoe, Günter Tessmann, Emil Torday, J. H. Driberg und vielen anderen über afrikanische Stämme; von A. W. Nieuwenhuis, A. C. Kruyt (1861 – 1932), Walter Kaudern, Ernst Vatter, A. E. Jensen u. a. in Indonesien. – Ein besonderes Interesse darf die Anthropologie des riesigen indischen Subkontinents mit seinen (heute) rund 700 Mill. Menschen beanspruchen. Hier war im Vergleich zu den literarischen und künstlerischen Zeugnissen der Hochkulturen die Tatsache des Weiterlebens von zahllosen primitiven Berg- und Dschungelstämmen lange Zeit nicht genügend in Anschlag gebracht worden. Das hat sich inzwischen geändert, obwohl die Tatsache, daß Vorderindien allein an Zahl mehr Primitive beherbergt, als ganz Amerika und Ozeanien zusammengenommen, noch kaum hinreichend in das Bewußtsein der Anthropologen gedrungen ist. Die Erforschung Indiens wurde natürlich anfangs von Briten (und Europäern überhaupt) inauguriert, in steigendem Maße beteiligten sich dann Inder selbst. Vielbändige Monographien über die Kasten und Stämme Bengalens, Zentral- und Südindiens wurden erstellt von Sir Herbert H. Risley (1851 – 1911), Edgar Thurston, R. v. Russell, Anantha Krishna Iyer (1862 – 1937). Rassenkundlich arbeiteten Emil Schmidt (1837 – 1906) und Egon v. Eickstedt (1933, 1934, 1936). B. S. Guha (1894 – 1961) betreute die anthropologische Seite des indischen Census. J. H. Hutton und J. P. Mills wurden berühmt durch ihre Monographien über die Naga-Stämme in Assam, S. D. Roy (1912 ff.) hat Munda- und Drawidastämme geduldig erforscht. Der umfassendste Kenner der Anthropologie und Ethnologie Indiens war zuletzt Dhirendra Nath Majumdar (1903 – 1960), dem wir sowohl Spezialarbeiten als auch umfassende Darstellungen verdanken (1937, [4]1961). Der aus Österreich stammende Londoner Ethnologe Christoph v. Fürer-Haimendorf hat wichtige Arbeiten über die Naga, Himalaja-Stämme und die Stämme von Hyderabad geliefert (1943 ff.). Ein erfolgreicher Feldforscher und subtiler Denker war Verrier Elwin (1902 – 1964), der auch Einfluß auf die Stammespolitik der indischen Regierung gewann.

Eines der wichtigsten allgemeinen Ergebnisse dieser stationären Forschungen war, daß überall die primitiven Gesellschaften der Menschheit sich in ihrem sozialen Aufbau, ihren religiösen Vorstellungen und ihrem gesamten geistigen Leben als weit komplizierter und höherentwickelt herausstellten, als die soziologischen Theoretiker der letzten Jahrzehnte des 19. Jahrhunderts angenommen hatten. Ja, mit der Vermehrung und Verbesserung der ethnographischen Kenntnisse mußte die ganze Einschätzung der sogenannten primitiven Menschheit sich schließlich wandeln. Es war nicht mehr möglich, die Naturvölker einfach als Wilde oder als unterentwickelte Vorfahren der zivilisierten Menschheit zu bewerten. Die historische Betrachtungsweise erzog dazu, der je einzelnen ethnographischen Kultur in ihrer Individualität gerecht zu werden, und es kann andererseits nicht geleugnet werden, daß gerade manche Klassiker des Evolutionsgedankens sich am schwersten von der Manier trennen konnten, die Naturvölker wertend von der Höhe unserer Zivilisation her zu betrachten. So kann LUBBOCK es nicht unterlassen, von den erbärmlichen Australiern zu sprechen, oder von den Wilden, denen fast alles moralische Gefühl abgehe. Noch bezeichnender sind LEWIS H. MORGANS Tagebücher von seiner Europareise: Er findet sogar die Italiener, also ein Hochkulturvolk, tieferstehend als alle zivilisierten Völker, und die Süditaliener gar „utterly worthless". Die Vereinigten Staaten hingegen seien das begünstigte und gesegnete Land, „our institutions are unrivaled and our people the most advanced in intelligence" (zit. a. LOWIE 1956 : 1008), – eine Auffassung, die fast unverändert noch im amerikanischen Rassismus der zwanziger Jahre unseres Jahrhunderts nachwirkt (s. u. S. 194). Ein solcher Ethnozentrismus konnte nur durch die historische Perspektive, man möchte sagen: durch eine Rückkehr zu der kosmopolitischen Perspektive eines HERDER und W. v. HUMBOLDT überwunden werden. Doch nicht theoretische Überlegungen oder historische Rückgriffe wurden entscheidend, sondern das Aufsuchen und immer gründlichere Studium der ethnographischen Kulturen selber. Es war ein Begeisterung inspirierendes Material, das von der neuen Forschergeneration in mühevoller Feldarbeit bereitgestellt wurde.

Ist für den Typus der stationären Feldforscher das Bestreben nach intensiver Durchforschung verhältnismäßig kleiner Areale bezeichnend, so behauptete sich neben ihm doch auch ein Typus von mehr in die Breite arbeitenden Anthropologen mit vorwiegend naturwissenschaftlicher Interessenrichtung. Hierzu gehört die Mehrzahl der *physischen Anthropologen*, die Maße von Eingeborenen aufnahmen, daneben aber auch mehr oder weniger ethnographisch sammelten. Natürlich gibt es zwischen beiden Typen allerlei Übergänge, und eine nicht geringe Zahl von Anthropologen wurde sowohl den rassen- und völkerkundlichen wie auch den linguistischen, archäologischen und historischen Aufgaben ihres regionalen Arbeitsfeldes gerecht. Einige erfolgreiche Ethnologen sind aus dem Ärztestand hervorgegangen, wie BASTIAN, der Südseeforscher AUGUSTIN KRÄMER, die Amerikanisten EHRENREICH und V. D. STEINEN, der verdienstvolle Organisator der Hamburger Südsee-Expedition 1908–1910, GEORG THILENIUS. In Italien muß GIUSEPPE PITRÈ (1841–1916) erwähnt werden, ein palermitaner Arzt, der eine reiche Sammlung italienischer, besonders sizilianischer Volksüberlieferungen angelegt hat. Die ärztlich vorgebildeten Ethnologen brachten in das Fach das Element der nüchternen und genauen Beobachtung mit, sowie eine gewisse Immunität gegen das Falsch-Intuitive und die

Gefahr ideologisierender Flunkerei, die sonst nicht immer so fern ist. Von Ethnographen naturwissenschaftlicher Provenienz sind ferner zu nennen: In Deutschland RUDOLF PÖCH (1870 – 1921, Neuguinea, Kalahari), BERNHARD STRUCK (Afrika), VIKTOR LEBZELTER (1889 – 1936, Südwestafrika), OTTO RECHE (Neuguinea), E. v. EICKSTEDT (Indien, Ostasien), H. v. WISSMANN, C. RATHJENS (Südarabien); in der Schweiz die Vettern PAUL SARASIN (1856 – 1929) und FRITZ SARASIN (1859 – 1942, Ceylon, Celebes) sowie FELIX SPEISER (Südamerika, Melanesien); in Frankreich GEORGES MONTANDON (Ostasien); in Italien NELLO PUCCIONI (Somaliland, Libyen); in Rußland J. RUDENKO (Baschkiren, Kasaken) und D. A. ZOLOTAREV (Lappen, Westfinnen); in Polen JAN CZEKANOWSKI (Afrika); in England A. C. HADDON (Neuguinea); in Polynesien PETER H. BUCK (TE RANGI HIROA); in Japan ERWIN BAELZ (aus Bietigheim in Schwaben, 1849 – 1913), weiland Leibarzt des Tenno und Begründer der japanischen Anthropologie (BAELZ 1883 – 1885, 1910, 1936), übrigens ein glänzender Völkerpsychologe, der (in Deutschland so seltene) Typus des weltläufigen Gelehrten, der zum Verständnis Japans in Deutschland vielleicht am meisten beigetragen hat; ferner seine Nachfolger KOGANEI, ADACHI, MATSUMURA, KOYA, TORII u. a.; in Argentinien der Deutsche ROBERT LEHMANN-NITSCHE (1872 bis 1939) mit paläanthropologischen, linguistischen und mythologischen Arbeiten, (1907, 1911, 1939), und J. IMBELLONI.

VIII. KRISE UND BESINNUNG

1. Vorläufer und Symptomträger (Schopenhauer, Burckhardt, Nietzsche)

Fragen wir uns am Ende des 19. Jahrhunderts angesichts einer solchen Anhäufung von Materialdaten nach dem anthropologischen Ertrage aller dieser Einzelstudien, so würden wir erwarten, daß der optimistisch-positivistisch gestimmte Geist dieser Ergebnisse seinen Niederschlag doch irgendwie in der Philosophie der Epoche finden müßte. Davon kann aber keine Rede sein. Vielmehr steht das Menschenbild, das gleichzeitig aus der philosophischen Betrachtung von Lebenswelt, Geschichte und religiös-metaphysischen Systemen der Menschheit gewonnen wurde, im Kontrast zur positivistischen Detailforschung der Fachleute. Es genügt, an die Namen SCHOPENHAUER, KIERKEGAARD, JACOB BURCKHARDT, NIETZSCHE und WILLIAM JAMES zu erinnern, um gewahr zu werden, daß die philosophische, theologische und geschichtliche Reflexion andere Wege einschlugen und zu anderen Resultaten gelangten. Gewiß waren diese Männer keine Anthropologen im Fachsinne, doch Elemente einer Anthropologie enthält ihr Werk immerhin, – aber diese vertragen sich nicht mit der positivistischen Stimmung, die etwa in der Tätigkeit der anthropologischen Gesellschaften und Schulen in der zweiten Hälfte des 19. Jahrhunderts zum Ausdruck kommt. Man kann auch nicht sagen, daß die positiven Wissenschaften eben zu anderen Ergebnissen geführt hätten als das „bloße Spekulieren". Denn jene Männer waren durchaus nicht unbewandert in den positiven Wissenschaften, außerdem hatten sie eine größere und tiefere Kenntnis der Geschichte, und zweifellos einen tieferen psychologischen Durchblick. So gelangten sie zu anderen Schlüssen, die im Gegensatz standen zu den geradezu chiliastischen Hoffnungen, die durch die Schriften von COMTE, HERBERT SPENCER, HAECKEL und MARX genährt worden waren. Den Glauben an den Fortschritt und die Vervollkommnung der Menschheit (sei sie evolutionistisch verstanden oder als kulturhistorische Aufschichtung) teilten sie nicht. SCHOPENHAUER, dessen philosophisches Lehrsystem noch der ersten Hälfte des Jahrhunderts angehört, leitet die Wendung ein, die in der zweiten Hälfte sich vollzieht. Nicht Vernunft regiert die Welt, sondern der blinde Drang, der *Wille* als ein Realprinzip der Natur. Für SCHOPENHAUER ist „der Mensch, als die vollkommenste Objektivation des Willens, demgemäß auch das bedürftigste unter allen Wesen: er ist konkretes Wollen durch und durch, ist ein Konkrement von tausend Bedürfnissen. Mit diesen steht er auf der Erde, sich selber überlassen, über alles in Ungewißheit, nur nicht über seine Bedürftigkeit und seine Not" (*Die Welt als W. u. Vorst.* Buch IV § 57).

SCHOPENHAUERS pessimistisches Lehrsystem weist einen stärkeren anthropologischen Einschlag auf als alle anderen Philosophien des 19. Jahrhunderts, mit Ausnahme derjenigen NIETZSCHES. „Unser philosophisches Bestreben kann bloß dahin gehen, das Handeln des Menschen, die so verschiedenen, ja entgegengesetzten

Maximen, deren lebendiger Ausdruck es ist, zu deuten und zu erklären, ihrem innersten Wesen und Gehalt nach." Die Betrachtung bleibt weltimmanent: „Diese wirkliche Welt der Erkennbarkeit, in der wir sind und die in uns ist, bleibt, wie der Stoff, so auch die Grenze unserer Betrachtung" (Werke ed. GRISEBACH I 357). Kommt schon dieser Ausgangspunkt modernem Denken entgegen, so klingen bei SCHOPENHAUER mitunter sogar „existenzialistische" Töne an:

> „Im unendlichen Raum und unendlicher Zeit findet das menschliche Individuum sich als endliche ... Größe, in sie hineingeworfen, und hat wegen ihrer Unbegrenztheit, immer nur ein relatives, nie ein absolutes Wann und Wo seines Daseins: denn sein Ort und seine Dauer sind endliche Teile eines Unendlichen und Grenzenlosen" (Werke I 403).

SCHOPENHAUERS *Willensbegriff* ist nicht mit dem psychologischen Begriff des Willens zu verwechseln; diesen letzteren nennt er vielmehr Willensakt oder Willkür. Wille in seinem metaphysischen Sinne ist das kantische „Ding an sich", das SCHOPENHAUER nicht nur am Menschen, nicht nur in der gesamten Organismenwelt wahrnimmt, sondern sogar in der unbelebten Natur. (Einmal heißt es sogar: Wille sei ungestümer wilder Lebensdrang, „wie die Kraft, die im herabstürzenden Wasserfall erscheint, – ja, wie wir wissen, im tiefsten Grunde identisch mit dieser", Werke II 247.) Im engeren Sinne ist „Wille" der heftige Drang, die tobende Energie des Lebenwollens und Sich-zur-Geltung-Bringens in der belebten Natur: Der Organismus selbst ist verkörperter, d. h. objektiv im Gehirn angeschauter Wille (Werke II 250). Er ist der Kern unseres Wesens, die „Urkraft ..., welche den tierischen Leib schafft und erhält, indem sie die unbewußten so gut wie die bewußten Funktionen desselben vollzieht" (Werke II 342). Subjektiv umgreift der „Wille" alles Streben, Hoffen, Fürchten, Lieben, Hassen: dies alles ist Affektion des Willens, die nach außen wirkend sich „als eigentlichen Willensakt darstellt" (Werke II 233). Der anthropologische Gehalt dieses Willensbegriffes liegt darin, daß er die Idee des Menschen umfaßt; im Leidzufüger und im Leidenden wirkt der eine Wille, worüber wir nur durch das *principium individuationis* hinweggetäuscht werden. Die Welt ist ein beständiger Kampfplatz aller Erscheinungen „des einen und selben Willens, dessen innerer Widerspruch mit sich selbst dadurch sichtbar wird" (Werke I 350, 460). SCHOPENHAUERS Anthropologie erreicht ihren Höhepunkt in dem klassischen Kapitel über den Primat des Willens vor dem Intellekt (*Die Welt als Wille und Vorstellung* II c. 19). Der Grundirrtum der bisherigen Philosophie liege darin, daß sie den Menschen primär als ein erkennendes, anstatt wollendes, Wesen aufgefaßt habe. Es geht aber nicht das Wollen aus dem Erkennen hervor, sondern umgekehrt. Das lehrt auch die Betrachtung der Tierreihe. (Diese Ausführungen schrieb SCHOPENHAUER um 1840 nieder.) Der Intellekt ist tatsächlich ein Akzidens; was wir „Denken" nennen, tritt als Allerletztes auf (Werke II 238, 315). SCHOPENHAUER analysiert tiefdringend das Wechselspiel dieser beiden völlig inkommensurablen Größen: Wille und Intellekt. Freilich ist der Wille in Grenzen lenkbar durch den Intellekt, gleichwohl behauptet er seine „Oberherrschaft in letzter Instanz". Bestimmte Vorstellungen kann er geradezu verbieten („was dem Herzen widerstrebt, läßt der Kopf nicht ein"), und unsere wahren Motive erfahren wir bestenfalls *a posteriori*. Der Wille mystifiziert den Intellekt (Werke II 240–44, 253). – Was später „Vorurteile", „Verdrängung", „Tabu", „Interessenverkleidung" usw. genannt werden wird, ist hier von SCHOPENHAUER tatsächlich schon analysiert. – Entwicklungspsychologisch am interessantesten sind seine Ausführungen über die Magie. Die metaphysische Identität des Willens, so meint er, trete in drei Formen der „Sympathie" zutage: dem Mitleid, der Geschlechtsliebe und der Magie. Die magischen Akte sind „Vehikel und Fixierungspunkte des Willens", „wodurch der Willensakt, der magisch wirken soll, aufhört ein bloßer Wunsch zu sein und zur Tat wird." Die Wurzel dazu liegt in einem „inbrünstigen Begehren". SCHOPENHAUER kennt auch schon den magischen Todeswunsch („Tötung durch Zauberei") und beruft sich dafür auf ethnographische Berichte von den Marquesas-Insulanern (Werke III 306–321).

SCHOPENHAUERS – oft beklagtes – negatives Verhältnis zur *Geschichte* beruht auf seiner tief eingeprägten Überzeugung von der Wahnhaftigkeit des menschlichen Tuns und Treibens, aber auch auf der realistischen Beobachtung des schreienden Mißverhältnisses von Anstrengung und erzielter Wirkung (modern gesprochen: „Frustration"). „Alles treibt, die einen sinnend, die anderen handelnd, der Tumult ist unbeschreiblich" (Werke II 419). Wenn die Geschichte die Taten der Menschen im großen und in Masse zum Problem und „das Gesetz der Motivation als Organon" hat (Werke I 64), so vermag SCHOPENHAUER im großen und ganzen keine Motivation zu erkennen. Nur in den einzelnen Handlungen sind Motive wahrnehmbar, vergleichbar den äußeren Drähten, an denen die Puppen gezogen werden; das Spiel im ganzen aber läßt diese Motive („Drähte") vermissen, die Puppen wirken da vielmehr wie durch ein inneres Uhrwerk getrieben – eben den Willen (Werke II 419 f.). SCHOPENHAUERS pessimistische Geschichtsansicht ist nicht Ausfluß seines Privatcharakters (wie man wohl behauptet hat), sie ist vielmehr auf seine im *modernen* Sinne stärkere Eindrucksfähigkeit für das im geschichtlichen Treiben zugefügte Leid und auf eine vollständigere Summation desselben in der Bosheit und Quälerei der Menschen zurückzuführen: der Eroberer, die die Völker aufeinander hetzen und Hekatomben von Menschen opfern; der Religionskriege (ein tausendjähriges „fortwährendes Morden ... in metaphysischen Angelegenheiten", Werke II 218); der Negersklaverei, der Kinderarbeit, – der Unsummen von angetanem Unrecht auch im „friedlichen" Tun und Treiben (Werke I 460, II 218, 680, V 304). „Neun Zehntel der Menschheit leben in beständigem Kampf mit dem Mangel, stets am Rande des Untergangs, sich mit Not und Anstrengung über demselben balancierend" (Werke II 688). – Man kann sagen, daß diese Perspektive SCHOPENHAUERS in den vergangenen hundert Jahren an Aktualität gewonnen hat.

Das Revolutionäre bei SCHOPENHAUER liegt freilich nicht in dem Stoff der Anschauung, sondern in der Interpretation. Denn „der große Mißton, der die Welt durchzieht", ist ihr immanent. Der Charakter der Menschenwelt ist „weniger Unvollkommenheit als Verzerrung, im Moralischen, im Intellektuellen, im Physischen, in allem." Das Übel dieser Welt ist nicht ein Negatives, sondern das Positive, das sich selbst fühlbar macht (Wir empfinden nicht die Schmerzlosigkeit, sondern den Schmerz) (Werke V 303, 317). Von dieser Aspektumkehr her versteht sich auch SCHOPENHAUERS asketische Ablehnung des Anspruchs der Menschen auf Glück und Wohlergehen, während sie froh sein müßten, mit knapper Not davonzukommen.

SCHOPENHAUERS Lehre behauptet, bei allen Schwächen seines Systems, historisch ihren Platz als ein bemerkenswerter Beitrag zur philosophischen Anthropologie, ausgezeichnet durch die umfassende wissenschaftliche Bildung ihres Schöpfers (besonders auch auf den Gebieten der Naturwissenschaften, der Biologie, Anatomie, Physiologie und Pathologie), – vor allem aber durch eine Breite der Welt- und Menschenkenntnis, wie sie bei deutschen Gelehrten des 19. Jahrhunderts sonst nicht gewöhnlich war. Schopenhauer war es auch, der als erster die philosophische Brücke zu den östlichen Religionsphilosophien der Veden, Upanishaden, des Vedânta und namentlich des Buddhismus schlug, zu denen er eine – im ganzen richtig gesehene – Wahlverwandtschaft seiner Lehre entdeckte. Auf diesem Gebiet ist ihm in erster Linie sein Anhänger PAUL DEUSSEN (1845 – 1919) als Philosoph und Indologe gefolgt.

SCHOPENHAUERS Wirkung war spät, aber nachhaltig. Unter seinem Einfluß stehen EDUARD v. HARTMANN (1842 – 1906) mit seiner *Philosophie des Unbewußten* (1869) und der Historiker JACOB BURCKHARDT (1818 – 1897), dessen *Weltgeschichtliche Betrachtungen* (Vorlesungen seit 1868) bekanntlich ganz im Sinne SCHOPENHAUERS mit einer Polemik gegen HEGELS Lehre vom vernünftigen Gange des Weltgeistes einsetzen, – wogegen BURCKHARDTS eigener Ausgangspunkt „der vom einzigen bleibenden und für uns möglichen Zentrum [ist], vom duldenden, strebenden und handelnden Menschen, wie er ist und immer war und sein wird"; weshalb BURCKHARDT seine Betrachtungsweise eine „gewissermaßen pathologische" (!) nennt (Ges.-Ausg. VII 2 f.). Den „optimistischen Willen" sieht BURCKHARDT seit der Mitte des 18. Jahrhunderts in der „Aufklärung" am Werke und macht besonders ROUSSEAU mit seiner Lehre von der Güte der menschlichen Natur dafür verantwortlich (Briefe V 130, vgl. Ges. Ausg. VII 432). Seine pessimistischen Zeitdeutungen und Prognosen sind oft hervorgehoben worden; über SCHOPENHAUER heißt es dabei (in einem Brief 1875): „Mir kommt immer mehr vor, er habe für *unsere* Zeit eine wahrhaft spezielle Sendung gehabt" (Briefe VI 55). Merkwürdig ist dabei, daß BURCKHARDT auch die durch SCHOPENHAUER inspirierte Hinwendung des Interesses auf den Buddhismus teilt, über den er sich dann auch als Historiker fachlich mit Hilfe von BASTIANS Frühschriften, aus denen er umfangreiche Exzerpte anfertigte, Aufschluß zu verschaffen suchte (KAEGI, J. B. III 558; vgl. Ges. Ausg. VII 74). Den Glauben an eine Vervollkommnung der Menschheit hat BURCKHARDT folgerichtig abgelehnt. Der Geist sei „schon früh komplett" gewesen, moralische Fortschritte seien allenfalls im Leben des einzelnen festzustellen, nicht aber bei ganzen Zeitaltern; „wenn schon in alten Zeiten einer für andere das Leben hingab, so ist man seither darüber nicht hinausgekommen" (Ges. Ausg. VII 432, 196). Den Begriff des *Kampfes ums Dasein* übernimmt BURCKHARDT aus v. HARTMANNS

Philosophie des Unbewußten, dieser Kampf wirkt auch für ihn bis in die geschichtlichen Zeiten hinein, doch an das Überleben der Besten glaubt er nicht. Gleichzeitig verspottet er das im Fortschrittsglauben sich offenbarende bürgerliche Streben nach Sekurität und Wohlleben und begleitet die Lektüre v. HARTMANNS mit ironischen Kommentaren:

> „Die andere Weissagung HARTMANNS: Nach kolossalem Eigenruhm der Philosophie und andern schönen Reden kommt (im Anschluß an DARWIN) ein Bild der Zukunft, welches mit Obigem stimmen mag, so gut es kann. Es ist der Kampf ums Dasein. Dieser vollziehe sich unter den Menschen nach ebenso unerbittlichen Naturgesetzen wie unter Tieren und Pflanzen, also Ausrottung der inferioren Menschen*rassen,* der Wilden, als stehengebliebener Reste von Entwicklungsstufen. Freilich, je rascher die ganze Erde von den höchst entwickelten Rassen, den Weißen, okkupiert werde, desto schneller werde der Kampf der verschiedenen *Stämme* innerhalb der Rassen entbrennen, und zwar, weil dieselben unter sich weit ebenbürtiger, werde der Kampf viel furchtbarer, erbitterter und anhaltender sein, aber für die fortschreitende ‚Entwicklung' der Gattung (ja, zu ruchlosen Teufeln!) um so förderlicher; dabei sei die Form des Kampfes gleichgültig, ob Krieg oder sonstige Konkurrenz, Aussaugung durch den Handel oder andere Mittel. So werde die Erde immer mehr zur ausschließlichen Beute der höchst entwickelten Völker, und diese immer zivilisierter. Freilich auch innerhalb derselben werden weitere Entwicklungen nur durch den grandiosen Kampf ums Dasein zur Entfaltung gelangen."

BURCKHARDT fügt hinzu: „Wo bleibt denn obiges komfortables, menschenwürdiges Dasein?", um die Antwort zu geben: „Wir verzichten auf solche historische Schlußdekorationen" (Ges. Ausg. VII 436 f.).

Ebenso wichtig ist, daß BURCKHARDT sich schon als Siebenundzwanzigjähriger auf Grund der Bürgerkriegserfahrungen in seiner Schweizer Heimat völlig desillusioniert zeigt über den romantischen Volksbegriff („Ihr alle wißt noch nicht, was Volk ist, und wie leicht das Volk in barbarischen Pöbel umschlägt", 1846, Briefe II 210, vgl. 158, 167; vgl. KAEGI II 574, 583).

FRIEDRICH NIETZSCHE (1844 – 1900) hat das pessimistische Menschenbild seiner beiden Vorgänger und Lehrmeister SCHOPENHAUER und BURCKHARDT stärker anthropologisch ausgemünzt. NIETZSCHE wehrt sich gegen die evolutionäre Fortschrittsvorstellung, „als ob der Mensch die große Hinterabsicht der tierischen Entwicklung gewesen sei". Der Mensch sei „durchaus keine Krone der Schöpfung", sondern „relativ genommen, das mißratenste Tier, das krankhafteste, das von seinen Instinkten am gefährlichsten abgeirrte, – freilich, mit alledem, auch das interessanteste!" Die Summe unserer Kenntnisse über den Menschen aber faßt NIETZSCHE in dem lapidaren Satz zusammen (der die Beschränkung der naturalistischen Betrachtungsweise unübertrefflich kennzeichnet): „Was überhaupt heute vom Menschen begriffen ist, geht genau so weit, als er machinal begriffen ist" (*Der Antichrist* Aph. 14). NIETZSCHES Abbau des falsch überhöhten Menschenbildes, seine entlarvende Anthropologie, die Enthüllung der Ideale, sein Aufweis der Rolle, die Macht- und Geltungsstreben und Ressentiment spielen, sein – wie bei BURCKHARDT – an der Antike geschultes tragisches Verständnis der menschlichen Natur stehen in schärfstem Gegensatz zu der gutgläubigen Anthropologie des 18. und 19. Jahrhunderts. – Daß Jahrzehnte später (bei KLAGES 1929 – 1932) sich daraus eine Parteinahme für die *Seele* und gegen den *Geist* entwickelte, ist eine jener antirationalistischen und irrationalistischen Konsequenzen, deren kritische Voraussetzungen schon am Ende des 19. Jahrhunderts fühlbar waren, von den Forschern jener Epoche aber nicht erkannt wurden.

Bemerkenswert sind NIETZSCHES anti-comte'schen, anti-spencer'schen und antidarwinistischen Äußerungen. Die französisch-englische Soziologie des 19. Jahrhunderts, die im Zeichen COMTES steht, lehnt er ab als eine Dekadenzphilosophie, die sich nur mit einer Verfallsform unserer Sozietät befasse. An SPENCER bemängelt er den „mittelmäßigen" Szientismus, die Gleichsetzung von „nützlich", „gut" und „zweckmäßig", die Verklärung des Begriffes der „Anpassung", der doch nur ein Begriff der Reaktivität sei (*Götzendämmerung* Aph. 37, *Genealogie d. Moral* I Aph. 3, II Aph. 12), die Krämerphilosophie der Verherrlichung des industriellen Zeitalters mit seiner Erhebung des „mittleren Menschen" zur Norm (Werke ed. SCHLECHTA III 554, 593). Hinter der Fassade einer pedantischen Wissenschaftlichkeit entdeckt NIETZSCHE einen merkwürdig *schwärmerischen* Zug: die Apotheose des Altruismus, das „Soziale" als eine neue Manifestation christlicher Ethik (*Die fröhliche Wissenschaft* V Aph. 375, und sonst). Noch schärfer trifft derselbe Vorwurf COMTE. Was NIETZSCHE an ihm ablehnt, ist gerade die spezifische Verbindung der positiven Philosophie mit dem schwärmerischen Element: die wissenschaftliche Methode als ein Umweg zu einer neuen, altruistischen Religion. COMTE habe das Christentum gar nicht überwunden, sondern überboten, „positiv" überchristlicht. Seine Soziologie sei eine „Duckmäuserei", eine jesuitische Methodologie als wissenschaftlicher Umweg nach Rom (*Morgenröte* II Aph. 132; *Götzendämmerung* Aph. 4; Werke ed. SCHLECHTA III 511, 547, 552, 573). – NIETZSCHE hat zweifellos einen scharfen Blick für das schwärmerische Element im Sozialdarwinismus (wie auch im Sozialismus) bewiesen. Ob seine Urteile immer gerecht waren, ist eine andere Frage. An seinen Ausfällen gegen DARWIN sind nur die Bemerkungen wichtig, man dürfe nicht „MALTHUS mit der Natur verwechseln" (ein in seiner Prägnanz treffendes Urteil) und: der DARWIN'sche „Kampf ums Dasein", soweit er wirke, walte nicht zugunsten der Starken, sondern zu deren Ungunsten (*Götzendämmerung* Aph. 14): eine Vorwegnahme des Begriffs der „Kontraselektion" (s. o. S. 114).

Weiter ist zu erinnern an die Erschütterung des idealisch überhöhten Menschenbildes durch FREUDS Aufdeckung der Nachtseiten unbewußter Triebregungen (vgl. u. S. 180). Die Psycho-Analyse setzte damit die *enthüllende Psychologie* NIETZSCHES fort, jetzt aber mit den Mitteln der medizinischen Wissenschaft, als ein gleichsam naturalistischer Psychologismus. Nicht vergessen werden darf schließlich der dialektische Materialismus von KARL MARX (1818 – 1883). Ihm ist die seither konventionell gewordene Anschauung zu verdanken, daß das jeweilige Wertsystem einer Gruppe nur eine *Ideologie* darstelle, einen epiphänomenalen, illusionären *Überbau* über einem *Unterbau* der realen ökonomischen Produktivkräfte, den es zu entlarven gilt. Ideologieverdacht und Ideologiekritik einerseits und tiefenpsychologische Reduktion andererseits sind seither oft miteinander in Beziehung gebracht worden. Fast noch konsequenter ist der Soziologismus DURKHEIMS, in dem alle Denkformen auf gesellschaftliche Faktoren zurückgeführt werden und zuletzt die Gesellschaft förmlich an die Stelle Gottes tritt, sozusagen als Krönung des positiven Zeitalters. Auch NIETZSCHE hatte ja schon den *Tod Gottes* verkündet.

Am Ende des 19. Jahrhunderts war dies alles nur ein Sprengstoff, dessen schließliche Entladung in Irrationalismus und Skeptizismus gegenüber der fortschrittsgläubigen Anthropologie, ja gegenüber dem menschlichen Erkenntnisvermögen und der Wissenschaft überhaupt noch nicht vorauszusehen war. Geahnt haben davon etwas JACOB BURCKHARDT, der den Fortschrittsglauben ausdrücklich auf den *Maßstab der Sekurität* der bürgerlichen Kultur bezieht (BURCKHARDT, Ges. Ausg. VII 196); und NIETZSCHE mit seinem Hinweis auf „jenes ungestüme *Verlangen nach Gewißheit,* welches sich heute in breiten Massen wissenschaftlich-positivistisch entladet, das Verlangen, durchaus etwas fest haben zu wollen ... In der Tat dampft um alle diese positivistischen Systeme der Qualm einer gewissen pessimistischen Verdüsterung, etwas von Müdigkeit, Fatalismus, Enttäuschung, Furcht vor neuer Enttäuschung ...“ (*Die fröhliche Wissenschaft,* 1886, Aph. 347). Doch damals war das noch kaum Diagnose – eher Prognose. NIETZSCHE hat auch den skeptischen Relativismus vorweggenommen:

> „*In Summa* bereitet die Wissenschaft eine *souveräne Unwissenheit* vor, ein Gefühl, daß ‚Erkennen‘ gar nicht vorkommt, daß es eine Art Hochmut war, davon zu träumen, mehr noch, daß wir nicht den geringsten Begriff übrig behalten, um auch nur ‚Erkennen‘ als eine *Möglichkeit* gelten zu lassen – daß ‚Erkennen‘ eine widerspruchsvolle Vorstellung ist. Wir *übersetzen* eine uralte Mythologie und Eitelkeit des Menschen in die harte Tatsache: so wenig ‚Ding an sich‘, so wenig ist ‚Erkennen an sich‘ noch *erlaubt* als Begriff. Die Verführung durch ‚Zahl und Logik‘, die Verführung durch die ‚Gesetze‘“ (Werke ed. SCHLECHTA III 862; vgl. a. RICHTER 1904 – 1908 : II 489 ff.).

Das ist das Vorspiel jener psychologischen, soziologistischen und kulturrelativistischen Erschütterung des Erkenntnisbegriffes, in der wir heute noch mitten darin stehen.

2. *Die Relativierung der Horizonte*

Die Erschütterung der menschlichen Selbstgewißheit kann auf eine lange Vergangenheit zurückgeführt werden, an der die Erweiterung der menschlichen Weltkenntnis – also ein Hauptthema der vorangegangenen Blätter! – einen wichtigen

Anteil hat. Man könnte von einem Verlust des anthropozentrischen Weltbildes sprechen.

Wilhelm Burkamp beginnt sein philosophisches Hauptwerk *Wirklichkeit und Sinn* (1938) mit der Namhaftmachung der „vier Demütigungen des Menschen":

1. daß der Mensch sich als nur ein Stück der Welt, als bedingt und endlich erkannt hat;
2. daß seine Erde – nach der kopernikanischen Wendung – nicht mehr der Mittelpunkt des Weltalls ist;
3. daß er sich als eingegliedert in das Entwicklungssystem der Organismen und verwandt mit dem Tier erkennen mußte;
4. daß er auf das Reservat einer besonderen „unsterblichen Seele" verzichten mußte (Burkamp 1938 : 19 ff.).

Hierzu könnte man noch als *fünfte Demütigung* fügen die Erschütterung des europozentrischen und christozentrischen Weltbildes, oder noch allgemeiner: daß der Mensch seine je eigene Kultur, Religion, Gesellschaftsordnung, seine gesamte *soziokulturelle Seinslage* als nur *eine unter vielen* erkennt, und keineswegs mehr als die selbstverständlich gegebene oder gar *beste aller möglichen* Lebensformen.

Es ist also so, daß in der Eröffnung unendlicher Horizonte durch Weltgewinn dem Menschen seine eigene Endlichkeit zum Bewußtsein kommt.

Die Konsequenz des Relativismus ist früh gesehen worden: Ich stehe jeweils immer in einem bestimmten, nur partiellen Horizont, sehe nur Ausschnitte, und meine Aussagen betreffen nur Perspektiven. Dabei *weiß* ich aber von der Existenz *anderer* Horizonte und Perspektiven. Grundsätzlich sind sie alle menschlich möglich, also muß ich ihnen – theoretisch – gerecht werden, wo immer in Raum und Zeit ich auf sie stoße. In der Sprache des Historismus lautet das bei Ranke: „Jede Epoche ist unmittelbar zu Gott, und ihr Wert beruht gar nicht auf dem, was aus ihr hervorgeht, sondern in ihrer Existenz selbst, in ihrem eigenen Selbst" (vgl. Meinecke 1959 : 117). Die immanente Würdigung der Phänomene in sich selbst, ohne Anlegung eines allgemeinen Wertmaßstabes, an dessen Gültigkeit eben doch kein Wissender mehr glauben kann, gilt natürlich nicht nur für Epochen, sondern für alle Kulturen, Religionen, gesellschaftlichen und weltanschaulichen Systeme. Die Völkerkunde, die Religionswissenschaft, Archäologie und Soziologie haben die *Stoffbereiche*, auf welche das Prinzip der Wertimmanenz anzuwenden ist, gewaltig ausgedehnt, und die Einsicht, daß es Kultur, Religion, Gesellschaft, Weltanschauung usw. *grundsätzlich nur in der Vielzahl gibt*, ist heute beherrschend. Mit dem Rankeschen Geschichtshorizont wäre heute nicht mehr auszukommen, auch nicht mit dem Diltheyschen. Aber selbst Dilthey, dessen Blick auf die abendländische Geistes- und Weltanschauungsgeschichte beschränkt blieb, konnte der Konsequenz des Relativismus nicht mehr entgehen, er hat sich öfters mit ihr auseinandergesetzt, aber seine Parole: „mit Bewußtsein ein Bedingtes zu sein" (Werke V 364) stellt nur den relativistischem Zirkel fest, ohne aus ihm herauszuführen.

Man darf die skeptizistischen Folgerungen nicht einfach logisch oder moralistisch verurteilen, man muß sie dialektisch sehen. Sie sind der unvermeidliche Rückschlag gegen die geradezu chiliastischen Hoffnungen, welche die positivistischen Strömungen eingeleitet hatten. Ihre fruchtbare Wirkung ist eine abermalige Steigerung jenes leidenschaftlichen Dranges nach Wirklichkeit, der seinerseits schon sowohl in den Systemen HEGELS als auch COMTES mitwirksam ist. Mit der skeptischen Reaktion freilich zu Ende war die Zeit der *geschlossenen Systeme,* welche ein abschließendes, gerundetes Bild vom Menschen hatten geben wollen. Die negative Gewißheit, nichts sagen zu können, was nicht bestreitbar und durch die Rasanz der positiven Forschung alsbald überholbar sein würde, verschob das Interesse vom Systemdenken auf das Problemdenken.

Eine positive Folgerung des erkannten ungeheuren *Pluralismus der Phänomene* ist die Ausdehnung der vergleichenden Betrachtungsweise. Das vom Anthropologen geübte Nebeneinanderstellen von sozialen Ordnungen, Institutionen, religiösen, wirtschaftlichen, rechtlichen Verhaltensformen, ohne diese zu werten, hat manches von der *interesselosen Anschauung* an sich, die man der Kunstbetrachtung zuspricht, enthält also unverkennbar eine ästhetische Komponente. Damit ist nichts gesagt gegen die Bedeutung der vergleichenden Methode, wohl aber einiges für die der ästhetischen Betrachtung.

3. Philosophie und Anthropologie

Man könnte die Krise auch als den endgültigen Auseinanderfall von Philosophie und Erfahrungswissenschaften vom Menschen bezeichnen. Die *Göttinger Entschließung* von 1861 mit ihrer Ausschaltung der Philosophie (o. S. 97) ist nur das Symptom für eine gegen Ende des 19. Jahrhunderts typisch gewordene wechselseitige Entfremdung. Dabei liegt das Übergewicht zweifellos bei den positiven empirischen Wissenschaften. Die Philosophie war fragwürdig geworden. Auch ihr Ende wurde wiederholt verkündet; wie ja auch das Ende der Metaphysik (schon seit KANT) immer wieder verkündet worden ist. Aber selbstverständlich war diese Entfremdung keineswegs: ist doch primär nicht einzusehen, warum ein philosophisch gewonnenes Selbstverständnis des Menschen für die positiven Einzelwissenschaften (Ethnographie, Biologie, Psychologie usw.) irrelevant sein müsse, und umgekehrt. Die antiken Empiriker wie HERODOT, THUKYDIDES, POSEIDONIOS waren keine Fachleute; das moderne, als Fach betriebene Studium hätten sie als banausisch verachtet. Aber auch die beiden FORSTER, HERDER, W. v. HUMBOLDT wären nicht auf den Gedanken gekommen, sich als im Gegensatz zur Philosophie stehend aufzufassen. Erst das Übergeifen der modernen Arbeitsteilung auf die Gebiete, die sich mit dem Menschen befassen, hat die ideelle Trennung von Philosophie und Erfahrungswissenschaften ermöglicht und erzwungen.

Aber die anthropologischen Probleme selber nehmen auf diese Trennung keine Rücksicht, und je mehr die moderne Philosophie sich von der Systemkonstruktion entfernt und dem Problemdenken zuwendet, um so weniger kann die Trennung aufrechterhalten werden. Das Nebeneinander von *philosophischer Anthropologie* und *empirischer Anthropologie,* wobei beide glauben, voneinander keine Notiz nehmen zu müssen, wird immer mehr als ein Unding empfunden. Es ist die Wissenschaftsgesinnung selber, die beide sich aufeinander zu bewegen läßt, indem sowohl die Philosophie als auch die positiven Einzeldisziplinen vom Menschen sich als Forschung und im Gang der Forschung stehend begreifen. Es ist mehr und mehr klargeworden, daß sowohl die modernen Naturwissenschaften auf Aporien führen, die anders als in philosophischem Geist nicht zu behandeln sind, als auch, daß die Philosophie ihren Aprioritätsbegriff zu revidieren und sich empirisch zu sättigen hat – wobei der Erfahrungsbegriff selber eine tiefgreifende Umwandlung erfährt. Dies ist zum Beispiel der Sinn der Aporetik N. HARTMANNS und der Philosophie als strenger Wissenschaft bei HUSSERL.

Für unsere geschichtliche Darstellung kommt es nur darauf an, einige der Fäden aufzuzeigen, die vom philosophischen Denken der letzten Jahrzehnte zur Anthropologie hinüberlaufen.

So ist es allerdings auch nicht, als ob die Philosophie und die Erfahrungswissenschaften vom Menschen eines Tages ganz ineinander bzw. in einer philosophischen Anthropologie aufgehen könnten. Das Reich des reinen Gedankens bewahrt sein eigenes Recht gegenüber den Spezialwissenschaften. PLATON, ARISTOTELES, LEIBNIZ, KANT, HUSSERL sind in gewisser Weise unerschöpflich, sie können im ganzen nicht überholt werden, wie auf empirische Fakten gegründete Theorien überholt werden durch Besseres und Richtigeres. Sie bleiben Klassiker kraft des aporetischen Elements, das sich in allem echten Philosophieren ausspricht. Und andererseits: Die Klassiker der empirischen Anthropologie sind Klassiker gerade soweit, als ein philosophischer Einschlag in ihren Werken enthalten ist. Das einzelne wird überholt, wie ja auch bei den großen Philosophen. Das aporetische Element bleibt. Es gibt versuchte Problemlösungen, die noch in ihrem Scheitern bedeutender, weil für die Zukunft lehrreicher sind als die Richtigkeiten der kleineren Geister. – Beim Aufsuchen der leitenden Fäden können wir allerdings nicht mehr streng chronologisch verfahren. Die Wirkungsgeschichte von Ideen ist schon an und für sich meist eine verzögerte, längst verstorbene Autoren können noch nach Jahrzehnten Fernwirkung üben, noch Lebende und Publizierende dagegen belanglos sein. Das trifft zum Beispiel zu für das Abreißen der philosophischen Tradition in Deutschland von 1933 bis 1945, wodurch HUSSERL, CASSIRER und viele andere, auch nicht unmittelbar zum Schweigen verurteilte Geister wie NICOLAI HARTMANN u. a. um ihre unmittelbare Wirkung gebracht wurden. Durch Neu- und Nachlaßeditionen werden ihre Werke zum Teil erst jetzt modern und greifen direkt ein in die noch im Gange befindliche Diskussion.

Es kommt dabei nicht so sehr darauf an, ob die Anthropologie als solche im Blick eines Philosophen gelegen habe. Für uns ist ausschließlich die Einsicht entscheidend, daß eine wichtige Entdeckung, sei es im metaphysischen, phänomenologischen oder ontologischen Bereich, auf keinen Fall gleichgültig und folgenlos für die Anthropologie sein kann.

Die Wendung gegen den Naturalismus und Relativismus erfolgte seit der Jahrhundertwende durch EDMUND HUSSERL (1859 – 1938) und die von ihm eingeleitete phänomenologische Bewegung. Als ein Vorläufer derselben ist die geisteswissenschaftliche Psychologie und Verstehenslehre WILHELM DILTHEYS (1833 – 1911) wichtig.

4. Dilthey und das Problem des Verstehens

DILTHEYS verstehende Psychologie zieht die Summe aus der idealistischen Hermeneutik des frühen 19. Jahrhunderts (vgl. WACH 1926 – 1928); geistesgeschichtlich kann sie als eine Weiterbildung der HUMBOLDTschen Anthropologie und Völkerpsychologie angesehen werden. Ausdrücklich knüpft DILTHEY (Ges. Schr. VII 112) an den transzendentalphilosophischen Satz W. v. HUMBOLDTS an:

> „Wo zwei Wesen durch gänzliche Kluft getrennt sind, führt keine Brücke der Verständigung von einem zum anderen, und um sich zu verstehen, muß man sich in einem anderen Sinne schon verstanden haben. Bei der Geschichte ist diese vorgängige Grundlage des Begreifens sehr klar, da alles, was in der Weltgeschichte wirksam ist, sich auch im Innern des Menschen bewegt" (1821, Werke I : 597).

DILTHEYS Standpunkt ist ganz der gleiche. „Wir sind zuerst geschichtliche Wesen, ehe wir Betrachter der Geschichte sind, und nur weil wir jene sind, werden wir zu diesen." „Nicht begriffliches Verfahren bildet die Grundlage der Geisteswissenschaften, sondern Innewerden eines psychischen Zustandes in seiner Ganzheit und Wiederfinden desselben im Nacherleben. Leben erfaßt hier Leben" (Ges. Schr. VII 278, 136). Dieses Verfahren ist *toto coelo* verschieden von dem des Naturforschers, der lediglich kausale Zusammenhänge erfaßt.

In der Abhebung der Verhältnisse der geistigen Welt gegen die Kausalzusammenhänge ist DILTHEY in seinem Werk *Der Aufbau der geschichtlichen Welt in den Geisteswissenschaften* (1910) durch den II. Band von HUSSERLS *Logischen Untersuchungen* (1900) beeinflußt, so daß sich hier Wirkungen der (an sich jüngeren) Phänomenologie mit der Lebensphilosophie verschränken. Aus dem Wirkungszusammenhang, so entnahm DILTHEY der V. Logischen Untersuchung, erhebt sich der Begriff der Bedeutung, der aber nicht bloß logische Idealität hat (wie bei HUSSERL), sondern Ausdruck des geschichtlichen Lebens ist. Bewußtsein als intentionales Erlebnis ist zu trennen von der reellen Bewußtseinseinheit der Erlebnisse, kann mithin nicht mehr als Gegenstand, sondern nur noch als wesensmäßige Zuordnung begriffen werden. Die Erlebtheit seelischer Zusammenhänge, die HUSSERL als *Intentionalität* bezeichnet, nennt DILTHEY *Struktur;* sie ist von Ursachzusammenhängen streng zu unterscheiden. Genau von diesem Punkte her ist der klassische Objektivismus zu überwinden, aber auch die methodologische Eigenart der Geisteswissenschaften zu begründen (GADAMER ²1965 : 144, 211, 230 f.).

Diese Einsichten sind erhellend für die Methodologie der humaniden Anthropologie, insbesondere für die verstehende Kulturanthropologogie und Soziologie. Es gibt schon rein empirisch eine eigentümliche ethnographische Erlebnisform, die gerade im Umgang mit kulturellen Fremdphänomenen ins Spiel tritt (MÜHLMANN 1938). Wenn DILTHEYS verstehende Methode demnach in der Anthropologie bisher *ausdrücklich* wenig angewandt worden ist, so liegt dies teils an der Schwierigkeit der Methode, die keine Spezialanweisungen zu bieten hat, wohl aber intensive und geduldige Hingabe an die Sache erfordert, teils an ihrer geistesgeschichtlichen Hypothek. Die Hermeneutik ist entstanden aus der kunstmäßigen Auslegung der Bibel in der Reformationszeit und humanistischem Studium klassischer Literatur (DILTHEY Werke V 317 ff.) – also aus der Beschäftigung mit Texten. Darin liegt eine Begrenzung, die auch bei DILTHEY selbst sich geltend macht, dessen unendlich einfühlsame Kunst der Auslegung sich an geistesgeschichtlichem, weltanschaulichem, dichterischem Material betätigt, und der vom Entwurf einer *beschreibenden und zergliedernden Psychologie* schließlich doch zur Biographie überging (Schleiermacher, Hegel), weil offenbar nur dieses Genre ihm psychologisch erfüllt genug war. Auch ist DILTHEY, trotz seiner frühen Berührungen mit den Völkerpsychologen LAZARUS und STEINTAL, im abendländischen Kulturhorizont befangen geblieben. Auch ein Vorwalten *ästhetischer* Gegenstände ist nicht zu verkennen. Der Anthropologie nun ist nicht nur vorwiegend die Aufgabe gestellt, *Fremdphänomene* zu erfassen, ihre verstehende Aufgabe richtet sich auch viel unmittelbarer auf das Verhalten von Menschen, und nur ausnahmsweise auf Texte. Lag doch gerade die naturalistische Verführung zum Behaviorismus darin, daß die Anthropologen es eben in erster Linie nicht mit dem *objektivierten Geist* zu tun hatten, sondern mit der unmittelbaren Beobachtung von scheinbar äußeren Abläufen (zum Beispiel Zeremonien, Jagd und Sammeltätigkeit, Kriegszüge usw.) – wie die Naturforscher! – Die Auslegung einer Mythe zum Beispiel in der Hand eines Forschers, der diese selbst in unmittelbarem Rapport aus Eingeborenenmund mit allen ihren Varianten aufgenommen hat, verbürgt unter Umständen ein zuverlässigeres Verstehen als wenn ein Schreibtischgelehrter an den ausgeformten Text einer Mythe herangeht. Andererseits hat die ethnographische Erlebnisform zwar wohl die Grenzen des grundsätzlich verstehbar Menschlichen gewaltig erweitert, stößt aber auch immer wieder an neue Grenzen, die durch einfachen Rückgang auf *Erlebnis* und *geschichtliches Einleben* nicht zu überwinden sind, sondern nur durch Bedeutungserhellung auf Grund zahlreicher Sachgegebenheiten. Gewiß könnte man auch das schließlich als ein Einleben in die *Geschichtlichkeit* verschiedener kultureller Horizonte bezeichnen, aber doch erst dann, wenn dieser Begriff von seiner heutigen modischen Einfärbung befreit wäre (vgl. v. RENTHE-FINK 1964).

5. *Husserl und die phänomenologische Bewegung*

Die Bedeutung der HUSSERLschen Philosophie für unser Thema ist vielfältig, ihre Wirkung verzweigt und noch anhaltend, so daß der Rahmen einer historischen Darstellung nur schwer einzuhalten ist.

Eine angemessene oder gar ausschöpfende Darstellung ist hier nicht möglich. Es werden aus der Phänomenologie nur die Momente herausgehoben, die ideen- und erkenntnisgeschichtlich für die Anthropologie wichtig sind. Wir nehmen das Werk ohne Rücksicht auf innere Um- und Sonderbildungen, Abweichungen und Abspaltungen als Einheit aus einer sehr weit überschauenden Perspektive, für die vieles zusammenrückt, was streng philosophiegeschichtlich zu trennen wäre. Nur zögernd nennen wir Namen: Doch außer HUSSERL selbst müssen die Werke von MAX SCHELER (1874 – 1928) und NICOLAI HARTMANN (1882 – 1950) schon darum erwähnt werden, weil ihre Wirkung sogar eine überschaubarere ist als die HUSSERLS selber, dessen Neu- und Nachlaßeditionen noch immer Überraschungen in Aussicht stellen (vgl. a. SPIEGELBERG [2]1965). ERNST CASSIRER (1874 – 1945) gehört einer anderen (der neukantianischen) Schule an. Aber auch seine *Philosophie der symbolischen Formen* gehört in den Rahmen unserer Betrachtungen (s. u. S. 216).

HUSSERLS bleibende Bedeutung liegt in folgenden Punkten:

1. der durchschlagenden Widerlegung des Psychologismus, Anthropologismus, Historismus und skeptischen Relativismus;
2. der problemgeschichtlichen Enthüllung der klassisch-naturwissenschaftlichen Methode (des szientistischen Denkens überhaupt) als *Objektivismus;*
3. der Herausarbeitung der Kategorie *Intentionalität* (im Anschluß und in Umdeutung des Terminus von FRANZ BRENTANO) als eines Kontinuums von *Bewegungsbegriffen* zwischen Subjekt und Objekt;
4. der Ausbildung der Methode der *phänomenologischen Reduktion* zur Gewinnung eben des Phänomens (das heißt des Gegenstandes als eines rein geltenden, abgesehen von der Seinsfrage);
5. die Rückwendung auf die *Lebenswelt* als des *vergessenen Sinnesfundaments der Wissenschaften;*
6. die Überwindung der *Subjekt-Objekt-Spaltung.*

1. HUSSERL war (in den *Prolegomena* der *Logischen Untersuchungen* [1900]) ursprünglich ausgegangen von einer Widerlegung der psychologistischen Logik, das heißt der Lehre, daß die Gültigkeit logischer Sätze auf psychische Akte zurückführbar sei. Begriffe, Sätze, Schlüsse, Wahrheiten, wahre Beweise haben ein ideales, identisches Sein, sie sind Bedeutungseinheiten, deren Sinn nicht aus psychischen Akten oder Erlebnissen abgeleitet, mithin also auch nicht auf den Menschen als *anthropologisches Subjekt* hin relativiert werden kann. In Auseinandersetzung mit MILL, SPENCER, SIGWART, ERDMANN, WUNDT wies HUSSERL die Widersinnigkeit der psychologistischen Logik nach und kennzeichnete sie als *Anthropologismus*

und *skeptischen Relativismus.* Einige Jahre später (HUSSERL [1911] 1965) bezog er in dieses Verdikt auch den Historismus (Historizismus) ein und übte eine herbe Kritik an der Weltanschauungsphilosophie, da ihm die Anfälligkeit für den Irrationalismus nur das Gegenstück zum Skeptizismus zu sein schien. Es wurde bald erkennbar, daß die Psychologismus-Kritik nur ein Ansatzpunkt gewesen war, um die geistige Krise des modernen Menschentums als Problem des Unglaubens an die menschliche Vernunft und Erkenntnisfähigkeit (= Skeptizismus) aufzurollen. Die Tendenz, Aussagen auf Seinspositionen hin zu relativieren, ist sogar bei NIETZSCHE, GABRIEL TARDE und DURKHEIM ausgesprochener als bei den Logikern, mit denen HUSSERL sich 1900 auseinandersetzte, und selbst die historistische Neigung zum In-sich-gelten-lassen von Zeitaltern und Weltanschauungen (etwa bei DILTHEY) ist unschuldiger als mancher spätere Soziologismus (etwa bei MANNHEIM [1929] ³1952; vgl. E. R. CURTIUS 1932 : 88 ff.) oder gar der vulgäre Anthropologismus der Relativierung aller Werte auf Rassen hin. Der Skeptizismus setzt aber auch eigene Energien frei, indem er die *ratio* verdächtigt, den Menschen von seinem angeblich Eigensten, dem Tierisch-Triebhaften abzulenken, also eine vulgär-naturalistische Deutung des Menschen begünstigt, „so daß man sich übrigens nicht wundern kann, wenn auch einmal ein Staat Geschmack daran findet, ihn entsprechend zu behandeln" (PLESSNER [1936] 1953 : 126 f.). HUSSERL hat den Zusammenhang der Krise mit der Verzweiflung am menschlichen Erkenntnisvermögen und der Tendenz zum irrationalistischen Umschlag in Weltanschauungen mit scharfem Blick erkannt, und zwar nicht erst in der Abhandlung über die *Krisis der europäischen Wissenschaften* ([1936] 1954), sondern spätestens 1910. Der Kampf gegen die Ismen ist nur ein Index dafür (MÜHLMANN [1961] ²1964 : 437 ff.; MERLEAU-PONTY 1963). Indessen waren seine Absichten nicht kulturpolitischer, sondern wissenschaftstheoretischer Natur und galten dem Aufbau einer phänomenologischen Philosophie als Basis für eine Neubegründung der Wissenschaften überhaupt.

Die Auswirkungen waren beträchtlich, wobei man sich allerdings vor Augen halten muß, daß die mit falschen Theorien korrelativen Haltungen und Einstellungen durch logische Widerlegung noch lange nicht aus der Welt geschafft werden. Wenn die logischen Gesetze unabhängig von der Organisation der menschlichen Natur gültig sind, so gilt das gleiche auch für die ethischen Gesetze; demgemäß hat MAX SCHELER seine *Ethik* ([1913 – 1916], ⁴1954) als eine Widerlegung des ethischen Anthropologismus aufgefaßt, und von NICOLAI HARTMANNS *Ethik* ([1925] ⁴1962), die wiederum von SCHELER mit angeregt ist, gilt das gleiche. Das schließt aber nicht aus, daß der kulturelle Wertrelativismus als empirisches Phänomen erst nach SCHELER und HARTMANN auf Grund der modernen kulturanthropologischen Studien so recht zur Blüte gediehen ist. Der Kulturrelativismus ist heute tatsächlich eine Macht, wenngleich nur eine empirische, aber das Empirische selbst gebärdet sich ja heute als entscheidende Macht und verhält sich gleichgültig gegen die Argumente, die wir gegen es in der Hand haben. *Genau* das ist die Problematik des HUSSERLschen Kampfes gegen den Skeptizismus: Dieser Kampf ist letzten Endes gar kein

Kampf gegen Argumente, sondern gegen die brutale Faktizität sich selbst durchsetzender Übergewichte, durch Wiederbelebung des Sinnes für Erkenntnis und Vernunft.

2. Unter *Objektivismus* ist nach HUSSERL der Glaube der klassischen Naturwissenschaft zu verstehen, daß mit der mathematisierten Natur die Natur als solche erfaßt werde. Nicht erkannt wurde, daß die naturwissenschaftliche Tatsache im Sinne GALILEIS in Wahrheit auf einer Konstruktion beruht, die mittels mathematischer Methoden das Subjekt aus der Natur zu verbannen sucht. Indem man die durch mathematische Idealisierung gebildeten Limes-Gestalten für die Natur selber hält, hat man (ohne es zu wissen und zu wollen) einen Restbegriff von Natur geschaffen, der alles beiseite läßt, was nicht durch die gewählte Methode erzwingbar ist. Tatsächlich ist diese Methode auf gewissen Gebieten erfolgreich, wie die ungeheuren Erfolge der exakten Naturwissenschaften in den letzten Jahrhunderten beweisen, und was HUSSERL ihr vorwirft, ist daher auch nicht ihre Verfehltheit (verfehlt wird sie erst in der Anwendung auf den Menschen), sondern die mangelnde Selbstdurchschauung ihres eigentlichen methodischen Sinnes. Der Naturbegriff, den sie zuwege gebracht hat, ist ein Ideenbild, das wir seit der Zeit der Renaissance und Aufklärung beständig mit der wahren Natur verwechselt haben. *Objektivismus* ist daher für HUSSERL so etwas wie das Modell einer Selbstentfremdung des leistenden Subjekts, das im konkreten Bezug auf die Gegenstände seiner Umwelt (auch die der Natur) ganz andere sinnliche Füllen erfährt als die auf quantitative Größen reduzierten Limes-Gestalten (HUSSERL, Ges. Werke bes. VI; STRASSER 1964 : 101 ff.; FINK 1959 : 152). Verläßt man sich auf die scheinbare Rationalität der mathematischen Durchschaubarkeit, so erfaßt man am Gegenstand eben nur die Quantitätsverhältnisse und unterschlägt die vollen Problemgehalte. Nicht nur die Gleichsetzung von Wirklichem und Meßbarem ist falsch; auch der Gegenstand der exakten Wissenschaften selbst geht in der mathematischen Struktur nicht auf, weil Quantität immer Quantität von etwas ist, also eines Substrates bedarf: ohne dieses ist sie leer (N. HARTMANN [1933] 1955 – 1958 : I 26 f.; 1950 : 21).

Für die Anthropologie haben diese Einsichten die Konsequenz, daß der Unterschied zwischen humanider und hominider Anthropologie klargestellt ist und der Fehler vermieden werden kann, mit einem naturalen Restbegriff die menschliche Natur erfassen zu wollen. Dieser Fehler lag besonders dann nahe, wenn man (in der Psychologie) die Erforschung des Menschen auf Experiment (wie bei WUNDT) bzw. Verhaltensbeobachtung begrenzen (wie im Behaviorismus), das innere psychische Leben dagegen als subjektiv ausschalten wollte. Die Problemunterschlagung dadurch wird sofort ersichtlich: zum Beispiel kann uns kein Verhalten des Menschen ethische Werte aufdecken, man muß vielmehr schon vorher um diese wissen, um entscheiden zu können, ob ein Verhalten wertvoll oder wertwidrig ist (N. HARTMANN [4]1962 : 58). Und so in allem: deutbar wird uns menschliches Verhalten immer nur aus mitmenschlichem, nach- oder einfühlendem Verstehen, also unter bewußter *Einbeziehung* des Fremd-Subjektiven, niemals aber durch dessen *methodische Aus-*

schaltung! Deshalb hat A. Schutz den Behaviorismus die radikalste Form des Objektivismus genannt. Selbst ein ideal verfeinerter Behaviorismus könne uns nichts lehren über die soziale Wirklichkeit, wie sie vom Menschen selbst im alltäglichen Leben erfahren werde (Schutz 1962 – 1966 : I 57 f., II 5).

Wenn trotzdem der Objektivismus und gerade auch der Behaviorismus (vgl. u. S. 169) sich praktisch-historisch ihre Lebenskraft bis heute bewahrt haben, so liegt das daran, daß erkenntnistheoretische Richtigstellungen allein niemals ausreichen, um falsche Anschauungen aus der Welt zu schaffen. Verdunkelt wurde diese Einsicht durch den herrschenden *Methodologismus,* welcher der Ansicht huldigte, Erkenntnis eines Wirklichen werde mit Hilfe vorweg gefaßter Erkenntniskategorien gewonnen; habe man diese, so sei über Wahrheit oder Nicht-Wahrheit bereits alles entschieden. Gerade dieser Methodologismus ist selbst ein Produkt des objektivistischen Aberglaubens, als sei die Seinsweise der Dinge erzwingbar durch bestimmte, vorgesetzte Methoden. In Wahrheit wird die Klarheit über die Methoden, das heißt die Methodologie, stets nur im Nachgang gewonnen. Voran geht immer die lebensweltliche (s. u.) Erfassung des Gegenstandes. In diesem Sinne kann man mit N. Hartmann sagen: „Erkenntniskategorien sind ohne Zweifel die ersten Bedingungen der Erkenntnis, nicht aber erster Gegenstand der Erkenntnis, sondern viel eher letzter“; oder kürzer: „Einsicht des Ersten ist niemals erste Einsicht“. Die Erkenntnis der leitenden Prinzipien kann stets nur auf dem „Umwege“ über die Gegenstandserfassung, also im Rückblick oder Nachgang gewonnen werden (N. Hartmann [3]1964 : 11; [4]1962 : 54; [5]1965 : 261 f.). Aus diesem Grunde sind ja auch die erkenntnistheoretischen Überlegungen der modernen Atomphysiker über die Rolle der „leistenden Subjektivität“ nicht etwa einem Methodenbewußtsein entsprungen, sondern im *Rückblick* auf die Experimente, ja geradezu als rückblickende Kritik am objektivistischen Vorurteil. Und da diese Rückblicke für die philosophische Anthropologie wichtig sind, seien sie hier wiedergegeben. Sie enthalten in der Tat eine vollständige Absage an den Objektivismus. Werner Heisenberg zum Beispiel glaubt aus der Situation der modernen Naturwissenschaft das Fazit ziehen zu müssen, „daß *zum erstenmal im Laufe der Geschichte der Mensch auf dieser Erde nur noch sich selbst gegenübersteht,* daß er keine anderen Partner oder Gegner mehr findet“. Was einmal „Objekt“ zu sein schien, im Sinne des Objektivismus, enthüllt sich als gebunden an ganz bestimmte experimentelle Fragestellungen. Der Mensch selber ist immer Voraussetzung des Sinnes unserer Begriffe (C. F. v. Weizsäcker 1957 : 59 f.). Von Beginn an stehen wir also

> „*in der Mitte der Auseinandersetzung* zwischen Natur und Mensch, von der die Naturwissenschaft ja nur ein Teil ist, so daß die landläufigen Einteilungen der Welt in Subjekt und Objekt, Innenwelt und Außenwelt, Körper und Seele nicht mehr passen wollen und zu Schwierigkeiten führen. Auch in der Naturwissenschaft ist also der *Gegenstand* der Forschung nicht mehr die Natur «an sich», sondern die der menschlichen Fragestellung ausgesetzte ... Natur, und insofern begegnet der Mensch auch hier wieder sich selbst“ (Heisenberg 1955 : 17 f.).

Historisch müßten wir nur hinzufügen, daß der Gegenstand der Forschung *niemals*, auch zu Zeiten GALILEIS nicht, die Natur *an sich* gewesen war, daß dies vielmehr nur der *Glaube* des Objektivismus war; und daß wir diese kategoriale Grundeinsicht heute (durch HUSSERL) im Nachgang gewonnen haben.

Ganz im Sinne HUSSERLS und historisch bedeutsam ist dann bei HEISENBERG auch die Herleitung des Objektivismus aus dem klassischen Cartesianismus:

> „Die alte Einteilung der Welt in einen objektiven Ablauf in Raum und Zeit auf der einen Seite und die Seele, in der sich dieser Ablauf spiegelt, auf der anderen, also die DESCARTES'sche Unterscheidung von *res cogitans* und *res extensa*, eignet sich nicht mehr als Ausgangspunkt zum Verständnis der modernen Naturwissenschaft. Im Blickfeld dieser Wissenschaft steht vielmehr vor allem das Netz der Beziehungen zwischen Mensch und Natur ... Die Naturwissenschaft steht nicht mehr als Beschauer vor der Natur, sondern erkennt sich selbst als Teil dieses Wechselspiels zwischen Mensch und Natur. Die wissenschaftliche Methode des Aussonderns, Erklärens und Ordnens wird sich der Grenzen bewußt, die ihr dadurch gesetzt sind, daß der Zugriff der Methode ihren Gegenstand verändert und umgestaltet, daß die Methode sich also nicht mehr vom Gegenstand distanzieren kann. *Das naturwissenschaftliche Weltbild hört damit auf, ein eigentlich naturwissenschaftliches zu sein*" (HEISENBERG 1955 : 21).

3. Unter *Intentionalität* hatte HUSSERLS Lehrer FRANZ BRENTANO (1838 – 1917) nichts anderes verstanden als die scheinbar harmlose Feststellung, daß Bewußtsein stets *Bewußtsein von etwas* sei (BRENTANO [1874] 1955 – 1959; vgl. SPIEGELBERG ²1965 I : 39 ff.): in ihm waltet die Beziehung oder Richtung auf einen Inhalt, eine *immanente Gegenständlichkeit*. HUSSERL hat dann in der V. Logischen Untersuchung die *intentionalen Erlebnisse* herausgearbeitet, wobei der DILTHEYsche Erlebnisbegriff eine erkenntnistheoretische Funktion gewann; hierdurch wurde wiederum DILTHEY in den Stand gesetzt, die Selbständigkeit der intentionalen Inhalte gegenüber dem psychischen Bewußtseinsstrom zu erkennen; Bewußtsein und Erlebnis waren damit „keine Gegenstände mehr, sondern eine wesensmäßige Zuordnung": Bedeutungsintention und Bedeutungserfüllung gehören damit wesensmäßig der Einheit der Bedeutung zu (GADAMER ²1965 : 62, 230 f.). HUSSERL wird später in Anspruch nehmen, „daß die intentionale Phänomenologie zum ersten Male den Geist als Geist zum Feld systematischer Erfahrung und Wissenschaft gemacht und damit die totale Umstellung der Erkenntnisaufgabe erwirkt hat" (Werke VI 346 f.). *Intention* bzw. *Intentionalität* sprengt schließlich die ursprüngliche Begriffsbestimmung, umfaßt auch das unbewußt Gemeinte und wird zuletzt zu einem Titel für das *leistende Leben* überhaupt, das unter einer doppelten Polarisierung von *Ich* und *Gegenstand* steht.

4. HUSSERL hat (im ersten Band seiner *Ideen*, 1913) die *natürliche Einstellung* charakterisiert, deren Welt durch die einfache Entgegensetzung *Ich und meine Umwelt* charakterisiert ist (Werke IV 57 ff.). Es ist die Welt der fraglosen Gegebenheiten, in der wir „einfach hineinhandeln"; nicht nur das aktuell Wahrgenom-

mene umfassend, sondern eingefaßt in einen Horizont unbestimmter Wirklichkeit; nicht nur Sachenwelt, sondern auch Wertewelt, Güterwelt, praktische Welt. Husserl hat diese Welt später *Lebenswelt* genannt. Sollen wir diese Welt als Erlebnis eigens thematisieren, so müssen wir offenbar einen Standpunkt außerhalb derselben gewinnen. Dies geschieht durch die sogenannte *phänomenologische Reduktion* (oder *Epoché*), durch welche die Seinsgültigkeit der natürlichen Welt inhibiert wird. Diese viel berätselte Methode ist tatsächlich nichts anderes, als was Kulturanthropologen, Soziologen, Psychologen ohnehin üben müssen: die Reduktion der von ihren Trägern als fraglos seiend. genommenen Werte, Güter, Einstellungen, Überzeugungen usw. auf *für sie* bestehende *intentionale Geltungen*. Husserl hat dieser Methode nur ihre radikale Form und ihr sicheres Selbstverständnis gegeben. Sie bedeutet sowohl das bewußte Aushängen aller von mir selbst an einen Gegenstand herangetragenen Geltungen (durch Reflexion auf deren, das heißt meinen eigenen Kulturhintergrund) als auch den Versuch des Eintretens in die Fremdintentionalität der eigentlich anvisierten Forschungsgegenstände.

5. Im Grunde genommen geht es auch hier wieder um das alte hermeneutische Problem, und Husserl kam es beim Begriff der *Lebenswelt* u. a. auch darauf an, natürlich geübte Kräfte des Verstehens freizusetzen, die durch den herkömmlichen Methodologismus verschüttet worden waren. Auch Gadamer meint, die Selbstinterpretation des modernen Denkens schließe mehr in sich, als der moderne Methodenbegriff anerkenne. Die Konsequenz des Husserlschen Lebenswelt-Begriffes dürfte daher weniger in der Einführung einer neuen Methode liegen, als in der Sichtbarmachung einer Einstiegsmöglichkeit, die der Methode (im Sinne des *traditionellen* Methodenbewußtseins) vorgängig – und demnach für den Erfolg anthropologischer Erkenntnisleistung unerläßlich ist. In diesem Sinne hat die ethnographische und soziographische Feldforschung von der „Lebenswelt" und der intentionalen Phänomenologie praktisch Gebrauch machen können. Es hat sich als ein Irrtum herausgestellt, daß Erkenntnis an logische Form gebunden sei. „Urteil und Begriff sind logische Fassungen des Erkannten, nicht selbst Erkenntnis" (N. Hartmann ³1962 : 382).

> Die besten kulturanthropologischen Monographien der letzten Jahrzehnte waren immer die, in denen die intentionalen Gehalte nicht in einer „wissenschaftlichen" Sprache dargeboten wurden, sondern in einer Sprache, die die innere Thematik der betreffenden Menschen selber so adäquat wie möglich wiedergab. Diese Arbeiten sind eine lebendige Demonstration gegen den „Szientismus" der vorgefaßten Gesichtspunkte (vgl. N. Hartmann ⁵1965 : 41).

Husserls Lebenswelt-Begriff steht hier stellvertretend für die von zahlreichen Denkern der neuesten Epoche (William James, John Dewey, Bergson, Whitehead u. a.) bekundete Anschauung, daß das Common-sense-Denken unseres Alltags die i. a. nicht in Frage gestellte Grundlage aller wissenschaftlichen, auch der logischen Begriffe bildet. Alle Weltkenntnis, wissenschaftliche wie außerwissenschaftliche, enthält geistige Gebilde, Synthesen, Generalisierungen, vorprädikative Urteile usw., die spezifisch sind für die betreffende Ebene der Denkorganisation (SCHUTZ 1962 bis 1966 : I 57 f.).

Zu bedenken ist, daß die *Lebenswelt* einer Welt *fragloser Gegebenheiten* natürlich nur ist, solange sie mit sich identisch bleibt. In Krisenzeiten kann gerade eine Anfälligkeit für die Qualitäten des Außer-Alltäglichen (Charismatischen) entstehen, wie MAX WEBER beobachtet hat (MÜHLMANN 1966 : 37). Und ebenso bietet das lebensweltliche Verhältnis keine unmittelbare Einstiegsmöglichkeit zum Verständnis *fremdkultureller* Erscheinungen; hier kann es sich nur mittelbar darum handeln, die *fraglosen Gegebenheiten anderer* Menschen bzw. Gruppen, Kulturen usw. so deutlich wie möglich sichtbar zu machen. Das ist zwar von der Idee der *Lebenswelt* her *gedacht*, aber es muß methodisch *unternommen* werden. Es ist ein *vermitteltes* Verstehen. „Wir glauben nicht mit; wir verstehen die Motivationen dieses Glaubens und glauben *quasi* mit, nicht aber in Wirklichkeit" (HUSSERL Werke VII 296). *Lebenswelt* ist ja immer nur die eigene, fremde Umwelten können nur in ihrem Reflex aufgefangen werden (vermöge der phänomenologischen Reduktion), und der Gedanke einer *Welt-Geschichte* ist infolge des Pluralismus der kulturellen Möglichkeiten in einer unendlichen Vergangenheit, vor allem aber in eine offene Zukunft hinein, nicht durchführbar (HUSSERL Werke VI 501; vgl. GADAMER [2]1965 : 233 f.).

6. HUSSERL hat es eine *anthropologisch weltliche Naivität* genannt, „bei der Subjekt-Objekt-Korrelation stehen zu bleiben". „Das heißt blind sein gerade für die großen Probleme dieser Paradoxie, daß der Mensch, und in Vergemeinschaftung die Menschheit, Subjektivität für die Welt ist und zugleich in ihr objektiv weltlich sein soll ... Alle bisherigen Diskussionen über Idealismus und Realismus sind noch nicht bis zu dem Bewußtsein des echten Problems vorgedrungen, das hinter allen Erkenntnistheorien gesucht, aber unentdeckt liegt ..." (Werke VI 265 f.). Die Subjekt-Objekt-Beziehung, „das große Restproblem unterhalb der logischen Struktur" (N. HARTMANN [5]1965 : 30), scheint heute nicht mehr darauf hinauszulaufen, wie Subjekt und Objekt zueinander kommen, sondern darauf, wie sie sich im Vollzug der Erfahrung überhaupt trennen (NOACK [2]1965 : 216). SARTRE hat daraus für die Anthropologie die Forderung abgeleitet, statt (wie bisher) „menschliche Objekte" zu untersuchen, die „Prozesse des Gegenstandwerdens" zu erforschen (SARTRE [1960] 1964 : 137).

Das bedeutet aber auch, daß die Antithese von *Natur* und *Geist* als nicht letztgültig aufgegeben werden muß. Weder mit einer Naturalisierung des Geistes, noch mit einer Spiritualisierung der Natur ist weiter zu kommen. Es ist überhaupt eine Konsequenz der HUSSERLschen Spätphilosophie, daß die Tendenzen aller -Ismen (Psychologismus, Soziologismus, Historismus, auch: Relativismus) nur als Auffassungskategorien, also *methodisch* eine Strecke weit verfolgt werden können, daß sie aber in die Irre führen, wenn wir uns *ontologisch* ihnen ausliefern. (Genauer: Von -Ismen sprechen wir in dem Moment, wo die methodisch erlaubte Strecke bereits überschritten ist.) So sehr der HUSSERLsche Lebensbegriff *(Lebenswelt, lei-*

stendes Leben) an die Lebensphilosophie von DILTHEY, SIMMEL und BERGSON anklingt, so darf doch nicht übersehen werden, daß darin auf einen neuen Lebensbegriff abgezielt ist, den man transzendental nur darum nennen möchte (und wohl derzeit auch noch nennen muß), um naturalistische Mißdeutungen auszuschließen. Es besteht aber kein Zweifel darüber, daß HUSSERL schließlich auch das naturale, organismische Leben von hierher sieht (zum Beispiel Werke VI 116), und inzwischen haben andere (vor allem MERLEAU-PONTY) mit diesem neuen Lebensbegriff für die Betrachtung des traditionellen *Leib-Seele-Problems* bereits Ernst gemacht. Auch die Rede vom *Verstehen* des Organismus erhält, von hier aus gesehen, ein neues Gesicht. Offenbar ist es seit HUSSERLS intentionalen Analysen (fortgesetzt durch die Beschreibungen SCHELERS, MORITZ GEIGERS, MERLEAU-PONTYS u. a.) nicht mehr zulässig, den Menschen cartesianisch in zwei Hälften zu zerlegen, deren eine der *verstehenden*, deren andere aber nur der *erklärenden* Methode zugänglich sein soll. MAX WEBER hat seinerzeit das Programm einer *verstehenden Soziologie* formuliert, indem er davon ausging, daß es im sozialen Geschehen außer den verstehbaren auch nichtverstehbare Regelmäßigkeiten gebe. Jene aber *definieren spezifisch* das Objekt des Faches (MAX WEBER [1913] ²1951 : 429 ff., vgl. 528 ff., 537 f.). Das kann auf die humanide Anthropologie schlechthin erweitert werden und bedeutet dann, daß für die wissenschaftliche Betrachtung des Menschen die Feststellung nichtverstehbarer Regeln nicht eigentlich spezifisch ist, so wichtig diese im übrigen auch sein mögen. Bei MAX WEBER sowohl wie bei HUSSERL wird das Verstehen der Motivation menschlichen Handelns bereits die Weise des *Erklärens*, die dem menschlichen Gegenstande spezifisch angemessen ist (MÜHLMANN 1966 : 25 ff.).

Die intentionale Betrachtung von Subjekt und Objekt mußte, so wird man folgern, auch irgendwelche Konsequenzen für alle Relationsbetrachtungen von *Mensch und Umwelt* haben (s. u. S. 162). HUSSERL selber, bei dem der Umweltbegriff bereits eine beträchtliche Rolle spielt (und zwar nicht erst in den Spätschriften, sondern schon in *Ideen I*, 1913), hat sich gegenüber der Aporie des Verbundenseins und doch Getrenntwerdens von Subjekt und Objekt meist so geholfen, daß er von *Ich-Pol* und *Gegenstands-Pol* sprach. Da aber die Irrealität des intentionalen Beziehungsbogens zwischen beiden Polen jede noch so verführerische Analogie mit realen zwischenmenschlichen Beziehungen oder dem Verhältnis von Organismus und Umwelt ausschließt, erhebt sich die Frage, ob hier nicht Realverhältnisse vorliegen, die in einer intentionalen Sprache idealisiert (chiffriert) sind.

6. Konvergenz der Bestrebungen

Die vorstehende Skizze hat versucht, die wichtigsten Problemansätze des beginnenden 20. Jahrhunderts aus der hermeneutischen und phänomenologischen Philosophie herauszuheben. Nicht alles konnte erwähnt werden. Um zum Beispiel das Bild der

Phänomenologie zu vervollständigen, hätten auch die HUSSERLschen Analysen von Ausdruck und Bedeutung, Ganzheit und Teilen, Appräsentation und Symbolbildung, der Intersubjektivität, der Revision des Erfahrungsbegriffes durch Aufweisung der vorprädikativen Sphäre, die Zeitanalysen und anderes mehr erwähnt werden müssen. Für unsere Zwecke kommt es indes nur darauf an, Ansätze in Ausführungen hineinzuverfolgen, und dies ist nicht nur im philosophischen Fachbereich geschehen, sondern auch – und sogar vorwiegend – in den konkreten Einzelwissenschaften: in der Psychologie, Psycho-Analyse und Psychiatrie (zum Beispiel JASPERS 1913, BINSWANGER 1942), in den Geisteswissenschaften, der Morphologie der Kulturen, der Biologie. Die Wirkungen sind verzweigt, sie sind auch nicht immer zu trennen von Gleichläufen und verwandten Bestrebungen, unabhängig von der philosophischen Schulmeinung. Am auffälligsten ist vielleicht die Konvergenz der frühen HUSSERLschen Phänomenologie mit der *Gestalttheorie.*

CHRISTIAN V. EHRENFELS' berühmte Abhandlung *Über Gestaltqualitäten* war 1890 erschienen. Ein Jahr später prägte HUSSERL in seiner *Philosophie der Arithmetik* den Begriff des „figuralen Einheitsmoments". In Wahrheit handelt es sich um eine Entdeckung, die in den österreichischen Philosophenschulen in Prag, Graz und Wien durch Männer wie ERNST MACH, ALEXIS MEINONG und FRANZ BRENTANO schon vorbereitet worden war. Die systematische Anwendung des Gestaltprinzips in der Psychologie geschah durch WOLFGANG KÖHLER, KURT KOFFKA und MAX WERTHEIMER seit 1912/13.

HUSSERLS Werk ist (– das ergibt sich aus dem erst jetzt allmählich möglich werdenden Überblick seines Philosophierens –) der radikalste Ausdruck zahlreicher philosophischer und wissenschaftstheoretischer Tendenzen in der ersten Hälfte unseres Jahrhunderts (vgl. LANDGREBE 1963). Namen, Schulmeinungen, Richtungen werden demgegenüber irrelevant. Es handelt sich nicht mehr um interne Angelegenheiten der akademischen Philosophie, weil das Problem des wissenschaftlichen Denkens und Forschens aus letzter Verantwortung als solches in Rede steht. Nachdem die positiven Wissenschaften – einschließlich der hominiden und humaniden Anthropologie – sich so weit entwickelt haben, daß es sinnlos geworden ist, den Raum der Philosophie einzuengen auf jenen Restbereich, über den noch spekuliert werden dürfte, kann die Philosophie nur noch die systematische Besinnung auf die Voraussetzungen der Erkenntnis überhaupt sein. In der ganzen phänomenologischen Bewegung ist daher das Abstellen auf *Wissenschaftstheorie* erkennbar, nicht nur bei HUSSERL selbst, sondern auch bei SCHELER, MORITZ GEIGER, aber auch bei Denkern nur verwandter oder abweichender Schulherkunft (N. HARTMANN, CASSIRER). Ein gewisses *Krisenbewußtsein* steht aber fast immer dahinter; es ist nicht nur in HUSSERLS Krisis-Buch erkennbar, sondern auch in den letzten Werken ERNST CASSIRERS*.

* CASSIRER veröffentlichte 1939 in der schwedischen Emigration einen Essay über den schwedischen skeptizistischen Philosophen AXEL HÄGERSTRÖM. HUSSERL schrieb sein Spätwerk *Die Krisis der europäischen Wissenschaften* 1935 – 1936, das nicht in Deutschland, sondern in der Belgrader Zeitschrift *Philosophia* (zuerst 1936) veröffentlicht werden konnte. NICOLAI HARTMANN schrieb in den letzten Jahren des

Die Beschäftigung mit den Problemen und Resultaten der positiven Wissenschaften hatte zur heilsamen Folge, daß die Unterschiede zwischen den Schulmeinungen an Bedeutung verloren. Schon HUSSERL selbst stand dem Neukantianer EMIL NATORP (1854 – 1924) nicht fern, und neuerdings hat der HUSSERL-Schüler FRITZ KAUFMANN (1891 – 1958) unbefangen die Brücke zu dem Natorp-Schüler CASSIRER geschlagen. Ebenso unbefangen bezieht in Frankreich MAURICE MERLEAU-PONTY (1908 – 1961) nicht nur HUSSERL, sondern auch HEIDEGGER, CASSIRER und MAX WEBER in seine *Phänomenologie* ein. Die Brücke von MAX WEBERS *verstehender Soziologie* zu HUSSERLS *Phänomenologie* und BERGSONS *Lebensphilosophie* hatte schon früher (1932) ALFRED SCHUTZ (1899 – 1959) geschlagen; in der amerikanischen Emigration erwies er sich dann als genialer Vermittler, der auch die inneren Verbindungslinien der Phänomenologie zu amerikanischen Pragmatisten wie WILLIAM JAMES, GEORGE H. MEAD, JOHN DEWEY und zu A. N. WHITEHEAD aufzeigte. Die Beispiele ließen sich vermehren. Man darf aus ihnen den Schluß ziehen: *Die „Richtungen" konvergieren, weil die Probleme konvergieren.*

Zweiten Weltkrieges in Berlin seinen Essay *Teleologisches Denken* (zuerst Berlin 1950 veröffentlicht) mit seiner radikalen Kritik des Vorsehungsglaubens. Der innere Zusammenhang der Themenstellungen sowohl als auch ihr Zusammenhang mit den Krisen der Zeit ist ersichtlich.

IX. DIE ERFORSCHUNG DER „MENSCHLICHEN NATUR“

Die Erforschung der *menschlichen Natur* wurde in der neuesten Periode ganz unter die Frage des Verhältnisses von *Organismus und Umwelt* gestellt. An und für sich war dieses Problem nicht neu: die beiden FORSTER, BLUMENBACH, LAWRENCE, später die Anthropogeographen (RITTER, RATZEL), die Soziologen, Rassentheoretiker und die europäische Sozialanthropologische Schule hatten sich damit beschäftigt. Aber erst der Aufschwung der modernen Biologie gab die Möglichkeit, mit verbesserten Methoden an diese Frage heranzugehen. In den einzelnen Teildisziplinen erscheint sie dabei in bestimmten Modifikationen: in der Erb- und Rassenkunde als *Erbanlage und Umwelt*, in der Anthropogeographie als *Mensch und Raum*, in der Soziologie als *Individuum und Gesellschaft*. Charakteristisch für diese polarisierende Denkweise war, daß man lange Zeit versuchte, das Verhältnis zwischen beiden Polen quantitativ abzuschätzen, also zum Beispiel zu bestimmen suchte, *wieviel* an einem Rassenmerkmal (Schädelform, Körpergröße usw.) erbbedingt, *wieviel* umweltbedingt sei, oder: wie stark der Mensch auf die Naturlandschaft einwirke, sie zur Kulturlandschaft umgestaltend, und wie stark er selber durch die geographischen Bedingungen beeinflußt werde, oder: ob die gesellschaftlichen Schöpfungen mehr durch die Gesellschaft oder mehr durch den einzelnen bedingt, oder: ob die Formen der Kultur mehr durch die menschliche Spontaneität oder mehr durch die Diffusion der Kulturgüter zu erklären seien. Je nach dem Ausfall der Antwort auf solche Fragen ergab sich eine Stellungnahme, welche entweder dem *menschlichen* oder dem *Umwelt*-Pol das Übergewicht zumaß; die daraus abgeleiteten Lehren waren also alle deterministisch in der einen oder anderen Richtung. Die bedeutendsten Denker der Vergangenheit waren zwar meist über dieses antagonistische Denken schon hinausgelangt, hatten irgendwie schon die *Gesamtstruktur* aus beiden Polen zu erfassen gesucht. Aber das positivistische und physikalistische Denken der zweiten Hälfte des 19. Jahrhunderts zwang offenbar noch lange dazu, den Weg der quantitativen Erfassung zunächst einmal so weit zu gehen, bis er in offenkundige Sackgassen einmündete. – Erst HUSSERLS Analysen der *Intentionalität* haben hier Klarheit geschaffen und die Problematik auf eine neue Grundlage gestellt (s. o. S. 156).

1. Die Erblehre

Groß waren zunächst die Fortschritte der *Erblehre*. DARWINS Variationslehre, GALTONS Erhebungen über das familiäre Vorkommen schöpferischer Begabungen hatten in der Luft gehangen, weil über die Gesetze der Vererbung tatsächlich nichts bekannt war. Zwar hatte der Brünner Augustinerpater GREGOR MENDEL (1822 – 1884) auf Grund jahrelanger Kreuzungsexperimente an Bohnen und Erbsen die Gesetze der Dominanz und Rezessivität und das Aufspalten in der dritten Generation schon im Jahre 1865 klargestellt und auch die diesen (später sogenannten) MENDELschen Regeln zugrunde liegenden Vorgänge in den Keimzellen bereits richtig gedeutet. (In demselben Jahre hatte auch schon der französische Forscher CH. NAUDIN auf experimentellem Wege das Gesetz der Gametenreinheit im wesentlichen vorausgenommen.) Aber die an entlegener Stelle veröffentlichten Befunde MENDELS (MENDEL, ed. TSCHERMAK V. SEYSENEGG [6]1940) waren der Aufmerksamkeit der Biologen entgangen und wurden erst um die Jahrhundertwende durch eine Reihe von Biologen (TSCHERMAK V. SEYSENEGG, CORRENS, DE VRIES, BATESON) fast gleichzeitig bestätigt und wiederentdeckt (KRUMBIEGEL 1957, TSCHERMAK V. SEYSENEGG 1958). Es setzten nun umfassende Vererbungsexperimente an Pflanzen und Tieren ein; die Befunde MENDELS wurden dabei teils erweitert, teils eingeschränkt, auch die Vorgänge in den Keimzellen eifrig studiert und die Theorie der Gene (THOMAS H. MORGAN 1920) entwickelt. DE VRIES' Mutationstheorie (1900 – 1903) deutete die Entstehung neuer erblicher Variationen. Für die anthropologische Forschung wurde die Beobachtung menschlicher Rassenkreuzungen wichtig. EUGEN FISCHER (1874 bis 1967), viele Jahre lang die weltmännisch-führende Persönlichkeit in der deutschen akademischen Anthropologie, stellte durch Familienuntersuchungen an den Kreuzungen von Buren und Hottentotten in Südwestafrika klar, daß auch die menschlichen Rassenmerkmale in der Vererbung den MENDELschen Regeln mehr oder weniger folgen (EUGEN FISCHER 1913, 1938, 1943; vgl. MÜHLMANN 1964 : 84 ff.). Es ergaben sich freilich auch gewisse Abweichungen von dem klassischen MENDEL-Schema, und entscheidend war zunächst auch nicht die exakte Festlegung des Erbganges einzelner Merkmale, sondern die schlagartig gewonnene Einsicht, daß zur Klassifikation von Rassenunterschieden ausschließlich erbliche Eigenschaften herangezogen werden dürften, – die Bestätigung der alten Anschauung KANTS (o. S. 57). Mit der Mutationstheorie bzw. der exakten Unterscheidung von (erblicher) Mutation und (nichterblicher) Modifikation wurde auch die Frage der Vererbung individuell erworbener Anpassungen (J. B. DE LAMARCK, o. S. 77) endgültig in negativem Sinne entschieden. Die Unmöglichkeit einer „Vererbung erworbener Eigenschaften" war schon von KANT, später (am Ende des 19. Jahrhunderts) von dem Zoologen AUGUST WEISMANN hauptsächlich aus theoretischen Gründen postuliert worden. Der wichtigste allgemein-anthropologische Schluß, der daraus abzuleiten ist, lautet, daß *biologische Vererbung und sozialkulturelle Tradition grundsätzlich scharf auseinanderzuhaltende Vorgänge sind.* Jene gehört eindeutig in die hominide, diese in die humanide Anthropologie.

Die neuen Einsichten der Vererbungslehre waren für die Rassenkunde zunächst einmal negativ. Denn wenn man jedes Merkmal zuerst auf seine Erblichkeit untersuchen mußte, um seinen taxonomischen Wert festzustellen, so waren die ganzen älteren vergleichend-anatomischen Rassen-Studien der BROCA-Schule, RETZIUS', KOLLMANNS, RANKES u. a. in ihrem Wert in Frage gestellt. Man mußte von vorn beginnen, und es setzten nun umfassende Beobachtungen über die Erblichkeit morphologischer, dann auch physiologischer, pathologischer und schließlich psychologischer Züge am Menschen ein. Da das Kreuzungsexperiment wegfiel, bediente man sich methodisch der Beobachtung der faktischen Rassenkreuzungen. FISCHERS Bastardstudien fanden Nachfolge in seiner eigenen Schule, in den Untersuchungen von ERNST RODENWALDT (1878 – 1965) an europäisch-malaiischen Mischlingen (1927), von C. B. DAVENPORT (1866 – 1944) an Jamaika-Mulatten (1929) und vielen anderen Mischlingsbevölkerungen. Als jüngste Methode kam der Vergleich von Befunden an eineiigen (erbgleichen) und zweieiigen (erbungleichen) Zwillingen hinzu (H. J. MULLER, O. v. VERSCHUER, GEDDA), welche eine quantitative Abgrenzung des Einflusses der Erbanlagen gegen den der Umwelt zu gestatten schien. Die Zwillingsuntersuchungen wurden auch auf das psychologische Gebiet ausgedehnt (v. VERSCHUER 1954, GEDDA 1951).

Für manche Merkmale, deren taxonomischen Wert man bisher sehr hoch veranschlagt hatte, ergab sich eine nicht unbeträchtliche Modifizierbarkeit durch das Milieu, zum Beispiel für die Körpergröße und die Kopfform (BOAS 1899, 1911). Wirklich klargestellt sind die Verhältnisse hier aber noch keineswegs. Bei der Kopf- bzw. Schädelform ist bei fast allen europäischen Bevölkerungen seit vor- und frühgeschichtlichen Zeiten eine allmähliche Verrundung auf Kosten der relativen Länge und zugunsten der absoluten Höhe und Breite festgestellt worden, ein Befund, der verschiedene Deutungen erfahren hat; es steht nur fest, daß das Überhandnehmen rundköpfiger Rassen *allein* als Erklärung nicht mehr ausreicht. Fraglich ist auch noch der taxonomische Wert der sogenannten Blutgruppen, auf deren Studium viel Mühe verwandt worden ist. Zwar steht hier Erblichkeit fest, aber die Versuche, einzelne Blutgruppen mit bestimmten Rassenmerkmalen zu korrelieren, sind fehlgeschlagen.

Im ganzen ergab sich durch die Vererbungsuntersuchungen, daß die anthropologische Milieutheorie ebensowenig haltbar ist wie die – gleichfalls deterministische – Erbtheorie. Die Versuche, auf Grund der Zwillingsstudien den Einfluß der Umwelt gegen den der Erbanlage quantitativ abzugrenzen, führten durch ihr Scheitern zu einer neuen Besinnung über das Wesen der erblichen Radikale wie auch der Umwelt; man begriff, daß man diese beiden Faktorenreihen nicht starr einander entgegensetzen dürfte, sondern sie in ihrem funktionalen Zusammenhang untersuchen müßte. Die entwicklungsphysiologischen Experimente (W. ROUX, H. SPEMANN u. a.) hatten hierzu schon die Wege geebnet. Da im Begriff der *Umwelt* die aus der Erbanlage erwachsene Form oder Funktion bereits implikativ enthalten ist, ist es auch logisch unmöglich, den relativen Einfluß von Erbanlage und Umwelt gegeneinander ziffernmäßig oder auch nur abschätzend zu bestimmen, wie das auf Grund der Untersuchungen an eineiigen Zwillingen versucht wurde. Die Annahme, daß *das Milieu* unabhängig von *der Anlage* variiere, hat sich als unhaltbar herausgestellt (MÜHLMANN 1936 : 33 ff.; [1952] 1962 : 100 ff.). Wohl aber kann man sagen, daß Formen und Funktionen durch Erb*unterschiede* mitbedingt sind (F. LENZ 1944).

2. *„Erlebniswirklichkeit“ in der Biologie und in den Sozialwissenschaften*

Während die menschliche Erblehre allzu lange an dem starren *Anlage-Umwelt*-Schema festhielt, machte sich der Einfluß der neuen phänomenologischen Betrachtungsweise in der allgemeinen Biologie rascher bemerkbar. Man bemerkt in steigendem Maße eine Kritik an den Kategorien der klassischen Mechanik, die schon seit dem Beginne unseres Jahrhunderts leise, dann nach dem Ersten Weltkriege immer stärker einsetzt. Ihr äußeres Kennzeichen ist die Abkehr von der physikalischen Terminologie. Zunächst in der Biologie. Der englische Physiologe J. B. S. HALDANE (1860 – 1936) erklärte, die Begriffe der Wirkung (action), Gegenwirkung (corresponding action) und Wechselwirkung (reciprocal action) setzten unabhängig voneinander bestehende Einheiten von Materie und Energie voraus und seien daher unvereinbar mit jener koordinierenden Selbsterhaltung von Struktur und Funktion, die den Begriff des *Lebens* ausmachen. Von diesen aber sei auszugehen. „Wir gewahren nicht mehr, wie Materie und Energie aufeinander einwirken, wir gewahren vielmehr Leben und seine Selbstbehauptung“ (HALDANE 1932 : 10 ff.). Es ist unschwer zu erkennen, daß hier der Lebensbegriff der Lebensphilosophie (BERGSON, DILTHEY, SIMMEL vgl. o. S. 151) mit der Denkweise der neuen Biologie konvergiert. In der Soziologie verläßt A. VIERKANDT zwischen der 1. Auflage seiner *Gesellschaftslehre* (1923) und der 2. Auflage (1928) die Definition der Gesellschaft als eines Aggregats aus der *Wechselwirkung* einzelner. Er steht dabei unter dem Einfluß der Phänomenologie, besonders SCHELERS. In der ethnographischen Kulturkunde wird gleicherweise die Auffassung der Kultur als eines Aggregats von Kulturelementen verlassen (u. S. 209). Ja, in der Physik selber wurde gezeigt, daß die Gesetze der klassischen Mechanik nur für die makrophysikalische Welt (die Welt der klassischen Physik NEWTONS) gelten, und daß das mikrophysikalische Experiment eine zusammenhängende Struktur bildet, beruhend auf einer höchst aktiven *Auseinandersetzung* des Experimentators mit dem beobachteten Gebilde (HEISENBERG, PASCUAL JORDAN u. a.). JORDAN sieht in der uns geläufig gewordenen Grenzziehung von Innen- und Außenwelt die geistesgeschichtliche Erbschaft der antiken Atomphilosophie (DEMOKRIT). Demgegenüber wende sich die moderne Atomphysik unter Verzicht auf ein *Ding an sich* unmittelbar auf die *Erlebniswirklichkeit* der im Experiment zutage tretenden Erfahrungstatsachen (JORDAN 1943 : 133 f.). Auch das konvergiert mit dem neuen philosophischen Denken (vgl. o. S. 155 f.). Wichtig für die Anthropologie ist natürlich die Wendung der Anschauungen in der Biologie. Wie HALDANE betonte auch der Zoologe J. v. UEXKÜLL (1864 – 1944) in seinen Werken über die Umwelt der Tiere, daß jede Tierart ihre eigene, ihr spezifisch zugeordnete Umwelt besitze. Die Außenumwelt des Tieres wird in dem Sinnzusammenhang ihrer Objekte durch die psychische Innenumwelt bestimmt; vom spezifischen Bauplan eines Tieres geht ein fortschreitendes Kontinuum über die Seele bis in die Außenumwelt. – Das bedeutet natürlich nicht mehr und nicht weniger als den Einbruch eines historisch-individualisierenden Denkens in die naturwissenschaftliche Biologie. UEXKÜLLS Nachweise sind von einschneidender Bedeutung für die gesamte menschliche Ökologie, denn sie nötigen zu der Konsequenz, daß auch jede menschliche Gesellschaft mit einer ihr spezifisch koordinierten Umwelt funktional verbunden ist und nur im Zusammenhang mit dieser beurteilt werden kann. Kulturen sind also mensch-umweltliche Funktions- und Struktureinheiten; sie können daher nicht quantitativ untereinander verglichen, sondern nur qualitativ in sich nach dem Maße der Erfüllung ihrer Lebensaufgaben bewertet werden. – Unklar blieb nur, wie bei solch ständigem Rückbezug auf das erkennende bzw. erlebende Subjekt noch eine objektive Welt bzw. eine objektiv gültige Erkenntnis möglich sein sollte. Aber dieses Problem trat erst allmählich in das Bewußtsein, um dann allerdings eine erkenntnis-theoretische Krise zu entfesseln.

Die neue, gelegentlich auch *holistisch* genannte Sichtweise war schon lange bei G. FORSTER, HERDER, W. v. HUMBOLDT sowie allgemein in der romantischen Naturphilosophie vorgebildet worden. Neu berührte sie nur darum, weil das positivistische und quantitativ-physikalische Denken die Szene vorher beherrscht hatte. Die nächste Folge des neuen (oder vielmehr neubelebten alten) individualisierenden Denkens war aber, daß auch in der Psychologie die Versuche zu einer quantitativen Erfassung zum Beispiel der Intelligenz fremder Rassen mittels des amerikanischen Testverfahrens (TERMAN, T. R. GARTH, besonders S. D. PORTEUS: Testprüfungen an australischen Eingeborenen) problematisch wurden. Da eingeborene Stämme ihrer eigenen Umwelt spezifisch koordiniert sind, versteht es sich nahezu von selbst, daß sie den Testanforderungen einer europäisch-amerikanischen städtischen Zivilisation nicht genügen können (MÜHLMANN [1952] 1962 : 72 ff.). Auch hier kann man also nicht mehr im Sinne der alten objektivistischen Denkweise *das Milieu* unabhängig von *der Anlage* variieren lassen. Zudem erhob sich die Kritik gegen die Testpsychologie auch innerhalb des Kreises der Fachpsychologen selbst. Wertlos geworden sind die Testverfahren dadurch nicht, aber der Deutungswert der damit gewonnenen Ergebnisse ist eingeschränkt oder verschoben worden.

Wenn die biologische Norm keine statistische, sondern eine individuelle ist (HALDANE), so mußte notwendig jeder einseitige Determinismus fallen, mochte man nun die determinierende Energie in der erblichen Anlage oder Rasse (im Gegensatz zum Milieu), im Individuum (im Gegensatz zur Gesellschaft), in der menschlichen Spontaneität (im Gegensatz zur diffundierenden Kultur) sehen oder umgekehrt. Damit mußten *alle* deterministischen Lehren der Vergangenheit, ob individualistisch oder kollektivistisch, in ihren theoretischen Zuspitzungen fallen. Es ist dabei charakteristisch, daß die neue *holistische* Anschauungsweise zum Beispiel in der Soziologie und Sozialpsychologie in ihren Definitionen sowohl den Individualismus wie auch den Kollektivismus zu vermeiden suchte. VIERKANDT, der sich vom Begriff der „Wechselwirkung" gesellschaftlicher Atome abwandte, vermied dennoch den Anschluß an die Lehren von der Allmacht der Gesellschaft, wie sie in Frankreich DURKHEIM und seine Schule vertreten hatten. In der Geschichtswissenschaft lehnte O. HINTZE LAMPRECHTS schroffe Entgegensetzung von individueller (freiheitlicher) und kollektiver (gebundener) Lebenssphäre als eine künstliche Konstruktion ab. Es handele sich vielmehr um die

> „*entgegengesetzten Endpunkte einer kontinuierlichen, im wesentlichen gleichartigen Reihe*"; „zwischen dem sozusagen organischen Werden und Wachsen historischer Bildungen und der anscheinend ganz freien Tat eines führenden Willens im öffentlichen Leben ist in dieser Hinsicht nicht ein prinzipieller Gegensatz, sondern nur ein Gradunterschied" (HINTZE [1897] 1964 : 318 f.).

HINTZES Formulierung ist darum wegweisend, weil sie wieder auf das Kontinuum zwischen den beiden Polen hinweist. Auch die neue biologische Schule sucht ja dieses Kontinuum, wenn sie in Ergänzung des mendelistischen Antagonismus von *Erbanlage* und *Umwelt* nunmehr entwicklungsphysiologisch zu erforschen sucht, wie aus dem Zusammenspiel der erblichen Anlagen das fertige Organ und der ganze Organismus erwachsen.

Wir sehen: In allen Disziplinen macht sich das Bestreben geltend, eine neue *intentionale* Denkweise zur Geltung zu bringen und mit ihrer Hilfe im Sinne der Phänomenologie an die *Gegebenheiten* selbst so dicht wie möglich heranzukommen. Und der größte Vorwurf, den diese neue Denk- und Sichtweise erheben kann, ist der des *Konstruktivismus* (besonders gegenüber den neukantianisch gerichteten Forschern).

3. Die Sozialpsychologie

Einschneidend waren die Auswirkungen in der *Sozialpsychologie*, deren Notwendigkeit sowohl LAMPRECHT wie HINTZE betont hatten, und die nach ihren noch ungeklärten Anfängen aus den Lehren vom *schöpferischen Volksgeist*, aus der *politischen Psychologie* BASTIANS und der *Völkerpsychologie* WUNDTS erst seit dem Beginn des Jahrhunderts wirklich aufblühte.

Bemerkenswert ist eine gewisse Führerrolle der Vereinigten Staaten. WILLIAM JAMES (1842 – 1910) unterschied das (objektive) soziale Selbst *(Mich)* vom subjektiven Selbst *(Ich)* und gab damit das Stichwort zu der sozialpsychologischen Seite der menschlichen Selbsteinschätzung. Seine *Principles of Psychology* (1890) mit ihrer These vom *Bewußtseinsstrom* hatten stark auf HUSSERL gewirkt, wie denn überhaupt JAMES' Psychologie „auf dem Wege zu einer phänomenologischen Psychologie" liegt (LINSCHOTEN 1961). Eine gewisse Ähnlichkeit mit den geistigen Tendenzen in Europa (BERGSON, HUSSERL) ist auch in der Folgezeit nicht zu verkennen, wenn sie auch den Zeitgenossen weniger ins Bewußtsein trat. CHARLES HORTON COOLEY (1864 – 1930) wandte sich 1902 *(Human nature and the social order)* gegen die Einseitigkeiten der idealistischen wie der materialistischen Geschichtsauffassung und forderte eine organische Ansicht, nach der wir immer den Gestaltwechsel eines Ganzen vor uns haben, in dem kein Faktor mehr letztlich als ein anderer, alles zugleich Ursache und Wirkung sei und unabhängige Variablen nicht existieren. Es ist nicht zu verkennen, wie hierin die Prinzipien der holistischen Biologie wie auch der modernen Physik und phänomenologischen Psychologie bereits angedeutet sind: Man sucht nicht mehr nach einseitig-kausativen Faktoren, sondern nach dem übergreifenden *Dritten,* dem *sich wandelnden Gestaltphänomen.* Ähnlich wie OTTO HINTZE erklärte auch COOLEY, es sei falsch, Gesellschaft und Individuum in Gegensatz zueinander zu stellen. *Wirklich* sei nur das *menschliche Leben,* das vom individuellen wie vom sozialen Standpunkte aus gesehen werden könne. *Beide sind nur Aspekte eines übergreifenden Zusammenhanges.* Ein lebendes Ganzes hat *Aspekte* aber nicht *Elemente.* Personen sind nicht voneinander trennbar wie physische Körper, sondern durchdringen sich gegenseitig. Dasselbe Element hat an verschiedenen Personen Teil, oft sogar gleichzeitig. „Self and other do not exist as mutually exclusive facts.“ Den Gedanken, daß Personen nicht exklusiv, sondern zum großen Teil aus gemeinsamen Elementen zusammengesetzt sind, entwickelte COOLEY aus WILLIAM JAMES' und J. M. BALDWINS Lehre vom *sozialen Selbst.* Ähnliche Gedanken entwickelte später als Vertreter eines verfeinerten Behaviorismus G. H. MEAD (1934). Wichtig wurde die neuentwickelte Psychologie des Selbstgefühls. Wenn ich *Ich* denke, so geschieht dies stets mit Bezug auf einen komplementären Gedanken an andere Personen. Natürlich gilt dies auch für Gruppen-Selbstgefühle. Es waren Gedanken W. v. HUMBOLDTS, die hier wiederbelebt wurden, und ebenso ist die Verwandtschaft mit der Denkweise DILTHEYS erkennbar, – nur, daß sie jetzt nicht mehr nur auf die historische Vergangenheit angewandt wird, sondern auf die gesellschaftliche Wirklichkeit der Gegenwart! Unmittelbar nachweisbar ist der Einfluß HEGELS auf COOLEY. Besonders der Lehre vom *sozialen Selbst* schaut die *Phänomenologie des Geistes* mit ihrer Unterscheidung vom Für-sich-sein des Selbst über die Schulter.

An COOLEYS sozialpsychologischen Arbeiten konnte so recht klar werden, daß die soziologistisch-kollektivistischen Doktrinen der DURKHEIM, BOURDEAU, LAMPRECHT, BERNHEIM, SUMNER u. a. im Grunde Komplementärerscheinungen eines extrem individualistischen Denkens gewesen waren. *Sie bildeten die Kehrseite der Idee, daß der Fortschritt der menschlichen Gesellschaft in der allmählichen Emanzipation von der bindenden inneren Macht der Kollektivvorstellungen bestehe.* Daher denn auch DURKHEIM die atomistische Auflösung der modernen Gesellschaft als *organische Solidarität* feierte, in Gegenüberstellung zur *mechanischen Solidarität* der primitiven Gesellschaften (DURKHEIM [1893] ²1902) – eine wahrhaft zerstörerische Umkehrung sinnvollen wissenschaftlichen Sprachgebrauchs. Ebenso ist es zu bewerten, wenn HERBERT SPENCER in logischem Widerspruch zu seiner Definition der Gesellschaft als eines Organismus dennoch die größtmögliche Freiheit des einzelnen für das höchste Gut erklärte; oder wenn W. G. SUMNER, der die Lehre von der Allmacht der *folkways* vertrat, zugleich einer der letzten markanten Vertreter des individualistischen *laisser faire* war.

Es ist ein Hauptmerkmal der von JAMES und COOLEY inspirierten modernen Sozialpsychologie, daß sie gerade durch ihr Ausgehen vom organischen Ganzen des sozialen Lebens in den Stand gesetzt wurde, analytisch vorzugehen. Man ersetzte jetzt immer mehr den viel zu diffusen und umfassenden Begriff der *Gesellschaft* durch das analytische Studium kleiner, konkret faßbarer Gruppen, ähnlich wie die stationäre Feldforschung in der Ethnographie auf die möglichst intensive Analyse möglichst kleiner ethnischer Gruppen ausging. Dadurch entging man auch der Gefahr, die Rolle der Individuen zu übersehen. Natürlich ließen sich so die Gruppenphänomene auch ohne Gefahr *in erster Annäherung* als Wechselwirkungen von Personen beschreiben, wenn man nur das übergreifende Ganze nicht aus dem Auge verlor und es vermied, in der Gruppe ein Aggregat von Teilen zu sehen. Fruchtbar wurde auch COOLEYS Unterscheidung von primären und sekundären Gruppen. Die *primary group* (oder *face-to-face group*) beruht auf intimer Gesellung und Zusammenwirkung, zu ihrem Typus gehören Familie, Spielgruppe, Nachbarschaft, vielleicht auch noch die kleine Gemeinde. Für die Formung der sozialen Natur und der Wertungen der Menschen und für die Ausbildung von Wir-Gefühlen ist die Primärgruppe von entscheidender Bedeutung. (COOLEY spricht hier aus seiner Erfahrung als Jugendpsychologe.) Die sekundären Gruppen beruhen nicht mehr auf unmittelbarer Gesellung, sie sind abstrakter, und die Partizipation der Personen an ihnen ist bedingter. Die Natur des Menschen ist nach COOLEY nicht etwas separat im einzelnen Bestehendes, sondern sie ist eine Gruppennatur oder primäre Phase der Gesellschaft, eine verhältnismäßig einfache und allgemeine Bedingung des sozialen Geistes; sie liegt ungefähr in der Mitte der Kontinuität vom angeborenen Instinkt zu den ausgebildeten Ideen und Gefühlen, aus denen sich die sozialen Institutionen bilden. – Auch hier begegnet also wieder der Begriff des Kontinuums.

Anderen Forschern waren solche Formulierungen zu unbestimmt, und sie suchten wieder nach determinierenden Radikalen: teils nach ererbten Instinkten, wie zunächst WILLIAM JAMES, dann der englische Psychologe und Ethnograph WILLIAM McDOUGALL (1908), dem sich ELLWOOD (1917, 1925, 1927) und VIERKANDT (1923, ²1928) zum Teil anschlossen; teils nach Kräften des sozialen Milieus, – auf diese Seite gehört die *behavioristische* Schule in den Vereinigten Staaten, die sich in den zwanziger Jahren energisch gegen McDOUGALL wandte und besonders die Rolle der gewohnheitsmäßigen Einschleifung bestimmter Einstellungen betonte. Als eine Abart dieser Schule kann die eindeutig kollektivistische *Reflexologie* des russischen Psychiaters WLADIMIR BECHTEREV angesehen werden (1921). Über diesen Rückfall in den sozialen Physikalismus erhoben sich die besten Vertreter des amerikanischen Behaviorismus, der manche Schattierungen aufweist, beträchtlich (JOHN DEWEY 1922; L. L. BERNARD 1924; F. H. ALLPORT, KIMBALL YOUNG u. a.). BERNARD lehnte (1924) die Ansicht, daß sich so komplizierte Mechanismen wie die Instinkte geschlossen vererbten, ab. Andere Sozialpsychologen nahmen eine vermittelnde Stellung ein. Der auch als Kulturanthropologe bedeutende WILLIAM I. THOMAS betonte (THOMAS und ZNANIECKI 1918, THOMAS 1937) die Bedeutung der sozialen *Wünsche*, andere (A. B. SMALL 1905) die der *Interessen*. THOMAS prägte auch den Begriff der *Einstellung* (attitude). Die neue sozialpsychologische Denkweise griff in Amerika auch – viel stärker als in Europa – auf die ethnographische Feldarbeit über. Viele ihrer Ergebnisse liegen bereits auf dem Gebiete der ethnographischen Kulturkunde, die dann ihrerseits auf die Soziologie und Sozialpsychologie stark zurückwirkten.

4. Persönlichkeitsforschung

Gemeinsam war den neuen Strömungen in der Sozialpsychologie, daß sie weniger vom Begriffe der Gesellschaft ausgingen, wie die DURKHEIM-Schule und die kollektivistischen Theorien der GUMPLOWICZ, RATZENHOFER, WUNDT u. a., als von der Analyse kleinerer sozialer Sektoren und der Frage des Aufbaus der Persönlichkeit. Das brachte zwangsläufig eine größere Beachtung der Rolle des Individuums mit sich. Die stationären Felduntersuchungen hatten ebenfalls durch ihre intensivere Erforschung der kleinen Sektoren gezeigt, daß die alte kollektivistische Auffassung, nach der innerhalb der primitiven Gesellschaft eine völlige psychische Homogenität herrsche, in welcher dem Individuum kein Raum bleibe, irrig war.

Die Untersuchungen zum Beispiel von BALDWIN SPENCER und F. J. GILLEN in Zentralaustralien (1899) oder die von G. LANDTMAN an den Kiwai-Papuanern (1927) hatten ergeben, daß auch in soziologisch homogenen, durch keinerlei institutionelle Rangunterschiede gekennzeichneten Gruppen ein natürliches Führertum einzelner, geistig aus der Masse hervorragender Persönlichkeiten besteht, und daß Differenzierungen nach Reichtum, Macht und Ansehen sich auch in solchen Gesellschaften herausbilden. VIERKANDT (1908), P. W. SCHMIDT (1906), D. ESSERTIER (1927), S. R. STEINMETZ (1929) betonten die Notwendigkeit einer Erforschung des Individuums bei den „Naturvölkern". Hervorgehoben zu werden verdient, daß ein Historiker wie EDUARD MEYER schon 1910 die Lehre vom Fehlen der Persönlichkeit bei „Naturvölkern" abgelehnt hatte:

> „Man kann oft der Auffassung begegnen, daß die ‚wilden' und überhaupt alle in der Kultur zurückstehenden Völker der Individualität entbehrten, daß bei ihnen der einzelne keine Sonderart habe, sondern denke und handele wie jeder andere auch, daß er daher nur ein Typus sei. Demgegenüber ist von scharfen Beobachtern oft genug hervorgehoben worden, daß gerade hier (zum Beispiel bei den Arabern und Indianern) die Eigenart und dementsprechend die Bedeutung der Persönlichkeit viel ausgeprägter sei als in unserer homogenen Kultur, daß in jedem Moment alles auf die Geltendmachung der eigenen Persönlichkeit gestellt sei und von ihr allein Erfolg und Gestaltung des Lebens abhänge, nicht von den allgemeinen Faktoren, die mit dem Fortschritt der Kultur viel stärker hervorträten und die Menschen in homogene Typen umwandelten" (ED. MEYER 1953 : 175 f.).

EDUARD MEYER hat hier also das herkömmliche Vorurteil geradezu auf den Kopf gestellt. Bei den Ethnologen selbst kommt die neue Auffassung am schärfsten in der Studie von WALTER BECK über das Individuum bei den Australiern zum Ausdruck:

Die ethnographischen Tatsachen, sagt BECK,

> „widerlegen eine rein kollektivistische Anschauung vom primitiven Seelenleben, um so mehr, als sie nachgewiesen sind bei einer Körperschaft, die dank ihrer eigenartigen Sozialorganisation jener Anschauung die meisten Stützpunkte lieferte. Die Vorstellungen vom völkercharakterisierenden ‚willkürlichen' bzw. ‚unwillkürlichen' Willen geraten arg ins Schwanken; das Schema zerbricht. Der Begriff der ‚sozial gebundenen Herdentiere' erweist sich als völlig unhaltbar, da *erstens* die soziale Bindung an sich weder psychisch noch normativ auf primitiven Stufen restlos herrscht und den einzelnen vollkommen in Fesseln schlägt, und da *zweitens* sogar diese Gebundenheit das seelische Leben des Individuums im Sinne dieses Individuums bewegen kann und also die Vorstellung eines ‚Herdentieres' keineswegs rechtfertigt" (W. BECK 1925 : 74).

BECK meinte sogar, daß in kleinen Gruppen eine stärkere Entfaltung der Persönlichkeit zu finden sei als in größeren; was zu der Anschauung EDUARD MEYERS zu passen scheint.

Dennoch kann von einer raschen Durchsetzung der neuen Anschauung keine Rede sein, weil STEINMETZ noch 1929 in seiner programmatischen Studie mit der kollektivistischen Auffassung („Gruppenseele") als der herrschenden rechnet! Er opponiert besonders gegen die Thesen von DURKHEIM und LÉVY-BRUHL. Seiner Forderung nach immer neuen Feldstudien über die Persönlichkeit ist aber gerade in den letzten Jahrzehnten reichlich Rechnung getragen worden, in Deutschland vor allem von RICHARD und HILDE THURNWALD und DIEDRICH WESTERMANN u. a. Man begann nun auch Lebensgeschichten, namentlich Selbstbiographien von Angehörigen der „Naturvölker" aufzuzeichnen. Begonnen hatten damit in Amerika bereits das *Bureau of American Ethnology* und das *Handbook of American Indians* (1907, 1910); ein wichtiges Buch in dieser Tradition wurde PAUL RADINS „Primitive man as philosopher" (1927), das auf Beobachtungen an den Winnebago und anderen Indianerstämmen fußt: eine Fundgrube für „intentionale Selbstzeugnisse"! In Frankreich lieferte RAOUL ALLIER eine Studie über die Bekehrung Eingeborener zum Christentum an Hand von Lebensdaten (1925). Schließlich wurde man auch darauf aufmerksam, daß die bisherige Anthropologie allzusehr erstens eine Anthropologie von Männern, zweitens eine Anthropologie von Erwachsenen gewesen sei; man begann sich also der weiblichen und der kindlichen Lebenssphäre zuzuwenden. Vor allem haben sich die Anthropologinnen hier eingeschaltet. MARGARET MEAD scheint (1928, 1930) den Anfang gemacht zu haben mit einer Psychologie des heranwachsenden Kindes bei Südseestämmen. Die Methoden zur Aufnahme und Analyse von Selbstzeugnissen sind seither ausgearbeitet und verfeinert worden (vgl. DOLLARD 1935, KLUCKHOHN 1945, LA BARRE 1958 : 304 ff. [Bibl.]).

So wurde das richtige Maß in der Beurteilung der sozialen Rolle der Persönlichkeit wieder hergestellt und gezeigt, daß in den Gesellschaften außerhalb der europäisch-amerikanischen Zivilisation dieselbe Spielbreite der Veranlagungen und Temperamente besteht wie bei uns. MAX WEBER (1864 – 1920) konnte in seinen methodisch vorbildlichen vergleichend-religionssoziologischen Untersuchungen über die modern-europäische, die konfuzianische und hinduistische Gesellschaft (1904 ff.) zeigen, daß das Persönlichkeits-*Ideal* in der Tat eine abendländische Errungenschaft ist, gebunden an den politischen Bürgerstand der Stadt und eine rationale, innerweltliche Berufsethik, wie sie namentlich der Protestantismus entwickelt hat. Die passive Anpassung an die soziale Welt, wie sie nun einmal ist, konnte wohl eine Summe nützlicher Einzelqualitäten erzeugen – wie zum Beispiel Pietät gegen die Alten, Geduld, Höflichkeit – aber nicht das, was *wir* Persönlichkeit nennen (Max Weber 1920, I : 521). Indessen, die Verwirklichung dieses Ideals ist auch bei uns zeitlich und räumlich eine Ausnahmeerscheinung; Familie, Dorf, Nachbarschaft, alle primären Gruppen mit unmittelbarer sozialer Kontrolle ihrer Glieder und eifersüchtiger Überwachung jedes abweichenden Verhaltens bilden auch bei uns immer noch den Normalfall; sie sind aber keineswegs anonyme Mächte im Sinne der Durkheimschen Kollektivität oder der *folkways* Sumners, sondern werden auch ihrerseits in Wirklichkeit oft bestimmt durch das Übergewicht bestimmter Persönlichkeiten, in klan- und stammhaften Gesellschaften namentlich der Alten. Als richtig hat sich erwiesen, daß die prägende *innere Macht* (Vierkandt 1928) von der Mehrzahl der Menschen oft als anonym *empfunden* wird. Sie prägt Maßstäbe und Vorbilder des Verhaltens, welche die amerikanische Soziologenschule besonders studiert hat (*culture pattern, ideal pattern,* Ch. A. Ellwood 1927) und nötigt dem einzelnen verschiedene *Rollen* auf, je nach den sozialen Gruppen, an denen er Teil hat (E. W. Burgess und E. Faris). Durch Gebot und Sitte, Einengungen, Tabus an allen Ecken und Enden, wie sie in den Ordnungen der Sippe, des Klans und der Kaste die Regel sind, kann der unmittelbare und echte Persönlichkeitsausdruck sekundär überprägt werden. Die dadurch angenommene maskenhafte Einstellung nannte C. G. Jung *Persona.* Ludwig Klages machte, von der Ausdruckspsychologie und Charakterologie herkommend, die Unmittelbarkeit und Echtheit des Persönlichkeitsausdrucks zum Kriterium des *Formniveaus* der Ausdrucksgestaltungen. Schon etwas früher hatte Christian v. Ehrenfels, der Begründer der psychologischen Gestalttheorie, ein Kriterium der *Gestalthöhe* folgendermaßen formuliert:

> „Bei gleichem Grad von Mannigfaltigkeit ihrer Teile sind die Gestalten die höheren, welche diese Mannigfaltigkeit zu einer strengeren Einheit verbinden. Bei gleich strenger Einheit sind die Gestalten die höheren, welche die größere Mannigfaltigkeit umschließen“ (Chr. v. Ehrenfels 1916 : 94).

Mit den Ergebnissen der genannten Forscher stimmt auch die allgemeinpsychologische Erfahrung der Feldethnographen und Psychologen überein, daß außereuropäische Menschengruppen den zivilisierten Menschen der mittel- und westeuropäischen Kultur im Durchschnitt nicht sowohl in der Intelligenz unterlegen sind als in der Selbständigkeit des Denkens, welches eben an ein gewisses Maß von Ausdrucksfreiheit der Persönlichkeit notwendig gebunden ist.

5. Schelers phänomenologische Anthropologie

Jede psychologische Betrachtungsweise barg natürlich die Gefahr in sich, in den cartesianischen Bruch zurückzuverfallen und den Menschen als leib-seelisches Wesen aus den Augen zu verlieren. Hiergegen war eine Sicherung die Rückverbindung zur Phänomenologie. Das Kernstück der phänomenologischen Erkenntnislehre ist immer die Phänomenologie der Wahrnehmung gewesen. HUSSERLS Beispiele entstammen größtenteils diesem Gebiet, ebenso die seiner Schule. Die Wahrnehmung des *alter ego* leitete hinüber zu den transzendentalen Problemen der Intersubjektivität, die von HUSSERL selbst, von SCHELER und von SARTRE angegangen wurden (SCHUTZ 1957, 1962 – 1966 : I 150 – 203), und damit zur Soziologie und Sozialpsychologie; SCHELER verwendet dabei unumwunden auch Erfahrungen der Entwicklungspsychologie. Es ist nicht die Psyche, es ist der leib-seelische Mensch, der wahrnimmt und konstituiert. Wird dabei das psychologische Moment eigens herausgehoben wie in der Gestaltpsychologie, so ist dies bereits eine Abstraktion. Grundprobleme wie empirisch-abgeleitete Probleme münden also immer wieder in die Anthropologie ein. Noch eines der wichtigsten phänomenologischen Werke der letzten Jahre ist eine *Phänomenologie der Wahrnehmung* (MERLEAU-PONTY [1945] 1966); es ist entschieden anti-cartesianisch, und es verwertet normale und pathologische Leibeserfahrungen.

Der erste, der auf seiten der phänomenologischen Schule die Folgerungen zog, war MAX SCHELER (1874 – 1928): Er baute eine phänomenologische Anthropologie auf.

SCHELERS Arbeiten über das Wesen und die Formen der Sympathie, das Ressentiment, die *Idole der Selbsterkenntnis,* seine *Ethik,* ja auch der große Entwurf seiner Soziologie des Wissens: sie alle steuern auf eine *philosophische Anthropologie* hin, die SCHELER freilich nur noch im Entwurf skizziert hat (SCHELER [1927] 1947), deren Umrisse aber dennoch deutlich erkennbar sind, wiewohl man die Ausführung im einzelnen aus den früheren Werken hinzu rekonstruieren muß.

Den Evolutionszusammenhang des Menschen mit dem Tierreich zu leugnen, fällt SCHELER natürlich nicht ein, aber den Menschen als Geistwesen evolutiv abzuleiten, ist nicht möglich. *Homo naturalis* (als zoologische Form) ist nur ein Restbegriff; gegenüber den intentionalen geistigen Akten versagt jede naturalistische Erklärung (SCHELER [1911 – 1914] 1955 : 190 ff.). An dem Wesensunterschied von Mensch und Tier ist also festzuhalten. SCHELER erkennt ein metaphysisches Sein, eine *Metaphysik des Menschen* an, das heißt „ein ausgezeichnetes Verhältnis, das der Mensch zum Weltgrund hat“. Diese Sonderstellung liegt nicht innerhalb der Vitalsphäre, sondern außerhalb:

> „Das, was den Menschen allein zum ‚Menschen‘ macht, ist nicht eine neue Stufe des Lebens – erst recht nicht nur eine Stufe der *einen* Manifestationsform dieses Lebens, der ‚Psyche‘ –, sondern es ist ein allem und *jedem Leben überhaupt, auch dem Leben im Menschen entgegengesetztes Prinzip,* eine echte neue Wesens-

> tatsache, die als solche überhaupt nicht auf die ‚natürliche Lebensevolution‘ zurückgeführt werden kann“ (SCHELER 1947 : 35).

Dieses Prinzip kann man mit den Griechen als Vernunft bezeichnen, aber:

> „Wir wollen lieber ein umfassenderes Wort für jenes X gebrauchen, ein Wort, das wohl den Begriff ‚Vernunft‘ mit umfaßt, aber neben dem ‚Ideendenken‘ auch eine bestimmte Art der ‚Anschauung‘, die von Urphänomenen oder Wesensgehalten, ferner eine bestimmte Klasse volitiver und emotionaler Akte wie Güte, Liebe, Reue, Ehrfurcht, geistige Verwunderung, Seligkeit und Verzweiflung, die freie Entscheidung mit umfaßt: – das Wort ‚Geist‘. Das Aktzentrum aber, in dem Geist innerhalb endlicher Seinssphären erscheint, bezeichnen wir als ‚Person‘, in scharfem Unterschied zu allen funktionellen Lebenszentren, die nach innen betrachtet auch ‚seelische Zentren‘ heißen“ (SCHELER a. a. O.).

Geist ist nach SCHELER Weltoffenheit und „Sachlichkeit, Bestimmbarkeit durch das Sosein von Sachen selbst“. „Der Mensch ist das X, das sich in unbegrenztem Maße ‚weltoffen‘ verhalten kann.“ Zum Geist gehört aber auch die Fähigkeit, Wesen und Dasein voneinander zu trennen. Der Mensch kann den Wirklichkeitscharakter der Dinge aufheben, zur Wirklichkeit „Nein“ sagen, was zugleich heißen kann: Wesen gegen Dasein setzen. In diesem Sinne deutet SCHELER auch HUSSERLS „phänomenologische Reduktion“ kühn um.

Eigentümlich ist SCHELERS Lehre von der Wirklichkeit. Wir erfahren sie für unser triebhaftes Streben am Widerstand der Dinge. Wirklichkeitsgegebenheit ist „Leiden am Widerstand“. In diesem Zusammenhang nimmt SCHELER mehrfach auf die buddhistische Leidenslehre Bezug. Er spricht von einem „asketischen Akt der Entwirklichung“. Der Mensch sei der „Neinsagenkönner“ und „Asket des Lebens“ (SCHELER a. a. O. 49 ff., 54). Es versteht sich, daß dies bereits Definitionen von Grenzsituationen her sind, die in gewisser Weise existentialistische Deutungen vorwegnehmen. Sie tragen aber bei SCHELER ein positives Vorzeichen, auch wo von „Askese“ und „Leiden“ die Rede ist. NIETZSCHES Perspektive, in der der Mensch als das „kranke Tier“ gesehen werde, lehnt SCHELER ausdrücklich ab. NIETZSCHE sei das Opfer seiner „positivistischen Prämisse“, daß die Würde des Menschen in Verstand und Werkzeug liege (SCHELER [1911 – 1914] 1955 : 185).

Zu den wichtigsten Errungenschaften der SCHELERschen Anthropologie gehört, daß sie die HUSSERLsche Kategorie der Intentionalität ausdrücklich auf die Gefühlssphäre anwendet. Es gibt echte und ursprüngliche „intentionale Gefühle“, und diese Feststellung führt SCHELER (in seiner *Ethik*) unter Berufung auf BLAISE PASCALS „logique du cœur“ zu der Erkenntnis, daß es emotionale Akte mit kognitiver Funktion gebe (SCHELER [4]1954 : 268 ff.). Demnach sind auch Werte ideale Gegenständlichkeiten, die in sich gelten; daß sie „erfühlt“ werden, macht sie nicht etwa psychologisch reduzibel. Die im Wertfühlen intendierten Qualitäten erfordern eine emotionale Antwortreaktion, welche die Voraussetzung für alles empirische Verstehen (auch soziales und historisches Verstehen und Fremdverstehen) bildet:

> „Sie sind zugleich Verständnisgesetze fremden Seelenlebens, die zu den ‚Ge-

setzen' der universalen Grammatik des Ausdrucks noch hinzutreten, um das Verstehen zu ermöglichen" (SCHELER a. a. O. 273).

SCHELERS Wertethik hat daher einen scharf anti-intellektualistischen und anti-kantianischen Zug. Der Kampf gegen den Kulturrelativismus ist in ihr gleichsam vorweggenommen. Man darf nach SCHELER die Werte nicht mit den Gütern und Normen verwechseln. Wenn die Normen sich wandeln, müssen nicht auch die Werte sich wandeln. Mangelnde Allgemeingültigkeit bedeutet nicht mangelnde Objektivität und Einsichtigkeit (SCHELER a. a. O. 309 ff.). – Es ist allerdings die Frage, ob solche Thesen sich angesichts der Härte moderner interkultureller Wert-Auseinandersetzungen, die SCHELER noch nicht erlebt hat, halten lassen (vgl. u. S. 229 ff.). Gerade weil – nach SCHELER – die Werte ideale Gegenständlichkeiten sind, also von den sie tragenden Gruppen so gar nicht als relativ genommen werden, ist der Kampf konträrer Werteinstellungen kein Kampf von Fiktionen, sondern ein wahrhafter Geisterkampf. SCHELERS und NICOLAI HARTMANNS *Ethiken* sind keine Erbauungsbücher; sie leuchten voran in Problemabgründe hinein, die ihre Verfasser zu ihrer Zeit (1916, 1925) nur ahnen konnten.

SCHELERS Anthropologie ist auch heute noch nicht überholt, – vielleicht gerade, weil sie Torso geblieben ist; und am Ende spiegelt ihre Torsohaftigkeit am besten den „weltoffenen" Charakter ihres Schöpfers und den unerschöpflichen Reichtum seines Wissens und seiner Einfälle. – An ihn haben zahlreiche weitere Versuche zur phänomenologischen Anthropologie angeknüpft (vgl. besonders PLESSNER [1928] ²1965, 1950, 1957 und BUYTENDIJK 1953, 1956, 1958). Hier wird versucht, das spezifisch-Menschliche herauszuarbeiten am menschlichen Gang und der menschlichen Haltung, an Bewegungseigenheiten, mimischem Ausdruck, Sprache usw. Dagegen hat SCHELER in den Kreisen der Ethnographen so gut wie keine Wirkung geübt, obwohl seine Beiträge zur Phänomenologie des Emotionalen unmittelbar völkerpsychologisch wichtig sind, wie er denn auch auf Autoren wie LÉVY-BRUHL und THURNWALD schon früh Bezug genommen hat.

6. Die Entwicklungspsychologie

Die phänomenologische Konzentration auf das *im Bewußtseinstrom Gegebene* ist von den Vertretern der älteren phänomenologischen Bewegung manchmal so aufgefaßt worden, als ob im Bewußtsein *je eines* Individuums alles menschlich Interessante und Wichtige vorzufinden sein müsse. Es wurde dabei verkannt, daß der Weltgeist (hegelianisch gesprochen) noch ganz andere Noemata bereit hat, als ein europäischer Schreibtischgelehrter sich träumen läßt, und daß angesichts des immer mehr andringenden Materials der ethnographischen Feldforschung die Aufgabe gestellt war, dieses phänomenologisch zu durchdringen. SCHELER hatte bereits begonnen, dieses Material zu verwenden, und HUSSERL hat noch in seinen letzten Lebensjahren mit L. LÉVY-BRUHL korrespondiert und es als eine der wichtigsten

Aufgaben bezeichnet, das archaische Zeitbewußtsein (als von unserem Geschichtsbewußtsein verschieden) intentional zu analysieren; in diesem Punkte sei ein historischer Relativismus zweifellos berechtigt, „als anthropologische Tatsache“ (MERLEAU-PONTY 1951 : 62 f.).

Die tatsächliche Forschung hat sich indessen nicht darauf beschränkt, die Eigenart des archaischen Seelenlebens zu beschreiben, sie hat vielmehr auch versucht, es in seinen Unterschieden zu uns zu erklären. Bezeichnend ist dabei die Ausbildung *entwicklungspsychologischer* Methoden (ALFRED VIERKANDT 1907, 1937, FELIX KRUEGER 1915, TH. W. DANZEL 1921 ff., CHARLOTTE BÜHLER 1928, MAX SCHELER 1923, HEINZ WERNER 1933). Hatte LÉVY-BRUHL noch die völlige psychische Andersartigkeit des primitiven Menschen behauptet, so setzte sich nunmehr immer mehr die Einsicht durch, daß *primitiv* nicht eine besondere Menschenart ist, sondern eine psychische *Schicht,* die bei allen menschlichen Rassen zu finden ist. Die Erforschung primitiver Denkweisen und ihrer konkreten Niederschläge in magischen Handlungen, Ritualismus, Zeremonialismus und ähnlichen Stereotypisierungen des sozialen Handelns, im Zauber- und Medizinmannwesen, in den Zuständen und Praktiken schamanischer Besessenheit usw. wurde immer mehr zu einem Beitrage *nicht* zur Erkundung der seelischen Verfassung fremder, exotischer Rassen, sondern zur *Selbsterkenntnis der menschlichen Natur* schlechthin; ihr Deutungswert erwies sich also nicht als auf differentiell-völkerpsychologischem, sondern als auf allgemein-anthropologischem Gebiet liegend. So ist dieses Material denn auch schon von SCHELER (1926 : 60 f.) verstanden worden.

Die seit 1926 immer schärfer einsetzende Kritik der Anschauungen LÉVY-BRUHLS (L. STERNBERG 1926, OLIVIER LEROY 1927, RAOUL ALLIER 1927, D. ESSERTIER 1927, R. THURNWALD 1928, E. E. EVANS-PRITCHARD 1934, A. VIERKANDT 1937, P. A. SOROKIN 1937 und viele andere) ging zugleich auf die Gewinnung eines realistischen Bildes der menschlichen Natur aus. Sie wies darauf hin, daß LÉVY-BRUHL (aber auch viele andere Theoretiker, zum Beispiel J. G. FRAZER) das Bild des archaischen Menschen künstlich verseltsamt und verrätselt hätten durch eine zu einseitige Berücksichtigung der *uns* sonderbar erscheinenden Praktiken aus den ethnographischen Quellen. Man geheimnisste in den primitiven Menschen viel zu viel reflektierenden Tiefsinn hinein und übersah, daß seine Interessenrichtung im Durchschnitt durch ein bequemes Alltagsdenken bestimmt ist, wie auch bei uns normalerweise. Sein Denken ist keineswegs *prä-logisch,* sondern genauso logisch wie das unsere, freilich auf der Basis anderer weltanschaulicher Voraussetzungen, über die er sich keine Rechenschaft ablegt. In der Tat scheint LÉVY-BRUHLS Terminus *Prä-Logik* die gemeinten Phänomene nicht ganz zutreffend wiederzugeben. Richtiger wäre es, mit HUSSERL von *vorprädikativen Urteilen* oder mit SCHELER von der kognitiven Funktion des Emotionalen zu sprechen. Der sogenannte primitive Mensch verfährt nicht auf eine uns absolut unverständliche Weise. Wo *wir* zum Beispiel Krankheit und Tod eines Menschen durch einen pathologischen Prozeß oder auch einfach durch einen Zufall erklären, nimmt *sein* Denken die bösartige Absicht eines Feindes und Wirkung durch Zauberei an, – eine Erklärung, die nicht unlogisch ist, sondern der Basis seines Maßes an Kenntnissen und Wissen entsprechend. Die Einwirkung bösartiger Mächte ist nichts Übernatürliches, sondern gehört durchaus zu seiner erfahrbaren Welt. Die Geistesverfassung einer Gruppe muß also immer zu ihrem Stande an Kenntnissen und Fertigkeiten zur Naturbeherrschung und Lebensorientierung in Beziehung gebracht werden (THURNWALD). Der Kanon der logischen Normen zwar bleibt stets derselbe, ganz gleich, welche Kultur ich studiere; aber die gezogenen Schlußfolgerungen müssen vom Standpunkt der Hauptprämissen einer Kultur beurteilt werden; ob *ich* diese Prämissen annehmen kann, ist eine andere Frage, auf alle Fälle muß ich nach ihnen suchen (SOROKIN). Auf immer breiterer Front setzt übereinstimmend ein Bestreben ein, das eigene Urteil, das heißt, das Urteil des wissenschaftlichen Beobachters zurücktreten zu lassen gegenüber dem Versuch, die Selbstintention bzw. Selbstdeutung eines fremdkulturellen Verhaltens zur Selbstgegebenheit zu bringen, – ein Bestreben, das in der HUSSERLschen Phänomenologie auf die klarste Formel gebracht worden war. C. G. JUNG betonte besonders die Projektion eigener Affekte auf andere Menschen und Dinge; diese bilde den Hintergrund für die sogenannte *participation mystique* LÉVY-BRUHLS, die aber für das archaische Denken nicht mystisch, sondern natürlich sei. Auch wir setzen ja noch unsere eigene Psychologie ohne weiteres bei anderen Menschen voraus, so lange wir phänomenologisch unreflektiert denken. Die in der ethnographischen Literatur oft zu findende Behauptung, primitive Menschen hätten die *Motive* ihrer Zeremonien, Riten und Einrichtungen „vergessen", ihre Vorfahren müßten sie aber einmal gekannt haben, beruht auf der falschen Voraussetzung, daß Rechenschaftslegung über die Motive von Handlungen der Regelfall sei. Sie ist aber Ausnahme. Der Mensch archaischen Denkens tut die Dinge, aber er reflektiert im allgemeinen nicht darüber. Und wenn der Ethnograph das letztere einfach voraussetzt, so begeht er den gleichen Fehler. Kurz: das „primitive Denken" ist einfach das unkontrollierte, über seine Prämissen nicht reflektierende, also nicht rechenschaftsgebundene und zugleich stärker emotional und affektiv getönte Alltagsdenken.

Die Eigenart der sogenannten magischen Denkakte und Handlungen wurde fast allgemein bis in die jüngste Zeit nicht verstanden. Primär-psychologisch handelt es sich dabei um Ausdrucksakte, die schlichtweg dasjenige meinen (intendieren), was sie ausdrücken. Die Mächtigkeit des Wortes in vielen Kultverrichtungen zeigt dies deutlich (G. VAN DER LEEUW 1933); der Logos hat intentionalen Charakter. Von „Magie" läßt sich nicht psychologisch reden, wohl aber historisch, sobald von Priestern, Zauberern usw. ausgearbeitete, rationalisierte *Systeme* von sinngebenden intentionalen Akten vorliegen.

Dabei darf freilich der Begriff des „Intentionalen" nicht intellektualisiert und geradezu mit der Gerichtetheit des *erkennenden* Menschen auf einen „Gegenstand" gleichgesetzt werden, – ein objektivistisches Mißverständnis, dem gerade der wissenschaftliche Mensch leicht erliegt. Im Begriff des Intentionalen ist ja eben der Subjekt-

Objekt-Gegensatz überbrückt, und zwar, der Genese nach, diffus-gefühlsartig überbrückt. Darauf haben der Leipziger Psychologe Felix Krueger (1874 – 1948) und seine Schule hingewiesen, indem sie neben den deutlich umrissenen und daher intellektualistisch mißdeutbaren „Gestalt"-Begriff der Gestalt-Psychologen den Begriff der Komplex- bzw. Ganz-Qualität stellten, der ein diffus-gefühlsartiges Erleben zum Ausdruck bringen soll (Wellek 1950, 1955 ff.). In der Tat: Der Mensch „erfaßt" nicht immer „Gestalten", er wird oft auch vom Wahrgenommenen gefühlsartig „angemutet". Diese Deutungsweise wird jedenfalls den Erscheinungen des Betroffen- und Ergriffenwerdens, der „passiven Synthesis" (Husserl), besonders aber auch dem ganzen Spektrum der ekstatischen und magisch-affektuellen Erlebniswelt, besser gerecht als der Gestalt-Begriff.

Das Fazit der entwicklungspsychologischen Betrachtungsweise lautet: Die sogenannte primitive oder archaische Mentalität ist nicht auf bestimmte Völker, Kulturzustände oder gar Rassen hin relativierbar. Ihre Manifestationen enthüllen allgemeine Möglichkeiten der Natur des *Homo sapiens*, realisierbar unter bestimmten Umständen.

So sind die „magischen" Verhaltensweisen keineswegs das Reservat eines besonderen „primitiven" Völkerkreises oder „niedrigerer" Kulturen. Sie haben vielmehr, worauf schon Schopenhauer hingewiesen hatte (o. S. 142), eine lange Geschichte auch im Abendland hinter sich, und außerdem sind sie auch Vorstufen wissenschaftlich-experimentellen Denkens (vgl. Thorndike 1923 – 1958).

Die große Tragweite dieser Wendung auch für die anthropologische Methodik und Theorie ist kaum zu überschätzen. Die Erforschung der Ursprünge und Anfänge der Religion, der Kunst, des Rechtes usw. verschob sich in ihrer Problemstellung vollkommen, man erkannte und erkennt mehr und mehr, daß es nicht ein historisches Älter- oder Frühersein bestimmter kultureller Ausdrucksformen geben kann, aber auch kein evolutionäres, sondern nur eines im entwicklungs*psychologischen* Sinne. Die Vorzeit ist eine psychische Schicht. Die geschichtlichen Anfänge der Religion zum Beispiel sind unserem methodischen Zugriff gänzlich entrückt, da selbst die einfachsten menschlichen Gesellschaften (zum Beispiel die Pygmäen oder die australischen Eingeborenen) eine viel zu lange Geschichte hinter sich haben (mag diese uns auch unbekannt sein und sich infolgedessen nicht historisieren lassen), als daß man sie als Repräsentanten der Urmenschheit auffassen könnte. Wohl aber hat es einen Sinn, nach *psychologischen* Ursprüngen zu fragen. Die Erfahrungen über abnorme seelische Zustände, die Psychopathologie der Neurosen und Psychosen, die Psychologie des Traumes, Rausches und der Besessenheitsphänomene usw. zeigten ebenso wie die – von Wundt zum Beispiel noch völlig vernachlässigte – Psychologie des Kindes so auffällige Parallelen zur sogenannten Psychologie des primitiven Menschen, daß manche Autoren zeitweilig geneigt waren, dem primitiven Menschen eine psychopathische oder neurotische Veranlagung zuzuschreiben, wie dies seinerzeit schon Meiners (o. S. 61) getan hatte. Es zeigte sich aber bald, daß dieselben Phänomene, die bei *uns* als krankhaft bezeichnet werden müssen, in den Gesellschaften der Naturvölker einer sozialpsychischen Regulierung unterliegen und spezifische sozialpsychische Funktionen besitzen, also innerhalb ihrer eigenen kulturellen Umwelt als normal bezeichnet werden müssen. (Das zeigten besonders die Werke *Psychomental Complex of the Tungus,* 1935, von S. M. Širokogorov, und *La terra del rimorso,* 1961, von E. de Martino, vgl. auch Jervis 1962.) Man wird danach sagen dürfen, daß es in den Gemeinschaften der Naturvölker, aber auch in den Rand- und Rückzugsgebieten Europas, kollektiv regulierte Verhaltensformen gibt, deren Einzelsymptome bei uns als pathologisch registriert werden würden, die aber in ihrem kulturellen Kontext eine normale, u. U. sogar gemeinschaftsförderliche Funktion aufweisen. Edward Sapir, einer der feinsten Köpfe, die aus der Boas-Schule hervorgegangen sind, sieht den Hauptertrag der Anthropologie für die Psychiatrie darin, daß sie zu einer heilsamen Besinnung über die Reichweite des Begriffes des Normalen geführt habe. Der Anthropologe mit seinem Überblick der Vielfältigkeit menschlicher Verhaltensweisen ist von vornherein skeptisch gegen einen generalisierbaren Begriff von Normalität. „Cultural anthropology ... is constantly rediscovering the normal." Die menschlichen Persönlichkeiten passen sich nicht einem allgemeinen Schema größtmöglicher Normalität an, sondern der größtmöglichen Vielfalt von Ideen- und Handelnsmustern, je nach den Umständen ihrer Herkunft und ihres Lebenslaufes (Sapir [1932] 1963 : 514 f.).

7. *Psychopathologie*

Daraus ergibt sich bereits, daß die Frage des Pathologischen innerhalb der anthropologischen Gesamtproblematik neu gestellt werden muß. Voreilige Versuche, medizinische Deutungen aus der Perspektive des europäischen Nervenarztes an Fremdphänomene heranzutragen, waren oft zum Scheitern verurteilt. Außerdem darf man den kulturkritischen Hintergrund dieser Versuche nicht vergessen. Nicht nur in der Psychopathologie wollte man den Menschen enthüllen, ihn zeigen, wie er wirklich ist. Dies war eine über den medizinischen Bereich weit hinausgreifende Tendenz, die sich ebenso in der Soziologie und sogar in der Geschichtschreibung spiegelt. Auf der Linie einer fortschreitenden „Entlarvung" der menschlichen Natur liegen in der jüngsten Zeit außer den analytischen Psychologien von Freud, Alfred Adler und C. G. Jung die *entzaubernde Psychologie* von Max Weber, die Psychologie der Weltanschauungen von Karl Jaspers (1919), die Wissenssoziologie von Max Scheler (1926) und Karl Mannheim (1929 ff.), die Sozialpsychologie der Ruhmbildung und des Genie-Mythos von Wilhelm Lange-Eichbaum (1928) und nicht zuletzt die Enthüllungen der Kolonialhistoriker über die Greueltaten der Weißen gegen die Eingeborenen (vgl. G. Friederici 1925, 1936). Es ist noch immer der Abbau des alten idealistischen Menschenbildes und der Übergang zu einer neuen realistischen Betrachtungsweise, die gleichsam pathologisch – oder auch expressis verbis pathologisch war.

Daß die bisherigen, bereits als abgeschlossen zu beurteilenden Versuche auf diesem Gebiet nicht sehr ermutigend sind, läßt sich nach dem obigen Zitat aus SAPIR denken.

Die speziellen völkerpsychologischen Versuche SIGMUND FREUDS (1856–1939, *Totem und Tabu* 1912) sind in der Form, in der er sie seinerzeit dargeboten hat, gescheitert. FREUD stellte an den Anfang aller Religion, Ethik, Gesellschaft und Kunst den sogenannten Ödipus-Komplex. In der Urgesellschaft schlossen sich die vom Geschlechtsgenuß ausgeschlossenen Söhne gegen den eifersüchtigen Hordenvater zusammen, töteten und verzehrten ihn. Aus der Reue über diese Tat erwuchsen die – nach FREUD – stärksten Tabu-Verbote der Menschheit: das Verbot, das Totemtier (als Vaterersatz) zu verspeisen, und das Verbot des Geschlechtsverkehrs innerhalb der eigenen Totemgruppe (Inzestverbot). – Als erster Kritiker hat A. L. KROEBER ([1920, 1939] 1952 : 301 ff.) diese Theorie als eine Konstruktion abgelehnt. Mag ihr psychologischer Gehalt diskutabel sein, so ist doch ihre Statuierung als ein historisches (!) Urereignis mit biologisch vererbten Folgen unhaltbar. MALINOWSKI konnte dann (1924) zeigen, daß in der mutterrechtlichen Gesellschaft der Trobriands-Insulaner die Gefühle, die sich bei uns auf den Vater richten, auf den Mutterbruder übertragen werden; es bestehe hier nicht der Wunsch, den Vater zu töten und die Mutter zu heiraten, sondern, den Mutterbruder zu töten und die Schwester zu heiraten. – Von anderen englischen Anthropologen ist W. H. R. RIVERS den FREUDschen Anregungen nur streckenweise gefolgt (1918, 1920, 1923, 1926). In der Geschichte der anthropologischen Anwendung psycho-analytischer Begriffe und Ideen muß man die „orthodoxen“ Anhänger der Schule unterscheiden von einer breiteren Strömung, in der zahlreiche (besonders amerikanische) Forscher stehen, für welche die Psycho-Analyse eine willkommene Einstiegsmöglichkeit in tiefenpsychologische Probleme bildet, ohne daß damit eine Annahme aller FREUDscher Doktrinen verbunden sein müßte. Die Lehre vom „Über-Ich“, von der „Verdrängung“ und das Ambivalenz-Prinzip zum Beispiel sind Errungenschaften von bleibender Bedeutung, doch sind sie nicht unbedingt gebunden an die Spezialdogmen der engeren psycho-analytischen Schule.

Ihr Gründer war als Forscherpersönlichkeit von radikalem Wahrheitsethos nicht ohne Größe, als Jude in seiner Laufbahn schwer behindert und als Verfechter einer der menschlichen Eitelkeit so abträglichen Lehre sein Leben lang angefeindet. Das Schicksal seiner Schule weist viele wissenschaftsgeschichtlich typische und lehrreiche Züge der enthusiastischen Anfänge, der Dogmenbildung, der Spaltung, der „schismogenetischen“ Verhärtung, des Einmündens in unvorhergesehene Pfade usw. auf.

G. RÓHEIM in seinen eindringenden Untersuchungen über den australischen Totemismus (1932 ff.) hat sich wieder enger an FREUD angeschlossen. Distanzierter verhielten sich J. F. LINCOLN (1935) und W. I. THOMAS (1937). Im übrigen wirkt der Anstoß, den FREUD gegeben hat, schon darum weiter, weil seine anthropologische Bedeutung sich nicht in den zugespitzten Thesen von „Totem und Tabu“ erschöpft, sondern viel weiter reicht. Er macht sich heute nicht nur in den

Studien über „Persönlichkeit und Kultur" geltend (LINTON, KARDINER), sondern wirkt auch, im Anschluß an FREUDS heute schon klassisches Werk (*Die Traumdeutung*, 1. Aufl. 1900), in der Traumpsychologie weiter (DEVEREUX 1951, vgl. zum Ganzen JONES 1960 – 1962 : III 369 – 89, LA BARRE 1958).

Das gilt auch für die analytische Psychologie C. G. JUNGS (1875 – 1961), der sich von der FREUDschen Schule abgespalten und dann eine spezifisch schweizerische Denomination der Psychologie des Unbewußten gebildet hat. JUNGS Werke sind eine Fundgrube wichtiger Anregungen, von denen aber so gut wie nichts unkritisch übernommen werden kann. Unfruchtbar war sein Einfall, außer einem individuellen Unbewußten auch ein kollektives Unbewußtes unterscheiden zu wollen. Dieses bilde den organischen Niederschlag des Gedächtnisses von Generationen; eine Auffassung, die ohne die psycho-lamarckistische Hypothese nicht durchführbar und daher mit den Ergebnissen der modernen Genetik nicht zu vereinigen war. Bei dieser Annahme eines kollektiven Gedächtnisses hat R. SÉMONS Lehre von der „Mneme" Pate gestanden; auch der italienische Naturphilosoph EUGENIO RIGNANO mit seiner Lehre vom „Gedächtnis als Grundlage des Lebendigen" (1931) und der Schweizer Psychiater E. BLEULER, ebenfalls ein Verfechter des „Mnemismus" (1931) hatten verwandte Anschauungen entwickelt, gegen welche die gleichen Einwände galten, wie sie gegen die Annahme einer „Vererbung erworbener Eigenschaften" allgemein zu erheben waren. JUNGS Hypothese vom „kollektiven Unbewußten" ist außerdem eine Umstülpung von DURKHEIMS Kollektivitäts-Thesen ins Irrationale, andererseits bedeutet sie auch einen Rückfall in die romantische Lehre vom kollektiv bildenden Volksgeist (vgl. JUNG 1946): ausdrücklich hat JUNG an CARUS und an BASTIANS „Völkergedanken" angeknüpft.

Ebensowenig wie FREUD hat C. G. JUNG sich jemals Rechenschaft über den Begriff des „Unbewußten" abgelegt. Er hielt diese Frage für „philosophisch", und „Philosophie" sei nicht Sache des Arztes, als der er sich fühlte. Tatsächlich aber ist der Deutungsanspruch der JUNGschen Psychologie so weit gespannt, daß die Frage nach der wissenschaftlichen Rechtfertigung seines grundlegenden Begriffes sehr wohl berechtigt ist. Dasselbe gilt für FREUD und die Psycho-Analyse überhaupt. Ihre Erfahrungen entstammen der psychotherapeutischen Praxis und können von der wissenschaftlichen Welt nur auf Kredit hin übernommen werden. Dieses Unsicherheitsmoment verstärkt sich, wenn die Erfahrungen aus der Sprechstunde mit „westlichen" Patienten in ganz andere Kulturhorizonte übertragen und spekulativ auf Gegenstände des Mythos, der Religion, des Kultus und der Gesellschaftsordnung angewandt werden.

X. FORTENTWICKLUNG DER HOMINIDEN ANTHROPOLOGIE

1. Paläo-Anthropologie

Wir schildern die Fortschritte der hominiden Anthropologie. Die menschliche Abstammungslehre oder Phylogenetik hat in den letzten Jahrzehnten epochemachende Entdeckungen fossiler Menschenreste zu verzeichnen (vgl. HEBERER 1951, 1965). Zu den zahlreichen Funden vom Neandertal-Typus (vgl. BRACE 1964) haben sich neue Funde gesellt. Zwar ist das Schädeldach von Trinil (Java), dessen Träger später *Pitecanthropus* genannt wurde, von dem holländischen Militärarzt EUGEN DUBOIS schon 1891 entdeckt worden (DUBOIS 1894). Aber die Diskussion um dieses Fossil hat viele Jahrzehnte angehalten, und DUBOIS selbst, der anfangs das *missing link* zwischen Affe und Mensch gefunden zu haben glaubte, hat zum Schluß resigniert und geglaubt, die Überreste eines Riesengibbons ausgegraben zu haben (DUBOIS 1924, 1926). Wir erleben nun aber den Fall, daß ein anderer Forscher die ursprüngliche Version seines Vorgängers, an der dieser selber verzweifelte, rehabilitiert und förmlich beweist: Der Utrechter Paläontologe G. H. R. v. KOENIGSWALD hat bei Grabungen (1936 – 1939) in der Nähe von Surakarta auf Java u. a. ein vollständiges Pendant zur *Pitecanthropus*-Kalotte gefunden. Danach ist *Pitecanthropus* tatsächlich ein primitiver Verwandter des heutigen Menschen, dessen Alter sich auf mehr als 700 000 Jahre bestimmen läßt. Außerdem hat v. KOENIGSWALD Reste einer noch älteren *Pitecanthropus*-Form gefunden: einen Kinderschädel und einen Erwachsenenschädel (= *Pitecanthropus robustus* WEIDENREICH), den sein Entdecker als Stammvater des Vormenschen auffaßt (v. KOENIGSWALD 1955). Eine verwandte Form ist der 1928 von dem kanadischen Anatomen DAVIDSON BLACK in der Nähe von Peking ausgegrabene *Sinanthropus pekingensis.* Da es sich hierbei um Schädelreste handelte, bei denen ausnahmelos die Hinterhauptsregion zertrümmert war, und da man außerdem Quarzsplitter und Hinweise auf Feuergebrauch fand, hat man hier die frühesten Hinweise auf Nahrungszubereitung, vielleicht sogar Kannibalismus finden wollen. Wahrscheinlich stehen der fossilen Anthropologie gerade aus China und Südostasien noch weitere Überraschungen bevor. – Es gibt aber auch einschlägige Funde aus Ostafrika (*Africanthropus njarasensis,* Bearbeiter: RECK 1936, WEINERT 1939) und Algerien (*Atlanthropus mauritanicus).* Der berühmteste Fund ist schon älter, es ist der Unterkiefer von Mauer bei Heidelberg (*Homo heidelbergensis,* SCHOETENSACK 1907 – 1908).

In der morphologischen Bearbeitung dieser Funde und in ihrer phylogenetischen Einordnung leisteten in neuester Zeit besonders MOLLISON, HANS WEINERT, FRANZ WEIDENREICH und WILHELM GIESELER das meiste. THÉODOR MOLLISON (1874 bis 1952) arbeitete auch mit physiologischen Methoden, indem er die Artspezifität des Eiweiß der Phylogenetik dienstbar machte (Präzipitin-Reaktion) und auf diese

Weise nachwies, daß der Mensch dem Schimpansen am nächsten steht (MOLLISON 1926, 1933). Es kann heute als gesichert gelten, daß der Vormensch und der Schimpanse aus einer gemeinsamen Wurzel stammen, deren Aufspaltung erst erfolgte, nachdem die zum Gorilla führende Linie sich bereits abgezweigt hatte. Das allgemeine Problem *Monophylie oder Polyphylie*, das die Denker der Aufklärungszeit so sehr beschäftigte (s. S. 56), ist also nach der übereinstimmenden Meinung der heutigen Anthropologen im *monophyletischen* Sinne entschieden worden – auch aus theoretischen Gründen, da die zur Menschwerdung führenden Vorgänge anatomisch-physiologisch derart kompliziert sind, daß ihr mehrmaliges gleichsinniges Auftreten äußerst unwahrscheinlich ist (EUGEN FISCHER; vgl. neuerdings wieder DOBZHANSKY 1963). Das damit aufgerührte Kontingenzproblem hat in jüngster Zeit H. SANDON (1966) präzise formuliert. Schon die Schritte vom organischen Molekül zur Zelle, und im Tierreich die Schritte von Einzeller zum Vielzeller und vom Wasserleben zum Landleben waren extrem unwahrscheinlich, und erst recht war der zur Menschwerdung führende Weg immer nur eine dünne Linie. Die Gruppe der anthropomorphen Affen ist in ihrer anatomischen Ausstattung keineswegs imponierend, und nur die extrem unwahrscheinliche Kombination von stereoskopischem Sehen, vielseitigen Händen, ungewöhnlichem Hirn, besonderem Sprechapparat und besonderem Fuß konnte den Weg zu *Homo* gewissermaßen ebnen. (Mit diesen Wahrscheinlichkeitsüberlegungen hört allerdings die wissenschaftliche Aussagemöglichkeit auf, so daß wir die Spekulationen von TEILHARD DE CHARDIN als unser Thema nicht betreffend beiseite lassen können; vgl. Lit. unter TEILHARD DE CHARDIN.)

In der Primatologie (vgl. dazu HOFER-SCHULTZ-STARCK 1956 ff.) und Paläo-Anthropologie hat sich in den letzten Jahrzehnten ein bestimmter systematischer Sprachgebrauch herausgebildet (vgl. SIMPSON 1945), der am besten tabellarisch veranschaulicht wird:

Primaten (Herrentiere): zoologische Ordnung, Halbaffen, Affen und Menschen umfassend.

Hominoiden: Unterordnung, umfaßt anthropomorphe Affen und Menschen.

Hominide (Menschenartige): Familie, entwickelt aus den anthropomorphen Affen wahrscheinlich der ersten Miozänhälfte durch Erwerbung des aufrechten Ganges und Cerebralisation (Gehirnvergrößerung).

Drei Unterfamilien: 1. Oreopithecinen (bisher einziger Vertreter: Oreopithecus bambolii), 2. Australopithecinen (seit 1924 durch Funde in Südafrika in mehr als hundert Individuen belegt, gingen bereits aufrecht, hatten ein typisch hominides Gebiß), 3. Homininen, einzige Gattung: Homo, mit drei Gruppen:

a) Archanthropinen (Pitecanthropus und Verwandte, siehe oben);
b) Paläanthropinen (Neandertaler und Verwandte);
c) Neoanthropinen (Homo sapiens mit fossilen Vorläufern).

Die Klassifikation mancher Fossilfunde und insbesondere die Frage, von wann ab man eine Form schon als menschlich oder noch als vormenschlich ansprechen soll, sind in einzelnen Fällen natürlich strittig.

Wenn der zoologische Zusammenhang des heutigen Menschen mit den höheren Affen (freilich keiner der heute lebenden Formen, sondern nur fossilen) unabweisbar ist, so ergeben sich aber noch andere Probleme. Unabhängig von der Frage des systematischen Zusammenhanges kann das physiologische, psychologische und soziale Verhalten der höheren (anthropomorphen) Affen anthropologisch nicht gleichgültig sein, – nicht für den Zweck von Abstammungs- bzw. Verwandtschaftskonstruktionen, wohl aber für die hypothetische Beurteilung adäquater Möglichkeiten eines gemeinsamen stammesgeschichtlichen Potentials. Allerdings hat das Studium des sozialen und geistigen Lebens höherer Affen erst vor wenigen Jahrzehnten zögernd eingesetzt (W. Koehler 1921; S. Zuckerman 1932, 1933; W. C. Allee 1931 ff.), obwohl schon Giddings (s. o. S. 113) auf die Bedeutung der Soziologie der Affenhorde für das Problem der Menschwerdung hingewiesen hatte; jedoch steht schon heute fest, daß von den anthropomorphen Affen der Schimpanse und ihm zunächst der Gorilla geistig den anderen Arten überlegen sind, und daß diese Überlegenheit beim Schimpansen in deutlicher Korrelation zu seinem geselligen und emotionellen Charakter steht. Die weite Verbreitung des Schimpansen zeigt auch die Einwirkung dieser soziologischen Faktoren auf die Auslese an.

Mit anderen Fragen müssen wir auf das Gebiet der humaniden Anthropologie übergreifen: Auch der naturwissenschaftlich arbeitende Anthropologe muß die Kategorien wechseln, wenn er hierüber redet. Die kulturelle Ausdeutung vorgeschichtlicher Funde blieb, wie zu Lubbocks Zeiten (s. o. S. 102) auf den Vergleich mit dem ethnographischen Stoff der technisch am tiefsten stehenden zeitgenössischen Naturvölker angewiesen, jedoch erwies sich immer mehr, daß dieses Material nur mit größter Vorsicht in die prähistorische Vergangenheit der Menschheit projiziert werden darf. Von einem Fortschritt der Menschheit kann eigentlich nur auf dem Gebiete der Kenntnisse und Fertigkeiten und ihrer Anwendungen (z. B. in der Heilkunde) geredet werden. Weinert (1940) bemühte sich, auch auf anderen Gebieten den geistigen Aufstieg der Menschheit zu kennzeichnen. Eines der eindrucksvollsten Ergebnisse solcher Studien war die – schon von Voltaire geahnte – Feststellung, daß sich die Akkumulation der Kenntnisse und Fertigkeiten des Menschen nur außerordentlich langsam bewegt: Vom Beginn der Menschwerdung an verläuft die Kurve über viele tausend Jahre fast flach, erst vom Jungpaläolithikum an (vor etwa 60 000 Jahren) steigt sie steiler an, um endlich mit der jüngeren Steinzeit steil in die Höhe zu schnellen. Es kann als gesichert gelten, daß die meisten geistigen Errungenschaften des Menschen nicht älter als 10 000 – 15 000 Jahre sind, viele sind aber zweifellos jünger. Feldbau und Viehzucht reichen bis in die mittlere Steinzeit zurück, höhere Formen der politischen Organisation können kaum früher angesetzt werden als in die jüngere Steinzeit. Über die geistige Ausstattung des Urmenschen wissen wir also praktisch nichts; was wir ihm zusprechen, können allenfalls Postulate sein, hypothetische Annahmen über Eigenschaften, die wir mit dem Charakter des Menschseins als unabdinglich verknüpfen; doch sind hierbei die Täuschungsmöglichkeiten enorm. Wenn wir dem amerikanischen Ägyptologen

J. H. Breasted glauben wollen, so wäre selbst auf dem Gebiete der moralischen Eigenschaften die Geburt des Gewissens innerhalb der Menschheit nicht früher als vor fünftausend Jahren anzusetzen, – denn erst zu diesem Zeitpunkt glaubt er dasselbe aus seinen Quellen heraus verifizieren zu können (Breasted [1933] 1950). – Entscheidend ist, daß sich die *Perspektive* zur Beurteilung des Fortschritts-Problems völlig verschoben hat.

2. *Rassenbiologie und Genetik des Menschen*

Die *Rassenkunde* hat in den letzten Jahrzehnten manche Fortschritte gemacht in der Erhebung von Körpermaßen an Bevölkerungen aller Erdteile; jedoch ist das Material immer noch nicht ausreichend, um zu einer allgemein anerkannten rassischen Gliederung der Menschheit zu gelangen. Es ist eine Frage, ob eine solche überhaupt möglich ist, weil die Grenze zwischen Rasse und Lokalschlag oft schwer zu ziehen ist, und weil sich hinsichtlich der Rassen überhaupt immer wieder die Frage stellt, was biologische Wirklichkeit ist und was bloß klassifikatorisches Ordnungsprinzip. Die vollständigste Gliederung in neuester Zeit wurde von E. v. Eickstedt (1934) versucht, andere Versuche stammen von Lundman (1952) und Coon (1962). Die Hauptschwierigkeit liegt teils in dem Mangel an ausreichenden Beobachtungsgrundlagen, teils in dem Fehlen geeigneter Kriterien für die Aufstellung von Rassen. Nachdem der nominalistische Rassenbegriff der Broca-Schule in eine Sackgasse geführt hatte, entstand durch das Aufblühen der Erblehre die Notwendigkeit, den Begriff der Rasse neu zu fassen. Die angelsächsischen und französischen Forscher begnügten sich freilich meist auch weiterhin mit dem nominalistischen Rassenbegriff, sie faßten Rassen einfach als mehr oder weniger bestimmte Körperformgruppen oder als Populationen von mehr oder weniger eindeutiger physischer Bestimmtheit auf, deren Einteilung und Abgrenzung im wesentlichen konventionell war. In Deutschland hingegen zog man, zögernd allerdings, die Folgerungen aus der Erblehre. Dabei wurde das Studium der klassischen Form- und Farbmerkmale in den letzten Jahren in wachsendem Maße durch die Erforschung der sogenannten Blutgruppen ergänzt. Von diesen waren die Gruppen des sogenannten ABO-Systems schon seit dem Jahrhundertbeginn bekannt gewesen, doch sind daneben in der letzten Zeit weitere Blutgruppen entdeckt worden. Die Untersuchung ihrer geographischen Verbreitung, ihrer Abhängigkeit von der Selektion und ihrer etwaigen Korrelation mit den klassischen Rassenmerkmalen ist noch im Gange, und die Sero-Anthropologie ist ein eigener, eifrig gepflegter Zweig der Anthropologie geworden (H. Walter in Schwidetzky 1962 : 135 ff.). Da die Unterschiede der Blut- und Serummerkmale erbbedingt sind, wie die der morphologischen Rassenmerkmale, lieferten sie ein zusätzliches Argument für die bereits in den zwanziger Jahren einsetzende Tendenz, die Anthropologie mit der menschlichen Erblehre mehr oder weniger zu identifizieren. Nach Fischers Studien über den Erbgang von Rassenmerkmalen (o. S. 163) hatte der Rassenbiologe und Rassenhygieniker FRITZ LENZ seit 1921 die menschliche Rassenkunde folgerichtig mit der menschlichen Erblehre gleichgesetzt. WALTER SCHEIDT betonte (seit 1925), daß jedwede Aufstellung und Abgrenzung menschlicher Rassen notwendig eine Theorie der Rassenbildung voraussetzte; für ihn war die menschliche Rassenkunde, noch pointierter als bei LENZ, dasselbe wie die *Geschichte der menschlichen Erbmasse.* Menschliche Rassen seien „innerhalb der Art ausgelesene Komplexe von Erbanlagen". Diese Begriffsbestimmung jedoch hat keine allgemeine Anerkennung gefunden, weil sie von einer selektionistischen Theorie der Rassenbildung ausgeht, auf welche die meisten Forscher sich nicht festlegen wollten. Auch FRITZ LENZ, der (1912) Mutation und Auslese für die einzigen treibenden Kräfte der Phylogenese erklärt hatte, nahm trotzdem SCHEIDTS Rassendefinition nicht an, weil sie ein hypothetisches Moment involviere. In der Tat konnte man, selbst wenn für die Entwicklung der Tierarten, die sogenannte Makroevolution, Mutation und Auslese als die einzigen Faktoren sich erweisen ließen, dennoch nicht ohne weiteres den Schluß ziehen, daß dasselbe auch innerhalb der Art, also bei den rassenbildenden Vorgängen, der sogenannten Mikroevolution, der Fall sein müsse. Die Entscheidung dieser Frage hing davon ab, wieweit sich die Erfahrungen der experimentellen Erbforschung mit der DARWINschen Selektionstheorie zur Deckung bringen ließen. Die Arbeiten hierüber befinden sich noch in vollem Fluß, und demgemäß schwankt auch die Stellungnahme der einzelnen Forscher (vgl. SCHWIDETZKY 1962). Für die Makroevolution kann als gesichert gelten, daß die Änderungen in der Erbstruktur, die sogenannten Mutationen, in der Tat das Ausgangsmaterial für die Evolution bilden. Solche Mutationen sind bei Versuchstieren (besonders bei der Taufliege Drosophila) zum Beispiel durch die Einwirkung von Radium- und Röntgenstrahlen erzeugt worden. Sie erfolgen an und für sich ziellos und sind meist mit einer Herabsetzung der Vitalität verbunden, jedoch hängt dies durchaus von dem *genotypischen Milieu* (das heißt von den anderen Erbanlagen, in deren Umgebung die Mutante eingebettet ist) sowie von anderen Milieubedingungen ab, in dem sie erfolgen; je nachdem kann dieselbe Mutation sowohl krankhaft als auch förderlich sein. Der Begriff des *Krankhaften* ist also relativ zu nehmen. (LENZ war auch hierin schon vorangegangen, als er 1912 „Krankheit" als einen „Zustand an den Grenzen der Anpassungsfähigkeit" definierte.) Diese Begriffsbestimmung ist auch heute noch erwägenswert, weil *Anpassung* immer rückbezüglich ist und wir heute mehr denn je in Relationen denken (vgl. o. S. 162). Durch Mutationen und deren jeweilige Kombinationen mit anderen Erbanlagen und Außenbedingungen kann der biologische Wert der Organismen in mannigfacher Weise beeinflußt werden. Bei frei lebenden Tierarten kommen dieselben Mutationen vor, die sich auch im Laboratorium erzeugen lassen. Als nicht haltbar dagegen hat sich die Annahme erwiesen, daß die Mutationen von vornherein gerichtet auftreten, also mit einer inneren Zielsetzung auf die biologische Anpassung; eine solche Annahme wäre auch nur mit der Hilfshypothese eines metaphysischen teleologischen Prinzips im Sinne einer vitalistisch verstandenen Entelechie möglich. Da vor dieser Hypothese die meisten Forscher zurückschreckten, blieb nur die Annahme übrig, daß die Selektion die Auswahl der bestangepaßten Mutationen besorgt und auf diese Weise die Evolution zuwege bringt; genauer gesprochen sind es nicht die Mutationen oder die von diesen abhängigen Merkmale, sondern bestimmte Kombinationen, die selektiven Vitalitätswert besitzen. Verschiedene Forscher (R. A. Fisher, J. B. S. Haldane, V. Volterra und besonders Sewall Wright) haben auch rechnerische Überlegungen darüber angestellt, ob die Selektion ausgereicht haben könne, um die phylogenetische Entwicklung zu erklären (vgl. Schwidetzky 1962 : 94 ff.). Die Ergebnisse sind nicht ganz eindeutig; doch bleibt die Tatsache bestehen, daß wir außer den Mutationen, der Selektion und der sogenannten Gendrift bisher keine weiteren Faktoren der Phylogenese wirklich nachweisen können. Eine Vererbung erworbener Anpassungen kommt nach den Erfahrungen der Erblehre nicht in Betracht (s. o.); nur die Isolation von Populationen kann eine zusätzliche Rolle bei der Evolution spielen.

Erfahrungen und Überlegungen dieser Art haben das theoretische Grundgerüst gebildet für den wichtigen Sonderzweig der menschlichen Vererbungslehre oder Humangenetik (die nach unserer Terminologie besser Homininen-Genetik heißen würde). Dieser Zweig der Anthropologie ist in den letzten Jahrzehnten zur höchsten Blüte gediehen, einschließlich der zytologischen Grundlagenforschung. Auch Homo hat einen artspezifischen Chromosomensatz, der seit etwa zehn Jahren endgültig auf 23 Chromosomenpaare bestimmt werden konnte. Die Zahl der Gene beim Menschen ist zwischen 24 000 und 42 000 geschätzt worden. Die Kombination der elterlichen Erbanlagen in einem neuerzeugten menschlichen Lebewesen ist also höchst individuell:

> „Selbst wenn man die Chromosomen als Ganzes betrachtet und auch den Faktorenaustausch nicht berücksichtigt, gibt es bei 23 Chromosomenpaaren schon $2^{23} = 8\,388\,609$ verschiedene Möglichkeiten, wie sich die elterlichen Chromosomen bei der Vereinigung von Ei- und Samenzellen kombinieren können. Daß bei zwei Kindern desselben Elternpaares genau die gleiche Chromosomenkombination auftritt, ist also – abgesehen vom Fall der eineiigen Zwillinge – mit einer Wahrscheinlichkeit von $1 : 8\,388\,609^2 = 1 : 70$ Millionen zu erwarten. Als Individualität kann man daher geradezu den einzigartigen Bestand eines Menschen an erblichen Anlagen bezeichnen" (Schwidetzky 1959 : 29).

(Diese auch von mir vor dreißig Jahren vertretene Auffassung ist allerdings insofern problematisch, als sie den Begriff der menschlichen Individualität auf den Seinsmodus der Möglichkeit reduziert.) Innerhalb der Humangenetik ist das Schwergewicht der Forschung aus methodologischen Gründen auf die Erforschung der krankhaften Erbanlagen, das heißt auf die Erbpathologie gefallen, die ihrerseits dann wieder das wichtigste Kernstück für die Überlegungen der Eugeniker bilden sollte (s. u. S. 198).

Die gewaltigen Fortschritte der Erbpathologie, und der menschlichen Erblehre überhaupt, können hier nicht dargestellt werden (vgl. Stern 1949, v. Ver-

SCHUER 1954 ff., VOGEL 1961, P. E. BECKER 1964 ff.). – F. LENZ konnte die menschliche Erbpathologie in den ersten drei Auflagen des Lehrbuches von BAUR-FISCHER-LENZ (1921 – 1936) noch allein behandeln. In der „Erbpathologie" von 1940 mußte der Stoff bereits auf mehrere Bearbeiter verteilt werden. Gegenwärtig (1964 ff.) gibt P. E. BECKER ein „kurzes" Handbuch der Humangenetik in fünf Bänden heraus, an dem zahlreiche Spezialisten mitwirken. – Die Spiegelung der Fortschritte einer Disziplin in der Vermehrung und Spezialisierung des Stoffes ist ein typisches Merkmal des Wissenschaftsfortschrittes überhaupt; im Falle der Humangenetik ist sie besonders auffällig. Allerdings birgt ein solch rascher Fortschritt einer Spezialdisziplin auch die Gefahr, den Geltungsanspruch derselben zu überziehen und auf eine Repräsentation „der" gesamten Anthropologie auszudehnen. Eine solche Überdehnung hat schon einmal (zur Zeit der Hitler-Herrschaft) in Deutschland die Anthropologie (als Fach) ruiniert (s. u. S. 198 f.). Es steht zu hoffen, daß der gleiche Fehler sich nicht wiederholen werde.

Das unmittelbare Übergreifen der Ergebnisse dieser Forschungen in die Problematik und den Aufgabenbereich der Sozialmedizin und Eugenik darf freilich nicht darüber hinwegtäuschen, daß die theoretischen Ausgangsprobleme des Verhältnisses von Erbanlagen und Umwelt, Selektion und Anpassung noch keineswegs befriedigend gelöst sind (vgl. MÜHLMANN 1962, Kap. 6 und 7). Daß die Vorgänge der Selektion und Isolation auch und speziell für die menschliche Rassenbildung gelten, war von vornherein wahrscheinlich, wiewohl nicht unmittelbar nachweisbar. Daß zunächst auch bei menschlichen Gesellschaften Auslesevorgänge in Form der unterschiedlichen Fortpflanzungsstärke sozialer Schichten und ethnischer Gruppen eine Rolle spielen und somit Erbunterschiede zwischen Populationen quantitativ verstärken können, hatte die sozialanthropologische Schule (s. o. S. 114 f.) als wahrscheinlich unterstellt. Daß solche Vorgänge, wenn sie an erblich verschiedenen Gruppen angriffen und lange Zeit in gleicher Richtung weiterwirkten, auch eine züchtende bzw. umzüchtende Bedeutung besitzen können, war ebenfalls nicht von der Hand zu weisen, da ja die rassische Umwandlung historischer Bevölkerungen auch ohne fremde Zumischung von außen her sich nachweisen ließ. Jedoch ging daraus noch nicht hervor, daß auch die primäre Entstehung der menschlichen Rassen ausschließlich auf die Faktoren Mutation und Auslese zurückzuführen sei. Zwar an der Bereitstellung des Rohmaterials durch die Mutation zweifelt heute kein Anthropologe mehr, auch nicht an der Wirksamkeit der Auslese; wohl aber schien manchen Forschern die Auslese als rassenbildender Vorgang nicht ausreichend. EUGEN FISCHER machte für die Entstehung der menschlichen Rassen in erster Linie ein gehäuftes Auftreten von Mutationen verantwortlich, wie es bei allen domestizierten Tierarten zu beobachten sei; als *Domestikationsmerkmale* aber seien die Rassenmerkmale des Menschen in der Tat aufzufassen (EUGEN FISCHER 1914). FISCHER selbst folgte mit dieser Theorie einer Anregung von EDUARD HAHN. Daß die Domestikationsthese an und für sich schon älter war, daß POSEIDONIOS, BLUMENBACH und LAWRENCE ähnliche Gedanken gehegt hatten, wurde früher erwähnt. (Übrigens hatte schon

Nietzsche zur Domestikationsfrage beim Menschen Stellung genommen: ein besonderer Wert komme der Domestikation nicht zu, wo sie tief gehe, sei sie sogleich Degenereszenz. Werke ed. Schlechta III 740, 742). Bei Fischer wurde jetzt die Domestikationsthese erbtheoretisch begründet. Doch haben auch seine Anschauungen keine allgemeine Anerkennung gefunden, da die Annahme eines gehäuften Auftretens von gleichsinnigen Mutationen für die Erklärung der Entstehung der Menschenrassen nicht auszureichen schien, selbst dann nicht, wenn man wie Fischer Auslese und Inzucht als Faktoren noch hinzunahm. Es zeigt sich aber doch schon, daß die Lösung des Problems in einer Präzisierung des Begriffs des *genotypischen Milieus* liegen wird. Wenn – wie man heute immer mehr annimmt – die Erbmasse nicht einfach eine ungegliederte Masse, das heißt eine amorphe Häufung von Genen ist, sondern Struktur, das heißt eine gefügehaft die Erscheinungen überdauernde Form besitzt, dann muß auch die Richtung ihrer Änderung in gewissen Grenzen als determiniert angesehen werden. Man wird dann zwar *nicht* sagen können, daß die Erbstruktur nur in bestimmten Richtungen mutieren *kann* – dagegen sprechen die experimentellen Befunde –, wohl aber, daß sie nur in bestimmten Richtungen mutieren *darf*, wenn das Gefüge erhalten bleiben soll. (Dauerfähigkeit trotz Wandlungsmöglichkeit ist ja das Kriterium für die organische Struktur.) Es ist auch denkbar, daß selegierende Vorgänge bereits innerhalb der befruchteten Keimzelle stattfinden, wodurch sich die Typisierung bestimmter, rassenhafter Menschenverbindungen erklären ließe.

Die Belebung des rassenkundlichen Interesses in den letzten fünf bis sechs Jahrzehnten führte zu einer Zunahme einschlägiger Untersuchungen, namentlich an ländlichen Bevölkerungen in Deutschland, so vor allem von Walter Scheidt (Niedersachsen und Süddeutschland, vgl. Scheidt und Wriede 1927, Scheidt 1930 ff.), aus Eugen Fischers Schule (Fischer 1929 – 1938) und von E. v. Eickstedt und seiner Schule (Schlesien, v. Eickstedt 1939 – 1941; vgl. Schwidetzky 1955). Dadurch ist das rassische Bild vom deutschen Volke einer größeren Klärung zugeführt worden. Für die anderen europäischen Länder und für Außereuropa lagen die Verhältnisse meist weniger günstig. Die Prüfung älterer Erhebungen, wie sie Scheidt (1930) zum Beispiel für Nordeuropa durchführte, hatte vornehmlich negative Ergebnisse und führte zu einem Abbau vieler bisher als gültig anerkannter Lehrmeinungen. Wegweisend wurden auch Scheidts Untersuchungen über das Problem der Rassenmischung (1928 – 1931), in denen er u. a. nachwies, daß die Annahme von Rassenmischung bisher zu eilfertig gemacht worden war, sobald die empirischen Mittelwerte in einer Bevölkerung mit dem vorgefaßten Idealtypus nicht übereinstimmten. Die rassenbildende Auslese sei niemals so scharf, daß sie eine Bevölkerung völlig einheitlich im Sinne eines Idealtypus prägen könne. – Man hatte also bis dahin bei der Aufstellung von Rassen Idealtypen gebildet. Da man aber nicht wußte, was man tat, verwunderte man sich darüber, daß sie mit den nachweisbaren Mittelwerten nicht übereinstimmten. Als ob Mittelwerte dasselbe wie Typen, das Verfahren Quetelets die idëierende Abstraktion gewesen wären! – Andererseits wirkten Scheidts Anschauungen auch insoweit revolutionär, als er die heutige rassische Beschaffenheit vieler Populationen vornehmlich auf *jüngere* Auslesevorgänge, oft erst der letzten Jahrhunderte, zurückführen möchte. Die Möglichkeit einer genealogischen Ableitung heutiger Populationen von vor- und frühgeschichtlichen Bevölkerungen wird dadurch stark eingeschränkt, wenn nicht gar aufgehoben.

Wie man auch zu Einzelfragen Stellung nehmen mochte, unverkennbar war, daß es gerade die genetische (erbbiologische) Orientierung des Rassenbegriffes war, die in den zwanziger Jahren vollzogen wurde, die jeder praktisch-politischen Überschätzung der sogenannten Rassenfrage den Boden entzog (oder wenigstens hätte entziehen müssen). Zwei lapidare Konsequenzen ergaben sich unausweichlich; die eine lautet, daß alle Menschen den größten Teil ihrer Gene gemeinsam haben, – was jede Ontologisierung des Menschen als ein Rassenwesen ausschließt. Die zweite Konsequenz ist noch radikaler, sie bezieht sich auf die stoffliche Natur der Erbmasse. Daß das, was wir Erbmasse nennen, in den Keimzellen bzw. in den Chromosomen (obwohl vielleicht nicht ausschließlich in diesen) lokalisiert ist, unterliegt keinem Zweifel. Sprechen wir aber von Erbanlagen, so projizieren wir in inverser Teleologie zurück von etwas biologisch Greifbarem, Existentem, auf etwas Nicht-Existentes, – eben die *Anlage* (vgl. N. Hartmann [2]1966 : 103). Das heißt, wir gleiten aus der Wirklichkeit hinüber in eine andere Modalität, die des Möglichen. Mit anderen Worten: Halten wir an der genetischen Rassendefinition fest, so ist Rasse immer nur ein Potential, ein Mögliches, aber nichts Wirkliches. Wollen wir es anders, so müssen wir die genetische Rassendefinition aufgeben (vgl. Mühlmann 1964 : 82).

Dies wird noch deutlicher, wenn man im Lichte der genetischen Theorien und Tatsachen die großzügigen rassengeschichtlichen Konstruktionen vergleicht, die E. v. Eickstedt versucht hat. Seine Bemühungen (1925 – 1944) um eine Rassengeschichte größerer Räume wie Indien und Ostasien, Nordafrika und schließlich der ganzen Menschheit gingen nicht von der Erblehre aus, sondern beruhten auf einer Synthese rassenmorphologischer, geographischer, prähistorischer, historischer und namentlich auch ethnographischer Tatsachen. Der Deutungswert dieser großzügigen, von einem Streben nach Systematik getragenen Synthesen liegt mehr auf universalhistorischem als auf rassenkundlichem Gebiete. Eickstedt faßte die großen Prozesse der Wanderungen und Verschiebungen des Sichdrängens und Verdrängens von körperbaulich bestimmt geprägten ethnischen Gruppen ins Auge. Er konnte so vorgehen, weil er mit dem genetischen Rassenbegriff im Grunde nicht Ernst machte; was er Rassen nennt, sind typologisch mehr oder weniger genau umschreibbare Populationen. Sein *Gesetz der radiären Ausbreitung* der Rassen, wonach die phylogenetisch jeweils höheren Formen die primitiveren vor sich her schieben und in Rückzugsgebiete abdrängen, bildet eine Fortführung und populationsgeschichtliche Erweiterung der Anschauungen Ratzels, für die v. Eickstedt durch seine Felderfahrung in Süd- und Ostasien besonders prädestiniert war. Im Gegensatz zu v. Eickstedt sah F. Lenz in der geographischen Spezialisierung der Rassen nach Vor- und Rückzugsgebieten hauptsächlich einen mehr rezenten Vorgang der ökologischen Siebung, wenigstens in Europa; die sogenannte alpine Rasse zum Beispiel sei keine in den gebirgigen Rückzugsgebieten Zentraleuropas heimische Urbevölkerung, sondern die betreffenden Erbelemente seien in Mischung mit Elementen der nordischen Rasse eingewandert, und die geographische Differenzierung habe sich dann sekundär vollzogen. (LENZ 1936 : I 727; dagegen SCHWIDETZKY 1952). LENZ wandte sich (1941, 1942; dazu SCHWIDETZKY 1942) überhaupt gegen die Vorstellung, es gebe in durchmischten Gebieten, zum Beispiel in Deutschland, nebeneinander lebende, deutlich abgrenzbare Rassen. Geographisch verschieden verteilt seien nicht ganze Rassen, sondern die einzelnen Erbeinheiten, zum Beispiel für Haarfarbe, Figur, geistige Eigenschaften. Eine Korrelation zwischen körperlichen und seelischen Rasseneigentümlichkeiten bestehe, aber mit sehr vager statistischer Regression. – Es ist klar, daß auch solche Fragen von der theoretischen Fassung des Rassenbegriffs abhängen. Während LENZ die alte Anschauung BLUMENBACHS teilte, daß menschliche Rassen geographisch nicht scharf abgrenzbar seien, sondern stetig ineinander übergehen, wogegen als konträres Prinzip die ökologische Siebung als ständig wirkend sich geltend machte, faßten die meisten anderen Forscher, so auch die Breslauer (später Mainzer) Schule (v. EICKSTEDT, I. SCHWIDETZKY) die Unterschiede zwischen den Rassen als unstetig auf. LENZ' Auffassung ist vom Geiste der mendelistischen Erblehre eingegeben, v. EICKSTEDTs hingegen beruht auf der Vorstellung von der Rasse als einem realen Gestaltphänomen.

Diese Gegensätze zwischen populationsgenetischer und typologischer Sichtweise werden hier darum erwähnt, weil in ihnen zwei Tendenzen erkennbar wurden, die bis in die Gegenwart hinein erkennbar geblieben sind, zum Beispiel auch in der amerikanischen Rassenanthropologie. Wer von der Anschauung ausgeht, wird sich die großen typologischen Unterschiede etwa zwischen Europäern, Ostasiaten und Schwarzafrikanern niemals ausreden lassen; wer erbtheoretisch denkt, kann diesen Unterschieden kein allzu großes Gewicht beimessen.

3. Phylogenetische Deutungen

Noch nicht ausreichend bearbeitet ist das Problem, ob es *primitive* und *höhere* Rassen im phylogenetischen Sinne gibt. Vom entwicklungspsychologischen Standpunkte aus muß diese Frage nach unseren heutigen Kenntnissen verneint werden. Es gibt psychologisch primitive oder archaische Züge in allen Populationen, aber keine geschlossenen primitiven Menschengruppen. Morphologisch läßt sich dasselbe feststellen. EICKSTEDT unterschied (1934) theromorphe (tierähnliche) und infantile (kindhafte) Formzüge; jene bedeuten ein Festhalten abstammungsgeschichtlich älterer Formen, diese beruhen auf einem Persistieren kindlicher Formen. Die Rassen der Rückzugsgebiete weisen Züge beider Arten von Primitivität, deren gegenseitiges Verhältnis übrigens noch ungeklärt bleibt, häufiger auf als die Rassen der offenen

Landschaften, aber eine geschlossene Koordination von Primitivität bzw. Progressivität und Raum besteht nicht. Einen weiteren Versuch in dieser Richtung unternahm die Retardationstheorie des niederländischen Anthropologen LUDWIG BOLK, welche annahm (1926), daß die ganze Menschwerdung auf einem Prozesse verzögerter ontogenetischer Entwicklung beruhe, der zur *Fetalisation* der Form geführt habe. Es war schon lange aufgefallen, daß die menschliche Schädelform der der kindlichen Affen viel ähnlicher ist als der der ausgewachsenen Affen. Ähnliches gilt für die Unbehaartheit, die Pigmentarmut, die zentrale Lage des Hinterhauptloches, den Bau der Hand, des Fußes und des Beckens. Alle diese Merkmale faßte BOLK als manifest gewordene fetale Zustände der Primaten auf. Was in dem Entwicklungsgange der Affen ein Durchgangsstadium war, ist beim Menschen durch eine retardierte Entwicklung zum Endstadium der Form geworden: Die Menschwerdung beruht auf *Neotenie*. Auf die Retardation der individuellen menschlichen Entwicklung im Vergleich zu den Tieren und ihre soziologische und sozialpsychologische Bedeutung hatten schon JOHN FISKE in seiner *Cosmic Philosophy* (1874) und ihm folgend HERBERT SPENCER (1876), F. H. GIDDINGS (1896) und dann besonders CH. A. ELLWOOD (1925) hingewiesen. Die langdauernde Hilflosigkeit und Unreife des menschlichen Kindes ist einer der stärksten Motoren zur Entwicklung der elterlichen Triebe und damit überhaupt der sozialen Solidarität gewesen. Auf geistigem Gebiete aber beruht die Fähigkeit der menschlichen Gesellschaft, sich zu verändern, nach ELLWOOD (1917 : 36 ff; 1927a : 34 ff.) nicht bloß auf der Verstandesüberlegenheit des Menschen, sondern auch auf seiner Unreife und jugendlichen Experimentierfreudigkeit, wie sie zum Beispiel auch der junge Affe noch besitzt, nicht aber mehr der erwachsene, mit Ausnahme – bemerkenswerterweise! – des Schimpansen. Die weltoffene Neugier und Lernfähigkeit des Tierkindes bleibt beim Menschen erhalten, damit aber auch das spielerische Probieren um seiner selbst willen, ohne den Druck unmittelbarer Lebensnotwendigkeit. Hiermit hängt auch zusammen, daß der Mensch das einzige Lebewesen ist, das kulturelle Produkte zu erzeugen vermag, die sich einerseits als objektives Werk von seiner Persönlichkeit ablösen, die andererseits aber auf deren *geistige* Expansionsfähigkeit gerade dann (und *erst* dann) steigernd zurückwirken, wenn ihre *biologische* Leistungsfähigkeit bereits abnimmt (nämlich in der zweiten Lebenshälfte): ein spezifisches Merkmal *allein des menschlichen* Lebenslaufes (CHARLOTTE BÜHLER 1933 : 53). Der Tierpsychologe KONRAD LORENZ faßt (1940 ff.) diese Eigenarten als ein Ergebnis der Domestikation auf. Zur Menschwerdung war eine Rückbildung der starren angeborenen Verhaltensschemata, also ein gewisser *Instinktverlust* notwendig. *Eine Wildform des Menschen gibt es nicht. Die Domestikation war für die Menschwerdung konstitutiv.* Der gesellige Charakter des Menschen ist teilweise ein persistierendes Jugendmerkmal, seine geistigen Züge sind zum Teil als neoten aufzufassen. LORENZ' Auffassung berührt sich in dieser Hinsicht teils mit BOLKS, teils mit EUGEN FISCHERS Anschauungen; einige Rassenmerkmale lassen sich zugleich als neoten und als Domestikationserscheinungen erweisen.

Die Retardationstheorie Bolks und die Domestikationstheorie Fischers stellten eine Fülle von Problemen, lösten sie aber noch nicht. Den entwicklungshemmenden Faktor sah Bolk (1921, 1925) in der Einwirkung der innersekretorischen Drüsen. Auch der britische Forscher Sir Arthur Keith (1866 – 1955) führte (1919, 1922, 1928) viele Rassenunterschiede auf die Funktion der endokrinen Drüsen zurück. F. Lenz betonte, daß diese Erklärungsweise nicht im Gegensatz zur Erblehre stehen müsse, da die Unterschiede der Hormonorgane ihrerseits erbbedingt seien; die Einschaltung des endokrinen Systems zwischen Erbanlage und Merkmal könne auch die Korrelation zwischen physiognomischen und seelischen Merkmalen erklären, da von der Tätigkeit der Hormondrüsen bekanntlich beide abhängen.

Es dürfte schon heute feststehen, daß durch die Tätigkeit des endokrinen Systems jene eigentümliche Verschiebung der Phasen im Entwicklungsgang bedingt ist, die bei allen menschlichen Rassen spezifisch verschieden ist und es uns unmöglich macht, sie als *Ganze* phylogenetisch zueinander einzustufen. Man könnte danach Rassen auch definieren als spezifische Gleichgewichtssysteme von erblichen Radikalen verschiedenen Entwicklungstempos.

Es kann heute als erwiesen angesehen werden, daß nicht nur die Unterschiede der Körperformen und -funktionen, sondern auch die des seelischen Verhaltens zum großen Teile erbbedingt sind (Wilhelm Peters 1925). In den Domestikationsmerkmalen der Haustiere verflechten sich Leibliches und Seelisches aufs engste. Und da auch die menschlichen Rassenzüge wenigstens zum Teil als Domestikationserscheinungen aufgefaßt werden dürfen, so umgreifen sie also auch das Psychische. Dagegen hat der methodische Weg, die psychische Eigenart von Rassen durch Kulturleistungen zu definieren, in die Irre geführt. Zeitlich betrachtet, hat sich die menschliche Kultur im Laufe der Jahrzehntausende seit dem Jungpaläolithikum unendlich stärker gewandelt und differenziert (s. o. S. 134) als die menschliche Spezies, sie kann also nicht einfach aus dieser abgeleitet werden; und im räumlichen Nebeneinander sind ebenfalls die Unterschiede der Kulturen menschlicher Gesellschaften unvergleichlich größer als die Unterschiede der menschlichen Rassen. Eine Art Stilausdruck der Rassen können die Kulturen also nicht sein, eher wäre ein Übertragungszusammenhang nach Art eines komplizierten Hebelprinzips ein angemessenes Bild. Die Versuche, zwischen Rasse und Kultur direkte Beziehungen aufzuweisen, sind also gescheitert. Gegeben sind Beziehungen zwischen Erbunterschieden und (qualitativen) Leistungsunterschieden. Aber zwischen der Erbstruktur und der Kultur liegen die menschliche Natur, das sozialpsychische Zusammenspiel der Personen und die Wirkungsweise der geschichtlichen Tradition. Die menschliche Kultur ist ein Aspekt dieses konkreten funktionalen Zusammenhangs, aber nicht ein solcher der Erbstruktur, die als durchschnittliche Erbbeschaffenheit einer Bevölkerung eine rein abstrakte, soziologisch irreale Größe bildet, konkret begriffen aber immer individuell ist, folglich mit der Kultur nichts zu tun hat. Die Versuche, die Kultur aus der Rasse abzuleiten, waren also individualistisch; operiert man aber mit der durchschnittlichen erblichen Beschaffenheit einer Bevölkerung, so kommt man zum QUETELETschen *homme moyen*, dem Komplementärbegriff des Individualismus. Die Versuche, zu einer Kulturbilanz der Menschenrassen zu gelangen, gehen an dem entscheidenden Teil der Entwicklung der anthropologischen Wissenschaft in den letzten hundert Jahren achtlos vorbei.

4. Rassentheorie und Eugenik

Problematische Versuche zu einer differentiellen Psychologie der Rassen wurden in Deutschland durch F. LENZ (1923 ff.), H. F. K. GÜNTHER (1926), L. F. CLAUSS (1923 ff.) u. a. unternommen. In den Vereinigten Staaten haben aber schon früher Untersuchungen mit Intelligenz-Tests einer nordistischen Rassentheorie Vorschub geleistet. Während des Ersten Weltkrieges (1916) testete LEWIS TERMAN mit den Stanford-Binet-Skalen 1,7 Millionen amerikanische Soldaten. Dabei ergab sich eine Begabungsskala, die von nordischen Amerikanern (angelsächsisch-nordwesteuropäischer Herkunft) über süd- und osteuropäische Abkömmlinge bis zu den Exoten (am Ende: den Negern) abwärts führte. Da es so schien, als ob diese Tests den Faktor der Erziehung, Sprachkenntnis usw. weitgehend ausgeschaltet hätten, glaubte man damals mit den Ergebnissen wirklich die rassische Begabung erfaßt zu haben. Die Thesen TERMANS und seiner Mitarbeiter sind daher auf den nordamerikanischen Rassismus der zwanziger Jahre von beträchtlichem Einfluß gewesen und haben auch die Einwanderungsgesetzgebung beeinflußt. Angesehene Psychologen wie E. L. THORNDIKE, CARL C. BRIGHAM (*A Study of American Intelligence*, 1923) und WILLIAM MACDOUGALL (der allerdings kein Testpsychologe war) vertraten nordistische Thesen, von den Ethnologen entschieden CLARK WISSLER (1923b : 359); Biologen wie CHARLES B. DAVENPORT warnten im Anschluß daran vor Rassenmischung (GOSSETT 1963 : 367 ff., 374 ff.). Es ist schwer zu sagen, wieweit dabei der ideologische Einfluß gewisser Kreise Neuenglands bestimmend war, die eine weitere Einwanderung aus Süd- und Osteuropa und eine weitere Binnenwanderung von Negern aus den Süd- nach den Nordstaaten zu stoppen wünschten, und wieweit diese Kreise erst sekundär durch die nordistische Propaganda-Literatur bestimmt worden sind. Fest steht, daß sowohl die wissenschaftliche wie die Propaganda-Literatur dieser Tendenz eine sehr starke Rückwirkung auf europäische Länder, vor allem auch die deutschen Eugeniker und Rassentheoretiker in den zwanziger Jahren ausgeübt hat. –

Die neueren amerikanischen Arbeiten sind meist auf den Ton gestimmt, die Befunde von Unterschieden in den Prüfungsergebnissen aus der sozialen Lage zu erklären. Durch die schon oben wiedergegebenen Einwände sind aber die üblichen Test-Techniken ziemlich in Mißkredit gekommen, während die quantifizierende Deutung der Befunde (Anteil der Rasse: Anteil der sozialen Lage an einer Leistung) noch die veraltete Fragestellung enthüllt. Es kommt hinzu, daß nach den Ergebnissen der ethnographischen und psychologischen Persönlichkeitsforschung die *indivi-*

duellen Unterschiede innerhalb derselben Rasse meist größer sind als die Durchschnittsunterschiede zwischen verschiedenen Rassen, wie namentlich BOAS (1932) betont hat. Damit verringert sich aber der Deutungswert eines Vergleiches der Mittelwerte auch auf psychologischem Gebiete erheblich.

Die erstaunliche Unterschätzung der Kultur im Vergleich zur Rasse ging auf ein metaphysisches Vorurteil zurück, das freilich allen deterministischen Systemen eigen ist: nämlich auf die Annahme, daß einer Wirkung B, weil sie von der Ursache A abhängt, nicht dieselbe Art von Realität zukomme, wie dieser Ursache A. SIDNEY HOOK bezeichnet (1933) die soziologisch-deterministischen Konsequenzen dieses metaphysischen Vorurteils als *sozialen Epiphänomenalismus,* weil danach (je nachdem) die Kultur, die Rasse, das Individuum, die Gesellschaft usw. zu Epiphänomenen gestempelt werden können. – Die logische Anfechtbarkeit und Widersinnigkeit dieses Epiphänomenalismus liegt auf der Hand; sie wird im Falle der Rassentheorie schlagend, wenn man sich klar macht, daß diese Theorie von der Determination der Kultur durch die Rasse, wenn sie allgemein angenommen würde, unzweifelhaft eine Wirkung der Kultur bedeuten würde. Entsprechendes gilt natürlich auch für die Lehre von den Ideologien sowie für jeden historischen, soziologischen psychologischen Relativismus überhaupt, dessen Widersinnigkeit von philosophischer Seite ja EDMUND HUSSERLS *Logische Untersuchungen* (1900) zum ersten Male mit aller Deutlichkeit klargestellt hatten (vgl. o. S. 152).

Mit der *Geschichte der Rassentheorie* befaßte sich der GOBINEAU-Forscher LUDWIG SCHEMANN (1852–1940). Völlig unerkannt blieb, daß die Idee der Rasse bei den romantischen und nachromantischen Denkern (CARUS, KLEMM, GOBINEAU und vielen ihrer Nachfolger bis zur Gegenwart) mit dem modernen naturwissenschaftlichen Begriff der Rasse kaum etwas zu tun hat. Nur E. VOEGELIN ist (1933) diesem Sachverhalt nahe gekommen, dessen wirklicher Klärung jedoch die kulturpolitische Atmosphäre in den dreißiger Jahren nicht günstig war. Es steckt in der Rassenidee ein archaisch temperierter Widerspruch gegen den Rationalismus, ein Widerspruch, dessen innere Emphase gar nicht auf den wissenschaftlichen Rassenbegriff geht, sondern auf ein „Unbewußtes". Diese Emphase kann man romantisch nennen, insofern die Romantik eine bestimmte Phase in der Entwicklung subjektivistischer Archaismen (LAMPRECHT) bildet. Dies wird zum Beispiel deutlich an der kosmischen Naturphilosophie von CARUS, der den Satz prägte: „Das Unbewußte ist der subjektive Ausdruck für das, was objektiv als ‚Natur' wir anzuerkennen haben." Auch geistesgeschichtlich ist ja die Nachbarschaft der Theorien vom Unbewußten zu den Vorstellungen vom kollektiv bildenden Volksgeist nachweisbar (KERN 1927 : 109). Für die völlige Verwirrung der Begriffe ist nun SCHEMANN in gewisser Weise typisch, und deshalb muß auf ihn eingegangen werden. An und für sich hätte im 20. Jahrhundert wohl klar sein können, daß Rasse (als naturwissenschaftliche Kategorie) und Rassenbewußtsein (als ein sozialpsychisch anzutreffender Befund) auseinandergehalten werden müssen. Das Faktum zum Beispiel, daß irgendein äußeres Rassencharakteristikum, etwa dunkle Pigmentierung der Haut beim Neger, erbbedingt ist, hat nicht das mindeste mit jenem anderen Faktum zu tun, daß das Gewahrwerden des äußeren Rassenunterschiedes zwischen Schwarz und Weiß (die *visibility*, wie amerikanische Soziologen sagen, vgl. R. E. PARK 1950 : 190, 228 f.) mit konstitutiv werden kann für ein gegensätzliches Rassenbewußtsein, daraus folgender Diskriminierung usw. Ein Rassenmerkmal als biologisch bedingtes Merkmal und als soziologisches Symbol für Gruppendifferenzierung sind eben zwei verschiedene Phänomene, und das zweite aus dem ersten abzuleiten, gehört zu den beliebtesten Kurzschlüssen des trivialen Rassismus, ist aber wissenschaftlich unhaltbar. Übrigens war dieser Unterschied (der Sache, wenn auch nicht den Worten nach), von den Soziologen längst klargestellt worden, u. a. von MAX WEBER in einer Polemik gegen ALFRED PLOETZ (MAX WEBER [1910] 1924 : 456 ff.; [4]1956 : 234 ff.). Es blieb SCHEMANN vorbehalten, diesen Unterschied methodisch wieder zu verwischen im Gefolge der Tendenz, den Menschen auf die Rasse hin bzw. als ein Rassenwesen zu ontologisieren.

So heißt es schon in der Einführung seines dreibändigen Werkes, daß *„als die hauptsächliche Unterlage für das Rassendenken der Völker deren eigene Rassenbeschaffenheit in Betracht komme“* (I 2, vom Verfasser ausgezeichnet), und dieser Grundsatz wird denn auch im II. Band für die Völker und im III. für die großen Denker durchgeführt. Immer wieder in der Argumentation muß das Rassendenken für die Rasse, oder diese für jenes stehen. Die Auswirkung der griechischen Rasse fällt zusammen mit dem genealogischen Rassenglauben der Griechen, über den der Verfasser sehr interessante Einzelheiten beibringt (II. 3. Kap.). So heißt es (II 81) über die griechischen Stämme: „In der Veranlagung zur Genealogie, dieser eigentlichen Grundlage rassischen Sinnes, gab kaum einer dem andern etwas nach“; II 87 über die Polis: „Sie hatte eine Zeitlang nur als Idee weitergelebt, um alsbald wieder im Boden der Wirklichkeit Wurzel zu schlagen und so ein Zeugnis ganz einziger Art für die Ewigkeitskräfte des Blutes abzulegen.“ – Ferner über die italischen Völker II 176: „Was hätte es uns bedeutet, über die Abstammung der alten Völker Italiens, welche damals noch in ihren Eigentümlichkeiten der Sprache und Nationalität bestanden . . . von einem Cato Censurinus belehrt zu werden!“ Natürlich hätten wir für die Kenntnis der *Rasse* der betreffenden Völker *gar nichts* aus solchen Zeugnissen zu lernen, – so wenig wie die Totempfähle der Haida über die Rasse dieser Indianer etwas aussagen, – sondern nur für die Kenntnis ihrer eigenen Deszendenzhypothese. Sicher ist SCHEMANN bei der Verfolgung des genealogischen Rassenglaubens einem sehr wichtigen Phänomen auf der Spur: dem auf eine genealogische Leib-Idee gegründeten Gemeinschaftsbewußtsein, das heißt der „Rasse“ im *soziologischen* Sinne. Nur hat dies alles mit der biologischen Rassenbeschaffenheit der betreffenden Gruppen nicht das mindeste zu tun.

Der Doppelsinn des Wortes Rasse bzw. Stellung zur Rasse kommt bei SCHEMANN besonders deutlich in seinem Römerkapitel (II. Kap. 5) zum Ausdruck, wo antinationale Einstellung, Überwiegen der Staatsidee, Vertilgung nationaler und stammlicher Eigenheiten, Austilgung nordischer Rasse alle gleichsinnig dem gleichen

Argument dienen müssen. Die Stellung zum Rassengedanken wird von dem Anteil germanischen Blutes abhängig gemacht (III 1). Die Vorläuferschaft der Albigenser und Waldenser für die Reformation „deutet schon allein auf ihren germanischen Rassencharakter" (III 11). Die Engländer kommen, da sie keine Rassentheorie haben (was übrigens nicht ganz zutrifft) auch in der Bewertung schlecht weg (III 23ff.). Die Amerikaner müssen sich sogar das Zitat BUFFONS gefallen lassen, daß in Amerika „Menschen und Tiere von Geschlecht zu Geschlecht weiter herabkommen" (III 26). Wenn SCHEMANN geistige Leistungen, sittliche Qualitäten und Weltanschauung der Völker auf die Rasse zurückführte, so muß man sich also vor Augen halten, daß er dabei nicht an Erbfaktoren dachte, sondern vor allem an ein mythisches, auf eine bestimmte Abstammungshypothese gegründetes Nationalitätsgefühl (besonders deutlich II, 93 und 98). Freilich war er, indem er den Rassenmythos als gültigen historischen Ausweis der realen Rassenbeschaffenheit ansah, Trugschlüssen ausgesetzt, wie seine Bewertungen der verschiedenen Nationen deutlich zeigen. Er war eben nicht dazu vorgedrungen, den Mythos selber zum Gegenstand einer wissenschaftlich-soziologischen Betrachtung zu machen – er steht vielmehr selber *innerhalb* des Mythos. Dies zeigt sich auch darin, daß er eine strenge Rassendefinition vermied und wiederholt betonte, Rasse sei ein Mysterium. Mysterien aber, sollte man denken, sind Gegenstand nicht der Wissenschaft, sondern des Kultus?

Ebenso argen Trugschlüssen war SCHEMANN im II. Band ausgesetzt, wo häufig die Einstellung von Persönlichkeiten zur Rassenfrage für deren Rasse zeugen muß. Auch hier werden „Rasse" und Rassenwissen gelegentlich ausdrücklich gleichgesetzt (III, 18, 23, 190).

Die Ansichten SCHEMANNS mußten hier erwähnt werden, weil die darin bekundete Äquivokation von Rassenmythos und rassischer Beschaffenheit den – bisher noch niemals klar erkannten – Kern des nationalsozialistischen „Rassismus" bildet. Zugleich aber waren diese Ansichten unvereinbar mit den von der deutschen Anthropologie bereits zu derselben Zeit erarbeiteten Resultaten. Aus dieser paradoxen Lage ergibt sich die Frage, aus welchen Quellen der 1933 in Deutschland zur Herrschaft gelangte Nationalsozialismus das pseudowissenschaftliche Rüstzeug für seine Rassendoktrinen entnehmen konnte. Die konträren (oben angeführten) Arbeitsresultate der deutschen Rassenanthropologie waren ja 1933 allesamt bereits publiziert, sie ließen sich aber nicht verwenden für die nationalsozialistische Rassenpolitik, sie widersprachen dieser sogar; zum Beispiel liegt dem sogenannten *Arierparagraphen* der nationalsozialistischen Rassengesetzgebung von 1935 gerade jener genealogische Rassenbegriff zugrunde, der kurz vorher von SCHEIDT als wissenschaftlich unhaltbar erwiesen worden war, und ebenso war die Verherrlichung der nordischen Rasse unvereinbar mit den populationsgenetischen Tatsachen. Allerdings lagen die Ergebnisse der seriösen Forschung in den esoterischen Fachorganen versteckt, traten daher für eine breitere Öffentlichkeit nicht in Erscheinung, und die Forscher selbst hüteten sich, den Finger in die offene

Wunde zu legen. Jedenfalls entnahm der Nationalsozialismus sein Material nicht dem wissenschaftlichen Fundus, sondern einer breiteren Strömung „rassistischer" Ideen, deren Herkunftsebene man allerdings nicht zu hoch suchen sollte. Tatsächlich wissen wir über die Wirkungsgeschichte einzelner Werke nicht viel, und die Trivialliteratur vierten und fünften Aufgusses liegt ja meist nicht im Blickfeld der Wissenschaftsgeschichte. H. St. Chamberlain, den man meistens nennt, ist nicht viel gelesen worden, Gobineau praktisch überhaupt nicht, wohl aber sein Popularisator Schemann. Eine etwas höhere Auflagenzahl erreichten die popularisierenden Schriften Hans F. K. Günthers (1922 ff.); dies waren die rassistischen Bildungsbücher des gehobenen Kleinbürgertums, der Tendenz nach nicht anti-human, aber utopisch und idealistisch-verstiegen. Soweit in diesen Arbeiten eine wissenschaftliche Basis erkennbar wird (um die Günther, ursprünglich Germanist, immerhin bemüht war), war sie teils germanentümlich-vorgeschichtlich, teils stand sie in der sozialanthropologisch-eugenischen Strömung und deren hochgehender Woge in den USA der zwanziger Jahre (o. S. 194). Die keineswegs von obskuren, sondern von führenden Publizisten verfaßten und von hochangesehenen Biologen und Psychologen geförderten Bücher von Madison Grant und Lothrop Stoddard über den drohenden Untergang der nordischen Rasse und die heraufziehende Übergewalt des „Untermenschen" haben damals auch durch Übersetzungen in Deutschland Eingang und Verbreitung gefunden (Grant 1925, Stoddard 1925, vgl. dazu Gossett 1963 : 353 ff., passim, 390 ff., passim).

Auch die eugenische Bewegung in Deutschland kann nicht in der vereinfachenden Form für die Rassenpolitik Hitlers verantwortlich gemacht werden, wie das manchmal geschieht. Zwar war die Wiedergabe des Galtonschen Begriffs *Eugenics* mit dem Worte *Rassenhygiene* denkbar unglücklich. Es wurde freilich von den Vertretern der deutschen Bewegung immer wieder betont, der Begriff der *Rasse* im Worte *Rassenhygiene* sei als *biologische Rasse* bzw. *Vitalrasse* zu nehmen (etwa in dem Sinne, wie der angelsächsische Sprachgebrauch von *human race* redet), doch waren für Publizität und Propaganda die Verwechslungen mit dem systematischen Rassenbegriff unvermeidlich. Die *Deutsche Gesellschaft für Rassenhygiene* wurde nach der nationalsozialistischen Machtergreifung aufgelöst, ein sinnfälliges Zeichen dafür, daß nunmehr der Staat alle einschlägigen Maßnahmen an sich riß. Die deutsche Besonderheit waren gar nicht die eugenischen Maßnahmen als solche, sondern eben ihre Usurpation durch eine Diktatur, das heißt ihre legislatorische Garantielosigkeit. Eugenische Bestrebungen und Maßnahmen waren auch in anderen Ländern längst bekannt, die Vorschläge einer Sterilisation Erbkranker folgten hauptsächlich amerikanischen Vorbildern. Alfred Ploetz (s. o. S. 115) hatte seine eugenischen Ideen am Ende des 19. Jahrhunderts zuerst auf Grund der Erfahrungen auf einer Amerikareise formuliert, Eugeniker wie Samuel Jackson Holmes (1921), Paul Popenoe und R. H. Johnson (1918, 1933) waren, den Spuren Galtons folgend, den kontinental-europäischen Eugenikern längst voraufgegangen.

Bei der Machtergreifung des Nationalsozialismus während des Jahres 1933 waren natürlich in erster Linie die Fachleute für Rassenfragen, das heißt nach der offiziellen Version die (naturwissenschaftlichen) Anthropologen angesprochen. Sofern sie sich nicht von vornherein abseits stellten oder in Einzelfällen emigrierten (wie FRANZ WEIDENREICH), überwog bei ihnen wohl anfangs die Hoffnung, die Entwicklung beeinflussen zu können, und als diese Hoffnung aufgegeben werden mußte, war der Terror bereits etabliert. Die Täuschung war eine wechselseitige. Da jedes weltanschaulich fundierte Regime von den Intellektuellen nur Bestätigung erwartet, die Professoren aber nur offene Probleme zu bieten hatten, ergaben sich bald Spannungen. Tatsächlich hat der nationalsozialistische Staat die Rassenforschung nicht gefördert, sondern eher behindert. Was es an seriöser Forschung in Deutschland gab, war schon vorher da und hatte nachher kein leichtes Leben. Das eigentliche liebe Kind der nationalsozialistischen Ideologen war übrigens nicht die Rassenkunde, sondern die deutsche Vorgeschichte, denn hier konnte die romantisierende Tendenz aus dem 19. Jahrhundert diffus übernommen und doktrinär ausgebeutet werden. Die deutsche Vorzeit war für den Gefühlsappell brauchbarer als etwa eine Gegenwartsbetrachtung der rassischen Beschaffenheit des deutschen Volkes, welche allzu rasch die Diskrepanz zwischen dem „nordischen Leitbild" und der anschaulichen Wirklichkeit enthüllen mußte.

Von den übrigen anthropologischen Disziplinen (in einem weiteren, nicht im Fachsinne) wurde die Soziologie kaltgestellt, die Ethnographie kaum geduldet, weil ihr kosmopolitischer Gesichtskreis der nationalistischen Verengungstendenz entgegen stand.

Die nationalsozialistische Rassen-Propaganda und Schulungspolitik hat ihre zeitweiligen Erfolge der Berufung auf die moderne biologische Wissenschaft zu verdanken, wobei mit folgendem Syllogismus operiert wurde: 1. Rassenanlagen sind Erbanlagen; 2. Die moderne biologische Vererbungsforschung hat (zum Beispiel durch die Zwillingsuntersuchungen) festgestellt, daß die Erbanlagen wichtiger sind als die Milieueinflüsse; 3. Folglich ist festgestellt, daß auch *die Rasse* wichtiger ist als alles andere. – Hinzugefügt wurde meist auch, daß diese neuen Einsichten bisher durch die bösen *Milieutheoretiker* unterdrückt und erst durch den nationalsozialistischen Staat in ihr volles Recht eingesetzt worden seien. – Es ist eine bloße Tatsache, daß die meisten Laien dieser „Logik" wehrlos gegenüberstanden.

Was man einem Teil der deutschen Fachanthropologen und Eugeniker vorwerfen kann, ist ein gewisser Mangel an soziologischem und gesellschaftspolitischem Realismus und ein eigensinniges Festhalten an den Kategorien und Standpunkten der älteren Sozialanthropologie mit ihren unreflektierten sozialdarwinistischen Begriffen. Während zum Beispiel ein Forscher wie NICEFORO in Italien mit den Jahren ging und im Alter reifere Werke vorlegte als in seiner Jugend, blieb die deutsche Eugenik hinsichtlich ihres soziologischen Rüstzeuges auf dem Standpunkt etwa von 1890 stehen. Die kritischen Auseinandersetzungen eines MAX WEBER ([1910] 1924 : 456 ff.) mit ALFRED PLOETZ über den Begriff der Rasse, eines FERDINAND TÖNNIES ([1905 – 1907]) 1925 – 1929 : I 133 – 329) mit WILHELM SCHALLMAYER haben in den Kreisen der Eugeniker offenbar niemals ein Nachdenken erregt; ganz zu schweigen von der Kritik eines so bedeutenden Bevölkerungswissenschaftlers wie Warren S. Thompson in Amerika (in Reuter-Runner 1931), oder eines so angesehenen Soziologen wie Morris Ginsberg ([1932] 1956 : I 269 ff.) in England. Man glaubte im Besitze der allein seligmachenden Erkenntnisse zu sein und keine Belehrungen nötig zu haben. Es hätte aber längst vor 1933 klar sein sollen, daß einige der basalen Annahmen der Galtonschen Schule auf schwachen Füßen standen. Der Begriff der „Gegenauslese“ war nichts weniger als wertfrei, die Annahme einer Entwicklungsrichtung der „Vitalrasse“ zum immer Schlechteren nicht zu verifizieren; die Gleichsetzung der besitzenden Klassen mit den erblich „besser“ ausgestatteten Erblinien war naiv. Und was sollte die Klage über die Minderfruchtbarkeit der sozial oberen Schichten angesichts des von Pareto (1917) festgestellten *Kreislaufs der Eliten* als Regelfall? Die Frage aber, ob es überhaupt möglich ist, die Auslesebedingungen in einer modernen Industriegesellschaft in irgendeiner biologisch zum Tragen kommenden Richtung zu beeinflussen, fällt mit dem Problem zusammen, ob und inwieweit diese Gesellschaft überhaupt rational lenkbar ist. Wer gibt die Maßstäbe an? Und wer kontrolliert den Lenkungsprozeß? Wie, wenn die Kontrolle über Fortpflanzung und Überleben in die Hände von Elementen fällt, die ein streng urteilender Eugeniker selber als *erblich Minderwertige* klassifizieren müßte? Wie, wenn sich das Problem des Maßstabes auf eine schreckliche Weise vereinfacht? Wenn am Schreibtisch nach bürokratischen Kriterien darüber entschieden wird, was *lebenswert* ist und was nicht? – Die Eugeniker in Deutschland während der dreißiger Jahre haben natürlich nicht vorausgesehen, daß ein terroristisches Regime sich nicht nur über gesetzliche Schranken, sondern im Effekt sogar über seine eigenen Ideologien hinwegsetzen würde. Mit etwas soziologischem und geschichtlichem Wissen hätte man allerdings auf die Möglichkeit gefaßt sein müssen, daß gerade die idealistisch-enthusiastisch motivierten Utopien in Terror umschlagen können.

XI. FORTENTWICKLUNG DER HUMANIDEN ANTHROPOLOGIE

1. *Ethnographische Soziologie*

Auf dem Gebiete der *ethnographischen Soziologie* haben die stationären Feldstudien zu einem gewissen Sättigungsgrade geführt; grundstürzende Überraschungen sind auf diesem Gebiete nicht mehr so leicht zu erwarten, wohl aber noch abrundende Varianten des sozialen Lebens. Ein allgemeinstes Ergebnis dieser Arbeiten ist, daß die Sphären der sozialen Organisation, des Rechts, der Wirtschaft, der Religion und künstlerischen Betätigung in den Gesellschaften der „Naturvölker" ideologisch und praktisch aufs engste miteinander verwoben sind, oder – anders ausgedrückt – daß nur *wir* eine begriffliche Trennung dieser Sphären vornehmen. *Völlig* unabhängige Variable gibt es hier wahrscheinlich überhaupt nicht. Ein weiteres Ergebnis ist die außerordentliche Variationsbreite der soziologischen Typen. So erwiesen sich zum Beispiel weder Totemismus noch Polygynie, noch Mutterrecht, Vaterrecht, Animismus, Blutrache, Kopfjagd usw. als starre Prinzipien, die von den sie tragenden Gruppen in idealtypischer Form dargelebt werden, die soziale Wirklichkeit ist vielmehr durch eine Fülle von Möglichkeiten charakterisiert, welche wir durch die typologischen Begriffsprägungen lediglich *einzufangen* suchen; jedoch wird in vielen Fällen die Schwankungsbreite so groß, daß sie den einmal geprägten Begriff sprengt, so daß neue Begriffe geprägt werden mußten, um den Sondergestaltungen gerecht zu werden.

So erwies es sich zum Beispiel durch die Arbeiten von Frazer und seinen Nachfolgern, daß es außerordentlich viel Spielarten von „Totemismus" gibt, so viele, daß man von einer einheitlichen totemistischen „Weltanschauung" oder einem totemistischen „Zeitalter" nicht mehr reden darf. Ähnlich steht es zum Beispiel um einen Begriff wie „Mutterrecht". Durch die Studien Malinowskis, Thurnwalds, Lowies, Ronhaars u. a. ergab sich, daß „logisch" durchgeführtes Mutterrecht eine außerordentlich seltene Erscheinung ist. In der Mehrzahl der Fälle herrscht vielmehr eine Verbindung vater- und mutterrechtlicher Gesichtspunkte in der Verwandtschaftsberechnung und Erbfolge, und die Spielbreite der Varianten ist so groß, daß man von einem soziologischen Typus „des" Mutterrechts oder „des" Vaterrechts nicht mehr sprechen kann (vgl. Mühlmann 1964 : 215 – 247). Die Konsequenz für die älteren Theorien Bachofens (o. S. 69) und die Versuche, das Mutterrecht zum taxonomischen Kennzeichen ganzer Kulturgeschichten oder -kreise zu machen (Kulturkreislehre), ist einleuchtend. Durchweg zeigten sich die Lebensformen der sippen-, stamm- oder kastenhaft aufgebauten Gesellschaften als institutionell nicht annähernd so erstarrt wie etwa ein europäisch-juristisches Denken voraussetzen würde.

In der Erforschung der sozialen Ordnungen der sogenannten Naturvölker erwies sich die von W. H. R. Rivers ausgearbeitete genealogische Methode (1900) als wegweisend, die zuerst zeigte, wie man die Verwandtschaftsbezeichnungen im Zusammenhang mit den Rechten, Pflichten, den Funktionen ihrer Träger studieren konnte. Australische und papuanisch-melanesische Gruppen, dann nordamerikanische Indianer boten bevorzugtes Material für solche Untersuchungen; Thurnwald (1916, 1921), Radcliffe-Brown, Lowie, Kroeber, Gifford u. a. lieferten bahnbrechende Einzelheiten und zum Teil theoretische Zusammenfassungen, die längere Zeit als Diskussionsgrundlage dienen konnten. Der Erforschung der Initiations- (Jugendweihe-) Riten, der Altersgenossenschaften, Männerbünde und geheimen Gesellschaften widmeten sich zahlreiche Forscher; zusammenfassend schrieben darüber Heinrich Schurtz (1902), A. van Gennep (1909) und Hutton Webster (1908), noch bedeutender aber sind die inzwischen zu einem überreichen Material angewachsenen regionalen Untersuchungen aus Nordamerika (Boas, Swanton, Lowie u. a.), Australien und Ozeanien (Codrington, Rivers, Wirz, Speiser, A. B. Deacon u. a.) und West- und Zentralafrika (Frobenius, Westermann, Bittremieux, Johanssen u. a.), die vor neuen Synthesen lange Zeit zurückschrecken ließen (vgl. Schlesier 1958). Die Forschungen über Verwandtschaftsstrukturen und -systeme, über die Abgrenzung von „Clan“, Sippe“, „Lineage“ usw. sind dermaßen im Fluß, daß sich nur Diskussionsbeiträge nennen lassen (Murdock 1949, Lévi-Strauss 1949, Schlesier 1956). Auf keinem Gebiet veralten die Hypothesen so schnell wie auf diesem. *Ein* allgemeinstes Ergebnis kann vielleicht schon festgehalten werden: Bei den Verwandtschaftsregelungen besteht ein durchgreifender Unterschied zwischen „System“ und „gelebter Praxis“, tatsächlich wäre oft das „System“ konsequent nicht durchführbar. Weniger als je kann uns also die bloße Aussage (die zumeist systematisiert ist) über die gelebte Praxis orientieren. – Dazu gesellen sich immer zahlreichere regionale und zum Teil auch schon kleinere oder größere Gebiete zusammenfassende Studien über die einfacheren Formen und Vorgänge der *politischen Organisation*, ethnischen Schichtung, Herrschafts- und Staatsbildung, die für eine zukünftige ethnologische Staatstheorie wichtiges Material bereitstellen, so von R. W. Williamson (1924) für Polynesien, von W. C. McLeod (1931) für Nordamerika. Es zeigte sich dabei, daß die Keimzelle des Staates nicht in der Familie gelegen ist (wie manche Popularanschauungen wollten), sondern in der Männergesellschaft, und daß ethnische Schichtung, Herrschaftsbildung und die Entstehung größerer Friedensgebiete die wichtigste Rolle bei der Bildung des Staates haben. Ibn Chalduns Konflikt-Theorie des Staates aus dem 14. Jahrhundert (o. S. 33 f.) hat sich in den wesentlichen Zügen bestätigt; jedoch muß man für Gebiete, in denen keine Großviehzüchter vorkommen (wie Amerika), Abweichungen zulassen (W. C. MacLeod 1931); und überhaupt ist die alte Überlagerungsthese von Gumplowicz, Ratzel u. a. in ihrer klassischen Form nicht mehr zu halten (Mühlmann 1964). Die Soziologie des Krieges und die Dynamik von Krieg und Frieden erfuhren nach den früheren Annäherungsversuchen von H. Spencer, Ch. Letourneau (1895), Ratzenhofer und W. G. Sumner, weitere Förderung durch S. R. Steinmetz (1928), van der Bij (1929, 1932), M. R. Davie (1929), W. E. Mühlmann (1940) und H. H. Turney-High (1949). – Von geistesgeschichtlicher Tragweite ist auch, daß die Studien über politische Entwicklung und Staatsbildung bei den „Naturvölkern“ das alte Vorurteil Herders und der Romantiker, die „Naturvölker“ seien „unpolizierte Nationen“, als irrig erwiesen haben.

Die ethnographische *Wirtschaftsforschung* gehört zu den Gebieten, die seit Meiners (o. S. 60) keinen wirklichen Fortschritt mehr zu verzeichnen hatten und erst auf Grund der von den stationären Feldarbeiten beschafften Details tatkräftig bearbeitet werden konnten. Durkheim, K. Bücher, E. Grosse und Heinrich Cunow lieferten Theorien, die schnell veralteten. Eduard Hahn (1857–1928) räumte seit 1896 die von Meiners bereits abgewiesene, aber trotzdem während des ganzen 19. Jahrhunderts herrschend gebliebene Dreistufentheorie (o. S. 60) endgültig aus, betonte besonders die Rolle der weiblichen Arbeit für die Entstehung des Pflanzenbaus und stellte die Bedeutung des Komplexes der „Pflugkultur“ heraus. Seitdem wird zwischen Hackbau und Pflugbau scharf unterschieden; spätere Untersuchungen gliederten noch den Grabstockbau sowie zahlreiche Untertypen der Nahrungsgewinnung ab. Außer den oben genannten Forschern lieferten noch Max Schmidt (1921), Fritz Krause (1924), Richard Thurnwald (1932) und M. J. Herskovits (1940, 1952) zusammenfassende Darstellungen. Die Annahme des Bestehens durchweg zauberisch irrationaler Triebkräfte des wirtschaftlichen Handelns bei „Naturvölkern“ erwies sich als nicht haltbar. Rationale und irrationale Motive verbinden sich vielmehr miteinander. Das Bedürfnis nach auszeichnendem Reichtum und Macht ist genauso vorhanden wie bei uns. Revolutionär wirkte die Entdeckung hochzeremoniell geregelter Handelsformen bei Nordwestamerikanern (Swanton 1905 ff.), gewissen Melanesiern (Malinowski 1922), Australiern (W. E. H. Stanner 1933–1934), Berbern (R. Maunier 1926), deren Ergebnisse M. Mauss z. T. in seinem *Essai sur le don* 1923–1924 zusammenfaßte. Wichtige Stationen in der Erforschung der Austauschbeziehungen und der Akkumulation von „Kapital“ wurden die Werke von Raymond Firth (1959) und Sol Tax (1953). Die Bedeutung der Viehzucht für die Ausbildung „kapitalistischen“ Denkens ist besonders von Thurnwald ins Licht gerückt worden, der auch die Rolle des „primitiven Geldes“ herausgearbeitet hat (nach den älteren Vorarbeiten von Schurtz 1898, Letourneau 1899, O. Schneider 1905, Finsch 1914, Thilenius 1920; vgl. jetzt Wieschhoff 1945, Einzig 1948, Quiggin 1949). Eine Synthese des heute angehäuften Materials mit Simmels geistvoller „Philosophie des Geldes“ (1907) ist noch ein Desideratum. Auch die Max Webersche Kategorie der „Wirtschaftsgesinnung“ müßte viel stärker herangezogen werden und ist für das Studium moderner sozialökonomischer Veränderungen geradezu unentbehrlich.

Die ethnographischen Wirtschaftsstudien lieferten keinen Beweis für die Annahme eines „Urkommunismus“ in der Menschheit, wohl aber rückten sie die gewaltige, schon von L. H. Morgan betonte Bedeutung der Organisation der Nahrungsgewinnung bei den Naturvölkern in das rechte Licht; doch lieferten sie damit keine Bestätigung für eine materialistische Soziologie, da die Wirtschaft auch in den Gesellschaften schärfsten Lebenskampfes (Wildbeuter) nicht als einseitig bestimmende Variable angesehen werden kann. Auch der Gang der Wirtschaftsgeschichte wurde als nicht mit der marxistischen Lehre übereinstimmend erkannt, – ebensowenig fügt er sich freilich einseitig idealistischen Auffassungen. Die Ansichten MORGANS über die Entstehung des Eigentums bestätigen sich insofern, als den Erscheinungen sozialer und ethnischer Schichtung eine große Bedeutung für die Ausbildung des Eigentumsbegriffes zugebilligt werden muß. Primär aber ist Eigentum ein schon bei Tieren vorzufindendes Urphänomen, beruhend auf einer Ausdehnung der Wertsphäre auf diejenigen Teile der Umwelt, mit denen der Organismus durch seine Tätigkeit in Kontakt kommt. Beim Menschen kann man von einer Erweiterung der Persönlichkeit sprechen; die Annahme eines besonderen Eigentumsinstinktes hingegen ist überflüssig geworden (BEAGLEHOLE 1931).

Auch auf dem Gebiete der ethnographischen *Rechtsforschung* vollzog sich eine Abkehr von dem Schematismus der älteren Theoretiker (POST, KOHLER, KOVALEVSKIJ usw.). THURNWALD arbeitet (1936) die Rolle des Reziprozitäts- (Gegenseitigkeits-, Vergeltungs-) Denkens heraus; neben ihm traten in den Niederlanden S. R. STEINMETZ (1894), in Frankreich RENÉ MAUNIER (1938), in England B. MALINOWSKI und in England A. R. RADCLIFFE-BROWN ([1933] 1959) als ethnographische Rechtsforscher hervor (vgl. DIAMOND 1935; HOEBEL 1954). Das Engreifen europäischer Kolonialverwaltungen in das Gewohnheitsrecht (Adat) der Eingeborenen hat den einschlägigen Studien einen starken Auftrieb gegeben (vgl. zuletzt die Bibliographie von NADER-KOCH-COX 1966).

2. *Ethnographische Mythologie und Religionsphänomenologie*

Die *ethnographisch-soziologische Religionskunde und Mythologie* profitierte in derselben Weise wie die Erforschung der sozialen Systeme von den Berichten der stationären Feldforscher. Vorher waren Kulthandlungen nur selten in ihrem ganzen Ablauf beobachtet, religiöse Texte nur wenig aufgenommen, die religiösen „Virtuosen“ (MAX WEBER) einer Gesellschaft kaum intensiv befragt worden. Das änderte sich seit etwa 1900. Eine Fülle von Dokumenten des religiösen und mythischen Lebens der verschiedensten Gesellschaften liegt heute zwar noch nicht erschlossen, aber doch ausgebreitet vor uns.

Dadurch sind zunächst die älteren Theorien über das Werden der Gottesvorstellung überholt. DE BROSSES' (1760) und COMTES Fetischismus-Theorie hat ebenso abgedankt wie die naturmythologischen Erklärungen des Engländers (gebürtigen Deutschen) MAX MÜLLER ([1823 – 1900]; 1856, 1870, 1873, 1897) und seiner Nachfolger. Andere Forscher der zweiten Hälfte des 19. Jahrhunderts legten das Hauptgewicht auf den Kult der Ahnen (Manismus, HERBERT SPENCER) oder die Seelenvorstellungen (Animismus, TYLOR), andere auf die zauberischen und „magischen“

Handlungen (FRAZER u. a.) oder auf den Urglauben an ein höchstes Wesen (ANDREW LANG, P. W. SCHMIDT), oder auf den Totemismus (DURKHEIM). Alle diese Theorien sind heute überholt. Da die Aussprache bis heute andauert, müssen wir auch auf solche Autoren zurückgreifen, die rein zeitlich betrachtet schon früher hätten genannt werden müssen.

Die seit den siebziger Jahren herrschende TYLORsche Theorie des Animismus suchte den Glauben an die Geister als die Quelle aller Religion zu erweisen. Sie wurde von den meisten Ethnographen und Religionsforschern übernommen; am eindrücklichsten vertrat sie WUNDT, indem er sie mit seiner Apperzeptionspsychologie (o. S. 120) verquickte. Heute erscheint uns die Animismus-Theorie als typisches Erzeugnis einer naturalistischen Psychologie, die dem physikalisch Entseelten nachträglich die „Seele" wiedergeben möchte und folglich in alles einen „Seelenglauben" hineininterpretiert. Das soll nicht heißen, daß es keinen Glauben an „Geister" gebe. Ein solcher spielt sogar eine überragende Rolle im Schamanismus Nordeurasiens (PAULSON-HULTKRANTZ-JETTMAR 1962; PAULSON 1958, 1961, 1963); nur eignet er sich nicht als Kernthema für religionsanthropologische Deutungen schlechthin. Da die naturalistische Psychologie alle psychischen Erscheinungen ausschließlich aus verstandesmäßigen Überlegungen ableiten wollte, legte sie auch den religiösen Gefühlen, Anschauungen und Erlebnissen mehr oder weniger ungeklärte, konfuse Gedanken oder verschattete Begriffe und Urteile unter. Und als nach fast drei Jahrzehnten die Kritik dagegen einsetzte – J. H. KINGS Protest (1892) war unbeachtet geblieben –, da reichte der psychologische Einblick noch immer nicht genügend in die Tiefe. R. R. MARETT meinte (1899), es müsse in der religiösen Entwicklung noch eine Stufe vor dem Animismus gegeben haben (Präanimismus), gekennzeichnet durch „numberless dimly lighted impressions of the awful". Aber MARETTS und WUNDTS „Animatismus" leidet unter dem gleichen psychologischen Fehlblick wie der „Animismus". Im Sinne der psychologischen Prinzipien des späten 19. Jahrhunderts schreibt er dem „primitiven Menschen" überall ein apperzipierendes Denken zu: ein „identifizierendes", „symbolisierendes" oder „belebendes" Denken (an Stelle der primären figuralen Anschauung gestalthafter Einheit). Die Unterscheidung von belebten und unbelebten Gegenständen ist aber eine Hypothese der abendländischen Wissenschaft, sie kommt seit der Renaissance in Übung; sie ist auch ein Einteilungsprinzip bestimmter Klassensprachen, aber die Unterscheidung wird dann anders vorgenommen als bei uns, und es müßte jedesmal besonders geklärt werden, in welcher Weise ein Sprachtypus die Grenze zwischen „belebt" und „unbelebt" zieht. Oder man legte der Ur- oder Vorstufe des Religiösen ein „magisches" Denken bei (FRAZER [1890] ³1911 [Neudruck 1955], HUBERT und MAUSS [1902 bis 1903, Neudruck in MAUSS 1950 : 1 – 141], PREUSS 1923), – an Stelle eines Ausdrucksdenkens, das schlicht „meint", was es ausdrückt – und sprach von „magischen Handlungen", vorgenommen, „um" diesen oder jenen Zweck „zu" erreichen (– also wieder eine rationalistische Hineindeutung an Stelle der Erfassung ritueller Handlungen als primärer Ausdrucksphänomene). – Jedenfalls aber machte fortschreitende Forschung sichtbar, daß sich die Erscheinungen urtümlicher Religiosität unmöglich alle unter den Generalnenner „Animismus“ bringen ließen, und wo manche Forscher am „Animismus“ festhielten, wie zum Beispiel der Russe L. Sternberg, da ist in Wahrheit die klassische Tylorsche Fassung des Begriffes gesprengt. Am wenigsten fügten sich diesem Begriffe die von A. W. Howitt (1884 ff.) gesammelten Nachrichten über den Glauben an ein höchstes Wesen bei den Südostaustraliern. Der schottische Novellist und Historiker Andrew Lang (1844 – 1912) faßte dieses und anderes Material zu einer Theorie zusammen (1898), welche den Monotheismus als die reine Urform der Religion zu erweisen suchte, der gegenüber Ahnenkult, Geisterglauben und Polytheismus als degenerativ-mythologische Wucherungen zu gelten hätten. Lang war Romantiker und Enthusiast, einer der gefeiertsten Literaten seiner Zeit, berühmt vor allem durch seine poetischen Kinderbücher. Seine religionssoziologischen Werke zeugen von einer – zweifellos nicht zufälligen – Kenntnis der deutschen romantischen Mythologen (Fr. Creuzer, Otfried Müller). Und nicht zufällig war es auch wieder ein Deutscher, P. Wilhelm Schmidt, S. V. D., der Langs Ideen aufgriff und der Theorie vom *Urmonotheismus* in seinem materialgesättigten Werke „Der Ursprung der Gottesidee“ (1912 bis 1940) die umfangreichste Fassung gab. Nach Schmidt steht die aus rationalem Kausalbedürfnis erwachsene Personifikation eines höchsten Wesens, welches stets kultisch verehrt wird, am Beginne der religiösen Entwicklung. Schmidts Stellungnahme läuft schließlich doch auf eine Ur-Offenbarung hinaus, und es ist unverkennbar, daß sein Werk eine missionarische Note enthält und im Geiste der These „Anima naturaliter catholica“ auf eine Ineinssetzung von Ur- und Endstand hinzielt, hierin innerlich noch mehr an Lafitau (o. S. 45) als an Lang anknüpfend. Die Theorie des „Urmonotheismus“ ist heute aufgegeben (Radin 1954, Mühlmann [1953] 1962 : 182 – 204; Pettazzoni [1957] 1960). Dafür ist der Mythos, den Schmidt nur als degenerative Wucherung behandelt hatte, in den Mittelpunkt des Interesses gerückt. Der Mythos ist religiöses Leben in reinster Form, eine ernst zu nehmende anschauliche Ur-Setzung, aus welcher der Stamm seine geistige Existenz hat (P. Ehrenreich 1905, K. Th. Preuss 1921 – 1923, 1937, Malinowski 1936, A. E. Jensen 1951, ²1960). Die Frankfurter Schule Jensens, der selber ein Schüler von Frobenius gewesen war, pflegte auch die Beziehungen zur Mythologie der Antike, repräsentiert etwa durch Walter F. Otto ([1933] 1960, [1955] 1959) und K. Kerényi (Jung und Kerényi [1941] 1951). Übrigens hatte viel früher bereits K. Th. Preuss (1906) das hellenische Drama durch mexikanische Parallelen zu erklären riskiert, – ein Versuch, der bestimmt nicht „historisch“, sondern nur phänomenologisch gemeint sein konnte. Hierdurch ließen sich religionsphänomenologische Einsichten gewinnen, hingegen ist es bisher nicht gelungen, das ethnographische Material historisch zu gliedern. Es ist überhaupt falsch, religiöse Stufen historisch zu projizieren, sie sind vielmehr nur psychologisch zu fassen (J. W. Hauer 1923, G. van der Leeuw 1923). Der letzte Einwand richtet sich natürlich gegen jede Verwechslung von historisch-zeitlicher und psychologischer Stufung. Auch

P. W. Schmidt, der scharfe Gegner des „Evolutionismus“, dachte prinzipiell noch evolutionistisch, wenn er gerade den reinen Gottesgedanken bei den „Urvölkern“ zu finden hoffte, als welche er vornehmlich die Pygmäen mißverstand, und ebenso steckt in seiner chronologischen Gliederung von „Kulturkreisen“ und „Kulturschichten“ noch ein evolutionistisches Relikt.

Anscheinend ist Max Scheler der erste gewesen, der (schon 1915, vielleicht früher) energisch betont hat, daß alle Fragen nach dem „Übergang“ des Menschen aus dem „Natur“- in den „Kultur“-Zustand, und also auch nach den „Ursprüngen“ „des“ Staates, „des“ Rechtes, „der“ Religion usw. falsch gestellt seien. Alle diese Fragen (so meinte Scheler damals) seien metaphysischer, nicht historischer Observanz (Scheler 1955 : 174). Daß sich hier nichts historisieren läßt, weil uns die Möglichkeit der historischen Verifikation fehlt, ist auch unsere Meinung. Ob deswegen diese Fragen schon *rein* metaphysisch sind, steht dahin. Es gibt auch die Möglichkeit paläo-anthropologischer Hypothesenbildung.

Wenn Frazer (1911) die Magie „älter“ sein läßt als die Religion, vermischt er ebenfalls noch den historischen Aspekt mit dem entwicklungspsychologischen bzw. genetischen. Dagegen sah Marett (1904) schon sehr gut die Macht der sympathetischen Gesten und Worte als spontaner, unbewußter Affektentladungen („spiritual projectiles“) und schaltete, ebenso wie Konrad Theodor Preuss (1869 – 1938, seit 1907) Religion und Magie im wesentlichen gleich, während Vierkandt (1907, dann wieder 1937) eine eindeutig entwicklungspsychologische Theorie der Zauberhandlungen bot. Marett (1904), H. Hubert und M. Mauss (1904) und F. Rudolf Lehmann (1922) lenkten die Aufmerksamkeit auf die Begriffe der „außerordentlich wirkungsvollen“ Kräfte (Mana, Orenda usw.). Einen entscheidenden Schritt vorwärts gelangte der evangelische Theologe Rudolf Otto (1869 – 1937): Das Religiöse erwächst aus den *numinosen Gefühlen* des Grauens, der Scheu, des Überlegenen, Faszinierenden usw. Religiöse Erlebnisse setzen keineswegs die Vorstellung einer Seele, einer übernatürlichen Macht (Mana, Tabu, Charisma), eines Geistes oder Gottes voraus, vielmehr erwachsen die animistischen, magistischen, theistischen usw. Deutungen erst umgekehrt aus den primären numinosen Erlebnissen (R. Otto 1917, 1923, 1932). Otto betonte auch die Rolle des religiös begabten Individuums; nicht einmal ein Märchen mache sich in Wahrheit „von selbst“, geschweige denn Mythen und Gottesideen. Diesen produktiven Persönlichkeiten hat namentlich P. Radin (1927) unter nordamerikanischen Indianern sein Augenmerk zugewandt. Mit den numinosen Kategorien Rudolf Ottos arbeitete auch der Psychiater Wilhelm Lange-Eichbaum (1928), um die Phänomene der Ruhmbildung und der Entstehung des Genie-Mythos sozialpsychologisch verständlich zu machen (vgl. Mühlmann [1957] 1962 : 60 – 69). Stand für Langes Werk ein überreiches biographisches, literatur- und kunstgeschichtliches Material zur Verfügung, so harren die ethnographischen Materialien über Kultur- und Heilbringer noch einer analogen religions- und sozialpsychologischen Durcharbeitung (vgl. A. van Deursen 1931, Hermann Baumann 1936, Radin-Kerényi-Jung 1954). Auf einer etwas anderen

Linie lagen die religionssoziologischen Arbeiten MAX WEBERS (1920 – 1922), der aber auch die Bedeutung der religiös begabten „Virtuosen" betont und im übrigen namentlich die Rolle der „charismatischen Führerschaft" von Persönlichkeiten und Sippen herausgearbeitet hat.

ERNST CASSIRERS Untersuchungen über das mythische Denken (1923) stehen so sehr im Rahmen seiner kulturmorphologischen Symboltheorie, daß sie besser in diesem Zusammenhang erörtert werden (s. u. S. 216).

Auch in den mythologischen Arbeiten von MIRCEA ELIADE geht es nicht in erster Linie um „Historisierung", sondern um phänomenologische Beschreibung. Unter anderem hat ELIADE versucht, die Eigentümlichkeiten des „zyklischen" Zeitbewußtseins im mythischen Denken herauszuarbeiten. Der „Mythos der ewigen Wiederkehr" (ELIADE 1953) schlägt zugleich die Brücke zu einem philosophischen Hauptproblem NIETZSCHES (vgl. LÖWITH [2]1956, HEIDEGGER 1961 : I 255 ff.). Den Mythen der Gnosis hat HANS JONAS ([3]1964, vgl. 1963) unter Verwendung HEIDEGGERscher Kategorien eine existenzanalytische Deutung gegeben, die unverkennbar auch anthropologisch gemeint ist, – wiewohl dies im Gegensatz zu den Intentionen HEIDEGGERS selbst steht. –

Es hat lange Zeit erfordert, bis man einsah, daß die *Sittlichkeit* der Naturvölker und der außerchristlichen Menschheit überhaupt nicht quantitativ, sondern nur qualitativ von der unseren verschieden ist. Noch die ethnographische Reiseliteratur der ersten Hälfte des 19. Jahrhunderts hatte sich der Werturteile über den „Götzendienst" der Afrikaner, Südsee-Insulaner, Indianer usw. nicht enthalten können. Dies gilt natürlich besonders für die ältere Missionsliteratur, die in dieser Beziehung weniger unbefangen ist als die *noch* älteren Berichte der Jesuiten des 17. und 18. Jahrhunderts. Ein Werk zum Beispiel wie die „Polynesian Researches" (1829) des britischen Missionars WILLIAM ELLIS, dem man im übrigen einen wissenschaftlichen Geist keineswegs absprechen kann, hatte die Religion der Eingeborenen unter dem Stichwort *idolatry* abgehandelt und wimmelte von Werturteilen über die Riten und Überlieferungen, wie „system of delusion and crime", „exhibition of imbecility, absurdity and degradation", „abomination", „cruelty", „ignorance" usw. und unterdrückte sogar (was schlimmer ist), bestimmte Materialien mit der Begründung, „to absurd to be recorded" u. ä. (ELLIS 1829 : I 245, 382, II 219, passim). Und dies ist eine unserer wichtigsten Quellen über die polynesische Religion der damaligen Zeit! – Man kann in der Literatur des 19. Jahrhunderts verfolgen, wie solche Befangenheiten sich allmählich vermindern, ohne allerdings, bis heute, gänzlich verschwunden zu sein. Soziologisches Denken konnte zu der Einsicht verhelfen, daß die religiösen und sittlichen Ideen immer auf dem sozialen Hintergrund einer Gruppe beurteilt werden müssen, demgemäß variieren ihre Formen außerordentlich stark, aber die sittliche Substanz ist stets vorhanden. HERDER und lange nach ihm die Arbeiten von WESTERMARCK (1906 – 1908), SUMNER (1906), MARETT (1936), BRUNO GUTMANN (1923, 1926, 1932 – 1938) und anderen haben hier zum Verständnis die Wege geebnet. Die Ideen des Opfers (MONEY-KYRLE 1930,

B. Goetz 1933), der Sünde (R. Pettazoni 1929, 1931) und der Unsterblichkeit (Frazer 1934, Preuss 1930) sind nahezu allgemein verbreitet. Stark hingegen variiert die Einstellung zum Tode. Freitod kommt in allen Phasen der kulturellen Entwicklung vor, wie zuerst der Steinmetz-Schüler J. Wisse (1933) an einem umfassenden Material gezeigt hat. Es ist ganz im Sinne einer intentionalen Phänomenologie, wenn neuerdings auch unmittelbar versucht wird, in das „Ethos" bebestimmter naturvolklicher Gruppen einzudringen (Honigmann 1949).

Für die Soziologie und Sozialpsychologie der religiösen *Institutionen* darf zunächst wieder auf Max Webers Arbeiten über den Kalvinismus, Konfuzianismus, Hinduismus und das alttestamentliche Prophetentum verwiesen werden. Aber die Institutionen der großen Weltreligionen erhalten soziologisches Relief doch erst durch einen Vergleich mit analogen Einrichtungen der höheren „Naturvölker" (Schamanismus, Priestertum, Weiheriten, Geheimorden), der auf die soziologischen Idealtypen hinführt. So ist zum Beispiel die kirchenähnliche Funktion der geheimen Männerbünde Westafrikas und Melanesiens öfters beobachtet worden; auch ihre Verwandtschaft mit den antiken Mysterien wurde mehrfach berührt, aber noch nicht planmäßig studiert. Für die sozialpsychologische Erkenntnis der Entstehung, Institutionalisierung und Verbreitung von Religionen sind auch die unmittelbaren Beobachtungen über das Aufschießen neuer religiöser Bewegungen bei „Naturvölkern" von hohem experimentellem Wert (s. u. S. 232 f.).

3. Kulturgeschichte

Das *Problem der Kultur* konnte erst nach der Abkehr von einem objektivistischen Kulturbegriff weiter gefördert werden. Die kulturhistorische Schule von Gräbner-Schmidt hat noch lange mit der Vorstellung der Kultur als eines Aggregates von „Kulturelementen" operiert, ja sie hatte anfangs sogar die rein historische Aggregation dieser Elemente (*ohne* inneren Zusammenhang) zur Bedingung für die Aufstellung von „Kulturkreisen" gemacht. In dieser Auffassung stand sie unter der Nachwirkung von Tylors Adhärenz-Begriff und dessen statistischer Denkweise (o. S. 107). In der Konsequenz der objektivistischen „Kulturelement"-Auffassung nahm man „Kultur" ohne weiteres im Sinne eines Kollektivgegenstandes und behandelte sie methodisch dementsprechend. Dagegen erhob sich die auf die Erforschung der nordamerikanischen (besonders der kalifornischen) Indianer-Kulturen gegründete *Kulturareal-Lehre* nordamerikanischer Anthropologen (N. C. Nelson, J. R. Swanton, F. Boas, C. Wissler, E. Sapir, A. L. Kroeber u. a.). Auch sie stellt eine im großen und ganzen kreisförmige Anordnung der ethnographischen Gegebenheiten fest, natürlich in Anpassung an die geographischen Bedingungen. Aber sie faßte die Merkmale einer Kultur nicht mehr als innerlich unverbundene „Elemente" auf, sondern als charakteristische „Züge" *(traits)*, die sich zu individuellen Stammeskulturen zusammenschließen. Eine Kette von Handlungen ist ein

„trait-complex" (zum Beispiel Kopfjagd, Totemismus, Couvade, Tabak, Mais, Sonnenkult usw.), gefügt aus logisch und funktional zusammenhängenden Komponenten, mit stetiger Verteilung, von einem Zentrum aus radiierend. Kulturareale sind Anhäufungen solcher Komplexe in einem zirkumskripten Territorium (Wissler 1923).

Das methodologische Problem, das sich dabei stellte, war das einer *Rekonstruktion der Geschichte schriftloser Gesellschaften.* Da die Mehrzahl der sogenannten Naturvölker ohne geschriebene Überlieferung ist (so daß manche Autoren die Naturvölker sogar direkt als „schriftlose Gruppen" definieren), bereitet die Frage der Aufstellung einer wenigstens relativen Chronologie der kulturellen Abfolge besondere Schwierigkeiten. Die heutige historische Ethnographie legt sich nicht mehr auf *eine* Methode (etwa die Gräbner-Schmidtsche „kulturhistorische" Methode) fest, sondern verfährt kombinatorisch: 1. Zunächst ist das Verfahren, aus der räumlichen Verbreitung des kulturellen Inventars erste Indizien für die zeitliche Abfolge zu entnehmen, immer noch unentbehrlich. 2. Die mündliche Überlieferung der Eingeborenen selbst enthält oft wichtige Anhaltspunkte für ihre Vergangenheit, meistens allerdings in mythologischer Einkleidung, die sich vorsichtig verwerten lassen (vgl. Vansina 1961). 3. Die meisten Kulturgesellschaften mit Literatur haben auch Nachrichten über ihre schriftlosen Peripher- und Nachbargruppen, die ausgewertet werden können. 4. Die archäologischen Bodenfunde weisen auf hypothetische Vorfahren lebender „Naturvölker" hin. Man kann sagen, daß die Archäologie die wichtigste Hilfswissenschaft der historisch rekonstruierenden Ethnographie geworden ist. 5. Die geographische Erforschung der Verbreitung von Haustieren und Nutzpflanzen kann auch auf die Wanderungen von damit vergesellschafteten ethnischen Gruppen ein Licht werfen. 6. Eine wichtige Methode kann die Ortsnamenforschung sein, die mitunter Aufschlüsse zu erteilen vermag über ethnische Substratbevölkerungen. 7. Dasselbe gilt für die Verbreitung menschlicher Körperformgruppen, die rassengeschichtliche Schlüsse zulassen kann. 8. Besondere naturwissenschaftliche Techniken (Radiokarbonmethode, Dendrochronologie) sind in den Dienst der historischen Chronologie gestellt worden. – Mögen dem einzelnen Verfahren Unsicherheiten anhaften, so verspricht doch eine Kombination mehrerer Verfahren eher Erfolge. Konkrete Ergebnisse der historischen Rekonstruktion werden in der Tat fast immer einer solchen kombinierten Methodik verdankt, deren vollständige Anwendung natürlich von der Gunst der Umstände abhängt.

So konnte die Kulturgeschichte nordamerikanischer Indianer, bei denen auch der Boden schon gut durchforscht ist, in mancher Hinsicht geklärt werden (vgl. darüber zusammenfassend Krickeberg 1939; spez. Kanada: Jenness 1932; ethnol. u. z. T. archäol.: Kroeber 1939, Driver-Massey 1957, Driver 1961, Spencer-Jennings 1965; spez. archäol.: Wormington 1957, Willey-Phillips 1958, Jennings-Norbeck 1964, Willey 1966). In Südamerika arbeiteten namentlich der als Feldforscher außerordentlich erfolgreiche schwedische Ethnograph Erland v. Nordenskiöld (1877 – 1932), der sich besonders um die kartographische Festlegung möglichst zahlreicher „Kulturelemente“ bemühte (1919 ff.), der finnische Ethnograph, Soziologe und Religionsforscher RAFAEL KARSTEN („The Civilisation of South American Indians“, 1926) und der argentinische Ethnograph (französischer Abstammung) A. MÉTRAUX (1928). NORDENSKIÖLD schätzt (1929) interessanterweise die kulturelle Spontaneität der Indianer als wesentlich höher ein als die allgemeine Theorie (s. u. S. 225) sonst heute wahrhaben will. Gröber noch sind die Umrisse der afrikanischen Kulturgeschichte, die Kriterien und Abgrenzungen der von B. ANKERMANN, L. FROBENIUS, H. BAUMANN, W. D. HAMBLY u. a. aufgestellten Kulturkreise oder Kulturareale decken sich nicht; aufschlußreich aber ist die immer deutlichere Herausarbeitung eines „weißafrikanischen“, mit der vor-indogermanischen Mediterraneïs zusammenhängenden Kulturgürtels (D. J. WÖLFEL 1942 ff.), der auch mit der europäisch-atlantischen neolithischen Megalithkultur zusammenzuhängen scheint und vielleicht noch weitergehende althistorische Beziehungen bis nach Vorder- und Südasien nahelegt. Im allgemeinen aber ist man heute gegen universale Kulturkreisbeziehungen skeptisch geworden, weil bloß formale Übereinstimmungen (zum Beispiel „Mutterrecht“) in weit voneinander abliegenden Arealen am wahrscheinlichsten als Gleichläufe (u. S. 227) zu deuten sind, von sich aus also nicht kulturhistorische Zusammenhänge erweisen, es sei denn, solche ließen sich in einem geographisch-historisch zusammenhängenden Areal unmittelbar deutlich machen. Die Diffusionstheorie der Engländer G. ELLIOT SMITH (1929, 1933) und W. J. PERRY (1923), welche *alle* alten Hochkulturen (einschließlich der amerikanischen), die den Leitmerkmalen der Mumifizierung und der Pyramidenbauten folgen, aus Ägypten ableiten, ist endgültig abgeschrieben worden, obwohl ein so angesehener Anthropologe wie W. H. R. RIVERS sich ihr angeschlossen hatte. Der positive Ertrag dieser Theorie ist aber, daß sie – ebenso wie die Forschungen von FROBENIUS, WÖLFEL usw. – uns heute in viel stärkerem Grade als früher mit sekundären Hochkulturausstrahlungen auf periphere „Naturvölker“ rechnen lassen. In Afrika sind solche Ausstrahlungen bereits erwiesen, in der Südsee sind sie wahrscheinlich (wie schon BASTIAN vermutete), aber auch in Indonesien, Sibirien usw. ist eine „Abdichtung“ der sogenannten Naturvölker gegen die im engeren Sinne geschichtlichen Nachbarvölker heute nicht mehr durchführbar. Fraglich scheint (nach neueren archäologischen Funden) der von den beiden dänischen Ethnographen GUDMUND HATT und KAJ BIRKET-SMITH herausgearbeitete und wohlcharakterisierte, von Nordeurasien bis Nordamerika reichende, „arktische Kulturgürtel“ mit den beiden Stufen der Eisjagd- und der Schneeschuhkultur zu sein. Für die ältere dieser beiden Stufen versuchte O. MENGHIN eine Deckung mit einer spätpaläolithischen Stufe Nordeurasiens, der sogenannten miolithischen Knochenkultur. Die monumentale „Weltgeschichte der Steinzeit“ (1931) dieses Autors war ein großzügig angelegter, aber von vorneherein problematischer Versuch, eine Kontinuität der archäologisch faßbaren Kulturtypen zu denen der zeitgenössischen Naturvölker herzustellen. In begrenzteren Räumen, wie im Steppengürtel Zentralasiens, übersehen wir dagegen die historischen Zusammenhänge dank der Grabungstätigkeit der sowjetrussischen Forscher viel besser (JETTMAR 1964). Für Ostasien hat man versucht, historisch und ethnographisch den Aufbau der chinesischen Kultur aus neolithischen Komponenten, die noch heute in peripheren Naturvölker-Kulturen (Tungusen, Tai, Austroasiaten usw.) ihre Nachfolge haben, zu erweisen (EBERHARD 1942). E. v. EICKSTEDT baute solche Untersuchungen vor allem nach der rassenhistorischen Seite für Indien (1936), Ostasien (1944) und Iran (1963) aus. Für die Südsee versuchte G. FRIEDERICI eine Rekonstruktion der „melanesischen Wanderstraße" (1913), dann W. H. R. RIVERS in seiner „History of the Melanesian Society" (1914) eine Rekonstruktion der austronesischen Kulturschichten, hauptsächlich auf Grund der Verwandtschaftsterminologie. Ihm folgten R. W. WILLIAMSON (1924, 1933) und E. S. CRAIGHILL HANDY (1930, vgl. auch den Forschungsbericht von KWANG-CHIH CHANG u. a. 1964), R. v. HEINE-GELDERN suchte (1932) die austronesischen Wanderungen auf Grund der Bodenfunde (Beiltypen) zu rekonstruieren. Auf begrenztem Areal studierten Stammeswanderungen A. C. HADDON (Neuguinea), C. G. SELIGMANN (Neuguinea), WALTER KAUDERN (Celebes) und viele andere Forscher.

Ein Spezialproblem der historischen Ethnographie ist die Frage der Urheimat und Ausbreitung der großen Sprachgemeinschaften: Indogermanen, Ural-Altaier, Bantu und viele andere. Es bedarf keiner Hervorhebung, daß alle diese Fragen aufs stärkste profitieren werden von der Berührung mit der kulturhistorischen Ethnographie. So werden zum Beispiel für das Verständnis der althellenischen und altrömischen Kultur die Kulturen der vorindogermanischen Substratgruppen des Mittelmeerkreises immer bedeutungsvoller: diese aber sind schon heute nicht mehr voll zu verstehen ohne Kenntnis der nordafrikanischen Ethnographie und Archäologie.

Alle diese Probleme einer historischen Ethnographie können hier nur im Vorbeigehen gestreift werden. Sie werden, wo schriftliche Quellen fehlen, bearbeitet mit den ständig sich verfeinernden Methoden der Orts- und Personennamenforschung, der Siedlungsarchäologie, der Münzkunde usw. Die vor- und frühhistorischen Wanderungen der Illyrier, Kelten, Germanen, Finno-Ugrier usw. stehen heute schon wesentlich klarer vor unserem geistigen Auge als noch vor wenigen Jahrzehnten. – Die ethnologische Problematik dieser „antiquarischen" Vorgänge liegt allemal in der Frage nach den „Substratvölkern", ihrer Überlagerung und Assimilation durch später Hinzugekommene und der dadurch bewirkten ethnischen Umschichtungen und kulturellen Veränderungen.

Die historische Erforschung einzelner größerer Sprach- und Kulturräume ist heute so weit spezialisiert, daß sie oft den universalhistorischen Problemzusammenhang zu verlieren droht. Die Völkerkunde spaltet sich mehr und mehr auf in Amerikanistik, Afrikanistik usw.; die Fächer der Sinologie, Indologie, Turkologie, Semitistik, Slawistik usw. werden nicht selten rein philologisch und ohne Berücksichtigung der kultur- und volkstumsgeschichtlichen Tiefenperspektive betrieben.

Es kann natürlich keine Rede davon sein, daß alle diese Forschungsarbeiten und -resultate sich noch einer einheitlichen anthropologischen Perspektive einordnen ließen. Sie sind nicht mehr Anthropologie, – aber sie sind anthropologisch *relevant.* Man muß etwas von diesen Tatsachen *wissen,* um die Fülle menschenmöglicher Realisationen auf unserem Globus beurteilen zu können. Denn der Mensch hat sich nicht als ein abstraktes Wesen über die Erde verbreitet, sondern in geschichtlichen Bewegungen, deren Zeugnisse der Boden enthält, Schriftdenkmäler überliefern, schriftlose Kulturen als ein wenigstens annähernd enthüllbares Geheimnis bergen. Die heute so beliebte Rede von der „Geschichtlichkeit des Menschen" bleibt leer, wenn man diese universalhistorische Perspektive nicht im Blick behält.

4. Nicolai Hartmanns Lehre vom „Geist"

In den empirischen Untersuchungen ethnographischer oder archäologischer Natur ist der Begriff der Kultur in der Regel vorausgesetzt worden, ohne eigens geklärt zu werden (vgl. auch Hoyt 1961). Die Ethnographen unterschieden klassifizierend „geistige" und „materielle" Kultur, ohne über diese Zweiteilung weiter nachzudenken (ähnlich in der Volkskunde: „Wörter und Sachen"). Es war einfach die Gegebenheit des Materials, das sich (vor allem dem Museums-Ethnographen) teils stofflich-greifbar repräsentierte (in Gerät und Werkzeug, Obdach, Kleidung, Transport- und Verkehrsmitteln, usw.), teils unstofflich (als Dichtung, Sage Mythos, Zeremonie, Verwandtschaftssystem, politische Gestaltung, usw.). Es war zwar immer das Gefühl verbreitet, daß mit der Zweiteilung in „materielle" und „geistige" Kultur etwas nicht stimmte, daß auch in der „materialen Kultur" ein Geistiges wirke, aber man dachte nicht weiter darüber nach. Bezeichnenderweise war es ein Wirtschaftshistoriker, Karl Lamprecht, der (1896 : 11 f.) gegen die Unterscheidung von materieller und geistiger Kultur protestierte; – bezeichnend darum, weil gerade das Gebiet der Wirtschaft dieser Zweiteilung spottet.

Hier hat Nicolai Hartmann Klarheit geschaffen mit einer Beschreibung der Seinsformen des Geistigen und der Unterscheidung von personalem, objektivem und objektiviertem Geist (Hartmann [1933] ³1962). Hartmann, der persönlich und sachlich Scheler nahestand, wollte allerdings nicht, wie dieser, Anthropologie geben. Aber seine kategorialen Untersuchungen sind für die Anthropologie kaum weniger wichtig als das Werk Schelers. Denn Hartmann geht aus von einem „anthropologischen Geistbegriff". Der Geist schwebt nicht mehr in den Wolken, wie – scheinbar – bei Hegel, er wird von den hegelianischen Überspitzungen befreit und damit auch unter Erfahrungswissenschaftlern wieder diskussionsfähig gemacht. Dabei kommt Hartmann die Unbekümmertheit zu Hilfe, mit der er apriorische und empirische Erfahrungen auf gleicher Ebene verwertet.

Wie sieht der anthropologische Geistbegriff bei Hartmann aus?

„Den Menschen als Leib, oder selbst als seelisches Wesen, meinen wir ja nicht. Wir greifen, wenn wir das spezifisch Menschliche bestimmen wollen, unfehlbar nach solchen Merkmalen wie Erkenntnis, Zielbewußtsein, Sinnverständlichkeit,

Freiheit, Ethos, schöpferisches Tun u. a. m., nach lauter Fragmenten des geistigen Seins also. Wir definieren in Wahrheit immer noch umgekehrt den Menschen durch unser fragmentarisches Wissen vom Geist. Das ist lehrreich. Diese Ordnung im Bestimmen läßt sich offenbar nicht umkehren.
Es darf einen hieran nicht irre machen, daß wir Merkmale des Geistes doch wiederum nur am Menschen ablesen können. Das hat mit der Begriffsbestimmung nichts zu tun. Freilich ist der Mensch und seine Welt das Feld der Erfahrung, die wir vom geistigen Sein haben, – aber nicht in der Weise, daß wir zuerst einen Begriff des Menschen gewinnen, dem wir dann Bestimmungen entnehmen könnten. Nicht vom Begriff des Menschen, sondern vom Menschen selbst lesen wir die Merkmale des Geistes ab. Und in dem Maße, als hierbei ein Begriff des Geistes sich herausbildet, wird auch das spezifisch Menschliche am Menschen faßbar" (HARTMANN [1933] [3]1962 : 55 f.).

„Anthropologismus" ist also nicht beabsichtigt. Der Geist wird nicht als menschliche Möglichkeit bestimmt, sondern umgekehrt: Von einer Ontologie des Geistes her läßt sich eine Anthropologie begründen. Die Autonomie des Geistes ist, in konsequenter Fortführung von HUSSERL, aus der Widerlegung des Anthropologismus (bzw. Psychologismus und Historismus) abzuleiten (HARTMANN a. a. O. 16, 48 f., 70, 179; vgl. HARTMANN [3]1964 : 18 f., 25 ff.; [5]1965 : 29 ff.).

Man muß HARTMANNS Geistlehre im Rahmen seiner Vorstellungen über den „Schichtenbau der realen Welt" verstehen, die er im Anschluß an HUSSERLS Lehre von den „regionalen Ontologien (HUSSERL, Werke III 23 f., 142 ff., 165) entwickelt hat (HARTMANN [1939] [3]1964; vgl. LANDGREBE 1963 : 143 ff.). HARTMANN unterscheidet im Aufbau der realen Welt die Schichten des Materiellen, des Organischen, des Seelischen und des Geistigen. Jede Schicht hat ihre eigenen Aufbauprinzipien oder Kategorien. „Niemals läßt sich das Sein einer Schicht aus den Kategorien einer anderen in seiner Eigenart verstehen, und zwar weder aus denen der höheren – denn sie treffen nicht zu –, noch aus denen der niederen – denn sie reichen nicht hin" (HARTMANN [3]1962 : 17). (Zum Beispiel die für das Materielle geltende Kategorie „Kausalität" reicht nicht mehr aus für die Erklärung des Psychischen, die für das Geistige geltende Katergorie des „Zweckes" trifft nicht zu für das Organische usw.) Immer ist die höhere Schicht getragen von der niedrigeren, insofern besteht eine Abhängigkeit: ohne materielle Natur kein Leben, ohne Leben kein Bewußtsein, ohne Bewußtsein keine geistige Welt. Diese Abhängigkeitsrichtung ist nicht umkehrbar. Dem entspricht die Abhängigkeit in den Kategorien. Die niederen Kategorien kehren in den höheren als „Elemente" wieder, die höheren können jene nur überformen oder überbauen. An sich sind sie die schwächeren. Dennoch kann man nach HARTMANN von einer relativen Autonomie der jeweils höheren Seinsschicht sprechen. „Das Organische ist zwar getragen vom Materiellen, aber sein Formenreichtum und das Wunder der Lebendigkeit stammen nicht aus ihm her, sondern treten als ein Novum hinzu. Ebenso ist das Seelische über dem Organischen, das Geistige über dem Seelischen ein Novum" (a. a. O. 17 f.).

Im Reich des Geistigen unterscheidet HARTMANN den personalen, den objektiven und den objektivierten Geist. Es sind die beiden letztgenannten Formen, die für den Kultur-Begriff entscheidend sind. Denn der personale Geist eignet nur uns als je einzelnen; das Bewußtsein trennt. Für den objektiven Geist hingegen gelten die Kategorien des Psychischen, der Subjektivität und des Bewußtseins nicht mehr. (In diesem Punkte korrigiert HARTMANN HEGEL.) Denn der Gedanke ist nicht das Denken, die Sitte nicht identisch mit sittlich handeln, das Recht nicht dasselbe wie richten usw. Der objektive Geist ist Formgebung der Gemeinschaft. Ein adäquates Bewußtsein hat er dagegen nicht. Auch hier steht HARTMANN in der Abwehr des Psychologismus und Soziologismus. Gemeinsame Werte zum Beispiel (ein Phänomen des objektiven Geistes) würden *nicht* bedeuten ein „kollektives Bewußtsein" dieser Werte. – Objektivierten Geist sieht HARTMANN in den „Werken". Der objektive Geist objektiviert sich nochmals in Gebilden, der nicht er selbst ist, sondern ein von ihm „Herausgestelltes". Tradition ist an objektivierten Geist gebunden.

Was wir „materielle Kultur" nennen, ist offenbar das Substrat in dieser *dritten* Grundgestalt des Geistes: des „objektivierten" Geistes. HARTMANN erläutert dieses Verhältnis in eindringenden Analysen. Der Geist, der ein Werk schuf, kann selbst tot sein und unwiederbringlich der Vergangenheit angehören. „Dennoch «spricht» er aus dem Werk zu uns wie ein lebender Geist. Darin besteht das Wunder des Schrifttums, der Kunst, des geformten Gehaltes. Es ist also jedenfalls zu wenig, wenn man sagt, nur die Manifestation erhalte sich. Und es ist wiederum zu viel, wenn man sagt, der lebende Geist selbst erhalte sich darin." Was wir „Tradition" nennen, ist rätselhaft, im Motiv der „Erhaltung" liegt eine Aporie. Das Weiterleben der Kultur vermittels „Objektivation" ist an ein „Wiedererkennen" gebunden, welches nur der lebende Geist leisten – HARTMANN sagt: „gegenleisten" – kann (HARTMANN [3]1962 : 421 ff.). Begriffe wie Prozeß, Bewegung, Leben entstammen tatsächlich noch dem personalen Geist, ohne dessen leistende Subjektivität kommt nichts zustande. Alles greift ineinander: das personale Leisten, die Kommunikation im Objektiven, die Objektivation im „herausgestellten" Werk.

Man sieht: wir sind hier jenseits der „Selbstverständlichkeit", mit der wir uns in Begriffen wie Kultur, Tradition, Werk wohl aufgehoben fühlten. Zugleich wird die Rolle der philosophischen Besinnung sichtbar: als Gegengewicht zur Routine des empirischen Betriebes die Probleme lebendig zu erhalten, ohne die auch das empirische Forschen nicht weiterkommt.

Vergleichen wir mit der von HARTMANN erreichten Klarheit die Bemühungen der empirischen Kulturtheoretiker, so sind diese von solcher Klarheit noch weit entfernt. Daß der Bereich des personalen Geistes aus ihren Überlegungen herausfällt, ist insofern entschuldbar, als er vielmehr in der Sphäre des personalen (einschließlich des sozialen) Handelns gelegen ist, für die in den Schubfächern der ethnographlischen Kulturforscher kein Raum ist. (Wenn gelegentlich auf die „Rolle des Individuums" hingewiesen wurde – o. S. 170 f. –, so ist diese doch in keinem systematischen Teilgebiet der Ethnographie unterzubringen. Die Verknüpfungen zwischen Ethnographie und

Sozialpsychologie haben erst vor etwa dreißig Jahren langsam begonnen.) Das eigentlich „Kulturelle“ beginnt ja erst mit dem objektiven Geist. Die Sonderstellung des objektivierten Geistes ist dagegen überhaupt nicht gesehen worden; denn der Begriff der „materiellen Kultur“ betrifft ja nur das materielle Substrat, das eine äußere Vorbedingung für die Objektivation ist; in *dieser selbst* lag ja aber das Problem.

5. *Kulturanthropologie und Verhaltensforschung*

Daß der Mensch unmittelbar als ein Kulturwesen thematisiert wird, ist eine verhältnismäßig junge Errungenschaft der neueren Forschung. Nimmt man die geistesidealistische Tradition der deutschen Philosophie und Geisteswissenschaften hinzu, dann kann man die Kulturanthropologie allerdings schon mit Georg Forster, Herder, Wilhelm v. Humboldt beginnen lassen. Aber bei Dilthey konnten wir ja schon feststellen, daß die Beziehungen der Hermeneutik zum ethnographischen Material abgerissen waren (o. S. 151). Kulturforschung und Menschenforschung fielen auseinander. Erst in den Jahren vor dem Zweiten Weltkriege bahnte sich eine Neubegegnung an auf Grund der durch die Phänomenologie veränderten Sachlage. Hartmann rehabilitierte, wie wir sahen, den Begriff „Geist“, Ernst Cassirer lieferte mit seiner „Philosophie der symbolischen Formen“ (1923 – 1923) den ersten Entwurf einer modernen Kulturanthropologie.

Daß dieser Entwurf wirklich als Kulturanthropologie gemeint war, erhellt aus Cassirers (in der amerikanischen Emigration geschriebenem) kleinerem Werk *An Essay on Man* (1944), in dem er das Fazit aus seiner Symbollehre zieht. Cassirer faßt die Formen des kulturellen Lebens als symbolische Formen auf. Der Mensch steht mit seiner Welt nicht „direkt“ in Berührung, sondern durch Vermittlung symbolischer Systeme, wie Sprache, Mythos, Religion, Wissenschaft. Cassirers Werk ist einer Beschreibung dieser Symbole gewidmet, wobei er sein Verfahren in gewisser Weise als phänomenologisch im Sinne Husserls auffaßt ([2]1953 bis 1954 : II 16): „... In diesem Sinne nach einer Form (zum Beispiel) des mythischen Bewußtseins fragen, heißt weder nach seinen letzten metaphysischen Gründen, noch nach seinen psychologischen, seinen geschichtlichen oder sozialen Ursachen suchen: vielmehr ist damit lediglich die Frage nach der Einheit des geistigen Prinzips gestellt, von dem alle seine besonderen Gestaltungen, in all ihrer Verschiedenheit und in ihrer unübersehbaren empirischen Fülle, sich zuletzt beherrscht zeigen.“ Allerdings entstammte Cassirer nicht der phänomenologischen, sondern der neukantianischen (Marburger) Schule, und demgemäß ist der Tenor seines Werkes kulturidealistisch: das Schwergewicht der Betrachtung fällt stark auf die ausgestalteten Formen der Kultur. Der Mensch wird etwas einseitig als „Schöpfer“ angesehen (s. u. S. 220 f.). Dennoch muß Cassirer schon darum als ein Vorläufer der Kulturanthropologie in Anspruch genommen werden, weil er der erste moderne

Philosoph war (abgesehen von W. WUNDT, der aber doch mehr Psychologe war), der ethnographisches Material ausgiebig zu Rate zog.

Die moderne Kulturanthropologie (vgl. MÜHLMANN und MÜLLER 1966) kann sich CASSIRERS Diktum zu eigen machen, daß der Mensch nicht mehr als eine einfache „Substanz“ angesehen werden dürfe, die in sich selbst besteht und in sich selbst erkennbar sei (CASSIRER 1944 : 222). Die Vielfalt der symbolischen Formen, wie sie über die ganze bewohnte Erde verstreut ist, sagt vielmehr zweifellos auch etwas über den Menschen aus. Man kann den empirischen Pluralismus der Kulturen (in Raum und Zeit) als Index begreifen für die Chancen menschenmöglichen Verhaltens. Man könnte sogar noch weiter gehen und das Specificum der Art *Homo sapiens* in ihrer „Kulturmodifikabilität“ sehen, das heißt in ihrer Fähigkeit, die allerverschiedensten Lebensgestaltungen (= Kulturen) aus sich hervorzutreiben. Nur, daß der hominide Anthropologe *mehr* über diese Variantenfülle von „Gestaltungen“ absolut nicht zu sagen wüßte. Hier beginnt eben die Domäne des Kulturanthropologen. Aber verständlich machen kann dieser sich dem naturforschenden Anthropologen, vor allem dem Erblichkeitsforscher, am besten mit Hilfe des Begriffes „Modifikabilität“. Nur muß er hinzufügen, daß dann der Begriff der Modifikation für die Kulturanthropologie ein ganz besonderes Gewicht aufweist, als Modifikationsbreite, ein „pluralistisches Spektrum“ von unübersehbarer Breite; unübersehbar darum, weil der Begriff eines „Universums möglicher Kulturgestaltungen“ nicht durchführbar ist (vgl. o. S. 158). M. a. W.: Auch der Mensch ist in seinen „Chancen“ nicht übersehbar. Der MAX WEBERsche Chancenbegriff ist gar kein naturalistisches Relikt (wie FREYER 1930 : 177 meinte), er hat es metaphysisch in sich. Die der Kulturanthropologie zugeordnete „regionale Ontologie“ wäre keine Wirklichkeits- sondern eine Möglichkeitswissenschaft.

Das Material für diese „Offenheit“ des Menschen in Raum und Zeit hinein liefern alle Geisteswissenschaften, die Ethnographie (und Archäologie) nur darum bevorzugt, weil sie den größten Überblick über die Mannigfaltigkeit und gewaltige Verschiedenheit der menschenmöglichen Kulturgestaltungen haben, – einschließlich der ethischen und ästhetischen Normierungen, die wir ja auch seit der Ausdehnung der intentionalen Analysen auf die Wertsphäre (durch SCHELER und HARTMANN, s. o. S. 174 f.) nicht mehr auf die leichte Achsel nehmen dürfen. Freilich zielen wir trotz aller Verschiedenheiten immer doch auf „die“ menschliche Natur, aber bloß als einen Limes-Begriff. Darin werden wir ermutigt durch die moderne Tierverhaltensforschung (Ethologie), deren namhaftesten Vertretern offenbar selber eine anthropologische Deutung ihrer Ergebnisse vorschwebt (LORENZ 1963, 1965 – 1966). Nach den Ergebnissen dieser Forscher ist zum mindesten klar, daß heute niemand mehr von dogmatischen Prämissen ausgehen darf, was „noch“ tierisch, und was „schon“ menschlich sei. Soziale Ordnungen bei vielen Tierarten (auch Rangordnungen), die Bildung von „Territorien“, die Wirksamkeit von Signalen, die Spielregeln des sozialen Verhaltens, z. B. bei der Werbung und beim Kampf, weisen in Form und Funktion oft verblüffende Analogien zu menschlichem Verhalten auf.

Allerdings ist die Methodenfrage zweischneidig. Die Anwendung des Gestaltprinzips (LORENZ 1965 – 1966 : II 255 ff.) rückt die Verhaltensforschung in die Nähe der Phänomenologie, aber es fehlt die Reduktion. Demgemäß wimmeln die Schriften der ethologischen Autoren von „anthropomorphistischen" Deutungen, was völlig legitim wäre, wenn und soweit diese Forschungen als Beiträge zum Tierverständnis des Menschen gelten wollten. Beabsichtigt wird ja aber mehr. Wenn zum Beispiel versucht wird, aus den „Ritualen" von Tieren Aufschluß über menschliches Verhalten zu gewinnen, wird vergessen, daß man vorher schon den „menschlich" (aus Religionsgeschichte und Ethnographie) gewonnenen Begriff des Rituals auf die Deutung tierischen Verhaltens übertragen hat. Man darf das und kann es wahrscheinlich gar nicht vermeiden, aber man muß wissen, was man da tut. Wir haben eben ein „menschliches" Vorverständnis.

Mehrfach hat man versucht, universale Kategorien der Kultur aufzufinden (vor allem KLUCKHOHN 1953). Dies wären also eigentlich trans-kulturelle Kategorien, in Richtung auf Gemeinsamkeiten der menschlichen Natur, zu lesen im Lichte der Verhaltensforschung. Es ist nicht mehr dabei herausgekommen als: 1. das Bedürfnis nach Nahrung, Obdach (Schutz vor Unbilden der Natur), Haushalten („Wirtschaften"); 2. das Bedürfnis nach geschlechtlicher Ergänzung und irgendeiner Institutionalisierung des männlichen und weiblichen Rollenverhaltens; universal dabei ist das Inzestverbot, Ehe- und Familienformen äußerst variabel; 3. Bedürfnis nach Gegenseitigkeit, Ausgleich auf allen Gebieten des Lebens; 4. Symboldenken, Drang nach „Ausdruck" in Tanz, Bildnerei, Sagen und Dichten; 5. ästhetische Schätzung im allgemeinen („schön – häßlich"); 6. Ordnungs-Vorstellungen, verbindliche Normen und Begriffe („richtig – falsch", „schicklich – unschicklich", „gut – böse" usw.). Aber alle diese Kriterien sind noch formal, im Inhaltlichen von Kultur zu Kultur bis zum radikal Gegensätzlichen variabel.

Im Ästhetischen, wie im Ethischen und im Sozialen schlechthin ist der Kulturrelativismus, der sich aus der kulturanthropologischen Perspektive ergibt, komplett. Wir gelangen auf keinen wirklich verbindlichen und inhaltlich erfüllten Begriff der „menschlichen Natur" mehr.

GOETHE suchte noch das Maß der Natur bei den Griechen, aber nicht einmal der „klassische Kanon" von WINCKELMANN und GOETHE ist mehr haltbar, da sie das Archaisch-Hellenische noch nicht kannten. Die indische, hinterindische, chinesische, koreanische, japanische, ägyptische Plastik, Architektur und Malerei, die der Maya, Azteken und Inka ist erst in den vergangenen Jahrzehnten erschlossen worden und werden es noch. Dasselbe gilt für die Kunst der ozeanischen, afrikanischen, amerikanischen Naturvölker; die Kunst der Nomadenvölker ist eine völlig neue Entdeckung (JETTMAR 1964). Aber selbst bei uns waren ja Gotik und Barock im 19. Jahrhundert Neuentdeckungen und Neuschätzungen, „Wiedererkennen" im Sinne N. HARTMANNS (o. S. 215). Daß in der Kunst der Naturvölker keine „Individualität" sich ausspreche, ist ein längst widerlegtes Vorurteil (vgl. HIMMELHEBER 1935 ff. und jüngst EBERHARD FISCHER 1963). Die fremden Religionen, der Islam, der Buddhismus, Hinduismus, Taoismus, Konfuzianismus usw. waren uns im 19. Jahrhundert nur sehr oberflächlich bekannt, erst in den letzten Jahrzehnten ist unser Bild von ihnen unermeßlich bereichert worden; von der Religion der Maya und Azteken wissen wir heute noch blutwenig, aber was erschlossen wird, kann den Horizont unseres Staunens nur abermals erweitern. Das Ganze ist eine Bewegung ins Infinite, begonnen schon mit HERODOT, fortgesetzt im Hellenismus, in den Entdeckungszügen der Araber, später der Europäer. Immer glaubte man, schon bei HERODOT, dann bei POLYBIOS und später bei GOETHE („Weltliteratur"!), „die Welt" einigermaßen komplett zu kennen. Der überlieferte klassizistische und christozentrische Horizont kann nicht mehr der unsere sein, weil wir ihn entdeckungsgeschichtlich überschritten haben. Die erweiterte Weltkenntnis revolutioniert die Anthropologie.

Im Verhalten des Menschen zu seiner Welt konnte die Natureinfügung der Wildbeuter noch am ehesten den Restbegriff von „Natur" zum Ausdruck bringen, weil die Lebensformen dieser Gruppen wenigstens auf den ersten Blick an die Zusammenhänge der „Biozönosen" (der typischen Lebensgemeinschaften von Tieren und Pflanzen) gemahnen. Bereits die Technik aber ist eindeutig ein Handeln, und das ethnographische Material beweist, daß der Mensch *alle* in der Natur anfallenden Materialien als Rohstoffe verwendet. Aber eben: er *kann* sie verwenden; und stets bearbeitet er sie (MÜHLMANN [1956] 1966 : 25 ff.). Die Kategorien des Greifens, Begreifens, Machens, Be-machens greifen aber auch über in die „geistige" Kultur mit teils kognitiven, teils magischen Funktionen. Die mythischen Weltbilder spiegeln nicht selten die faktische Sozialordnung, ein Motiv, das TOPITSCH (1958) weltanschauungskritisch ausgewertet hat. Die Gestaltungen des objektiven Geistes in Sitte, Recht, Normen allgemein, erinnern an die „überprägnanten Modelle" in der Verhaltensforschung. Die sozialen Riten und Zeremonien fordern zum Vergleich mit den analogen Ordnungen bei Tieren heraus. Dabei zeigt sich, daß das, was bei Tieren von „angeborenen auslösenden Mechanismen" geleistet wird, beim Menschen nur durch gestiftete, sich einspielende Institutionen geleistet werden kann (zum Beispiel die kriegsrechtlichen Milderungen und Einschränkungen), deren Formenmannigfaltigkeit viel größer ist als beim Tier, deren funktioneller „Unsicherheitskoeffizient" aber ebenfalls viel größer ist als alles, was „instinktiv" funktioniert (MÜHLMANN [1956] 1962 : 124 ff., 225 ff.).

Ähnliche Anschauungen über die „Institutionen" sind auch von ARNOLD GEHLEN ([3]1950) entwickelt worden. Überhaupt enthüllt die moderne soziologische Institutionenlehre einen Aspekt der Gebrechlichkeit des Menschen und der Welt, der weitab liegt von dem gewöhnlichen Optimismus der alten Aufklärung. Allerdings hatte es warnende und skeptische Stimmen auch in früherer Zeit immer schon gegeben. Man erinnert sich an HERDERS Wort von dem „brechlichen Leim, aus dem die Menschheit geformt ist" (Werke XV 138), und an SCHOPENHAUERS Diktum: diese Welt sei „so eingerichtet, wie sie sein mußte, um mit genauer Not bestehen zu können: wäre sie aber noch ein wenig schlechter, so könnte sie schon nicht mehr bestehen" (Werke ed. Griesbach II 687). (Allerdings redet Schopenhauer hier im Zusammenhang vom Aufbau der Welt und begründet seine Meinung mit astronomischen, geologischen und klimatologischen Argumenten. Aber über das Menschengeschlecht und den Staat als knappen Notbehelf hatte er keine andere Meinung.)

Von der modernen Kulturanthropologie aus gesehen erweist sich die Überprägnanz der institutionellen Verhaltensmuster (zum Beispiel die Steigerung bloß faktischer Untersagungen zur „Sanktion") als eine notwendige „Verstärker-Funktion", um das Fehlen instinktiver Sicherungen auszugleichen. Es kann als sicher gelten, daß die mit solchen „Verstärkern", das heißt mit gut funktionierenden Institutionen ausgerüsteten Gruppen menschheitsgeschichtlich durch kollektive Selektion überleben konnten (Mühlmann 1966 : 44 f.). Mit dem Ersatz des „Instinkts" durch die „Institution" scheint freilich auch der Restbegriff von „Natur" entschwunden, diese vielmehr beim Menschen vollständig durch „Kultur" ersetzt, – evtl. durch das, was Scheler die „relative Natur" genannt hat: die mit Selbstverständlichkeitscharakter ausgestattete kulturelle Normierung.

Überblickt man diese Resultate vom Standpunkt einer vergleichenden Morphologie, so kann man sagen, daß die Mannigfaltigkeit der Formen im Pflanzen- und Tierreich sich beim Menschen weniger fortsetzt in einer Mannigfaltigkeit der rassischen Erscheinungen (obwohl auch diese besteht) als auf einer veränderten Ebene in einer unübersehbaren Mannigfaltigkeit der Kulturen. Im Tierreich müssen wir, um auf eine gänzlich veränderte Serie von Verhaltensweisen zu stoßen, von einer Tierart hinübergehen zu einer anderen; beim Menschen brauchen wir sozusagen nur hinüberzugehen zur „nächsten" Kultur (Mühlmann a. a. O. 45 f.).

Man wird freilich dieser kulturanthropologischen Perspektive den Vorwurf einseitig ästhetischer Betrachtungsweise machen können. Dieser ist berechtigt gegenüber einer Überbetonung der „symbolischen *Formen*", das heißt im Hinblick auf eine Überspannung der Kultur-*Morphologie*. Nach Cassirer kommt der Geist, wie es einmal prägnant heißt ([2]1953 – 1954 : 235), „erst in seiner Äußerung zu seiner wahrhaften und vollkommenen Innerlichkeit. Die Form, die sich das Innere gibt, bestimmt auch rückwirkend sein Wesen und seinen Gehalt." Das ist ganz im Sinne der neukantianischen Kulturphilosophie gedacht, es ist einseitig von der Funktion des objektivierten Geistes (Hartmann) her gesehen, zu wenig das Ringen des Menschen um Form berücksichtigend, zu wenig auch das Mißlingen und Scheitern, den offenen Horizont der Intentionalität. Die Mannigfaltigkeit des intentionalen Lebens ist viel größer als das bloß objektiviert Kulturgestaltete ahnen läßt. Man müßte zu Cassirer die Schelerschen Gesichtspunkte der Emotionen, Triebe und Temperamente hinzunehmen, um zu einem wirklichkeitsnäheren Bilde des Menschen zu kommen. Der Mensch erscheint im Bilde, das die Kulturmorphologie entwirft, wie ein schöpferischer Neukantianer. Fritz Kaufmann hat die Gefahren dieser einseitig ästhetisch-morphologischen Anschauungsweise in seiner Kritik an Cassirer hervorgehoben:

„Die Objektivation der Darstellung hat eine ähnliche Wirkung auf uns wie das

Meisterwerk eines Künstlers. Die wundervolle Politur des Spiegels versöhnt uns mit der Traurigkeit des Bildes; der vollkommenen Darstellung gelingt es, die Unvollkommenheiten dessen, *was* dargestellt wird, auszubalancieren" (FRITZ KAUFMANN 1949 : 838).

Scheinbar hat also der handelnde Mensch ein fertiges Kunstwerk bereits vor Augen, wenn er irgend etwas tut. Aber so ist ist es ja nicht. Und so lassen sich gegen eine solche „Bildtheorie" gewichtige Einwände erheben, die sich letzten Endes gegen das neukantianische „Kulturbild" selber wenden. Zweifellos geht der Mensch überhaupt nicht in einem – wie immer gefaßten – Begriff der Kultur auf (s. u. S. 232 f.).

Zu CASSIRERS Philosophie der symbolischen Formen aber wäre festzustellen, daß der Fortgang der kulturanthropologischen Forschung selber seinen morphologischen Ansatz als unzulänglich erwiesen hat: „Kultur" erscheint uns heute auf Grund des Studiums der Institutionen nicht mehr als ein Inbegriff der fertigen, eher vielmehr der nur halb gelingenden, oft mißlingenden, labilen und fragwürdigen Form.

6. Das Studium der Kulturdynamik

Die Diskussion der zwanziger und dreißiger Jahre ahnt einiges hiervon, wenn sie von „Funktion" und „Struktur" spricht. Das Studium der „Funktionen" von Kulturen mußte empirisch unweigerlich auch auf „Dysfunktionen" stoßen, das Studium von „Strukturen" auf strukturell nicht Passendes. Dennoch blieb der Blick merkwürdig stark auf die Objektivationen gerichtet, das heißt Funktion als „gelungene", Struktur als „vollendete".

Der Gedanke, daß die Kultur ein funktionierendes Ganzes bildet, wurde besonders von britischen und nordamerikanischen Anthropologen immer häufiger ausgesprochen (B. MALINOWSKI, A. R. RADCLIFFE-BROWN, MARGARET MEAD, RUTH BENEDICT, EDWARD SAPIR, R. B. DIXON, GREGORY BATESON u. a.). Auch die deutsche Richtung der Kultursoziologie (MAX SCHELER, MAX und ALFRED WEBER u. a.) hat diesen Gesichtspunkt betont. Von deutschen Völkerkundlern stand FRITZ KRAUSE (1929) diesen Anschauungen nahe, offenbar unter der Nachwirkung der Leipziger LAMPRECHT-Schule, aber auch der Strukturpsychologie F. KRUEGERS.

In jüngster Zeit hat die Schule von CLAUDE LÉVI-STRAUSS den Strukturbegriff aufgenommen und eine ganze Forschungsrichtung, den „Strukturalismus", darauf aufgebaut (LÉVI-STRAUSS 1958 ff.).

Man sieht, es fehlt nicht an Versuchen zur Vertiefung. Man suchte über den fragmentarischen Charakter der älteren ethnographischen „Bestandsaufnahmen" hinauszukommen und die funktionale Bedeutung der einzelnen „Züge" für das Ganze der Kultur aufzuhellen. Dabei schätzte man freilich oft den Totalzusammenhang und die Interdependenz dieser Züge zu hoch ein und vergaß die schon von COMTE getroffene Feststellung eines nur relativen „consensus" der sozialen Elemente (s. o. S. 75). Auch COMTES Beobachtung, daß der „consensus" abnimmt, je höher wir in der sozialen Serie steigen, wurde vergessen und der Ganzheits-Gedanke unbedenklich über die Stammeskulturen hinaus auch auf Hochkulturen übertragen, zum Beispiel von SAPIR (1924). Hier zeigte sich dann freilich, daß die neue (in Wahrheit alte) „funktionalistische" Methode zur Erforschung der komplizierteren Kulturen nicht ausreichte (vgl. auch EISENSTADT 1961).

Die „materielle Kultur" wurde von den britischen (MALINOWSKI- und RADCLIFFE-BROWN-) Schulen völlig vernachlässigt, was von den deutschen Kulturhistorikern kritisiert wurde. Aber auch LEACH hat (1958) die Überspannung des Struktur-Begriffes in der Schule von RADCLIFFE-BROWN gerügt. Der Begriff der „sozialen Struktur" als Kriterium für die Klassifikation ganzer Kulturen reicht nicht aus. Er kann praktisch das historisch Heterogenste zusammenwerfen.

Der Soziologe P. A. SOROKIN unterzog (1937) die funktionalistischen Kulturtheorien einer eingehenden Kritik und suchte das richtige Maß wieder herzustellen. Er unterscheidet bei den Interrelationen der Kultur 1. räumliche und mechanische Adjazenz, 2. Assoziation durch einen äußeren Faktor, 3. kausale oder funktionale Integration, 4. interne oder logisch-sinnvolle Einheit.

Der Versuch dieses gebürtigen Russen, deutsche kulturphilosophische Besinnungen einer amerikanischen Umwelt zu vermitteln, ist nicht ohne Interesse. SOROKINS energischer Hinweis, daß die logisch-sinnvolle *(logico-meaningful)* Schicht einer Kultur niemals mittels der kausalen Methode aufgedeckt werden könne, kommt für die angelsächsische Anthropologie und Soziologie noch immer nicht zu spät. Er knüpft ausdrücklich an die deutsche geisteswissenschaftliche Tradition an, die sich seit DILTHEY, HUSSERL, MAX und ALFRED WEBER, VIERKANDT u. a. um die Erfassung des *Stilgehaltes* der Kulturen bemühte. Die Strukturpsychologie FELIX KRUEGERS und seiner Leipziger Schule hegte ja ähnliche Anschauungen. Jede Kultur hat ihre individuelle Struktur. Diese wandelt sich aber auf Grund eines die Erscheinungen überdauernden Gliederungsprinzips, welches dem Wandel eine gewisse *Richtung* aufnötigt. Aus dem Gefügecharakter ergibt sich, daß jede Kultur auch ihren eigenen Ablaufrhythmus hat (vgl. DANILEWSKIJ, o. S. 124). Das ist wichtig für die vergleichende Kulturkunde. Zeitliche Koordinierung im Ablauf einer Kultur gelten immer nur für deren eigenes Bezugssystem. Gleichzeitige Erscheinungen bei zwei Kulturen müssen darum noch nicht gleichphasig sein; zwei gleichzeitig entstandene Kulturen sind deshalb nicht etwa heute gleich alt. – Damit sind aber noch nicht konkrete Untersuchungen bezeichnet, sondern nur methodologische Schlüsse, die sich aus den Anregungen der deutschen Schulen ergeben (vgl. SOROKIN 1937 : I 26 ff., 58 ff.).

Was wir heute schon wissen, ist, daß das Zeiterlebnis in verschiedenen Kulturen sehr verschieden ist, grundsätzlich anders in der modernen städtischen euroamerikanischen Kultur als bei „Naturvölkern", im Orient, ja schon in Randgebieten Europas (Balkan, Spanien). Exakt durchgearbeitet sind alle diese Fragen bisher noch nicht, und die vergleichende Kulturforschung wurde bisher noch zu oberflächlich betrieben. MAX WEBERS großartige Erfassung der puritanischen, konfuzianischen, buddhistischen und hinduistischen Kultur blieb methodologisch ohne Nachfolge, Kurt Breysigs Versuche sind ein unkritisch wiederbelebter „Evolutionismus", und auch Frobenius' „Kulturmorphologie" kann auf den Rang wissenschaftlicher Erkenntnis keinen Anspruch erheben. Das Studium der Kunst und Musik der „Naturvölker" stand bis zur Jahrhundertwende unter äußerlich-evolutionären, also kausalen Fragestellungen (o. S. 104). Neuerdings wurde die Musik der Naturvölker einem eingehenden Studium unterzogen (E. von Hornbostel, Marius Schneider u. a.); als primäres Ausdrucksphänomen zeigt sie schlagende, charakterologisch deutbare Unterschiede bei Indianern, Polynesiern, Negern usw. Daß aber auch zum Beispiel die Formen der politischen Organisation, des Krieges, des Rechtes und Staates usw. spezifische Stile aufweisen und in diesem Sinne kultursoziologische Erkenntnisgegenstände bilden, ist vielen Anthropologen noch nicht klargeworden. Die zukünftige Forschung wird sich hier am besten teils an historisch gut dokumentierte Kulturen der Vergangenheit halten, wie zum Beispiel Max Weber dies tat; oder aber an die unmittelbar beobachtbaren kleinen sozialen Sektoren (Primärgruppen, unterste Stufen der „sozialen Serie" im Sinne Comtes) der „Naturvölker", wobei man sich freilich hüten muß, wesensfremde Kategorien, wie „apollinisch" und „dionysisch" auf diese Kulturen zu übertragen (wie das von mancher Seite geschehen ist); während der Anspruch etwa, ausgegrabene Kulturen zu „verstehen", nur zur Mißkreditierung führen kann. Schon die Kultur unserer eigenen vergangenen Generation ist uns ja ein Fremdphänomen, das uns nur sehr schwer noch verständlich werden kann.

Der Tungusenforscher S. M. Širokogorov sah (1935) die funktionale Einheit einer Kultur in der *psychischen* Komplexbildung. Jedes funktionale System besitzt eine gewisse Autonomie, eine ihm innewohnende Selbstregulierung in seinem Wandel, die Širokogorov als „psychomentales Gleichgewicht" bezeichnet. Was in einer Kultur funktionsnotwendig (integral) ist, läßt sich nicht *a priori* entscheiden, sondern nur dann, wenn wir die Kultur variieren, das heißt ihren geschichtlichen Ablauf beobachten. Man mußte also (um mit Comte zu reden) einen Übergang von der sozialen Statik zur sozialen Dynamik vollziehen. Aus dieser Einsicht heraus wandten sich dann einige Forscher (Sorokin, Ogburn, Thurnwald u. a.) dem Studium der *sozialen Prozesse* zu. Allgemein kann man eine Kultur durch den Grad ihrer *Mobilität* charakterisieren (Sorokin 1927), das heißt durch Art und Tempo der Fluktuation der Bevölkerung und kulturellen Güter im Raume. Sorokin unterscheidet horizontale und vertikale Mobilität; von da aus ergeben sich die Prinzipien zur Unterscheidung der interethnischen und intraethnischen Kulturausbreitung (Mühlmann 1936, 1938). Neben horizontal und vertikal relativ immobilen Gesellschaften (zum Beispiel der Hindu-Gesellschaft, allen Kasten-Gesellschaften und allen traditionalistischen Kultur-Gesellschaften überhaupt) stehen relativ mobile Gesellschaften (vornehmlich die moderne europäisch-amerikanische Kultur). Die Mobilität ist logisch die Voraussetzung für die sich anschließenden Vorgänge der sozialen und kulturellen *Siebung*. Der Siebungsbegriff hat sich historisch aus den Untersuchungen der sozialanthropologischen Schule über die sogenannte „soziale Auslese" abgespalten (THURNWALD 1924). Eine Kultur wirkt selektiv durch das Aufsteigen und Zur-Geltungkommen ganz bestimmter Persönlichkeiten, Art und Charakter der Siebung werden durch den Stil der Kultur bestimmt, setzen also dessen Erforschung voraus. In diesem Sinne waren für MÜHLMANN (1936) die Kulturen spezifische *Systeme* der Siebung und mittelbar auch der Auslese oder Ausmerze (sofern nämlich der einer Kultur koordinierte Geltungstypus auch biologisch in seiner Fortpflanzung gefördert – oder gehindert wird; letzteres gilt bekanntlich für die moderne „Zivilisationskultur"). Kultursoziologie und Sozialbiologie sind also aufeinander angewiesen. Es ist nicht möglich, einen herrschenden oder führenden Menschentypus anders zu definieren als durch den ihm zugeordneten Kulturstil. Dieser prägt spezifische Ideale und Muster eines „richtigen" Verhaltens (*ideal pattern* oder *behavior pattern* der amerikanischen Soziologen), wirkt also nicht nur selektiv im engeren Sinne, sondern auch persönlichkeits*formend*. Die Siebung wird freilich heute nicht mehr als bloß passive Anpassung des Individuums an seine spezifische Umwelt verstanden, sondern man betont – unter Verwertung der neueren biologischen und psychologischen Einsichten – mehr und mehr, daß das Individuum die ihm passende Umwelt gewissermaßen „sucht" bzw. diese aktiv *gestaltet*. Zwischen Indididuum und Umwelt läuft eben auch ein Kontinuum (vgl. o. S. 168), die dualistische Entgegensetzung beider ist nur ein vorläufiger Kunstgriff.

Es versteht sich, daß die Siebungssysteme einem historischen Wandel unterworfen sind. Immobile Gesellschaften werden im Laufe der Zeit stärker mobil. Schon MAX WEBER zeigte, daß selbst die indische Kastengesellschaft nur theoretisch-ideologisch immobil war, und daß in Wahrheit ein sozialer Aufstieg ganzer Kasten oder Unterkasten sowie eine Verkastung von Sippen und Stämmen von jeher stattgefunden hat. Die Kulturen müssen also auch in ihrer Dynamik untersucht werden, die ein höchst verwickeltes Antlitz zeigt. Schon den führenden „Evolutionisten" (TYLOR, SPENCER, MORGAN) war es (ebenso wie COMTE) nicht entgangen, daß die einzelnen Merkmale einer Kultur in sehr verschiedenem Grade und Tempo variieren. Einige verändern sich schnell, andere folgen erheblich langsamer. Daraus ergibt sich eine Entwicklungsspanne oder *Phasenverschiebung*, die der amerikanische Soziologe WILLIAM FIELDING OGBURN (1923) als „cultural lag" (kulturellen Hiatus) bezeichnete. Bestimmte Züge der Kultur bleiben gewissermaßen „zurück" hinter den fortgeschrittenen Zügen, sind gewissermaßen nicht mehr zeitgemäß. Vor allem ändert sich die geistige Verfassung einer Gruppe langsamer als die übrige Kultur, sie hinkt dieser nach; überlebende und überlebte Einstellungen sind in allen Kulturen als Folge davon vorzufinden, sie bilden den geistigen Aspekt dessen, was TYLOR *„survivals"* und MARETT „metataxis" nannte. Der Wandel der Gesamtkultur erfolgt in der Regel ataktisch oder dyschron, nicht synchron, wohl aber liegt in der menschlichen Psyche die innere Tendenz, den Hiatus anpassend auszugleichen, die Variablen der Kultur gewissermaßen zu synchronisieren und so das psychische Gleichgewicht wieder herzustellen (MÜHLMANN 1938).

Ogburn und Thurnwald erblickten den Hauptmotor des Kulturwandels im Prozeß der Akkumulation von Fertigkeiten der Hand und Kenntnissen des Kopfes, also in Technik und Zivilisation. Das bedeutet die Weiterführung eines fruchtbaren Gedankens von L. H. Morgan (s. o. S. 103 f.) und der an diesen anknüpfenden marxistischen Soziologie. (Ogburn sieht sogar in der raschen Variabilität unserer Kultur einen Hauptgrund für die heute vielfach herrschende ökonomische Deutung der Geschichte). Bei den „Naturvölkern" geschieht die technische Akkumulation langsam, die Möglichkeit synchronisierender Anpassung ist daher leichter. Daher berühren uns die Stammeskulturen oft als harmonisch ausgeglichen und echt (Thurnwald, Sapir). Der langsamere Wandel der Stammeskulturen und aller traditionalistisch-immobilen Kulturen überhaupt ermöglicht auch eine viel größere Stetigkeit oder eine allmähliche Stufung der Abfolge, worauf Vierkandt bereits in einer grundlegenden Studie („Die Stetigkeit im Kulturwandel", 1908) hingewiesen hatte. Die traditionalistische Kultur behält auch dann, wenn sie in eine neue Umgebung verpflanzt wird, gern ihre bisherigen Formen (zum Beispiel Hausformen) bei, obwohl diese an die neue Umwelt nicht angepaßt sind, wie vor allem Studien an nordamerikanischen Indianern zeigten. Der Mensch sucht immer mit den ihm gewohnten Mitteln auszukommen, er behält gern die einmal eingeschlagene Richtung bei (Fritz Krause 1921). Ogburn bezeichnete dieses Trägheitsmoment als „kulturelle Inertie", und die allgemeine Neigung der Ethnographen geht heute, den Ideen Gerlands, Ratzels (o. S. 124 f.) und Vierkandts folgend dahin, die menschliche Spontaneität als äußerst gering zu veranschlagen. Freilich macht man sich nicht genügend klar, daß ein solches Urteil nur von der Basis unserer eigenen, erst in den letzten Jahrhunderten rapid mobilisierten Kultur, also von einem höchst individuellen historischen Phänomen aus gefällt wird. Die Formel, daß der Mensch so viel wie möglich vom Alten festhält und so wenig wie möglich ändert, könnte grundsätzlich auch umgekehrt werden, da wir kein gültiges Kriterium besitzen, um zu beurteilen, ob das „Mögliche" viel oder wenig ist (Petzoldt 1923 : 191).

Ein Stamm, der *uns* konservativ und traditionalistisch erscheint, kann sich selbst sehr wohl als fortschreitend ansehen. Und umgekehrt: Eine Kultur, die sich verändert, kann dennoch traditionalistisch sein. Für die kulturelle Inertie macht man heute, wieder in Anknüpfung an die anthropogeographische Schule Ratzels, in erster Linie geographische Umstände mit verantwortlich. In verkehrsarmen, abgelegenen Gebieten, Fluchträumen oder Rückzugsländern stagniert nicht nur die biologische Entwicklung (v. Eickstedt 1934), sondern auch die zivilisatorische, weil diese Räume von den Zentren der fortgeschritteneren Zivilisationen aus nur geringe Impulse erfahren. Es sind daher nur zwei Aspekte desselben Sachverhaltes, ob man die „Naturvölker" mit Thurnwald (1930 ff.) als „Menschen mit armer Technik" oder mit Mühlmann (1944) als Rückzugsgruppen der Menschheit definiert.

Richard Thurnwald suchte (1935 – 1937) das Schema Ogburns mit ethnographischem Leben zu erfüllen und erörterte besonders die Abhängigkeit verschiedener Kultursphären von der Technik und das Verhältnis von Zivilisation und „Fortschritt". Zivilisation ist für ihn teils die Variation, teils die Entwicklung von technischen Errungenschaften, Kenntnissen und Wissen, eine zeitliche Kette des akkumulierenden und variierenden Fortschritts, in der jede folgende Leistung eine vorangegangene einfachere Leistung *logisch* voraussetzt; in diesem Sinne ist die Akkumulation irreversibel. Fortschritt gibt es nur für die rückschauende Betrachtung, vorwärts betrachtet kann man keine Teletik feststellen. Es gibt daher auch keine „Rückentwicklung" im logischen Sinne, wohl aber Rückstandsbildungen und Zivilisationsverlust, zum Beispiel durch das Aussterben spezialistisch begabter Handwerkerfamilien (Mühlmann 1936). Einzelne Seiten der Kultur hängen in sehr verschiedenem Grade vom Stande der Technik ab, der Tanz zum Beispiel wenig, der Mimus mehr, und stark die Musik (wie Max Weber 1922 nachgewiesen hat). Erzählungskunst und Dichtung sind fast unabhängig von der Technik, Gebete, Opferpraxis, Ritual und Zeremonial werden – meist von Spezialisten wie Priestern, Schamanen usw. – auswendig gewußt. Dagegen ist die Entwicklung eines experimentellen, konstruktiven Denkens weithin durch die Entwicklung der Schrift bestimmt. Der englische Soziologe L. T. Hobhouse (1864 – 1929) wies auf breiter ethnographischer Tatsachengrundlage nach, daß der Grad der Korrelation zwischen sozialen Institutionen und Wirtschaftstypen bei sogenannten Naturvölkern von Fall zu Fall stark wechselt. Man kann keine sicheren Rückschlüsse vom Stande der Entwicklung eines Gebietes der Kultur auf ein anderes ziehen (L. T. Hobhouse, C. G. Wheeler und M. Ginsberg 1930). Mit andern Worten: Es gibt keine „Kulturstufe" schlechthin, es gibt nur Phasen einzelner Seiten der Kultur.

Thurnwald wies auch darauf hin, daß jeder Fortschritt nur innerhalb einer adäquaten Kultursphäre möglich ist; der Wagen erfordert gebahnte Wege, die Glühlampe elektrischen Strom. Jedwede Verbesserung hängt von dem jeweiligen phasischen Stande anderer Kulturgebiete ab; dieser läßt sich aber niemals generell entscheiden, sondern nur durch historische Einzelforschung. Der Pflug ist aus der verlängerten Hacke entstanden, vor die man ein Zugtier spannte, aber dieser Fortschritt setzte eine bestimmte soziale Situation voraus, nämlich das Zusammentreffen von Hackbauern mit Rinderzüchtern. Die *Entwicklung* ist also stets mit der *Geschichte* verzahnt, von der *genetischen* Serie muß die *historische* unterschieden werden. Die logische Kette Hacke-Pflug besagt lediglich, daß irgendwann und irgendwo dieser Schritt einmal (genetisch) getan werden mußte, sie besagt aber nicht, daß jede menschliche Gruppe (historisch) durch die frühere Stufe hindurch mußte. Es kann zum Beispiel ein Stamm ohne Kenntnis des Hackbaus den Pflug direkt als Zivilisationsimport übernehmen, zum Beispiel Wildbeuter in Indien. Es gibt also *historische Interferenzen* des logischen Entwicklungsganges, unstetig auftretende Störungsvorgänge, die plötzlich in den Gang der Dinge eingreifen und oft gewaltige Veränderungen entfesseln (zum Beispiel die Einführung des Pferdes bei Indianern der Großen Ebene und der Pampas). Ferner ist die einzelne Variation nicht schlechthin eine Verbesserung, sondern sehr häufig ist sie von einem Funktionswechsel begleitet, wie zum Beispiel die Serie Schießbogen – Musikbogen – Harfe zeigt. Noch mehr als für technische Geräte gilt dies für Züge der geistigen und sozialen Kultur. Diese wandeln sich in ihrer Funktion bereits bei der Weitergabe von einer Generation auf die folgende, erst recht bei der kulturellen Übertragung auf fremde Gruppen. THURNWALD, STERNBERG, ŠIROKOGOROV, RADCLIFFE-BROWN, MÜHLMANN und von archäologischer Seite neuerdings A. M. TALLGRÉN und ERNST WAHLE u. a. Autoren wiesen darauf hin, daß die Entlehnung „fremder" Kulturgüter nicht blindlings und mechanisch erfolgt, sondern daß 1. eine Auswahl des „Passenden" („kulturelle Siebung"), 2. eine Einpassung und Angleichung an die eigene Kultur stattfindet. Letztere geht oft so weit, daß in einer gegebenen Kultur die Unterscheidung von „eigenen" und „fremden" Kulturzügen oder die zwischen „inneren" und „äußeren" Faktoren des Kulturwandels psychologisch nicht mehr möglich ist. (Dies hat namentlich ŠIROKOGOROVS historisch-psychologische Analyse des tungusischen Schamanismus gelehrt.) Damit ist natürlich auch die alte Streitfrage, ob für den Aufbau der Kultur „unabhängige Entstehung" oder „Diffusion" entscheidend sei (o. S. 124), auf ein völlig neues Gleis, nämlich das des Funktionswechsels, abgestellt worden. – Veraltetes wird oft nur partiell ausgeschaltet oder bleibt unter Wandel seiner Funktion neben dem Neuen erhalten, dessen genetische Voraussetzung es ist, zum Beispiel der Bogen als Kinderspielzeug oder Sportgerät neben dem Gewehr, oder Jagd, Fang und Sammeltätigkeit neben Feldbau und Viehzucht, das Spinnrad neben der Spinnmaschine, Jugendweihe neben Geheimbünden usw.

Die Kenntnisse, Fertigkeiten und Errungenschaften einer primären Gruppe bilden die Mittel zu ihrer Lebens- und Weltorientierung. In diesem Sinne kann man von „primitiver Wissenschaft" reden. Wir besitzen heute bereits eine Reihe von Einzelstudien über „primitive" Botanik, Zoologie, Anthropologie, Zeitrechnung, Erdkunde, Navigation, Heilkunde und schriftartige Hilfsmittel. Auch das weite, bisher noch unbefriedigend abgegrenzte Gebiet des „Aberglaubens" gehört teilweise hierher. Diese Frühphasen primitiven Wissens sind noch wenig systematisiert, aber aufs engste integriert mit einem ethnozentrischen Weltbilde. Vielfach weisen sie genetisch schon hinüber zu der kosmologischen Spekulation der alten, orientalischen Hochkulturen, zur indischen Medizin, Grammatik, Geometrie usw. sowie zu den Weltbildern der alten Hochreligionen. – Im Zusammenhange untersucht sind alle diese Probleme auch nach der wissenssoziologischen Seite noch nicht.

Es herrscht heute Einmütigkeit darüber, daß es völlig isolierte Gesellschaften, die alle Errungenschaften nur „aus sich" entwickeln, nicht gibt. Die genetische Serie ist fast stets historisch modifiziert. Wenn es trotzdem nicht bloß individuelle, sondern auch typische soziale Prozesse gibt, so liegt das daran, daß die Zahl der historischen Ausgangssituationen begrenzt ist. Hieraus resultieren gewisse *Gleichläufe* (vergleichbar den biologischen „Konvergenzen", EHENREICH 1903, THILENIUS 1906, LOWIE 1912, v. LUSCHAN 1912, 1918). Das Zusammentreffen von Großviehhirten mit Hackbauern erzeugte immer wieder ähnliche Abläufe der politisch-sozialen

Entwicklung; der Aufbau militärischer und politischer Organisationen aus zerschlagenen Sippen durch Großviehhirten unter despotischer Spitze mit den weitreichenden Folgen territorialer Expansion und politischer Einschmelzung fremder Stämme verlief ähnlich bei den verschiedensten Rassen (Mandschu, Mongolen, Hunnen, Türken, Araber, Masai, Zulu u. a.). Den Ablaufsrhythmus solcher und ähnlicher Vorgänge haben Thurnwald (1932, 1935, 1936, 1937) und Mühlmann (1940, 1962, 1964) studiert. Als typisch erwies sich u. a. die Abfolge: Ethnische Schichtung – Herrschaftsbildung (Staat) – Erweiterung des Friedensgebietes – Bevölkerungswachstum – verstärkte interethnische Kontakte – Kämpfe – erneute Schichtung usf., ein Prozeß, der sich unzählige Male wiederholt haben muß (wie schon Ibn Chaldun gesehen hat, a. S. 34), und dessen Richtung am ehesten als spiralig bezeichnet werden kann. Sorokin unterzog (1937) in seiner grundlegenden monumentalen Untersuchung „Social and Cultural Dynamics" den Fluktuationsrhythmus von Kunststilen, philosophischen, ethischen und rechtlichen Systemen, sozialen Beziehungen und Revolutionen einer eingehenden kultursoziologischen Analyse und wies u. a. nach, daß die klassischen Zyklus-Theorien (o. S. 34) zu sehr vereinfacht haben. Er unterscheidet vier lineare Typen (unilinear, oszillierend, spiralig und verzweigend), aber es gibt auch vollständige und relative Zyklen und Prozesse „schöpferischer Wiederkehr", die das Eingreifen historischer Interferenzen anzeigen und die genaue Voraussage eines „Trends" unmöglich machen (Sorokin 1937 : I 183 ff.) Von den speziellen Ergebnissen der Enquete Sorokins sei hervorgehoben, daß die Entwicklung der Naturwissenschaften keine lineare Ausdehnung erkennen läßt, also keinen geradlinigen Fortschritt; zwar ist in den letzten vier bis fünf Jahrhunderten ein Ansteigen der Entdeckungen wie nie zuvor zu verfolgen, aber genaue Analyse zeigt seit der Jahrhundertwende ein Langsamerwerden der Fortschrittsrate, eine allmähliche „Ermüdung", worin Sorokin ein Symptom erblickt. „The end of the 19th and the beginning of the 20th centuries are marked by a definite decline of the theories of the uniform sequences of stages, through which various societies pass in their life process" (a. a. O. 180, 378 f.). Die Entwicklung gehe vom positivistischen („sensate") Kulturstil weg und strebe (das ist das Gesamtergebnis von Sorokins Werk) durch unendliche Leiden und Katastrophen der Menschheit einer neuen Epoche ideativer (ideational) und idealistischer Kultur zu. – Diese Schlußvision ist etwas chiliastisch.

Mögen diese prognostischen Perspektiven problematisch sein, so ist doch die oben erwähnte Ablaufkette (Ethnische Schichtung – Herrschaftsbildung usw.) nicht bloß ein abstraktes Schema im Sinne „objektiver Möglichkeiten" (Max Weber), sondern universalhistorisch konkretisierbar für die Fälle der großen „neolithischen Revolution" mit Seßhaftwerdung und Ackerbau und die Entstehung der (herrschaftlichen) Hochkulturen in Ägypten und im Zweistromland (vgl. Gordon Childe 1936, auch Breasted 1936). Verständlicherweise haben bisher die Fragen der „Entstehung" des Menschengeschlechtes und der „Uranfänge" aller Kultur, also die Probleme der Paläo-Anthropologie, das größte Interesse eines breiteren Publikums erregt. Darüber darf aber nicht vergessen werden, daß der Sprung von den vorgeschichtlichen Kulturen der Wildbeuter zur Seßhaftwerdung, und erst recht der Sprung zur Entstehung der Hochkulturen auch *anthropologisch* eine ungeheure Bedeutung hat, – nur eben nicht hominid-anthropologisch (weil sich der Mensch nach seinem biologischen Potential seit dem jüngeren Paläolithikum kaum mehr verändert hat), wohl aber humanid-anthropologisch, durch die *Verwirklichung* von Möglichkeiten, die in den Jahrhunderttausenden vorher nicht zutage getreten waren.

7. Der revolutionäre Umbruch

Angesichts solcher Perspektiven – mit denen SOROKIN keineswegs allein stand – erhebt sich erneut die Frage (und mit stärkerem Recht als bei CASSIRER), ob der Kulturbegriff noch imstande ist, Stil und Charakter dieser Veränderungen zu erfassen*. Bis heute besteht zwar sowohl in Deutschland als auch in den Vereinigten Staaten die Neigung, die modernen Umwälzungen unter dem Begriff bzw. dem Aspekt des „Kulturwandels“ *(cultural change)* zu behandeln; aber wir stehen vor dem Problem, ob diese Bezeichnung das Wesentliche des Vorgangs trifft und nicht vielmehr verharmlost oder gar mit Wunschillusionen über seine „Lenkbarkeit“ ausstattet; und ob wir nicht nach anderen, differenzierteren Begriffen suchen müssen, um dichter an die Prozesse selber heranzukommen. Das, was sich ereignet, ist viel mehr Umwälzung als „Wandel“, viel mehr revolutionär, als evolutionär. Im Begriffe des „Kulturwandels“ lebt der alte Evolutionismus, mit einem Verharmlosungskoeffizienten versehen, weiter. JACOB BURCKHARDT hatte in seinen „Historischen Fragmenten“ von einem „Revolutionszeitalter“ gesprochen, das er in die Zukunft hinein für offen hielt. Diese Perspektive ist den Phänomenen weit angemessener.

Aber betrachten wir zuerst die erarbeiteten Tatsachen. Hatte die ganze Naturvölker-Ethnographie seit HERDER und BASTIAN unter dem romantischen Motiv gestanden, möglichst „unberührte“ volkstümliche „Kulturen“ in letzter Stunde noch zu erfassen und ihre Bedeutung für die psychische Geschichte der Menschheit festzulegen, bevor sie gänzlich von der vordringenden staatlichen Zivilisation der großen Machtvölker niedergewalzt worden wären, – so begriffen die neueren Richtungen, daß die „letzte Stunde“ keineswegs die letzte war, die Menschheitsgeschichte tatsächlich weiter ging und auch der angebliche Untergang der ethnographischen Kulturen wenigstens in vielen Fällen kein eigentlicher Untergang war, vielmehr eine Einbeziehung derselben in einen umfassenderen Geschichtsprozeß. Demgemäß

* Der Kulturbegriff hat sich in den letzten dreißig Jahren dermaßen in den Vordergrund geschoben, daß von einigen Forschern, die konventionell als „Anthropologen“ oder „Ethnologen“ zu bezeichnen sind, der Terminus „Kulturologie“ zur Kennzeichnung einer neuen Disziplin vorgeschlagen wurde: zuerst von J. IMBELLONI (1936), dann von LESLIE A. WHITE (1949, vgl. 1959).

suchte die neuere „funktionalistische" Ethnographie manchmal gerade die Phänomene des Kontaktes zwischen Eingeborenen-Kultur und andringender Zivilisation auf, um den Prozeß der „Europäisierung" (bzw. „Amerikanisierung" oder allgemeiner „Zivilisierung") der stammestümlichen Kulturen, die Neuanpassung und sozialpsychische Umstellung der Eingeborenen nach allen Seiten zu erforschen. Diese Richtung war anfangs auch durch Probleme der praktischen Eingeborenenpolitik der Kolonialverwaltungen mitbestimmt und fand daher ihre Hauptvertreter in England, Australien und Südafrika; die Mehrzahl von ihnen entstammt der Schule des polnischen, in England lehrenden Anthropologen Bronislaw Malinowski. In den Vereinigten Staaten befaßte sich Edward Alsworth Ross unter sozialpsychologischen Gesichtspunkten mit den modernen Wandlungen in China, Lateinamerika, Indien und Rußland. In Deutschland stand der „kolonialethnographischen" Richtung vor allem der Afrikanist D. Westermann (1875 – 1956) nahe, in Niederländisch-Indien A. D. A. de Kat Angelino; auch im heutigen Rußland war sie vertreten, allerdings stark durch das propagandistische Motiv mitbestimmt, die materiellen und geistigen Fortschritte der Eingeborenen unter der Einwirkung der kultur-, wirtschafts- und erziehungspolitischen Maßnahmen des Sowjet-Staates aufzuzeigen. Immerhin haben diese Studien bemerkenswerte Einblicke in den rapiden Kulturumbruch der stammhaft organisierten Gruppen Ozeaniens, Afrikas, Rußlands und Sibiriens eröffnet. Sie haben aber auch gezeigt, daß die Auseinandersetzung der Stammeskulturen mit der „Zivilisation" auf jene nicht notwendig und schlechtweg zerstörend wirken *muß*, daß es vielmehr Fälle von Neuanpassung geben *kann* (vgl. auch bzgl. Eskimo Hughes 1965). Das romantische Vorurteil ist grundsätzlich widerlegt.

Allerdings befand sich die „kolonialethnographische" Richtung noch in einem naiven Vorurteil über das aktive Subjekt der interkulturellen Auseinandersetzung, die sogenannte „europäische" Kultur. Tatsächlich ist das, was mit den traditionalistischen Kulturen der „Naturvölker", der Inder, Chinesen usw. zusammenprallt, weder in sich einheitlich, noch ist es überall dasselbe. Die spanisch-katholische Kultur des 16. Jahrhunderts, die über die Eingeborenen Amerikas hereinbrach, war etwas ganz anderes als die Einflüsse der kapitalistischen Kultur Englands und der USA in der Gegenwart, denen Afrikaner, Inder, Chinesen und Japaner unterlagen; die methodistischen Missionare in der Südsee wirkten auf die Eingeborenen ganz anders als die Jesuiten und – wieder anders – die orthodoxen Missionare in Sibirien; die bolschewistische Aufklärung und die Kollektivierung in der Gegenwart wirkten auf die alten traditionalistischen Kulturen in der Sowjetunion auch auf ihre Weise „zivilisierend", lassen sich aber ebenfalls nicht auf den Generalnenner „europäische Kultur", geschweige denn „westliche Zivilisation" bringen. Das zeigt, daß es sich nicht einfach um den Gegensatz Europäisch-Nichteuropäisch handelt. Aber auch die beliebte Antithese Zivilisation – Volkstum oder gar Geist – Seele (Klages!) versagt. Schließlich bestehen dieselben Kulturprobleme auch intraethnisch, wo traditionale und rationale Strömungen zusammentreffen, zum Beispiel innerhalb der europäischen Volkskulturen zwischen Land und Stadt, oder zwischen patriarchal-sippenhafter Lebensform und Überlieferung und zentralisierendem Staatsapparat, oder zwischen den zivilisatorischen Anforderungen eines Einwanderungslandes und der von den Einwanderern mitgebrachten traditionalen Geistesverfassung, ja innerhalb der europäischen und amerikanischen Städte zwischen den Generationen. Auch in Neger-Afrika, in der Südsee, in China usw. spiegelt sich die durch Europäer und Amerikaner vermittelte Kulturkrise gern in dem Gegensatz zwischen der fortschrittlichen jungen und der beharrenden alten Generation. Die industrielle Revolution, die vor ungefähr zweihundert Jahren bei uns einsetzte, greift auch über auf nichtokzidentale agrarische Länder.

Gerhard Gesemann untersuchte (1943) historisch-soziologisch und sozialpsychologisch die Wesensmerkmale des Zusammenstoßes zwischen traditionalistischen, sippenhaft-patriarchalen Lebensformen des westlichen Balkans mit den Anforderungen des zentralistischen Staatsapparats; es sind Probleme, deren soziologische Typik sich überall auf der Erde in der Antinomie von sippenhaften Wir-Gruppen einerseits und Staat andererseits beobachten läßt: so in Schottland, Korsika, Nordafrika, China und (mit Modifikationen) in der Auseinandersetzung von Naturvölker-Sippen mit dem kolonialen Herrschaftsapparat. Die jungen Zweige der amerikanischen Soziologie, die *Rural Sociology* und die *Urban Sociology*, befaßten sich mit den Gegensätzen des Stadt- und Landlebens, mit der Landflucht und Verstädterung (P. A. Sorokin und C. C. Zimmerman 1929, P. A. Sorokin, C. C. Zimmerman und C. J. Galpin 1930–1931; ferner die stadtsoziologischen Untersuchungen der Chicagoer Schule von Robert E. Park). In der großangelegten, methodologisch wegweisenden Untersuchung von W. I. Thomas und F. Znaniecki über die polnischen Einwanderer (1917–1920) trafen schließlich *alle* Sektoren wie in einem Fokus zusammen: ethnischer *und* kultureller Zusammenstoß, Verstädterung, familiäre Desintegration und Gegensatz der Generationen.

Die Probleme scheinen also doch mehr auf der Linie von Ogburns *„cultural lag"*, der Zeitlücke zwischen traditionalistischen und rationalistischen Kräften (Max Weber) zu liegen, sie laufen letzten Endes innerhalb der Substanz des Menschen selber. Kulturumbruch, Industrialisierung, Individualisierung und „Vermassung" gleichzeitig (J. Ortega y Gasset), Demokratisierung, Entvolkung, das Überwuchern des „Apparates der Daseinsfürsorge" über die Ansprüche von Eigenwille und menschlicher Existenz (Jaspers 1931), die Säkularisierung und „Entzauberung" der Welt durch die Rationalisierung des Denkens (Max Weber), die Ablösung des soziologischen Typus der „Gemeinschaft" durch den der „Gesellschaft" (Ferdinand Tönnies) sind die hauptsächlichen Kategorien, unter denen man diese universalen Prozesse zu begreifen versucht hat.

8. *Zusammenfließen historischer, religiöser und politischer Kategorien*

Was wir in den außerokzidentalen Ländern heute bemerken, kann also nicht ausreichend in Termini von „Kulturwandel" beschrieben werden. Es handelt sich dabei vielmehr um das Übergreifen der abendländischen politischen und sozialen Revolutionsideen auf die außer-okzidentalen Länder, vor allem auf die ehemals kolonial überlagerten und in ihren heutigen Führungsschichten zum Teil westlich indoktrinierten Neu-Staaten; bzw. um eine (mit „time lag" gleichsam verspätete) Fortsetzung der sozialen, politischen und wirtschaftlichen Umwälzungen, die bei uns vonstatten gegangen sind, auf die außer-okzidentale Welt. „Revolutionär" wirken dabei nicht nur die Ideen der Französischen Revolution von 1789 (Talmon [2]1955, 1960), sondern auch die christlich-jüdische und islamische Eschatologie, jene durch christliche Missionare den Menschen fremder Länder vermittelt (vor allem Afrika, Ozeanien, Amerika), diese vor allem durch die mahdistischen und verwandte Bewegungen im Sudan, in Ägypten, Arabien, Iran und Indonesien entfesselt. Die seit einigen Jahrzehnten begonnenen Studien über die nativistischen und messianisch-chiliastischen Bewegungen in diesen Ländern haben deren revolutionäre Grundtendenz eindeutig erwiesen.

Derartige Bewegungen entstanden und entstehen gern bei Stämmen, die durch die Berührung mit der Zivilisation und „Überlagerung" durch Fremde in schwere existentielle Krisen geraten sind. Altes religiöses Stammesgut wird dabei mit missionarischem Import zu prophetisch-messianischen Ideen verschmolzen, die eine bestimmte Stoßkraft entfalten, oft mit politischer Zuspitzung gegen überlegene Herren (zum Beispiel den „weißen Mann"), oder gar begleitet von politischen Aufständen, wie im vorigen Jahrhundert die Hauhau-Bewegung der Maori, die Mamaia-Bewegung auf den Gesellschafts-Inseln, oder die ekstatisch-prophetischen Bewegungen unter nordamerikanischen Indianern, die zuerst von James Mooney (1896) als „Geistertanz-Bewegung", von A. F. Chamberlain (1913) unter dem allgemeineren Titel „neue Religionen" untersucht worden waren.

Inzwischen sind diese Erscheinungen aus dem Bereich der religions- und missionsgeschichtlichen Kuriosität herausgerückt und unter dem Gesichtspunkt einer „Anthropologie des Enthusiasmus" (R. A. Knox 1957) soziologisch und sozialpsychologisch analysiert worden (Mühlmann 1955 : 213 ff.; 1961, [2]1964; 1964 a : 321 bis 367; Lanternari 1960; Sarkisyanz 1955; Cohn 1957, 1961; Thrupp 1962; auf verwandter Linie liegend Jonas' [1964] Existentialanalyse der Gnosis). Wichtig ist dabei, daß auch im Falle dieser Bewegungen die Kultur-Kategorien und vor allem die Einteilungen in „religiös", „sozial-reformatorisch" bzw. „sozialrevolutionär", „politisch" usw. um so mehr versagen, je mehr wir die Vorgänge in ihren Anfängen (eben als „Bewegungen") studieren. Erst ihr Auslaufen in institutionalisierte, feste Formen (zum Beispiel Sekten oder Kirchen) macht sie als *„objektivierten* Geist", das heißt als Systeme von symbolischen *Formen* (im Sinne Cassirers) sichtbar. Aber zum Verhaltensstil der „Bewegungen" gehört auch, daß das

Emotionale in ihnen viel lebendiger ist als in der mehr oder weniger „rationalisierten“ institutionellen Ausgestaltung.

Zugleich aber hat dieser neue, aus der Feldforschung stammende Ansatz: Bewegungen *in actu* bzw. als prozessuales Geschehen zu studieren, zu einer ganz neuen Beurteilung der objektivierten „Endformen“ geführt, welche die kulturmorphologische Richtung allein im Blick gehabt hatte. Die Indizien der Religions-, Sekten-, Weltanschauungs- und Philosophiegeschichte haben nämlich unter dem „aktualistischen“ Gesichtspunkt jener Untersuchungen die Hypothese nahegelegt, daß mehr oder weniger *alle* zu Systemen und Konstruktionen auskristallisierten „Objektivationen“, das heißt die „fertigen“ oder doch auf Perfektion angelegten Systeme, Weltbilder, dogmatischen Religionen usw. aus ehemals kleinen, unbedeutenden, aber viel stärker emotions- und triebmotivierten „Bewegungen“ hervorgegangen sind. Im Werden der Objektivationen spielt also der Faktor der Institutionalisierung eine Rolle, oft auch der der Etablierung neuer („intellektueller“) Eliten, oder ein Wechsel der tragenden sozialen Schichten überhaupt, verbunden mit einem „Übergang der *causa* in andere Hände“ (J. BURCKHARDT). Institutionalisierung ist dabei das soziologische Korrelat zur Rationalisierung bzw. Dogmatisierung. Ein volles Verständnis der „Endformen“ erfordert aber (ganz im Sinne SCHELERS) auch den Rückgang auf die emotionalen Anfänge. – Machen wir uns das klar, dann verstehen wir in unserer eigenen Geistesgeschichte aber auch besser die geheime Triebfeder jenes „anti-metaphysischen“ Tics, der von KANT über HEGEL bis zu DILTHEY und den Phänomenologen stets von dem heimlichen Verdacht genährt wurde, daß „hinter“ den metaphysischen Konstruktionen noch „etwas anderes“ wirksam sei als das reine Streben nach Erkenntnis: nämlich Wünsche, Illusionen, Triebe, Fluchtmotive, Interessen u. a. m. Am Ende waren die symbolischen Endformen der Objektivation nur täuschende Fassaden (vgl. HEIDEGGER 1929; HARTMANN 1950, ²1966; JONAS 1964; TOPITSCH 1958)? Wird aber „hinter“ den Symbolen der fatal konstruierende Mensch sichtbar, so eröffnet sich ein neuer Ausblick auf eine Anthropologie der mystischen, metaphysischen, kosmologischen, weltanschaulichen Systeme; und gewiß nicht nur derjenigen Europas, auf die noch bei DILTHEY der Blick beschränkt blieb, sondern auch Vorderasiens, Indiens, Ostasiens (vgl. DEUSSEN ³1920; v. GLASENAPP 1949; FRAUWALLNER 1953 – 1956). Dabei könnten gewisse Perspektiven BASTIANS (o. S. 88) zu neuer Bedeutung kommen.

Als wichtig für alle Zeitanalysen, für das Denken in evolutionären Abläufen und „Fortschritten“ und besonders für die in den nativistischen und chiliastischen Bewegungen lebendige Eschatologie erweist sich N. HARTMANNS „Kritik der teleologischen Urteilskraft“ (1950). Sie versucht KANTS Finalitäts-Analysen von ihren intellektualistischen Vorurteilen zu befreien und fortzusetzen durch eine Tiefenanalyse der Motive, was „nur von unten auf, im Ansetzen bei sehr bekannten und zum Teil primitiven Phänomenen“ geschehen könne. „Denkbequemlichkeit, um nicht zu sagen Denkfaulheit“ spiele dabei eine erhebliche Rolle (HARTMANN ²1966 : 11, 22). (Man erinnert sich bei dieser Gelegenheit an THURNWALDS Gleichsetzung von „primitivem“ und „bequemem Denken“, und an K. Th. Preuss’ These von der „Urdummheit“ des Menschen.) Hartmann wendet sich entschieden gegen „das metaphysische Bedürfnis nach einer Garantie des Sinnes“, „das große Vorurteil der Sinnmetaphysik“ und die „Flucht vor dem Sinnlosen und Zufälligen“ (a. a. O. 56 ff., 110 ff., 128 ff.). Das finale Denken wurzelt nach Hartmann in einem primitiven Vorsehungsglauben, der in allen Geschehnissen einen „Sinn“ oder eine „Bestimmung“ erkennen möchte, ohne zu ahnen, daß Sinngebung ein Vorrecht des Menschen sein könnte, in dem gerade die menschliche Freiheit zur Geltung kommt. „Zweck“ ist nach Hartmann ausschließlich eine Kategorie des personalen Geistes, die (als *Real*-Kategorie) nicht auf Vorgänge der Natur oder auch des objektiven Geistes übertragen werden darf. Freilich sei die Vorstellung, daß alles Geordnete, Schöne, Harmonische nur durch einen ordnenden Verstand, keinesfalls aber durch Kontingenz zustande kommen könne, geradezu unausrottbar (Hartmann a. a. O. 13 f., 22, 57). Die Annahme einer waltenden Finalität berührt uns offenbar als selbstverständlich, und zwar nach Hartmann darum, weil sie als *Auffassungs*-Kategorie für praktische Zwecke *in gewissen Grenzen* brauchbar ist. – Dies ähnelt in gewisser Weise der Rationalitätsauffassung in Max Webers „verstehender Soziologie“ und in Husserls Lehre von der „Lebenswelt“.

9. Wachsende Problematik des Begriffes „Volk“

Die Tatsache, daß sich öffentliche Meinung und Ideologie in den letzten zweihundert Jahren in steigendem Maße an Begriffe wie „Volk“, „Volkstum“ und „Nation“ geklammert haben, um dem Selbstbewußtsein der Individuen einen naturrechtlich begründeten Rückhalt zu bieten, läßt die Frage aufwerfen, was die Wissenschaft zu diesen Begriffen zu sagen hat. Darauf zielen in den letzten Jahrzehnten die Versuche, Theorien vom Volke, Volkstum und „Ethnos“ zu geben. So soll nach Širokogorov eine „Ethnos-Theorie“ den Gegenstand der Ethnologie, im Unterschied zur regionalen Ethnographie, konstituieren (Širokogorov 1923, 1924, 1931, 1935).

Die alte Ethnographie hatte unterschiedslos und ohne theoretische Rechenschaftslegung mit dem Begriffe „Volk“ operiert, ohne in eine soziologische Untersuchung der ethnisch konsolidierenden Kräfte einzutreten. Eine Eskimo-Horde, ein Negerstamm, eine tungusische Sippe usw., dies alles waren ihr „Völker“. Die neue Ethnologie unterscheidet viel mehr genetische Phasen und Varianten von ethnischen Einheiten: Horden, Banden, Klans, Stämme, Kasten usw., schließlich die nach Millionen zählenden Völker. Die konsolidierenden, gemeinschaftsbindenden Kräfte sind in der Sippe, im Klan, im Stamm, in der Kaste usw. jeweils ganz verschieden. Das Kriterium für die soziologische Definition einer ethnischen Einheit kann nur im Gemeinschaftsbewußtsein und in der Selbstabgrenzung einer Gruppe liegen, also in jenen *intentionalen* Momenten, die bereits Sumner (o. S. 112 f.) scharf herausgearbeitet hatte. Die maßgebende, für das Denken und Handeln entscheidende Einheit ist zum Beispiel bei der Mehrzahl der sogenannten Naturvölker die Sippe; selbst der Stamm ist bei ihnen meist nur Sprach- und Kulturgesellschaft. Auch im Chinesentum war die entscheidende Einheit die Sippe, und in diesem Sinne bildete das Chinesentum daher kein Volk, sondern eine aus Sippen lose gefügte Kulturgesellschaft. In anderen herkömmlich als „Völker“ bezeichneten Gesellschaften ist die Kaste maßgebend (zum Beispiel bei den Hindus, manchen Polynesiern und Sudan-Gruppen), im alten Hellas war es Bürgerschaft oder Klientel. Diese Beispiele mögen hier genügen. Ethnos ist also stets ein politischer Begriff. Die der Romantik entstammende rein stoffliche Auffassung des Volkstums reicht nach den Ergebnissen der heutigen ethnographischen Soziologie nicht mehr aus. Volkstum ist niemals naturgegebene Tatsache, sondern stets politische Leistung, also Willensschöpfung; dies gilt bereits für den Klan, erst recht für entwickeltere Phasen ethnischer Einheiten.

Die Gleichsetzung von Volkstum und Sprachgemeinschaft (o. S. 71) kann heute nicht mehr aufrechterhalten werden. Die heutige Ethnologie sieht klar die Herkunft dieser Gleichsetzung aus dem geistigen Erbe Herders und der Romantik (o. S. 67 ff.), sie kennt deren gewaltige Auswirkungen in der europäischen Volkstumspolitik und kann insbesondere auf die Tatsache hinweisen, daß fast jeder „Nationalismus“ in Europa als Sprachnationalismus begann (vgl. o. S. 71), und daß als Resultat nach hundert Jahren in Asien und Afrika zum Teil außerordentlich künstliche „nationale“ Bildungen vorliegen, sozusagen volkliche Pseudomorphosen, entstanden aus der Nachahmung westeuropäisch-demokratischer Ideale.

Die Herkunft des *politischen* Volksbegriffs aus der revolutionären Ideologie der „volonté générale“ war schon von Jacob Burckhardt (vgl. o. S. 144) durchschaut worden:

> „Allein in kranken, kongreßverpfuschten Zuständen beruft man sich auf die Abstammung und Sprache als auf ein rettendes Dissolvens des Unerträglichen, bis einem endlich der Wille geschieht, ohne daß man sich deshalb besser befände als zuvor“ (Hist. Fragm., Ges.-Ausg. VII 423).

Der totalitäre Anspruch dieser Ideologie ist in jüngster Zeit von Talmon (1952, ²1955) geistesgeschichtlich herausgearbeitet worden. Gelöst ist das Problem des „Volkstums“ mit solchen Feststellungen natürlich noch nicht, aber es steht hinreichend klar, daß die Sprachzugehörigkeit allein zu einer Klassifikation der Ethnien nicht mehr ausreicht. Ebensowenig genügen freilich dazu die Faktoren der Rasse oder der staatlich-politische Rahmen oder die Kultur. Man muß sich vorläufig dazu bescheiden, aus historischem Einzelstudium die prägenden sprachlichen, biologischen, politischen und kulturellen Kräfte zu bestimmen. Was der Historiker Hintze von den großen Völkern sagt: sie seien *„mehr große Gesamtindividualitäten als gleichartige Gattungsexemplare“*, gilt letzten Endes für die ethnischen Gruppen überhaupt. Man wird von diesem Gesichtspunkt auszugehen haben, das „Ethnos“ methodologisch zunächst einmal als eine Hypothese, als eine durch die historisch-soziologische Einzelforschung erst mit Leben zu erfüllende

„Leerstelle" auffassen müssen und von hier aus später versuchen, wieder zu Typen vorzudringen.

Die neue politische Soziologie wendet sich auch gegen eine Idealisierung der Kategorie des „Sozialen" und betont in der Nachfolge von RATZENHOFER, SMALL, WARD und SUMNER die Realität der Interessen und Konflikte. Auch Kämpfe und Kriege wirken zum Teil sozialverbindend. Die Soziologie des Krieges studierte S. R. STEINMETZ (1928) in einem epochemachenden Werke, ihm folgte SOROKIN (1937 : III). Man hat auch hingewiesen auf die große genetische Bedeutung der Stammesfehden für die Ausbildung gemeinsamer Kulturtraditionen zwischen den kämpfenden Gruppen, besonders für die Institution geregelten Kampfes, die ihrerseits die genetische Voraussetzung für die Ausbildung echter (legaler) Friedenszustände ist; „Krieg" und „Frieden" gehören also dynamisch zusammen (MÜHLMANN 1962). Die Ethnologie kann niemals ein Ethnos isoliert betrachten (wie die romantische „Volkskunde"), sondern stets nur den geschichtlichen Zusammenhang ethnischer Einheiten untereinander. Dieser ist konstitutiv für den Ethnos-Begriff, der nicht als Zustands-, sondern als System- oder sozialer Prozeß aufzufassen ist. Das Ethnos als Bewußtseins- und Willensgemeinschaft bildet sich, seinen Charakter und seine eigentümliche Geistesverfassung nur im Kontrast zu anderen, *fremden* ethnischen Einheiten aus, wie schon W. v. HUMBOLDT gesehen hatte (o. S. 66). Das Dasein eines Ethnos wird am greifbarsten in seinen „existenziellen Situationen" (JASPERS), vornehmlich in der des Kampfes. GREGORY BATESON bezeichnete (1936) die wachsende Charakterprägung von miteinander in Kontakt stehenden Gruppen als „Schismogenese". Der Ausdruck bringt ein allgemein-sozialpsychologisches Gesetz treffend zum Ausdruck. Solche Gesichtspunkte sind namentlich auch für die Beurteilung der *modernen* Zusammenhänge von Volkstümern unentbehrlich, denn die Ausbildung der heutigen Kommunikationsmittel, Kriege, Weltverkehr und Weltwirtschaft haben die ethnische Interdependenz größer gemacht als sie je zuvor war, sie haben gewissermaßen die Geographie korrigiert und die menschlichen Gesellschaften auf unserem Planeten enger zusammenrücken lassen. Die Gesamtheit aller ethnischen Gemeinschaften der Erde bildet einen gewaltigen, sich geschichtlich beständig wandelnden Strukturzusammenhang. Seine Teile unterliegen einem „Gesetze der wachsenden Einheiten". Einige wenige Gesellschaften wachsen beständig durch Assimilation der vielen kleineren. Allerdings findet reziprok eine Neuausgliederung nach innen statt. Die der Assimilation bisher noch entgangenen Reste sind die „Naturvölker" der Fluchträume; diese sind also keineswegs „Urvölker", sondern eher Endprodukte eines Ausscheidungsvorganges. Die Assimilation ist ein integrierender Vorgang der Ethnogenese, der auch die Differenzierung zwischen den verschiedenen Phasen der ethnologischen Serie – Horden, Banden, Klans, Stämme usw. – besorgt. Was wir über Ethnohistorie und Ethnogenese wissen, steht also in eklatantem Gegensatz zu den Vorstellungen, die sich die betreffende Gruppen *selber* in Mythos und Geschichtslegende über ihre „Abstammung" bilden: Die „genealogische Hypothese", von der Rassenbiologie widerlegt, ist auch ethnologisch nicht haltbar, „Ethnogenese" und „Ethnogonie" klaffen auseinander (Mühlmann 1944, 1962, 1964). Das Ergebnis der Untersuchungen endet also in einer Aporie: Die *Begründungen*, die sich die „Völker" für ihren ethnischen Zusammenhalt und ihr Einheitsbewußtsein erfinden, sind mit den Tatsachen nicht vereinbar; aber sie sind nichtsdestoweniger Bestandteile des „objektiven Geistes", wirklich und wirkend. Es gibt keine rationale Begründung für die Selbstidentifikation eines Individuums mit einer bestimmten ethnischen Einheit; und trotzdem ist diese Identifikation in aller Regel echt und keine Farce.

Aktuelle Gruppenkonflikte ergaben sich vor allem in Ländern mit ethnisch und rassisch stark gemischter Einwanderung, also vornehmlich in der ganzen Neuen Welt, namentlich in den Vereinigten Staaten und in Südafrika. Die hier auftauchenden „Rassenprobleme" sind in erster Linie nicht biologisch, sondern soziologisch. Die amerikanischen Neger zum Beispiel bilden keine Rasse im Sinne der biologischen Definition, sie besitzen aber ein auf die Wahrnehmung ihrer Andersartigkeit gegründetes Wir-Bewußtsein (vgl. o. S. 196). Auch aus der biologischen Vermischung der amerikanischen Neger mit Weißen erwuchsen Probleme des Kontaktes, Konfliktes und der kulturellen Anpassung, die mit rassenkundlichen Methoden nicht bearbeitet werden können, sondern eines soziologischen Rüstzeuges bedürfen. Rassenbewußtsein und Rasseneinstellungen werden sozialpsychologisch erforscht, die Rassenmischung erwies sich dabei nicht nur als ein Problem der Bastardbiologie, sondern nach Ursachen und Folgen auch als eines der Soziologie (Reuter 1918). Soziologischen und sozialpsychologischen Fragestellungen unterliegen auch die ethnischen und kulturellen Kontaktprobleme der sogenannten jüngeren Einwanderungsgruppen in den Vereinigten Staaten. Amerikanische Soziologen haben diese Fragen in den letzten zwei Jahrzehnten ausgiebig studiert.

Über das Neger- und Mulattenproblem arbeiteten u. a. E. B. Reuter (1918, 1927), M. J. Herskovits (1928), C. S. Johnson (1930), E. F. Frazier (1932), T. J. Woofter (1933) und S. G. Champion (1938). Fragen der kulturellen und sozialen Anpassung und Assimilation der Minderheiten der Vereinigten Staaten studierten monographisch oder zusammenfassend W. I. Thomas und F. Znaniecki (1918–1920), Ph. Davis (1920), E. S. Bogardus („Immigration and Race Attitudes" 1928), Pauline V. Young (1932), Donald Young (1933), L. G. Brown (1933), T. J. Woofter (1933), G. H. Duncan (1933), B. Schrieke (1936), F. J. Brown und S. J. Roucek (1937). Dadurch wurden nicht nur wertvolle Einzelkenntnisse geliefert, sondern auch eine Fülle von Material für die soziologische Theorie bereitgestellt.

Besondere Aufmerksamkeit forderten auch das sogenannte Erwachen der Farbigen und das in vielen Teilen der Erde beobachtete Aufkommen „nationalistischer" Strömungen heraus (Vorderasien, Indien, China usw.), also der politische Aspekt des heute ökumenisch gewordenen Kulturkontaktes. Es ist eine besondere schwierige Aufgabe, die Behandlung dieser Fragen der Domäne der politischen Tagesschriftstellerei zu entreißen und einer objektiven ethnologischen Bearbeitung zu-

zuführen (vgl. die Arbeiten von E. A. Ross, 1911 – 1923, von Herbert A. Miller 1924, 1933 und von W. E. Mühlmann 1936). Die beobachteten Tatsachen zeigen bisher, daß die Einfuhr westlich-demokratischer Freiheitsideen in den Ländern des Ostens bis jetzt nur die Krise verschärft, den sozialen Hiatus zwischen der alten und der jungen Generation erweitert und bei den führenden Personen oft unechte Einstellungen erzeugt, daß sie aber keineswegs ausreicht, um „Völker" aus einem Boden zu stampfen, der die geschichtlichen Voraussetzungen dazu nicht aufweist.

Angesichts dieses Standes der Dinge läßt sich verstehen, daß bisher alle Versuche zu einer „Volkstheorie" nicht befriedigend ausgefallen sind. Eine solche könnte nur auf vergleichend-ethnographische Untersuchungen sich stützen, das Material der europäischen Völker reicht dazu nicht aus. Jedoch zeigen die vergleichend-soziologischen Arbeiten Max Webers schon heute, warum zum Beispiel Chinesen und Inder nicht „Völker" im Sinne der europäischen Willensgemeinschaften geworden sind. Es fehlten diesen Kulturgesellschaften die über den Kreis von Dorf, Sippe oder Kaste hinausgreifenden Gefühle der Solidarität und Verantwortung, es fehlte (obwohl Städte vorhanden sind) echtes, wehrhaftes Bürgertum, wie es im Abendlande aus Zünften und Gilden erwuchs, und es fehlte vor allem das Ideal der selbstverantwortlichen Persönlichkeit (vgl. o. S. 172), das im Abendlande durch die Spannung zu einem überweltlichen Gott im Protestantismus zwar nicht geschaffen, wohl aber in seiner Formung begünstigt wurde. Und es fehlte endlich die rationale Organisation der Arbeit, der auch die abendländische Wissenschaft, dieses „Reich reiner Echtheit" (N. Hartmann [3]1962 : 376 ff.), Gestalt und Form verdankt. Damit sind wenigstens einige wichtige Kriterien für die Entwicklung von „Völkern" aufgezeigt. Weber ist einer ethnologischen Deutung seiner Befunde selbst wenigstens nahe gekommen (Mühlmann 1966 : 5 ff.).

Als notwendig hat sich aber auch eine saubere Abgrenzung der Phänomene ethnogener Gesellung (Giddings) gegen andere Formen der Gruppen-Intentionalität erwiesen. Die modernen, nach Millionen zählenden Völker Europas und Amerikas enthalten nicht bloß ethnogene Elemente, sondern zweifellos auch andere, die keineswegs alle auf den Durkheimschen Generalnenner eines „kollektiven Bewußtseins" zu bringen sind, sondern am besten als Phänomene demogener Gesellung (Giddings) abgetrennt werden. Nicolai Hartmann hat (1933 : 302 ff.) betont, daß dem „Volksgeiste" zwar Objektivität und Individualität zukomme, aber keine reale Personalität, folglich auch kein adäquates Bewußtsein. Dieses hat vielmehr immer nur der Einzelmensch, aber sein Bewußtsein ist dem objektiven Geiste inadäquat. – Schon daraus ergibt sich eine *Stufung* in der Übereinstimmung von Einzelmensch und Ethnos; ihr objektives Kriterium ist die Volkstums*gesinnung* (gesteigert als „Nationalismus"), deren Erforschung eines der schwierigsten völkerpsychologischen Probleme ist. Die Wege hätte hier weisen können die hervorragende „Psychologie der Gesinnungen" (1913 bis 1916) des Münchener Phänomenologen Alexander Pfänder (1870 – 1941), in der bereits Probleme wie das der „Unechtheit" und der „schwebenden Gesinnungen" behandelt wurden. Tatsächlich haben an PFÄNDER auch die Diskussionen der zwanziger und dreißiger Jahre über das „schwebende Volkstum im Gesinnungswandel“ (ROBERT BECK 1936) angeknüpft, jedoch nicht immer tendenzfrei, wenn Probleme aus national umkämpften Grenzräumen behandelt wurden. In den Vereinigten Staaten haben sich W. B. PILLSBURY (1919), PARTRIDGE (1919) und GEORGE M. STRATTON (1929) mit Fragen der Nationalitäten-Psychologie befaßt. Diese blieb aber doch eigentlich eine Domäne europäischer Forscher, denn das Nationalitätenproblem war ja in Europa im 19. Jahrhundert entstanden. Von wissenschaftlichem Wert waren vor allem die Arbeiten der beiden Niederländer S. R. STEINMETZ (1920 ff.) und JOHAN HUIZINGA (1940). Es hat sich herausgestellt, daß die gesinnungsmäßige Schwebelage in bezug auf „nationale“ Zugehörigkeit sehr viel häufiger ist, als ein auf klare „nationalstaatliche“ Abgrenzungen drängendes juristisches Denken wahrhaben möchte; es gibt vor allem in ethnischen Grenzlagen psychologische Situationen, die einer klaren Stellungnahme im Sinne eines *eindeutigen* „Entweder-Oder“ entgegenstehen.

Ähnliche Einsichten hatte wohl auch schon GIDDINGS (o. S. 113) gehabt, wenn er erkannte, daß die modernen, demogenen Gesellungen der Millionenvölker das Stadium der ethnogenen Gesellung bereits hinter sich gelassen haben; wobei der Ausdruck „demogen“ den Zusammenhang dieses Prozesses mit der Entwicklung der modernen Demokratie treffend zum Ausdruck bringt. Auf einer ähnlichen Linie liegt die Unterscheidung von „Volk“ und „Masse“, die seit LE BON (o. S. 118) gemacht wird. In den Massenphänomenen weisen alle demogenen Gesellschaften Übereinstimmungen auf, die überethnisch sind. Ob der Begriff der „Masse“ ausreichen wird, um alle hierher gehörigen Erscheinungen zu beschreiben, erscheint trotz der Präzisierungen von THEODOR GEIGER (1926), LEOPOLD VON WIESE (1929), WILHELM VLEUGELS (1930), DAVID RIESMAN (1950) u. a. fraglich. Dagegen verfügen wir heute bereits über eine Fülle konkreter sozialpsychologischer Untersuchungen (hauptsächlich von amerikanischen Forschern) über verschiedene Aspekte der Masse: das kollektive Verhalten in Revolutionen (P. A. SOROKIN 1925, E. D. MARTIN 1920, LYFORD P. EDWARDS 1927), über öffentliche Meinung, Mittel sozialer und politischer Kontrolle, Presse, Propaganda usw. (WALTER LIPPMANN 1922, A. L. LOWELL 1923, F. R. KENT 1923, 1928, F. E. LUMLEY 1925, ROBERT MICHELS 1926, 1933, HAROLD D. LASSWELL 1927, 1930, E. L. BERNAYS 1928, PETER ODEGARD 1928 u. a.).

Im ganzen kann man sagen, daß die Völkerpsychologie von heute, auch da, wo sie sich noch als solche bezeichnet (wie bei THURNWALD 1925 ff. und bei ABEL MIROGLIO 1946 ff.), nicht mehr mit der Forschungsrichtung gleichen Namens bei LAZARUS-STEINTHAL oder auch bei WUNDT verwechselt werden darf. Eher ist eine gedankliche Anknüpfung bei der „politischen“ (das heißt Sozial-) Psychologie BASTIANS (o. S. 89) zu finden.

10. Möglichkeiten des Menschen

Aus der Analyse der revolutionären Veränderungen in der neuesten Epoche der Menschheit ergibt sich erneut die „Weltoffenheit" des Menschen in dem prekären Sinne einer nach vorne völlig offenen Situation, die keine Prognosen erlaubt. Nach JASPERS (1931 : 182) gestatten uns die sechstausend Jahre überlieferter menschlicher Geschichte – zugleich die Periode eines wirklich nachweisbaren geistigen Fortschrittes (s. o. S. 184) – überhaupt keine Prognose, was aus dem Menschen noch werden kann. Festzustellen ist nur, daß die oben erwähnten genetischen Reihen unbedingt auch auf eine (relative) *Entwicklung des Geistes* hinweisen; dies muß gegenüber der Möglichkeit einer materialistischen Interpretation der technischen Serien betont werden; eine solche Deutung der Ergebnisse von MORGAN, OGBURN und THURNWALD wäre ebenso verfehlt wie eine rein idealistische Deutung. Verschiedene Autoren haben sich bemüht, „Entwicklung" und „Geschichte" begrifflich gegeneinander abzugrenzen. WILLY HELLPACH betrachtet (1944) nur die historischen Interferenzen in den Entwicklungsgang als wahrhaft schöpferisch; von einer „schöpferischen Entwicklung" (BERGSON) könne nicht die Rede sein, sondern nur von einer „historia creatrix". Das historische Individuum vermöge nicht nur Entwicklungen zu beschleunigen oder zu verzögern (wie BOURDEAU und RATZENHOFER wollten), sondern auch die eingeschlagene Richtung schöpferisch zu verändern (was sich mit SOROKINS Auffassungen berührt). – Diese Anschauung wird heute wohl ziemlich allgemein geteilt, wobei man allerdings über das *Ausmaß* des Bogenwinkels, in dem die schöpferisch-politische Persönlichkeit von der eingeschlagenen Entwicklung abzulenken vermag, verschiedener Ansicht sein kann.

Die materialistisch-evolutionäre Deutung wird heute auch von den Sowjet-Ethnographen allmählich etwas modifiziert, die in Theorie und Darstellung, vor allem in der musealen Ausstellungstechnik, allerdings nur die Evolution, also die logische Serie der Waffen, Geräte usw. betonen. Die marxistische Ethnographie ist keineswegs nur ein Erzeugnis der bolschewistischen Lehre, sondern zehrt auch von einer marxistischen Überlieferung bereits in der russischen Soziologie des 19. Jahrhunderts, die nach dem Tode des mehr idealistisch gerichteten L. STERNBERG (1861 bis 1927) wieder aufgenommen wurde. Die sowjetischen Ethnographen fassen die soziologischen Typen der Sippe, des Klans und Stammes im Sinne der evolutionistischen Schule als „Überlebsel" der „vor-kapitalistischen Gesellschaften" auf und gliedern in vorstammlich-kommunistische, stammliche, stammlich-verfallene, feudalisierte, kapitalistische und endlich sozialistische Kulturen. Die Entwicklung besteht in einer fortschreitenden Klassenbildung, ähnlich wie bei F. OPPENHEIMER (s. o. S. 116). Den Motor der Entwicklung sehen sie wie MORGAN in der Technik der Nahrungsgewinnung. Insoweit als die Gesamtentwicklung der Kultur (nach ENGELS) wieder zum Kommunismus führt, kann man die Entwicklungstheorie der Sowjet-Ethnographen als eine Spielart der Zyklus-Theorien auffassen. Ihre Mängel liegen weniger in dem aufgestellten Schema der Abfolge, das wenigstens die genetische

Serie von vorstammlichen, stammhaften und geschichteten Gesellschaften richtig sieht, als in der Einseitigkeit der nur evolutionistischen und deterministischen Kategorien und in der Angst davor, den Geist als eine Wirklichkeit anzuerkennen. Ein folgerichtiger, das heißt reiner Evolutionismus, der die historischen Interferenzen der genetischen Serien nicht berücksichtigt, muß notwendig materialistisch sein (vgl. SCHOTT 1960 und neuerdings den Forschungsbericht von DUNN und DUNN 1967).

Auch HELLPACH hat die Frage nach den Kriterien des „historischen Gewichts“ (MÜHLMANN 1938) noch nicht beantworten können. Liegen diese in den auffälligen Ereignissen und Begebenheiten, den krisenhaften Entladungen, Revolutionen, Kriegen, Staatsgründungen, also im historischen Eclat, – oder liegen sie in den stillen unterlagernden Funktionen und Stetigkeitsmomenten (BOURDEAU), die auf jene Ereignisse kritisch hinzielen? In vielen konkreten Fällen dürfte sich diese Frage ebenso schwer entscheiden lassen, wie das verwandte Problem des Kriteriums der historischen „Wirksamkeit“ (EDUARD MEYER, EDUARD SPRANGER). Wo ist das Kriterium für das Sich-zur-Existenz-bringen der inneren Entwicklungsbestimmungen (HEGEL)? Solche Fragen weisen auf die innere Schwierigkeit einer definitiven Abgrenzung der „Entwicklung“ gegen die „Geschichte“ hin, und auf das Bestehen eines Kontinuums zwischen beiden. Sie sind nur Aspekte des gleichen Vorganges (genau wie „Gesellschaft“ und „Individuum“), aber nicht getrennte Vorgänge, wie im Kern schon O. HINTZE richtig gesehen hat (s. o. S. 167).

Zwischen der logoswissenschaftlichen These mit strenger Determination und folglich exakter Voraussagbarkeit des Geschehens und der historischen Antithese mit völliger Indetermination (Freiheit) und folglich völligem Entfallen der Voraussagbarkeit (oder, in der Terminologie MAX WEBERS: zwischen adäquater und inadäquater Verursachung eines Geschehens) liegt alle menschliche Erkenntnis eingebettet. Jede Erkenntnisformulierung ist eine Synthese. Diese liegt in der Historie mehr beim historischen, in den Sozialwissenschaften mehr beim logoswissenschaftlichen Pol. „Reine“ Evolution würde alle menschliche Geschichte in reine Gesetzeswissenschaft mit der Möglichkeit exakter Prognose künftigen Geschehens auflösen, wobei man sich darüber im klaren sein muß, daß exakte Prognose identisch ist mit vollständiger Determination des *künftigen* Geschehens, also menschlicher Unfreiheit. Das Entwicklungsprinzip stammt nicht aus den Naturwissenschaften (wie seine „geisteswissenschaftlichen“ Kritiker behaupten), sondern es stammt aus dem logoswissenschaftlichen Bemühen, das mindestens seit VICO seine Rolle auch in der humaniden Anthropologie gespielt hat.

Es ist aber vielleicht nicht nötig, die Idee der menschlichen Freiheit gänzlich preiszugeben, wenn man nicht darauf besteht, daß die Erfahrungswissenschaften vom Menschen nichts mit „Philosophie“ zu tun haben dürften. Die Anerkennung ausschließlich determinierender Kräfte (sei es als Außenkräfte oder als „innen“ wirkend, zum Beispiel als Triebstrukturen), läuft immer darauf hinaus, dem Menschen vor der Selbstverantwortung ein wissenschaftlich begründetes Alibi zu verschaffen; und dies ist vielleicht sogar eine empirisch beweisbare Behauptung.

11. Ausblick

Die abendländische Anthropologie ist ein ergreifender, in seiner Einmaligkeit großartiger Versuch des Menschen, sich selbst in seiner Stellung in der Welt erkennend zu erfassen. Erwachsen aus einer Epoche, in der die frei und verantwortlich forschende Persönlichkeit ein hohes Gut bildete, scheint sie gebunden an diese Epoche. In welcher Form sie aus dem grundstürzenden Kulturwandel unserer Tage hervorgehen wird, ist daher noch nicht abzusehen.

Dennoch muß eine positive Perspektive gewagt werden. Es ist unmöglich zu glauben, daß der Weltgeist dem Menschen Drang und Freiheit zur Selbsterkenntnis nur darum in die Brust gelegt habe, um ihn schließlich in das Nichts zurückzuwerfen. Gewogen und zu leicht befunden ist alles einzelne der menschlichen Selbsterkenntnis; das *Ganze* aber hat Bestand. Jede Theorie und Schule bietet immer nur einen einseitigen Aspekt. Nach Sorokin fällt heute dem Forscher die besondere Aufgabe zu, nicht die eine Theorie für „falsch" und die andere für „richtig" zu erklären, sondern alle gegeneinander auszubalancieren. In der ewigen Oszillation der Theorien, welche alle nur Aspekte der ganzen Wahrheit bieten, liege die Gewähr dafür, daß wir ständig in naher Berührung mit der letzten Wirklichkeit stehen, obwohl unfähig, sie ganz zu ergreifen; das sei nicht Skeptizismus, sondern bedeute nur, daß die totale Wahrheit „weiß" sei (er meint, aus allen Farben gemischt) und vielleicht nur der Gottheit zugänglich (Sorokin 1937 : I 475). Man erinnert sich dabei an Diltheys Traumerlebnis von den drei Philosophengruppen, die jede wie auf einer Eisscholle immer weiter auseinandertreiben, so daß auch diejenigen Denker, die zwischen ihnen vermitteln wollen, schließlich gezwungen werden, auf einer der drei Schollen Fuß zu fassen, um nicht unterzugehen (Dilthey Ges. Schr. VIII [1960] : 223). Unzweifelhaft läßt sich dieses Bild auch auf die Anthropologie übertragen (wobei man sich auf die Dreizahl nicht festzulegen braucht). Es beleuchtet treffend die Einseitigkeit des Sich-entscheiden-Müssens (vgl. auch Dilthey Ges. Schr. VII [1927] : 206) und kann uns daher davor bewahren, aus Entscheidung und Parteinahme den heute so brünstig angebeteten Fetisch zu machen. Es kommt vielmehr darauf an, diese tragische Situation zu lösen und den dialektischen Prozeß der Ablösung von „Schulen" und „Theorien" zu beschleunigen dadurch, daß er in das erkennende Subjekt vorverlegt wird. Mindestens sollte es möglich sein, die Sprachschwierigkeiten zwischen den einzelnen Schulen und besonders auch zwischen Natur- und Geisteswissenschaftlern zu verringern.

Unzweifelhaft herrscht heute ein gewisses Gefühl der Ausweglosigkeit und Bodenlosigkeit angesichts der Einsicht in die unausweichliche Einseitigkeit aller anthropologischen Erkenntnis. Die Anthropologie hat bisher vorwaltend als die große desillusionierende Wissenschaft gewirkt, als ein Werkzeug der Entzauberung der Welt und der Enthüllung des Menschen. Das idealistische Bild vom Menschen ist endgültig zerstört worden. Aber dabei kann es nicht sein Bewenden haben. Denn alle Zerstörung läßt nur den nackten „Stoff" zurück, setzt die Materie frei. Vom

Standpunkte des Materialismus ist die „entzaubernde Anthropologie“ nur ein Symptom der abendländischen Kulturkrise und die Verheißung, daß er selber das Erbe antreten werde. Der Materialismus ist mitnichten tot, er ist der Glaube der Massen in den großen demogenen Gesellschaften der modernen Zivilisation. Es beleuchtet auch die Lage der Wissenschaft, daß der Sinn für die Erkenntnis in keinem Verhältnis steht zu dem Interesse an nutzbaren Resultaten. Die Teilhabe an den Resultaten der Wissenschaft bedeutet noch keine Teilhabe an ihrem Sinn, und daher ist der Glaube der modernen Massen an die Wissenschaft ein Aberglaube, der nur zu leicht in Wissenschaftsfeindschaft umschlägt, dem Schwindlertum Raum gibt und so „überall die Substanz vernünftigen Menschseins zerbröckelt“ (JASPERS 1931 : 123 f.).

Vor dieser Gefahr kann die Anthropologie nur dann schützen, wenn sie sich einer neuen philosophischen Besinnung öffnet. Diese hat davon auszugehen, daß der erkennende Mensch sich in einer ewigen Annäherung an das Göttliche befindet, das er selber ist, daß er aber dieses niemals ganz ergreifen kann. Wie – in den Teilgebieten der Anthropologie – zum Beispiel das Wissen von Religion noch nicht Religiosität bedeutet, oder Emphase des Volkstums noch nicht Volkhaftigkeit, oder das Pathos einer bestimmten Rasse noch nicht Identität mit derselben, so bedeutet auch das vollständige Wissen vom Menschen noch nicht Menschsein. Die Anthropologie sieht den Menschen nicht mehr als Objekt; denn der Mensch wehrt sich gegen die Möglichkeit, bloßes Resultat von Kräften oder bloßer Träger von Funktionen zu sein; und dies mit Recht, da die Konsequenzen eines solchen empirischen Funktionalismus zur Vernichtung der Substanz des Menschseins, also zu einer säkularen Katastrophe führen müßten. Darin liegt der Sinn der großen Revisionen unseres Denkens, die seit der Jahrhundertwende eingesetzt haben.

LITERATUR

Vorbemerkung

Das Literaturverzeichnis gliedert sich in

A. Wissenschaftsgeschichtliche Darstellungen,

B. Lehrbücher, Übersichten,

C. Referenzliteratur.

Es ist aber zu beachten, daß es Überschneidungen gibt; die unter A und B aufgeführten Titel sind daher unter C nochmals verzeichnet. – Unmöglich ist aus Raumgründen die Anführung von Bibliographien, Forschungsstätten, Museen usw. Doch sei wenigstens hingewiesen auf zwei Zeitschriften: „Homo, Zeitschrift für die vergleichende Forschung am Menschen", 1967 im 18. Jahrgang, Musterschmidt-Verlag Göttingen; ausgiebige Literatur-Berichte über das *Gesamt*-Gebiet der Anthropologie; und „Current Anthropology", 1967 im 8. Jahrgang, Wenner Gren-Foundation; Forschungsberichte mit Problemdiskussionen.

Zur Orientierung über wichtige Autoren ist im Anschluß an deren namhafteste Titel Sekundärliteratur *über* diese Autoren angeführt, die durch Einzug und Kursivdruck herausgehoben ist. Sie umfaßt u. a. Festschriften, Nekrologe, Biographien, Monographien usw.

Bei Anführungen aus der Zeitschrift „Man" beziehen sich die Zahlen hinter den Jahreszahlen auf die in dieser Zeitschrift üblichen Artikelnummern, nicht auf die Seitenzahl.

ABKÜRZUNGEN VON ZEITSCHRIFTEN UND SERIEN

AA	Archiv für Anthropologie
AmA	American Anthropologist
AmJPhAnthr	American Journal of Physical Anthropology
Anthr	Anthropos
AJS	American Journal of Sociology
AR	Archiv für Religionswissenschaft
ARGB	Archiv für Rassen- und Gesellschaftsbiologie
AVk	Archiv für Völkerkunde
BA	Baessler-Archiv
BAE	Bureau of American Ethnology
CA	Current Anthropology
CDGAEU	Corr.-Blatt der Deutschen Gesellschaft für Anthropologie, Ethnologie und Urgeschichte
CIS	Cahiers Internationaux de Sociologie

ESS	Encyclopaedia of Social Sciences
FFC	Fellow Folklore Communications
FUF	Finno-ugrische Forschungen
IAE	Internationales Archiv für Ethnographie
JPhphF	Jahrbuch für Philosophie und phänomenologische Forschung
JRAI	Journal of the Royal Anthropological Institute
JSAm	Journal de la Société des Américanistes
JrSFOu	Journal de la Société Finno-Ougrienne
KZS	Kölner Zeitschrift für Soziologie und Sozialpsychologie
KVS	Kölner Vierteljahreshefte für Soziologie
MAGW	Mitteilungen der Anthropologischen Gesellschaft in Wien
MDGNVO	Mitteilungen der Deutschen Gesellschaft für Natur- und Völkerkunde Ostasiens
MemAmAA	Memoirs of the American Anthropological Association
Oc	Oceania
Paid	Paideuma
SwJA	Southwestern Journal of Anthropology
UrAltJb	Ural-altaische Jahrbücher
UCPAAE	University of California Publications in American Archaeology and Ethnology
YAS	Yale Anthropological Studies
YUPA	Yale University Publications in Anthropology
ZE	Zeitschrift für Ethnologie
ZMA	Zeitschrift für Morphologie und Anthropologie
ZR	Zeitschrift für Rassenkunde
ZvglRw	Zeitschrift für vergleichende Rechtswissenschaft
ZVS	Zeitschrift für Völkerpsychologie und Soziologie

A. WISSENSCHAFTSGESCHICHTLICHE DARSTELLUNGEN

Achelis, Thomas
(1889) Die Entwicklung der modernen Ethnologie. Berlin.
Adams, P. G.
(1962) Travellers and travel liars, 1660 – 1800. Berkeley, Cal.

Barnes, H. E.
(1947) An introduction to the history of sociology. Chicago.
Barnes, H. E. und Becker, Howard
(1938) Social thought from lore to science. 2 Bde. Boston.
Barth, Paul
([2]1915) Die Philosophie der Geschichte als Soziologie. Grundlegung und kritische Übersicht. Leipzig.
Bastian, Adolf
(1881) Die Vorgeschichte der Ethnologie. Berlin.
Below, Georg A. H. v.
([2]1924) Die deutsche Geschichtsschreibung von den Befreiungskämpfen bis zu unseren Tagen. München.
Bendyshe, Thomas
(1865) The history of anthropology. (Mem. Anthr. Soc. London, 1.)

BENFEY, THEODOR
(1869) Geschichte der Sprachwissenschaft und orientalischen Philologie. München.
BENNETT, JOHN W.
(1944) The development of ethnological theory, as illustrated by studies of the Plains Sun Dance. AmA 46 : 162 – 181.
BERGHAUS, HEINRICH
(1836, [3]1892) Physikalischer Atlas, 2 Bde. Gotha (darin: Atlas der Völkerkunde).
BERNARD, L. L. und BERNARD, JESSIE
(1943) Origins of the American Sociology. New York.
BIANCHI, UGO
(1965) Storia dell'etnologia. Roma.
BIRKET-SMITH, KAJ
(1952) The history of ethnology in Denmark. JRAI 82 : 115 – 127.
BOAS, FRANZ
(1904) The history of anthropology. Science 20 : 513 – 524.
BORST, ARNO
(1957 – 1963) Der Turmbau von Babel. Geschichte der Meinungen über Ursprung und Vielfalt der Sprachen und Völker. 4 Bde. (in 6 Bdn.). Stuttgart.
BREYSIG, KURT
(1936) Die Meister der entwickelten Geschichtsforschung. Breslau.

COLLIER, D. und SCHOPIK, H.
(1954) The role of museums in American anthropology. AmA 56 : 768 – 779.
CROCE, BENEDETTO
(1915) Zur Theorie und Geschichte der Historiographie. Tübingen.
CUNNINGHAM, J. D.
(1908) Anthropology in the 18th century. JRAI 38 : 10 – 35.

DANIEL, G. E.
(1950) A hundred years of archaeology. London.
DUGAT, G.
(1868 – 1870) Histoire des orientalistes de l'Europe du XIIe siècle au XIXe siècle. 2 Bde.

EICKSTEDT, EGON v.
(1937) Geschichte der anthropologischen Namengebung und Klassifikation. ZR 5 : 209 bis 282.
(1940 – 1963) Die Forschung am Menschen. 3 Bde. Stuttgart.
EMRICH, WILHELM
(1942) Begriff und Symbolik der „Urgeschichte" in der romantischen Dichtung. Dt. Vjschr. f. Lit.-wiss. u. Geistesgesch. 20 : 273 – 304.
ERASMUS, CHARLES
(1953) Las dimensiones de la cultura: Historia de la etnología en los Estados Unidos entre 1900 y 1950. Bogotá.

FARIS, ROBERT E. L.
(1950) Evolution and American sociology. In: Persons, Stow (Ed.): Evolutionary thought in America 160 – 180. New Haven, Conn.
FEUER, LEWIS S.
(1963) The scientific intellectual. The psychological and sociological origins of modern science. New York.
FLUGEL, JOHN CARL
(1933) A hundred years of psychology, 1833 – 1933. New York.

GERVINUS, G. G.
(1866) Geschichte des neunzehnten Jahrhunderts seit den Wiener Verträgen. Band VIII, Kap. 9: Geistige Bewegungen in dem dritten Jahrzehnt. Leipzig.
GONNARD, RENÉ
(1946) La légende du bon sauvage. Paris.
GOSSETT, THOMAS F.
(1963) Race: the history of an idea in America. Dallas.
GUSDORF, GEORGE
(1960) Introduction aux sciences humaines. Essai critique sur leurs origines et leur développement. Paris.

HADDON, A. C.
(1949) History of anthropology. London.
HALLOWELL, A. IRVING
(1936) Anthropology – yesterday and today. Sigma XI Quarterly 24 : 161 – 69.
(1960) The beginnings of anthropology in America. In: Selected papers from the American Anthropologist 1888 – 1920: 1 – 104. Evanston, Ill.
HARNACK, ADOLF v.
(1900) Geschichte der kgl. Preußischen Akademie der Wissenschaften zu Berlin. 3 Bde. Berlin.
HAYS, H. R.
(1958) From ape to angel. An informal history of social anthropology. New York.
HAZARD, PAUL
(1939) Die Krise des europäischen Geistes (1680 – 1715). Hamburg (2. Aufl. Kreuznach 1948).
HEBERER, GERHARD
(Ed., 1959) Dokumente zur Begründung der Abstammungslehre vor hundert Jahren, 1858 - 1859 – 1958 - 1959. Von Charles Darwin und Alfred R. Wallace. Göttingen.
HEYDRICH, MARTIN
(1939) Gustav Klemm und seine kulturhistorische Sammlung. In: Kultur und Rasse. Festschr. H. Plischke, ed. M. Hesch und G. Spannaus. 305 – 316. München.
HODGEN, MARGARET T.
(1964) Early anthropology in the 16th and 17th centuries. Philadelphia.
HOFSTADTER, RICHARD
(1945, ²1959) Social Darwinism in American thought, 1860 – 1915. Philadelphia bzw. New York.
HOYME, L. E.
(1953) Physical anthropology and its instruments. A historical study. SwJA 9 : 408 – 430.
HRDLICKA, ALES
(²1919) Physical anthropology: Its scope and aims, its history and present status in America. Philadelphia.
HUBERT, RENÉ
(1923) Les sciences sociales dans l'Encyclopédie. Paris.
HYMES, D. H.
(1963) Toward a history of linguistic anthropology. Anthr. Ling. 5/1 : 59 – 103. Indiana.

JÖCHER, C. G.
(1750 – 1897) Allgemeines Gelehrtenlexikon. 4 Bde., 7 Erg.-Bde. Leipzig und Bremen (Neudr. Hildesheim 1960 – 1961).

KOCH, JOSEPH
(1931) Sind die Pygmäen Menschen? Ein Kapitel aus der philosophischen Anthropologie der mittelalterlichen Scholastik. Arch. f. Gesch. d. Philos. 40 : 194 – 213.
KOENIGSWALD, G. H. R. v.
(Ed., 1958) Hundert Jahre Neandertaler, 1856 – 1956.
KROEBER, ALFRED LOUIS
(1955) History of anthropological thought. In: Thomas, W. L. (Ed.): Yearbook of anthropology: 293 – 311. New York.

LÉON, NICOLAS
(1919) Historia de Anthropologia Fisica en Mexico. AmJrPhAnthr. 2 : 229 – 264.
LESER, PAUL
(1963) Zur Geschichte des Wortes Kulturkreis. Anthr. 58 : 1 – 36.
LOVEJOY, ARTHUR O., und BOAS, GEORGE
(1935) Primitivism and related ideas in antiquity. Bd. I: A documentary history of primitivism and related ideas. Baltimore.
LOWIE, ROBERT H.
(1937, [8]1960) The history of ethnological theory. New York.
(1956) Reminiscences of anthropological currents in America half a century ago. AmA 58 : 995 – 1014.

MANGOLD, EWALD K. B.
(1937) Frankreich und der Rassengedanke. München.
MARETT, ROBERT RANULPH
(Ed., 1910) Die Anthropologie und die Klassiker. Heidelberg.
(1934) The growth and tendency of anthropological and ethnological studies. Congr. Intern. des Sciences Anthr. and Ethnol. London. Pp. 39 – 53.
MARINUS, A.
(1934) Ethnographie, folklore et archéologie en Russie soviétique. Bruxelles.
MARQUART, JOSEF
(1903) Osteuropäische und ostasiatische Streifzüge. Ethnologische und historisch-topographische Studien zur Geschichte des 9. und 10. Jahrhunderts. Leipzig.
MARTINO, ERNESTO DE
(1941) Naturalismo e storicismo nell' etnologia. Bari.
(1942) Religionsethnologie und Historizismus. Paid. 2 : 178 – 196.
MAUS, HEINZ
(1956) Geschichte der Soziologie. In: Handbuch der Soziologie, ed. W. Ziegenfuss: 1 – 120. Stuttgart.
MCILWRAITH, T. F.
(1949) Anthropology. One hundred years of science in Canada. Roy. Can. Inst. Centennial Vol., 1849 – 1949. Toronto.
MEINECKE, FRIEDRICH
(1936, [2]1959) Die Entstehung des Historismus. München.
MENZEL, ADOLF
(1936) Griechische Soziologie (Sitz.-Ber. Ak. d. Wiss. Wien, Phil.-hist. KC., 216. Bd., 1. Abh.). Wien, Leipzig.
MEYER, EDUARD
([6]1953) Geschichte des Altertums. I. Band, 1. Hälfte. Einleitung. Elemente der Anthropologie. Darmstadt.
MITRA, PANCHANAN
(1933) A history of American anthropology. Calcutta.

Mühlmann, Wilhelm E.
(1931) Zur Geschichte biologischer Gedankengänge in Ethnologie und Soziologie. ARGB 23 : 355 – 374.
(1937) Geschichtliche Bedingungen, Methoden und Aufgaben der Völkerkunde. In *K. Th. Preuss*, (ed.): Lehrbuch der Völkerkunde. Stuttgart. 1 – 43.
(1938) Methodik der Völkerkunde. Stuttgart.
(1948) Geschichte der Anthropologie. 1. Aufl. Bonn.
Müller, Johannes
(1883 – 1917, ²1965) Die wissenschaftlichen Vereine und Gesellschaften Deutschlands im 19. Jahrhundert. Hildesheim.

Penniman, T. K.
(²1952) A hundred years of anthropology. London.
Pohlenz, Max
(1937, 1961) Herodot. Der erste Geschichtsschreiber des Abendlandes. Darmstadt.
Poviña, A.
(1941) Historia de la sociología latinoamericana. Mexico.
Preuss, Kondrad Theodor
(Ed., 1937) Lehrbuch der Völkerkunde. Stuttgart.
Pypin, A. N.
(1892) Geschichte der russischen Ethnographie. Petersburg. (Russisch.)

Radin, Paul
(1929) History of ethnological theories. AmA 31 : 9 – 33.
Reinhardt, Karl
(1921) Poseidonios. München.
Rohde, Erwin
(1876) Der griechische Roman und seine Vorläufer. Leipzig.

Samhaber, Ernst
(1955) Geschichte der Entdeckungsreise. Die großen Fahrten ins Unbekannte. München.
Sarton, George Alfred Léon
(1931) From Rabbi ben Ezra to Roger Bacon. 2 Tle. (Introduction to the History of Science, Bd. 2) Washington, D. C.
Schaden, Egon
(1953) Indianerforschung in Brasilien gestern und heute. Staden-Jahrbuch 1 : 137 – 154. São Paulo.
Schadewaldt, Wolfgang
(1929) Die Geschichtsschreibung des Thukydides. Berlin.
Schemann, L.
(1928 – 1931) Die Rasse in den Geisteswissenschaften. Studien zur Geschichte des Rassengedankens. 3 Bde. München.
Schwartz, Eduard
(1919) Das Geschichtswerk des Thukydides. Bonn.
Seznec, Jean
(²1961) Ethnological legends at the Burgundian court, in France, in Italy. In: Seznec: The survival of the pagan gods: 24 – 26. New York.
Shapiro, Harry L.
(1959) The history and development of physical anthropology. AmA 61 : 371 – 379.
Slotkin J. S.
(1965) Readings in early anthropology. Chicago.

SMALL, ALBION WOODBURY
(1924) Origins of sociology. Chicago.
SOROKIN, PITIRIM A.
(1928) Contemporary sociological theories. New York.
SPIEGELBERG, HERBERT
([2]1965) The phenomenological movement. 2 Bde. Den Haag.
STEIN, OTTO
(1921) Megasthenes und Kautilya. Wien.
STUBBE, H.
([2]1965) Kurze Geschichte der Genetik bis zur Wiederentdeckung der Vererbungsregeln Gregor Mendels. Jena.

TAX, SOL
(1955) From Lafitau to Radcliffe-Brown: a short history of the study of social organization. In: Social Anthropology of North American Tribes: 445 – 481. Chicago.
TRÜDINGER, KARL
(1918) Studien zur Geschichte der griechisch-römischen Ethnographie. Basel.
TSCHERMAK V. SEYSENEGG, ERICH
(1958) Leben und Wirken eines österreichischen Pflanzen-Züchters. Beiträge zur Geschichte der Wiederentdeckung der Mendelschen Gesetze. Berlin.

VOEGELIN, ERICH
(1933) Die Rassenidee in der Geistesgeschichte von Ray bis Carus. Berlin.

WACH, JOACHIM
(1926 – 1933) Das Verstehen. Grundzüge einer Geschichte der hermeneutischen Theorie im 19. Jh. 3 Bde. Tübingen.
WALTHER, ANDREAS
(1927) Soziologie und Sozialwissenschaften in Amerika. Karlsruhe.
WHITE, LESLIE A.
(1966) The social organization of ethnological theory. Rice University Studies 52: No. 4. Houston, Texas.
WOLF, E. R.
(1964) Anthropology, humanistic scholarship in America. Englewood Cliffs, N. Y.

ZNANIECKI, F.
(1940) The social role of the man of knowledge. New York.

B. LEHRBÜCHER, ÜBERSICHTEN

BEALS, R. L. und HOIJER, H.
(1959) An introduction to anthropology. New York.
BEATTIE, JOHN
(1964) Other cultures. Aims, methods, and achievements in social anthropology. London.
BECKER, HOWARD und BOSKOFF, A.
(Ed., 1957) Modern sociological theory. New York.
BIDNEY, DAVID
(1953) Theoretical anthropology. New York.
BOAS, FRANZ
(Ed., 1938) General anthropology. New York.

BOULE, M. und VALLOIS, H. V.
(1957) Fossil men. A textbook of human palaeontology. London.

COON, C. S.
(1948) Reader in anthropology. New York.
CUVILLIER, ARMAND
(1962) Manuel de sociologie. Paris. (Darin 1 : 3 – 98: Histoire de la sociologie.)

EICKSTEDT, EGON v.
(1940 – 1963) Die Forschung am Menschen. 3 Bde. Stuttgart.

GOLDENWEISER, A. A.
(1937) Anthropology. New York.
GRIAULE, MARCEL
(1957) Méthode de l'ethnographie. Paris.

HEBERER, GERHARD
(Ed., 1965) Menschliche Abstammungslehre, Fortschritte der „Anthropologie" 1863 bis 1964. Stuttgart.
HERSKOVITS, MELVILLE I.
(1948) Man and his works. New York.
HINTZE, OTTO
(1964) Soziologie und Geschichte. Ges. Abh. z. Soziol., Politik und Theorie der Geschichte. Göttingen.
HOEBEL, E. ADAMSON
(1949) Man in the primitive world. An introduction to anthropology. New York.
HONIGMANN, JOHN
(1954) Culture and personality. New York.
(1959) The world of man. New York.
HOOTON, E. A.
(^{2}1946) Up from the ape. New York.

KOENIGSWALD, G. H. R. v.
(1965) Begegnungen mit dem Vormenschen. München.
KROEBER, ALFRED LOUIS
(1923, ^{2}1948) Anthropology. New York.

LA BARRE, WESTON
(1954) The human animal. Chicago.
LÉVI-STRAUSS, CLAUDE
(1958) Anthropologie structurale. Paris.
LINTON, RALPH
(1936) The study of man. New York.
LOWIE, ROBERT H.
(1920) Primitive society. New York.
(1934) An introduction to cultural anthropology. New York.

MARTIN, RUDOLF
(1957 – 1966) Lehrbuch der Anthropologie. 3. völlig umgearbeitete und erweiterte Auflage, ed. K. Saller. 4 Bde.

MÜHLMANN, WILHELM E.
(1962) Homo Creator. Abhandlungen zur Soziologie, Anthropologie und Ethnologie. Wiesbaden.
(1964) Rassen, Ethnien, Kulturen. Moderne Ethnologie. Neuwied.
MÜHLMANN, WILHELM E. und MÜLLER, ERNST WILHELM
(Ed., 1966) Kulturanthropologie. Köln.

PLESSNER, HELMUTH
(1928, [2]1965) Die Stufen des Organischen und der Mensch. Einleitung in die Philosophische Anthropologie. Berlin.

RADIN, PAUL
(1933) The method and theory of ethnology. New York.

SAPIR, EDWARD
(1956) Culture, language and personality, ed. D. G. Mandelbaum. Berkeley, Los Angeles.
SCHELER, MAX
(1947) Die Stellung des Menschen im Kosmos. München.
SCHUTZ, ALFRED
(1962–1966) Collected papers. 3 Bde. Den Haag.
SCHWIDETZKY, ILSE
(1959) Das Menschenbild der Biologie. Stuttgart.
(Ed., 1962) Die neue Rassenkunde. Stuttgart.
ŠIROKOGOROV, S. M.
(1924) Ethnical unit and milieu. A summary of the ethnos. Shanghai.
STRASSER, STEPHAN
(1964) Phänomenologie und Erfahrungswissenschaft vom Menschen. (Phänomenol.-psychol. Forschungen 5.) Berlin.

THURNWALD, RICHARD
(1931–1935) Die menschliche Gesellschaft in ihren ethno-soziologischen Grundlagen. 5 Bde. Berlin.

WEBER, MAX
(1922, [2]1951) Gesammelte Aufsätze zur Wissenschaftslehre. Tübingen.
(1925, [4]1956) Wirtschaft und Gesellschaft. Tübingen.

C. REFERENZLITERATUR

ACHELIS, THOMAS
(1889) Die Entwicklung der modernen Ethnologie. Berlin.
(1896) Moderne Völkerkunde, deren Entwicklung und Aufgaben. Stuttgart.
D'ACOSTA, JOSÉ
(1590) Historia natural y moral de las Indias. Sevilla.
ADAM VON BREMEN
(1595) Historia Hammaburgensis Eccalesiae. (1. Druck 1595. Neubearbeitung [[3]1926]: Hamburgische Kirchengeschichte, ed. S. Steinberg. Leipzig.)

ADAM, LEONHARD
(1937) Ethnologische Rechtsforschung. In: Lehrbuch der Völkerkunde, ed. K. Th. Preuss. Stuttgart.
Nekr. Man 1960 : 229.
ADAMS, P. G.
(1962) Travellers and travel liars, 1660 – 1800. Berkeley (Cal.).
ADELUNG, JOH. CHRISTOPH
(1806 – 1817) Mithridates, oder allgemeine Sprachenkunde. 5 Bde. Berlin.
ADORNO s. HORKHEIMER
ALLEE, W. C.
(1931) Animal aggregations: a study in general sociology. Chicago.
(1932) Animal life and social growth. Baltimore.
(1938) The social life of animals. New York.
ALLIER, RAOUL
(1925) La psychologie de la conversion ches les peuples non-civilisés. 2 Bde. Paris.
(1927) Le non-civilisé et nous. Paris.
AMMON, OTTO
(1893) Die natürliche Auslese beim Menschen. Auf Grund der anthropologischen Untersuchungen der Wehrpflichtigen in Baden und anderer Materialien dargestellt. Jena.
(²1896) Die Gesellschaftsordnung und ihre natürlichen Grundlagen. Entwurf einer Sozialanthropologie. Jena.
ANDERSON, WALTER
(1951) Ein volkskundliches Experiment. FFC 141, Bd. 60 : 1 – 45.
(1956) Eine neue Arbeit zur experimentellen Volkskunde. FFC 178, Bd. 67 : 1 – 24.
ANKERMANN, BERNHARD
(1905) Kulturkreise und Kulturgeschichten in Afrika. ZE 37 : 54 – 90.
Schachtzabel: BA 21, Sonderbeilage (1938). – W. Hirschberg: ZE 70 : 130 – 43 (1939).
AUFHAUSER, JOH. BAPT.
(1932) Umweltsbeeinflussung der christlichen Mission. München.
AVILA, FRANCESCO DE
(1939) Dämonen und Zauberer im Inkareich. 4 Bde. Übers. u. eingel. v. H. Trimborn. Leipzig.

BACHOFEN, JOH. JAK.
(1861) Das Mutterrecht. Eine Untersuchung über die Gynaikokratie der alten Welt nach ihrer religiösen und rechtlichen Natur. Stuttgart.
(1948) Das Mutterrecht. 2 Bde. Mit Unterstützung von H. Fuchs, Gustav Meyer und K. Schefold ed. K. Meuli. Basel (Nachwort K. Meuli S. 1011 – 1128).
(1948ff.) Gesammelte Werke, ed. K. Meuli. Basel.
BAELZ, ERWIN
(1883 – 1885) Die körperlichen Eigenschaften der Japaner. MDGNVO III, IV.
(1910) Menschenrassen Ostasiens mit spezieller Rücksicht der Japaner. ZE 33 : (166) bis (174).
(²1942) Über die Todesverachtung der Japaner, ed. E. T. Baelz. Stuttgart.
Erwin Baelz. Das Leben eines deutschen Arztes im erwachenden Japan. Tagebücher, Briefe, Berichte, ed. E. T. Baelz (Stuttgart 1931).
BAEUMLER, ALFRED
(1966) Das mythische Weltalter. Bachofens romantische Deutung des Altertums. München.
BALDUS, HERBERT
(1931) Indianerstudien im nordöstlichen Chaco. Leipzig.

(Ed., 1947ff.) Revista do Museu Paulista. São Paulo.
(Festschr.) Beiträge zur Völkerkunde Südamerikas, ed. Hans Becher (1964).

Balfour, Henry
(1893) The evolution of decorative art. London.
(1899) The natural history of the musical bow. Oxford.

Bally, Gustav
(1966) Vom Spielraum der Freiheit. Die Bedeutung des Spiels bei Tier und Mensch. Basel.

Bandelier, A. F. A.: Nekr.: AmA 16 : 349 – 58 (1914, Bibl.) – White, L. A.: Pioneers in American anthropology: The Bandelier-Morgan letters, 1873 – 1883. 2 Bde. (Albuquerque 1940).

Barnes, H. E.
(1947) An introduction to the history of sociology. Chicago.

Barnes, H. E. und Becker, Howard
(1938) Social thought from lore to science. 2 Bde. Boston.
(1940) Contemporary social theory. New York.

Barth, Heinrich
(1855 – 1858) Reisen und Entdeckungen in Nord- und Zentralafrika. 2 Bde. Gotha.

Barth, Paul
(²1915) Die Philosophie der Geschichte als Soziologie. Grundlegung und kritische Übersicht. Leipzig.

Barzun, Jacques
(1932) The French race: Theories of its origins and their social and political implications prior to revolution. New York.

Bastian, Adolf
(1860) Der Mensch in der Geschichte. Zur Begründung einer psychologischen Weltanschauung. 3 Bde. Leipzig.
(1866 – 1868) Die Völker des östlichen Asien. 4 Bde. Leipzig.
(1868a) Beiträge zur vergleichenden Psychologie: Die Seele und ihre Erscheinungsweisen in der Ethnographie. Berlin.
(1868b) Das Beständige in den Menschenrassen und die Spielbreite ihrer Veränderlichkeit. Berlin.
(1874) Offener Brief an Herrn Prof. Dr. E. Haeckel, Verfasser der „Natürlichen Schöpfungsgeschichte". Berlin.
(1875) Schöpfung oder Entstehung. Aphorismen zur Entwicklung des organischen Lebens. Jena.
(1881a) Der Völkergedanke im Aufbau einer Wissenschaft vom Menschen. Berlin.
(1881b) Die heilige Sage der Polynesier. Leipzig.
(1881c) Die Vorgeschichte der Ethnologie. Berlin.
(1884) Allgemeine Grundzüge der Ethnologie. Prolegomena zur Begründung einer naturwissenschaftlichen Psychologie auf dem Material des Völkergedankens. Berlin.
(1886) Zur Lehre von den geographischen Provinzen. Berlin.
(1892) Ideale Welten. 3 Bde. Berlin.
(1901) Die humanistischen Studien in ihrer Behandlungsweise nach komparativ-genetischer Methode. Berlin.
(1903) Die Lehre vom Denken. Zur Ergänzung der naturwissenschaftlichen Psychologie in Anwendung auf die Geisteswissenschaften. 2 Tle. Berlin.
Festschr. f. A. B.: IAE 9, Suppl. (1896) – Preuss, K. Th.: A. B. u. d. heutige Ethnologie. BA 10 (1926). – W. E. Mühlmann: Methodik der Völkerkunde (Stuttgart 1938): 63 – 72.

BASTIDE, ROGER
(1933) Matériaux pour une sociologie du rêve. RIS 41 : 623 – 27.
(1950) Sociologie et psychanalyse. Paris.
BATES, R. S.
(1958) Scientific societies in the United States. New York.
BATESON, GREGORY
(1936) Naven. A survey of the problems suggested by a composite picture of the culture of a New Guinea tribe. Cambridge.
BAUMANN, HERMANN, WESTERMANN, DIEDRICH, und THURNWALD, RICHARD
(1940) Völkerkunde von Afrika. Essen.
BAUR, ERWIN, FISCHER, EUGEN, und LENZ, FRITZ
(1921, [3]1927, [4]1936) Grundriß der menschlichen Erblichkeitslehre und Rassenhygiene. 2 Bde. München.
BEAGLEHOLE, ERNEST
(1931) Property. A study in social psychology. London.
BEALS, R. L., und HOIJER, H.
(1959) An introduction to anthropology. New York.
BEATTIE, JOHN
(1964) Other cultures. Aims, methods, and achievements in social anthropology. London.
BECK, ROBERT
(1938) Schwebendes Volkstum im Gesinnungswandel. Eine sozialpsychologische Untersuchung. Stuttgart.
BECK, WALTER
(1925) Das Individuum bei den Australiern. Leipzig.
(BECKER, P. E.)
(1964ff.) Humangenetik. Ein kurzes Handbuch in fünf Bänden. Stuttgart.
(BECKER, HOWARD, und BOSKOFF, A.)
(1957) Modern sociological theory. New York.
BECHTEREV, VLADIMIR M.
(1921) Kollektive Reflexologie. (Russisch.) Petrograd.
BELOW, GEORG A. H. v.
([2]1924) Die deutsche Geschichtschreibung von den Befreiungskämpfen bis zu unseren Tagen. München.
BENDYSHE, THOMAS
(1865) The history of anthropology. (Mem. Anthr. Soc. London, 1.)
BENEDICT, RUTH
(1934) Patterns of culture. Boston.
Nekr. Margaret Mead AmA 51 : 457 – 468 (1949, Bibl.). – R. F. B.: A memorial (New York 1949, Bibl.). – Margaret Mead: An anthropologist at work: Writings of R. Benedict (London 1959, mit Biogr., Briefen etc.).
BENFEY, THEODOR
(1869) Geschichte der Sprachwissenschaft und orientalischen Philologie. München.
BENNETT, JOHN W.
(1944) The development of ethnological theory, as illustrated by studies of the Plains Sun Dance. AmA 46 : 162 – 181.
BERGHAUS, HEINRICH
(1836, [3]1892) Pysikalischer Atlas. 2 Bde. Gotha. (Darin: Atlas der Völkerkunde.)
BERGMANN, BENJAMIN
(1804 – 1805) Nomadische Streifereien unter den Kalmücken in den Jahren 1802 und 1803. 4 Tle. Riga.

Bernard, L. L.
(1924) Instinct. A study in social psychology. New York.
Bernard, L. L., und Bernard, Jessie
(1943) Origins of the American Sociology. New York.
Bernheim, E.
(1889, ^{4}1903) Lehrbuch der historischen Methode. Leipzig.
Bernier, François
(1684) Nouvelle division de la terre, par les différentes espèces ou races d'hommes qui l'habitent. Journal des Savants VI: 85 – 89. Paris.
(Bernoulli, Christoph, und Kern, Hans)
(1926) Romantische Naturphilosophie. Ausgewählt. Jena.
Best, Elsdon
(1924) The Maori. 2 Bde. Wellington, N. Z.
Nekr. Man 1932 : 56. – AmA 34 : 134 (1932).
Bettray, J.
(1955) Die Akkomodationsmethode des P. Matteo Ricci in China. Rom.
Bianchi, Ugo
(1965) Storia dell'etnologia. Roma.
Biasutti, Renato
(1941) Razze e popoli dell terra. 4 Bde.
Nekr. Homo 15 : 256 (1964). – Man 1965 : 63.
Bidney, David
(1953) Theoretical anthropology. New York.
Bij, T. S. van der
(1929) Onstaan en eerste ontwikkeling van den oorlog. Groningen.
Binswanger, Ludwig
(1928) Wandlungen in der Auffassung des Traumes von den Griechen bis zur Gegenwart. Berlin.
(^{4}1964) Grundformen und Erkenntnis menschlichen Daseins. München.
Birket-Smith, Kaj
(1929) The Caribou Eskimos. (Rep. 5th Thule Exp. V.) Kopenhagen.
(^{2}1948) Geschichte der Kultur. Zürich.
(1952) The history of ethnology in Denmark. JRAI 82 : 115 – 127.
(Black, Davidson) Hood, Dora: Davidson Black: A biography (Toronto 1964).
Bleek, Wilhelm Heinrich Immanuel
(1862, 1869) A comparative grammar of South African languages. London.
Bleichsteiner, Robert
(1937) Die kaukasische Sprachgruppe. Anthr. 32 : 61 – 74.
Bleuler, Eugen
(1931) Mechanismus, Vitalismus, Mnemismus. Berlin.
Blome, Hermann
(1943) Der Rassengedanke in der deutschen Romantik und seine Grundlagen im 18. Jahrhundert. München.
Blumenbach, Johann Friedrich
(1775) De generis humani varietate nativa. Göttingen.
(1795) Beiträge zur Naturgeschichte. Göttingen.
(1798) Über die natürlichen Verschiedenheiten im Menschengeschlechte. Leipzig.
E. v. Eickstedt: Die Forschung am Menschen. (Stuttgart 1940 – 1963), I, 268.ff.
Boas, Franz
(1899) The cephalic index. AmA 1 : 448 – 461.
(1904) The history of anthropology. Science 20 : 513 – 524.

(1911) Changes in bodily form of descendants of immigrants. (Sneate Document, 208). Washington, D. C.
(1932) Rasse und Kultur. Jena.
(³1932) Anthropology and modern life. New York.
(²1938) The mind of primitive man. New York.
(Ed., 1938) General anthropology. New York.
(1940) Race, language, and culture. New York.
(1945) Race and democratic society. New York.
R. H. Lowie: F. B., anthropologist. The Scientific Monthly 56 : 182 – 184 (1943). – R. H. Lowie: Biographic memoir of F. B., 1858 – 1942. Nat. Ac. of Sciences of the U. S. A., Biogr. Memoirs Vol. XXIV No. 9 : 303 – 322 (1947). – M. J. Herskovits: F. B. (New York 1953). – Nekr. A. L. Kroeber et al.: MemAmAA 45, No. 3, Pt. 2 (1943). – (W. Goldschmidt:) The anthropology of F. B. MemAmAA 89, Vol. 61/5, Pt. 2 (1959). – L. A. White: The ethnography and ethnology of F. B. Bull. Texas Mem. Mus. 6 (Austin 1963).

Boas, George s. Lovejoy

Bogardus, E. S.
(1928) Immigration and race attitudes. Boston.
(Bogoras, Waldemar) Nekr. Franz Boas AmA 39 : 314 – 315 (1937).

Bohannan, Paul
(1963) Social anthropology. New York.

Bolk, Ludwig
(1921) On the characters of morphological modifications in consequence of affections of the endocrine organs. (Proc. Koningl. Ac. v. Wetensch. 23, 1.)
(1925) Anthropogenesis. (Proc. Koningl. Ac. v. Wetensch. 29, 1.)
(1926) Das Problem der Menschwerdung. Jena.
(1929) Origin of racial characteristics of man. AmJPhAnthr. 13 : 1 – 28.

Bopp, Franz
(1833 – 1852, ²1857 – 1861) Vergleichende Grammatik des Sanskrit, Zend, Griechischen, Lateinischen, Gothischen und Deutschen. Berlin.

Borst, Arno
(1957 – 1963) Der Turmbau von Babel. Geschichte der Meinungen über Ursprung und Vielfalt der Sprachen und Völker. 4 Bde. (in 6 Bdn.). Stuttgart.

Bory de St. Vincent, Jean-Baptiste
(1825) Espèces du genre Homme. (Dictionnaire classique d'histoire naturelle 8 : 269 bis 346.) Paris.
(²1827, ³1836) L'homme, essai zoologique sur le genre humain. 2 Bde. Paris.

Bougainville, Louis Antoine de
(1924) Voyage autour du monde par la frégate du roi la Boudeuse, et la flûte l'Etoile, en 1766, 1767, 1768 et 1769 (1. Druck 1771). Paris.

Boule, M., und Vallois, H. V.
(1957) Fossil men. A textbook of human palaeontology. London.

Bourdeau, Louis
(1882) Théorie des sciences. Plan de science intégrale. Paris.
(1888) L'histoire de l'historien. Paris.
(1901) Le problème de la vie, essai de sociologie générale. Paris.

Brace, C. Loring
(1964) The fate of the "classic" Neanderthal's: a consideration of hominid catastrophism. CA 5 : 3 – 43 (Bibl.).

Breasted, James Henry
(1950) Die Geburt des Gewissens. Die Entwicklung des moralischen Verhaltens im kulturgeschichtlichen Verlauf Alt-Aegyptens. Zürich.
(Breuil, Henri) Nekr. Man 1961 : 243.
Breysig, Kurt
(1936) Die Meister der entwickelnden Geschichtsforschung. Breslau.
Broca, Paul
(1869) Mémoires sur les caractères physiques de l'homme préhistorique. Paris.
(Ed., 1871 – 1888) Mémoires d'anthropologie, 5 Bde. Paris.
(^{2}1879) Instructions générales pour les recherches et observations anthropologiques. Paris.
Brosses, Charles de
(1760) Du culte des dieux fétiches, ou parallèle de l'ancienne religion de l'Egypte avec la religion actuelle de Nigritie. O. O.
Brown, F. J., und Roucek, J. S.
(1937) Our racial and national minorities. New York.
Budenz, Josef
(1869) Ugrische Sprachstudien. 2 Tle. Pest.
Buettner-Janusch, J.
(1963 – 1964) Evolutionary and genetic biology of primates. 2 Bde. New York.
Bühler, Charlotte
(1928) Kindheit und Jugend. Genese des Bewußtseins. Leipzig.
(1933) Der menschliche Lebenslauf als psychologisches Problem. Leipzig.
Buffon, L. G. L. de
(1749 – 1804) Histoire naturelle générale et particulière. 44 Bde. Paris.
Burckhardt, Jacob
(1929 – 1934) Gesamtausgabe. 14 Bde. Berlin.
(1949 – 1966) Briefe. (Bisher 6 Bde.) Basel.
Burkamp, Wilhelm
(1938) Wirklichkeit und Sinn. 2 Bde. Berlin.
Busk, George
(1864) Report on Gibraltar cranium. (Report of the Brit. Ass. for the Adv. of Science.) Bath.
Buytendijk, F. J. J.
(1953) Die Frau. Natur, Erscheinung, Dasein. Köln.
(1956) Allgemeine Theorie der menschlichen Haltung und Bewegung. Berlin.
(1958) Das Menschliche. Wege zu seinem Verständnis. Stuttgart.

Caillié, René
(1830) Journal d'un voyage à Temboctou et à Jenné dans l'Afrique centrale . . ., pendant les années 1824 – 1828. 3 Bde. und Atlas. Paris.
Calancha, Antonio de la
(1638) Chronica moralizada del Orden de San Augustín en el Perú. Barcelona.
Campbell, J.
(1822) Travels in South Africa. 2 Bde. London.
Camper, Pieter
(1792) Über den natürlichen Unterschied der Gesichtszüge in Menschen verschiedener Gegenden und verschiedenen Alters. Übers. v. S. Th. v. Soemmerring. Berlin.
Capell, Arthur
(1962) Oceanic linguistics today. CA 4 : 371 – 428.
Carpine, Giovanni del
(1930) Geschichte der Mongolen und Reisebericht 1245 – 1247. Übers. u. ed. F. Risch. Leipzig.

CARUS, CARL GUSTAV
(1846, ²1851) Psyche. Zur Entwicklungsgeschichte der Seele. Pforzheim bzw. Stuttgart.
(1851) Physis. Zur Geschichte des leiblichen Lebens. Stuttgart.
(1864) Neuer Atlas der Cranioskopie. Leipzig.
CASPAR, ERICH
(1904) Roger II. (1104 – 1154) und die Gründung der normannisch-sizilischen Monarchie. Innsbruck.
CASSIRER, ERNST
(³ bzw. ²1922 – 1923) Das Erkenntnisproblem in der Philosophie und Wissenschaft der neueren Zeit. 3 Bde. Berlin.
(1916, ³1922) Freiheit und Form. Berlin.
(1923 – 1929, ²1953 – 1954) Philosophie der symbolischen Formen. 3 Bde. Darmstadt.
(1927) Individuum und Kosmos in der Philosophie der Renaissance. Leipzig.
(1932) Die Philosophie der Aufklärung. Tübingen.
(1944) An essay on man. An introduction to a philosophy of human culture. New Haven, Conn. (Dt. Übers. Stuttgart 1960.)
(1949, ²1958) „Spirit“ and „life“in contemporary philosophy. In: (Schilpp, P. A.:) The philosophy of E. C. New York. S. 855 – 880.
(²1961) Zur Logik der Kulturwissenschaften. Darmstadt.
The philosophy of E. C., ed. P. A. Schilpp (New York 1949, ²1958). (Dt. Übers., gekürzt, Stuttgart 1966.)
CASTRÉN, MATTHIAS ALEXANDER
(1853 – 1862) Nordische Reisen und Forschungen. 12 Bde. Petersburg.
E. N. Setälä: Centenaire de M. A. C. JrSFOu 30 : 1 – 44 (1913). – L. J. Sternberg: C. als Altaiist und Ethnograph. Ethnol. Studien I : 167 – 189 (1931, Bibl.).
CATLIN, GEORGE
(1841) Letters and notes on the manners, customs and conditions of the North American Indians. London.
CATTANEO, CARLO
(1881 – 1882) Opere edite ed inedite. Raccolte e ordinate da A. Bertani. 7 Bde. Firenze. (Darin in Bd. I Kap. XI: Sul principio istorico delle lingue europee. Zuerst veröffentlicht in „Politecnico“ 1842.)
CHAMBERLAIN, A. F.
(1913) New religions among American Indians. Jr. of Religious Psychol. VI : 1 – 49.
CHAMBERLAIN, H. S.
(1899) Die Grundlagen des 19. Jahrhunderts. 2 Bde. München.
CHAMPION, S. G.
(1938) Racial problems. New York.
CHANG KWANG-CHI
(1964) Movement of Malaio-Polynesians: 1500 B. C. to A. D. 500. CA 5 : 359 – 406.
CHARDIN, JEAN
(1687) Curieuse Persian- und Ostindische Reisebeschreibung. Leipzig.
CHARLEVOIX, P. F. X. DE
(1744) Histoire et description générale de la Nouvelle France. 5 Bde. Paris.
CHARUZIN, N. N.
(1901 – 1903) Ethnographie. 4 Bde. (Russisch.) Petersburg.
CHURCHILL, WILLIAM
(1911) The Polynesian wanderings. Washington, D. C.
(1916) Sissano. Movements of migration within and through Melanesia. Washington, D. C.
CIEZA DE LÉON, PEDRO
(1853) La crónica del Perú (1. Druck 1553). Madrid.

CLAUSS, LUDWIG FERDINAND
(1923) Die nordische Seele. Artung, Prägung, Ausdruck. Halle/S.
(1926, [3]1933) Rasse und Seele. München.
(1929) Von Seele und Antlitz der Rassen und Völker. München.
CODRINGTON, R. H.
(1885) The Melanesian languages. Oxford.
(1891) The Melanesians. Oxford.
Nekr. Man 1922 : 97.
COHN, NORMAN
(1957) The pursuit of the Millennium. London.
COLLIER, D., und SCHOPIK, H.
(1954) The role of museums in American anthropology. AmA 56 : 768 – 779.
COMTE, AUGUSTE
(1830 – 1842, [3]ed. Littré 1869) Cours de philosophie positive. 6 Bde. Paris.
(1956) Rede über den Geist des Positivismus. (Zweipr. franz.-dt.) Übers., eingel. u. ed. Iring Fetscher. Hamburg.
CONDORCET, JEAN-ANTOINE
(1794 – 1795) Esquisse d'un tableau historique des progrès de l'esprit humain. Paris. (Zweispr. franz.-dt. Ausg. ed. W. Alff, Frankfurt a. M. 1963.)
J. G. Frazer: C. on the progress of the human mind (Oxford 1933).
COOLEY, CHARLES HORTON
(1902, [2]1922) Human nature an the social order. New York.
(1927) Social process. New York.
Edward C. Jandy: C. H. C. His life and his social theory (New York 1942).
COON, C. S.
(1948) Reader in anthropology. New York.
([2]1962a) The history of man. From the first human to primitive culture and beyond. London.
(1962b) The origin of races. New York.
Vgl. CA 4 : 360 ff. (1963).
CRANZ, DAVID
(1765) Historie von Grönland. Barby und Leipzig.
CREUZER, GEORG FRIEDRICH
(1810 – 1823) Symbolik und Mythologie der alten Völker, bes. der Griechen. 6 Tle. Leipzig u. Darmstadt.
CROCE, BENEDETTO
(1915) Zur Theorie und Geschichte der Historiographie. Tübingen.
([7]1965) La storia come pensiero e come azione. Bari.
CUNNINGHAM, J. D.
(1908) Anthropology in the 18th century. JRAI 38 : 10 – 35.
CUVIER, GEORGES
(1812) Recherches sur les ossements fossiles des quadrupèdes. 4 Bde. Paris.
CUVILLIER, ARMAND
(1962) Manuel de sociologie. Paris. (Darin 1 : 3 – 98: Histoire de la sociologie.)

DANIEL, G. E.
(1950) A hundred years of archaeology. London.
DANILEVSKIJ, N. J.
(1871, [2]1889) Rußland und Europa. (Russisch.)
DANZEL, THEODOR WILHELM
(1921) Prinzipien und Methoden der Entwicklungspsychologie. Berlin.

(1924) Kultur und Religion des primitiven Menschen. Stuttgart.
DAPPER, OLFERT
(1670, 1686) Umständliche und eigentliche Beschreibung von Afrika. Amsterdam.
DARWIN, CHARLES
(1839) Journal and remarks 1832–1836. Narrative of the surveying voyages of H. M. Ss. Adventure and Beagle. London.
(1859) On the origin of species by means of natural selection. London.
(1871) The descent of man, and selection in relation to sex. London.
(1872) The expression of the emotions in man and animals. London.
Francis Darwin: The life and letters of C. D., 3 Bde. (London 1887, Bibl.)
DAVENPORT, CHARLES B.
(1929) Race crossing in Jamaica. Washington, D. C.
DAVIE, MAURICE R.
(1929) The evolution of war. New Haven, Conn.
DAVIS, PHILLIP
(1920) Immigration and Americanization. Boston.
DE KAT ANGELINO, A. D. A.
(1931) Colonial policy. 2 Bde. Den Haag.
DELAFOSSE, MAURICE
(1901) Essai de manuel pratique de la langue mandé (etc.) Paris.
DEMPWOLFF, OTTO
(1934–1938) Vergleichende Lautlehre des austronesischen Wortschatzes. 3 Bde. Berlin.
DENIKER, J.
(1900, [2]1926) Les races et les peuples de la terre. Paris.
DEURSEN, A. VAN
(1931) Der Heilbringer. Groningen.
DEUSSEN, PAUL
([3]1920) Die nachvedische Philosophie der Inder. Leipzig.
P. D.: Mein Leben (Leipzig 1922).
DEVEREUX, GEORGE
(1951) Reality and dream: Psychotherapy of a Plains Indian. New York.
DE VRIES, J.
(1961) Forschungsgeschichte der Mythologie. Freiburg i. Br.
DEWEY, JOHN
(1922) Human nature and conduct. An introduction to social psychology. London.
(1930) The quest for certainty. A study of the relation of knowledge and action. London.
DIAMOND, A. S.
(1935) Primitive law. London.
DIESERUD, JUUL
(1908) The scope and science of anthropology. Chicago.
DILTHEY, WILHELM
(1932–1936) Gesammelte Schriften. 12 Bde. Leipzig.
H. Diwald: W. D. (Göttingen 1963). – G. Marini: D. e la comprensione del mondo umano (Milano 1965).
DIXON, ROLAND B.
(1923) The racial history of man. New York.
(1928) The building of cultures. New York.
Nekr.: A. M. Tozzer u. A. L. Kroeber: AmA 38 : 291–300 (1936, Bibl.).
DOBRIZHOFFER, P. MARTIN, S. J.
(1783–1784) Historia de Abiponibus. Wien. (Deutsche Ausgabe: Pesth 1784.)

DOBZHANSKY, THEODOR
(³1957) Genetics and the origin of species.
(1958) Die Entwicklung zum Menschen.
(1963) Possibility that Homo sapiens evolved independently five times is vanishingly small. CA 4 : 360 – 367.
(1966) Vererbung und Menschenbild. München.
DOLLARD, JOHN
(1935) Criteria for the life history. New Haven, Conn.
(DREXEL, ALBERT)
(1934) Atlas linguisticus. Innsbruck.
DRIVER, H. E.
(1961) Indians of North America. Chicago.
DRIVER, H. E. u. MASSEY, W. C.
(1957) Comparative studies of North American Indians. Transact. Am. Philos. Soc. N. S. 47/2. Philadelphia.
(DUBLER, CÉSAR E.)
(1953) Abu Hamid el Granadino y su relación de viaje por tierras Eurasiáticas. Text árabe, traducción e interpretación. Madrid.
DUBOIS, EUGENE
(1894) Pithecanthropus erectus, eine menschenähnliche Übergangsform aus Java. Batavia.
(1924) On the endocranial cast of Pithecanthropus. (Proc. Roy. Ac. Sci., Amsterdam, 5, 6.)
(1926) Recent studies of Pithecanthropus. Nature 117 : 357. London.
DUGAT, G.
(1868 – 1870) Histoire des orientalistes de l'Europe du XIIe siècle au XIXe siècle. 2 Bde.
DUNCAN, H. G.
(1933) Immigration and assimilation. Boston.
DUNN, S. P. und DUNN, E.
(1967) Soviet regime and native culture in Central Asia and Kazakhstan. CA 8 : 147 – 208.
DURKHEIM, EMILE
(1893, ²1902) La division du travail. Paris.
(Ed., 1896 – 1912) L'Année Sociologique. 12 Bde. Paris.
(1912, ²1925) Les formes élémentaires de la vie religieuse. Paris.
(Kurt H. Wolff:) Emile Durkheim, 1858 – 1917: A collection of essays, with translations and a bibliography (Columbus, Ohio, 1960).

EBERHARD, WOLFRAM
(1942) Kultur und Siedlung der Randvölker Chinas. Leiden.
(1943) Die Kultur der alten zentral- und westasiatischen Völker nach chinesischen Quellen. ZE 73 : 215 – 275.
(Ecker, Alexander) W. D. Foerster: A. E., sein Leben und Wirken. (Freiburg i. Br. 1963).
EDWARDS, WILLIAM FREDERIC
(1829) Des caractères physiologiques des races humaines considérés dans leurs rapports avec l'histoire. Lettre à M. Amédée Thierry, auteur de l'Histoire des Gaulois. Paris. (Neu abgedr. in: Mem. Soc. Ethnol. 1, 1 : 1 – 108, Paris 1841.)
EGEDE, H. P.
(1740) Ausführliche und wahrhafte Nachricht vom Anfange und Fortgange der grönländischen Mission. Hamburg. (Zuerst dänisch. Kopenhagen 1738.)
EHRENFELS, CHRISTIAN V.
(1916) Kosmologie. Jena.
Gestalthaftes Sehen. Zum 100jähr. Geburtstag C. v. E.' (ed. F. Weinhandl, Darmstadt 1960).

EHRENREICH, PAUL
(1903) Zur Frage der Beurteilung und Bewertung ethnographischer Analogien. CDGAEU 34 : 176.
(1905) Die Mythen und Legenden der südamerikanischen Urvölker und ihre Beziehungen zu denen Nordamerikas und der alten Welt. Berlin.
Nekr. BA 6 (1922).
EICKSTEDT, EGON V.
(1925) Gedanken über Entwicklung und Gliederung der Menschheit. MAGW 55 : 231 bis 254.
(1933) Die Rassengeschichte von Indien mit besonderer Berücksichtigung von Mysore. ZMA 32 : 77 – 124.
(1934) The position of Mysore in India's racial history. In: The Mysore tribes and castes. Vol. I, Ch. 1. Bangalore.
(1934) Rassenkunde und Rassengeschichte der Menschheit. Stuttgart.
(1935) Anlage und Durchführung von rassenkundlichen Gau-Untersuchungen. ZR 2 : 1 – 32.
(1936) Arier und Nagas. In: Hirt-Festschrift I: 357 – 405. Heidelberg.
(1937) Geschichte der anthropologischen Namengebung und Klassifikation. ZR 5 : 209 bis 282.
(Ed., 1939 – 1941) Rasse, Volk und Erbgut in Schlesien, 1 – 14. Breslau.
(1940 – 1963) Die Forschung am Menschen. Stuttgart.
(1944) Rassendynamik von Ostasien. Berlin.
I. Schwidetzky: E. Frhr. v. E. Homo 3 : 49 – 56 (1952, Bibl.). – Nekr. u. Bibl. Erg. Homo 16 : 197 ff. (1966).
EINZIG, P.
(1948) Primitive money in its ethnological, historical and economic aspects. London.
EISENSTADT, S. N.
(1961) Anthropological studies of complex societies. CA 5 : 201 – 222.
ELIADE, MIRCEA
(1951) Le chamanisme. Paris.
(1953) Der Mythos der ewigen Wiederkehr. Düsseldorf.
(1958) Patterns in comparative religion. London.
(1954) Die Religionen und das Heilige. Salzburg.
ELKIN, A. P.
(1932) The social life and intelligence of the Australian aborigine. Oc 3 : 101 – 113.
(1938, 1954) The Australian aborigines, How to understand them. Sydney.
Festschr. (R. M. Berndt u. C. H. Berndt:) Aboriginal man in Australia (London 1965).
ELLIS, WILLIAM
(1829) Polynesian researches. 2 Bde. (Auch 4 bänd. Ausg. London 1931/32.)
(1844) The history of the London Missionary Society. Vol. I. London.
John Eimeo Ellis: Life of W. E. (London 1873).
ELLWOOD, CHARLES A.
(1917) An introduction to social psychology. New York.
(1925) The psychology of human society. New York.
(1927, ²1937) Cultural evolution. A study of social origins and development. New York.
ELWIN, VERRIER
(1939) The Baiga. London.
Nekr. Man 1964 : 135. – The tribal world of V. E. (Autobiography) (Ney York 1964).

EMRICH, WILHELM
(1942) Begriff und Symbolik der „Urgeschichte" in der romantischen Dichtung. Dt. Vjschr. f. Lit.-wiss. u. Geistesgesch. 20 : 273 – 304.
ENGELS, FRIEDRICH
(1884) Der Ursprung der Familie, des Privateigentums und des Staates. Im Anschluß an L. H. Morgans Forschungen. Zürich.
ENRIQUES, F. und DIAZ DE SANTILLANA, G.
(1932) Il mondo antico. Milano.
ERASMUS, CHARLES
(1953) Las dimensiones de la cultura: Historia de la etnologia en los Estados Unidos entre 1900 y 1950. Bogotá.
ESSERTIER, DANIEL
(1927) Les formes inférieures de l'explication. Paris.
(1929 – 1930) La psychologie – La sociologie. Paris.
EUBANK, E. E.
(1931) Concepts of sociology. Boston.
EVANS-PRITCHARD, E. E.
(1934) Lévy-Bruhl's theory of primitive mentality. Bull. Fc. of Arts II, Pt. 1 : 1 – 36. Kairo.
(1951) Social anthropology. London.
(1963) Anthropology and history. Manchester.
(1965a) The position of women in primitive societies, and other essays in social anthropology. London.
(1965b) Theories of primitive religion. Oxford.

FARIS, ELLSWORTH
(1937) The nature of human nature.
FARIS, ROBERT E. L.
(1950) Evolution and American sociology. In: (Persons, Stow:) Evolutionary thought in America. New Haven. Conn.: 160 – 180.
FASSBINDER, M.
(1926) Der „Jesuitenstaat" in Paraguay. Halle/S.
FAURIEL, CLAUDE CHARLES
(1836) Histoire de la Gaule méridionale sous la domination des conquérants Germains. 4 Bde. Paris.
FEDERMANN, N. s. KLUEPFEL.
FERGUSON, ADAM
(1767) Essay on the history of civil society. Edinburgh.
W. C. Lehmann: A. F. and the beginnings of modern sociology (New York 1930).
FEUER, LEWIS S.
(1963) The scientific intellectual. The psychological and sociological origins of modern science. New York.
FINK, EUGEN
(1959) Welt und Geschichte. In: Husserl et la pensée moderne (Phaenomenologica II): 143 – 359. Den Haag.
FINSCH, OTTO
(1914) Südseearbeiten. Hamburg.
FIRTH, RAYMOND
(1936) We, the Tikopia. A sociological study of kinship in primitive Polynesia. London.
(1959a) Economics of the New Zealand Maori. Wellington, N. Z.

(1959b) Social change in Tikopia. Re-study of a Polynesian community after a generation. London.
FISCHER, EBERHARD
(1963) Künstler der Dan. BA N. F. 10 : 161 -263.
FISCHER, EUGEN
(1913) Die Rehobother Bastards und das Bastardierungsproblem beim Menschen. Jena.
(1914) Rassenmerkmale des Menschen als Domestikationsmerkmale. ZMA 28 : 479 – 524.
(Ed., 1917 – 1943) Zeitschrift für Morphologie und Anthropologie.
(1923) s. SCHWALBE.
(Ed., 1929 – 1938) Serie „Deutsche Rassenkunde". Jena. 17 Bde.
(1938 – 1943) Neue Rehobother Bastardstudien I, II. ZMA 37 : 127 – 39, 40 : 1 – 33.
(1960) Langschädel – Rundschädel. Auf der Suche nach Wert und Unwert des Längenbreitenindex. Ein Rückblick. Materia Medica Nordmark XII/10 : 1 – 16 (Bibl.).
F. Lenz: Zu E. F.'s Lebenswerk. Münch. Med. Wchschr. 1944 Nr. 29 – 30. – O. Frhr. v. Verschuer: E. F. In: Gestalter unserer Zeit Bd. 4: Erforscher des Lebens (Oldenburg 1955): 308 – 316.
FISKE, JOHN
(1874) Outlines of cosmic philosophy, based on the doctrine of evolution. London. (Neuaufl. Boston 1903).
FLECHTER, RONALD
(1957) Instinct in man. London.
FLUGEL, JOHN CARL
(1933) A hundred years of psychology, 1833 – 1933. New York.
(Förstemann, Ernst) Nekr. A. M. Zozzer AmA 9 : 153 – 159 (1907, Bibl.).
FOLSOM, J. K.
(1931) Social psychology. New York.
FORNANDER, ABRAHAM
(1878) An account of the Polynesian race, its origin and migrations. 3 Bde. London.
FORSTER, GEORG
(1843) Sämtliche Schriften. 9 Bde. Leipzig.
(1958ff.) Werke. Sämtliche Schriften, Tagebücher, Briefe. Ed. Dt. Ak. d. Wiss. zu Berlin. Bisher erschienen: Bde. 7 und 9.
Albert Leitzmann: Georg und Therese T. und die Brüder Humboldt (Bonn 1936). – J. Moleschott: G. F., der Naturforscher des Volkes (Halle/S. ²1861). – Kurt Kersten: Der Weltumsegler Johann Georg Adam F. (1754 – 1794) (Frankfurt a. M. (1957). – W. E. Mühlmann: Methodik der Völkerkunde (Stuttgart 1938) : 42 – 52. – H. Reintjes: Weltreise nach Deutschland. G. F.'s Leben und Bedeutung (Düsseldorf 1953). – P. Zincke: G. F.s Bildnis im Wandel der Zeiten. Ein Beitrag zur Geschichte des öffentlichen Geistes in Deutschland. (Prager Dt. Studien, Heft 38) (Reichenberg i. B. 1925).
FORSTER, JOHANN REINHOLD
(1783) Bemerkungen über Gegenstände der physischen Erdbeschreibung, Naturgeschichte und sittlichen Philosophie, auf seiner Reise um die Welt gesammelt. Berlin. (Auch: Wien 1787.)
W. E. Mühlmann: Methodik der Völkerkunde (Stuttgart 1938) : 39 – 42.
(FORTES, MEYER und EVANS-PRITCHARD, E. E.)
(1940) African political systems. London.
FOUILLÉE, ALFRED
(1896) Le mouvement positiviste et la conception sociologique du monde. Paris.
FRAUWALLNER, ERICH
(1953 – 1956) Geschichte der indischen Philosophie. 2 Bde. Salzburg.

FRAZER, JAMES GEORGE
(1890) The golden bough. 2 Bde. London. (3. Aufl. 1955: 13 Bde.)
(1910) Totemism and exogamy. 4 Bde. London.
(1918) Folk-Lore in the Old Testament. 3 Bde. London.
(1937) Totemica. A supplement to „Totemism and Exogamy". London.
(1933 – 1936) The fear of the dead in primitive religion. 3 Bde. London.
Th. Bestermann: A bibliography of Sir J. G. F. (London 1934).
FRAZIER, EDWARD FRANKLIN
(1932) The Negro family in Chicago. Chicago.
Nekr. Man 1962 : 234.
FREUD, SIGMUND
(1913, ²1920) Totem und Tabu.
(1952) Gesammelte Werke. 18 Bde. London.
Ernest Jones: Das Leben und Werk von S. F. 3Bde. (Stuttgart 1960 – 1962).
FREYER, HANS
(1930) Soziologie als Wirklichkeitswissenschaft. Leipzig.
FRIEDERICI, GEORG
(1913) Untersuchungen über die melanesische Wanderstraße. Berlin.
(1925 – 1936) Der Charakter der Entdeckung und Eroberung Amerikas durch die Europäer. 3 Bde. Stuttgart.
(1947) Amerikanistisches Wörterbuch. Hamburg.
Bibl. G. F.: BA 19 : 122 – 32 (1936).
(Friedrich, Adolf) Nekr. Paid. 6 : 189 – 193 (1956).
FRIES, JAKOB FRIEDRICH
(1820 – 1821) Handbuch der psychischen Anthropologie, oder der Lehre von der Natur des menschlichen Geistes. 2 Bde. Jena.
FROBENIUS, LEO
(1925 – 1929) Erlebte Erdteile. 7 Bde. (1. Druck 1897 – 1898.) Frankfurt a. M.
(1937) Ekade Ektab. Die Felsbilder Fezzans. Leipzig.
(1939) Monumenta Africana. Der Geist eines Erdteils. Weimar.
Nekr. E. Volhard und A. E. Jensen: Paid. 1 : 41 – 48 (1938 – 1940). – W. E. Mühlmann: AA 25 : 47 – 51 (1939).
FROBENIUS, L. und OBERMAIER, H.
(1925) Hadschra Maktuba. Urzeitliche Felsbilder Kleinafrikas. München.
FÜRER-HAIMENDORF, CHR. V.
(1943) The Chenchus. London.
(1945 – 1948) The aboriginal tribes of Hyderabad. 2 Bde. London.
(1946) The naked Nagas. Calcutta.
(1952) New aspects of the Dravidian problem. Ethnologica I : 162 – 166.
(1955) Himalayan barbary. London.
FUHLROTT, J. C.
(1859) Menschliche Überreste aus einer Felsengrotte des Düsseltales, ein Beitrag zur Frage der Existenz fossiler Menschen. Verh. d. Naturhist. Ver. d. Prov. Rheinl.-Westf. 16.
(1865) Der fossile Mensch aus dem Neanderthal und sein Verhältnis zum Alter des Menschengeschlechts. Duisburg.

GABELENTZ, HANS C. V. D.
(1861, 1873) Die melanesischen Sprachen. Sächs. Ak. d. Wissensch., Abh. d. phil. hist. Kl. 3, 7. Leipzig.
GADAMER, HANS-GEORG
(²1965) Wahrheit und Methode. Tübingen.

GALTON, FRANCIS
(1869) Hereditary genius. An inquiry into its laws and consequences. London.
(1874) English men of science. Their nature and nurture. London.
(1883) Inquiries into human faculty and its development. London.
(1889) Natural inheritance. London.
(1908) Memories of my life. London.
K. Pearson: The life, letters and labours of F. G. 3Bde. (Cambridge 1914 – 1930).
GARCIA, GREGORIO
(1607, ²1729) Origen de los Indios del Nuevo Mundo. Madrid.
GARCILASO DE LA VEGA (el Inca)
(1609) Primera parte de los commentarios que tratan del origen de los Yncas, Lissabon.
(²1722 – 1723) Primera parte de los commentarios reales que tratan de el origen de los Incas ... – Hist. general del Péru, trata el descubrimiento del ... Madrid.
GEDDA, LUIGI
(1951) Studio dei gemelli. Roma. (Bibl.)
GEHLEN, ARNOLD
(³1950) Der Mensch. Seine Natur und seine Stellung in der Welt. Bonn.
(1963) Studien zur Anthropologie und Soziologie. Neuwied.
GEIGER, MORITZ
(1921) Fragment über den Begriff des Unbewußten und die psychische Realität. JPphF 4 : 1 – 137.
(1930) Die Wirklichkeit der Wissenschaften und die Metaphysik. Bonn.
GEIGER, THEODOR
(1926) Die Masse und ihre Aktion. Stuttgart.
GENNEP, A. VAN
(1909) Les rites de passage. Paris.
GERLAND, GEORG
(1875) Anthropologische Beiträge. I, II. Halle/S.
(1892) Atlas der Völkerkunde, s. BERGHAUS, HEINRICH.
GERLOFF, WILHELM
(³1947) Die Entstehung des Geldes und die Anfänge des Geldwesens. Frankfurt a. M.
GERVINUS, G. G.
(1866) Geschichte des neunzehnten Jahrhunderts seit den Wiener Verträgen. Leipzig. Band VIII, Kap. 9: Geistige Bewegungen in dem dritten Jahrzehnt.
GESEMANN, GERHARD
(1943) Heroische Lebensform. Zur Literatur und Wesenskunde der balkanischen Patriarchalität. Berlin.
Nekr. W. E. Mühlmann: Zs. f. slav. Phil. 22 : 237 – 43 (1953).
GESNER, CONRAD
(1955) Mithridates. De differentiis linguarum. Zürich.
GIDDINGS, FRANKLIN H.
(1896) The principles of sociology. London.
F. H. Hankins: F. H. G., 1855 – 1931. AJS 37 : 349 – 367 (1931).
GILLETTE, JOHN M., und REINHARDT, J. M.
(1933) Current social problems. New York.
GINSBERG, MORRIS
(1956) Essays in sociology and social philosophy. 2 Bde. London.
GLASENAPP, HELLMUTH V.
(1949) Die Philosophie der Inder. Stuttgart.

GOBINEAU, ARTHUR DE
(1853–1855) Essai sur l'inégalité des races humaines. Paris. (Deutsch: Versuch über die Ungleichheit der Menschenrassen. Übers. v. L. Schemann. 4 Bde. Stuttgart [4]1922.)
(1867) Les religions et les philosophies dans l'Asie centrale. Paris.
Ludwig Schemann: Gobineaus Rassenwerk (Stuttgart 1910). – Ders.: Gobineau. Eine Biographie. 2 Bde. (Straßburg 1913–1916). – A. de Tocqueville: Oeuvres complètes, Vol. IX: Correspondence d'A. de T. et A. de G. (Paris 1959).
(Goethe) R. Karutz: Von Goethe zur Völkerkunde der Zukunft (Stuttgart [2]1929). – L. Binswanger: Grundformen und Erkenntnis menschlichen Daseins (München [4]1964): 617 ff.
GOLDENWEISER, A. A.
(1933) History, psychology, and culture. New York.
(1937) Anthropology. New York.
Nekr. W. D. Wallis AmA 43 : 250–55 (1941, Bibl.).
GONNARD, RENÉ
(1946) La légende du bon sauvage. Paris.
GOSSETT, THOMAS F.
(1963) Race: the history of an idea in America. Dallas.
GRÄBNER, FRITZ
(1905) Kulturkreise und Kulturgeschichten in Ozeanien. ZE 37 : 28–53.
(1911) Methode der Ethnologie. Heidelberg.
(1924) Das Weltbild der Primitiven. München.
Nekr. P. W. Schmidt Anthr. 30 : 203–214 (1935). – J. E. Lips AmA 37 : 320 bis 326 (1935).
GRANT, MADISON
(1921) The passing of the great race. New York. (Dt. Übers.: Der Untergang der großen Rasse. München 1925.)
GREEF, GUILLAUME DE
(1886–1889) Introduction à la sociologie. 2 Bde. Brüssel.
GRIAULE, MARCEL
(1957) Methode de l'ethnographie. Paris.
GRIMM, JAKOB
(1828) Deutsche Rechtsaltertümer. Göttingen.
(1835) Deutsche Mythologie. 3 Bde. Göttingen.
GRUMM-GRZIMAJLO, G. E.
(1926) Westmongolei und Uriyanchaier Gau. 3 Bde. Leningrad. (Russisch.)
GÜNTHER, HANS F. K.
(1922, [14]1930) Rassenkunde des deutschen Volkes. München.
(1926) Rasse und Stil. München.
(Guha, B. S.) Nekr. Homo 13 : 255.
GUICHARD, ETIENNE
(1606) L'harmonie étymologique des langues. Paris.
GULLICK, J. M.
(1958) Indigenous political systems of Western Malaya. London.
GUMPLOWICZ, LUDWIG
(1875) Rasse und Staat. Eine Untersuchung über das Gesetz der Staatenbildung. Wien.
(1883, [2]1909) Der Rassenkampf. Soziologische Untersuchungen. Innsbruck.
(1926–1928) Ausgewählte Werke. 4 Bde. Innsbruck.
B. Zebrowski: L. G., eine Bio-Bibliographie (Berlin 1926).
GUSDORF, GEORGE
(1960) Introduction aux sciences humaines. Essai critique sur leurs origines et leur développement. Paris.

GUSINDE, MARTIN
(1931 – 1939) Die Feuerland-Indianer. Ergebnisse meiner vier Forschungsreisen in den Jahren 1918 – 1924. 3 Bde. Wien-Mödling.
(1942) Die Kongo-Pygmäen in Geschichte und Gegenwart. Halle/S.
GUTMANN, BRUNO
(1926) Das Recht der Dschagga. München.
(1932 – 1938) Die Stammeslehren der Dschagga. 3 Bde. München.

HAAKE, A. v.
(1887) Die Gesellschaftslehre der Stoiker. Berlin.
HADDON, A. C.
(1895) Evolution in art. London.
(1949) History of anthropology. London.
HAECKEL, ERNST
(1868) Natürliche Schöpfungsgeschichte. Berlin.
HAHN, EDUARD
(1909) Die Entstehung der Pflugkultur. Heidelberg.
([2]1919) Von der Hacke zum Pflug. Leipzig.
Festschr. E. H. (Stuttgart 1917). – Nekr. A. Vierkandt Arch. f. Gesch. d. Math. Naturwiss. Techn. 11 : 225 – 239 (1929). – W. E. Mühlmann: Art. H., E. in ESS 7 : 244 – 45 (1932).
HAKLUYT, RICHARD
(1927 – 1928) The principal navigations, voyages, traffiques, and discoveries of the English nation. London. (1. Druck 1598 – 1600, zahlreiche Auflagen.)
HALBWACHS, MAURICE
(1912) La théorie de l'homme moyen. Essai sur Quetelet et la statistique morale. Paris.
HALDANE, J. B. S.
(1932) Die philosophischen Grundlagen der Biologie. Berlin.
HALDE, P. J. B. DU, S. J.
(1735) Description de l'empire de la Chine et de la Tartarie chinoise. 4 Bde. Paris.
HALE, HORATIO
(1846) U. S. Exploring Expedition Vol. VI: Ethnography and philology. Philadelphia.
Nekr. D. G. Brinton AmA, old ser. 10 : 25 – 27.
HALLOWELL, A. IRVING
(1936) Anthropology – yesterday and today. Sigma XI Quarterly 24 : 161 – 69.
(1960) The beginnings of anthropology in America. In: Selected papers from the American Anthropologist 1888 – 1920. Evanston, III. : 1 – 104.
HAMBLY, W. D.
(1937) Source book for African anthropology. Chicago.
HAMY, E. T., und QUATREFAGES, A. DE
(1882) Crania ethnica. Paris.
(Hamy, Théodore-Jules-Ernest) Nekr. AmA 11 : 145 – 47 (1909).
HANCAR, FRANZ
(1956) Das Pferd in prähistorischer und früher historischer Zeit. Wien.
HANDY, E. S. CRAIGHILL
(1930) The problem of Polynesian origins. Honolulu.
HANKINS, FRANK H.
(1926) The racial basis of civilization. New York.
HARNACK, ADOLF V.
(1900) Geschichte der kgl. Preußischen Akademie der Wissenschaften zu Berlin. 3 Bde. Berlin.

HARTMANN, EDUARD V.
(1869) Philosophie des Unbewußten. Berlin.
HARTMANN, NICOLAI
(1955 – 1958) Kleinere Schriften. 3 Bde. Berlin.
(²1960) Die Philosophie des deutschen Idealismus. Berlin.
(³1962) Das Problem des geistigen Seins. Untersuchungen zur Grundlegung der Geschichtsphilosophie und der Geisteswissenschaften. Berlin.
(⁴1962) Ethik. Berlin.
(³1964) Der Aufbau der realen Welt. Berlin.
(⁵1965) Grundzüge einer Metaphysik der Erkenntnis. Berlin.
(⁴1965) Grundlegung der Ontologie. Berlin.
(²1966) Teleologisches Denken. Berlin.
(³1966) Möglichkeit und Wirklichkeit. Berlin.
(H. Heimsoeth und R. Heiß): N. H. Der Denker und sein Werk (Göttingen 1952).
HAXTHAUSEN, A. L. M. V.
(1854) Transcaucasia. London.
HAYS, H. R.
(1958) From the ape to the angel. An informal history of social anthropology. New York.
HAZARD, PAUL
(1939) Die Krise des europäischen Geistes (1680 – 1715). Hamburg. (2. Aufl. Kreuznach 1948).
HEBERER, GERHARD
(Ed., 1943, ²1959) Die Evolution der Organismen. Ergebnisse und Probleme der Abstammungslehre. 2 Bde. Jena bzw. Stuttgart.
(1951) Neue Ergebnisse der menschlichen Abstammungslehre. Göttingen.
(Ed., 1959) Dokumente zur Begründung der Abstammungslehre vor hundert Jahren, 1858/59 – 1958/59. Von Charles Darwin und Alfred R. Wallace. Göttingen.
(Ed., 1965) Menschliche Abstammungslehre. Fortschritte der „Anthropogenie" 1863 bis 1964. Stuttgart.
(G. Kurth): Evolution und Hominisation. Festschr. G. H. (Stuttgart 1962).
HEBERER, GERHARD, KURTH, GOTTFRIED, SCHWIDETZKY-ROESING, I.
(1959) Anthropologie. (Fischer-Lexikon.) Frankfurt a. M.
HEGEL, G. W. F.
(1952) Phänomenologie des Geistes. (1. Druck 1807.) Nach d. Text d. Orig.-Ausg. ed. Johs. Hoffmeister. Hamburg.
HEIDEGGER, MARTIN
(1927, ¹⁰1963) Sein und Zeit. Tübingen.
HEINE-GELDERN, ROBERT V.
(1932) Urheimat und früheste Wanderungen der Austronesier. Anthr. 27 : 543 – 619.
HEINROTH, JOH. CHRISTIAN AUGUST V.
(1822) Lehrbuch der Anthropologie. Zum Behuf academischer Vorträge, und zum Privatstudium. Nebst einem Anhang erläuternder und beweisführender Aufsätze. Von . . . , Prof. d. psychischen Heilkunde a. d. Univ. Leipzig, Arzt am Georgenhause. Leipzig.
HEISENBERG, WERNER
(1955) Das Naturbild der heutigen Physik. Hamburg.
(⁹1959) Wandlungen in den Grundlagen der Naturwissenschaft. Stuttgart.
HELLPACH, WILLY
(²1943) Einführung in die Völkerpsychologie. Stuttgart.
(²1946) Sozialpsychologie. Stuttgart.

(71965) Geopsyche. Stuttgart.
Universitas Literarum. Ges. Aufs. v. W. H. (Stuttgart 1948). – W. H.: Wirken in Wirren. Lebenserinnerungen. 2 Bde. (Hamburg 1948 – 1949).

HELMHOLTZ, HERMANN
(1964) Über das Ziel und die Fortschritte der Naturwissenschaft. Eröffnungsrede für die Naturforscherversammlung zu Innsbruck, 1869. (1. Druck 1869.) Neudruck Braunschweig.

HELMOLDUS
(1659) Chronica Slavorum. Lübeck.

HENRY, R.
(1947) Ctésias, le Perse, l'Inde. Brüssel.

HERBERSTEIN, SIGISMUND V.
(1549) Rerum moscoviticarum commentarii. Wien. (Dt. Ausg.: Moscoviter wunderbare Historien, etc., Basel 1563.)

HERDER, JOH. GOTTFRIED
(1785 – 1791) Ideen zur Philosophie der Geschichte der Menschheit. 4 Bde. Riga und Leipzig. (Zit. n. Textausg. Darmstadt 1966.)
(1877 – 1913) Werke. Hist.-krit. Ausg. ed. B. Suphan. 33 Bde. Berlin.

HERRERA, ANTONIO DE
(1726 – 1730) Historia general de los hechos de los Castallanos en las islas i tierra firme del mar Oceano. 4 Bde. Madrid.

HERRMANN, FERDINAND
(1961) Symbolik der Religionen der Naturvölker. Stuttgart.
(Ed., 1958ff.) Symbolik der Religionen. Stuttgart. Bisher 10 Bde.

HERSKOVITS, MELVILLE J.
(1928) The American Negro. A study in racial crossing. New York.
(1938) Acculturation. A study of culture contact. New York.
(1948) Man and his works. New York.
(1952) Economic anthropology. New York.
(1959) Past developments and present currents in ethnology. AmA 61 : 389 – 398.
Nekr. Homo 14 : 192 (1963) – AmA 66 : 83 – 109 (Bibl., 1964).

HERVAS, LORENZO
(1785) Aritmetica della nazioni e divisione del tempo. Cesena.

HEYDRICH, MARTIN
(1939) Gustav Klemm und seine kulturhistorische Sammlung. In: Kultur und Rasse. Festschr. H. Plischke, ed. M. Hesch und G. Spannaus. München: 305 – 316.

HIMMELHEBER, H.
(1935) Negerkünstler. Stuttgart.
(21953) Eskimokünstler. Eisenach.
(1960) Negerkunst und Negerkünstler. Braunschweig.

HIMMELHEBER, H. und U.
(1958) Die Dan. Stuttgart.

HINTZE, OTTO
(1964) Soziologie und Geschichte. Ges. Abh. z. Soziol., Politik und Theorie der Geschichte. Göttingen.

HIRZEL, RUDOLF
(1908) Der Selbstmord. AR 11 : 75 – 104, 243 – 284, 417 – 476.

HOBBES, THOMAS
(1651) Leviathan, or the matter, form, and power of a Commonwealth, eccelsiaticall and civill. London.

HOBHOUSE, L. T.
(1906) Morals in evolution. A study in comparative ethics. London.
HOBHOUSE, L. T., WHEELER, C. G., und GINSBERG, M.
(1915) The material culture and social institutions of the simpler peoples. An essay in correlation. London. (Gek. Nachdr. London 1930.)
F. Tönnies: H., Leben und Lehre (Stuttgart 1896).
HODGEN, MARGARET T.
(1964) Early anthropology in the 16th an 17th centuries. Philadelphia.
HOEBEL, E. ADAMSON
(1949) Man in the primitive world. An introduction to anthropology. New York.
(1954) The law of primitive man. A study in comparative legal dynamics. Cambridge, Mass.
HÖGSTRÖM, P.
(1748) Beschreibung von Lappland. Stockholm und Leipzig.
HOFER, HELMUT, SCHULTZ, ADOLPH, und STARCK, DIETRICH
(Ed., 1956ff.) Primatologia. Hdb. d. Primatenkunde. (In Lieferungen erscheinend.)
HOFSTADTER, RICHARD
(1945, [2]1959) Social Darwinism in American thought, 1860 – 1915. Philadelphia bzw. New York.
HOLBACH, PAUL THIRY DE
(1960) System der Natur, oder von den Gesetzen der physischen und der moralischen Welt. A. d. Franz. v. F.-G. Voigt. Berlin.
HOLMES, SAMUEL JACKSON
(1921) The trend of the race. A study of present tendencies in the sociological development. New York.
(Holmes, William Henry) Nekr. AmA 35 : 752 – 64 (1933, Bibl.).
HONIGMANN, JOHN J.
(1949) Culture and ethos of Kaska society. YUPA 40. New Haven, Conn.
(1954) Culture and personality. New York.
(1959) The world of man. New York.
HONIGSHEIM, PAUL
(1952) The American Indian in the philosophy of the English and French Enlightement. Osiris 10 : 91 – 108.
HOOK, SIDNEY
(1933) Towards the unterstanding of Karl Marx. A revolutionary interpretation. New York.
HOOTON, E. A.
(1942) Fossil man and the origin of races. AmA 44 : 182 – 193.
([2]1946) Up from the ape. New York.
HORKHEIMER, MAX, und ADORNO, TH. W.
(1947) Dialektik der Aufklärung. Amsterdam.
HOWELLS, WILLIAM
(1962) Ideas on human evolution. Selected essays, 1949 – 1961. Cambridge, Mass.
HOWITT, A. W.
(1889) On the organisation of Australian tribes. Melbourne.
(1904) The native tribes of South-east Australia. London.
HOYME, L. E.
(1953) Physical antrhopology and its instruments. An historical study. SwJA 9 : 408 bis 430.
HOYT, ELIZABETH E.
(1961) Integration of culture: a review of concepts. CA 5 : 407 – 426.

HRDLICKA, ALES
([2]1919) Physical anthropology: Its scope and aims, its history and present status in America. Philadelphia.
HUBERT, RENÉ
(1923) Les sciences sociales dans l'Encyclopédie. Paris.
HUC, E. R.
(1850) Souvenirs d'un voyage dans la Tartarie, le Thibet, et la Chine, pendant les années 1844, 1845, et 1846. 2 Bde. Paris.
HUGHES, CHARLES C.
(1965) Under four flags: Recent culture change among the Eskimos. CA 6 : 3 – 69.
HUIZINGA, JOHAN
(1938, 1956) Homo ludens. Vom Ursprung der Kultur im Spiel. Hamburg.
(1940) Patriotisme et nationalisme in Europeesche geschiedenis tot het ende der 19e eeuw. Haarlem.
(1940) Im Bann der Geschichte. Amsterdam. S. 131 – 212: Wachstum und Formen des nationalen Bewußtseins in Europa bis zum Ende des 19. Jahrhunderts.
Kurt Köster: J. H. (Oberursel 1947, Bibl.).
HUMBOLDT, ALEXANDER V.
([2]1842) Reisen in Amerika und Asien. 4 Bde. Berlin.
K. Bruns: A. v. H., eine wissenschaftliche Biographie. 3 Bde. (Leipzig 1872).
HUMBOLDT, WILHELM V.
(1929) Philosophische Anthropologie und Theorie der Menschenkenntnis. Ed. F. Heinemann. Halle/S. (Darin 1791: Über die Gesetze der Entwicklung der menschlichen Kräfte: 1 – 11. – 1795: Plan einer vergleichenden Anthropologie: 12 – 54.)
(1836 – 1839) Über die Kawi-Sprache, nebst einer Einleitung über die Verschiedenheit des menschlichen Sprachbaus und ihren Einfluß auf die geistige Entwicklung des Menschengeschlechts. 3 Bde. (Abh. Berl. Ak. d. Wiss., 1832.) Berlin.
(1903 – 1933) Gesammelte Schriften. Ed. Pr. Ak. d. Wiss. 15 Bde. Berlin.
(1960ff.) Werke in fünf Bänden. Ed. A. Flitner u. K. Giel. Darmstadt.
(Hunfalvy, Paul) E. N. Setälä: Dem Andenken P. H.'s FUF 10 : 201 – 16 (1910).
HUNT, JAMES
(1863) Opening address to Anthropological Society of London in 1863. Anthr. Rev. of the Anthr. Soc. of London 1863 : 1 – 120.
HUNTER, JOHN
(1775) Disputatio inauguralis quaedam de hominum varietatibus, et harum causis, exponens etc. Edinburgh.
HUSSERL, EDMUND
(1900 – 1901, [3]1922) Logische Untersuchungen. 2 Bde. Halle/S.
(1911, [2]1965) Philosophie als strenge Wissenschaft. Frankfurt a. M.
(1948, [2]1954) Erfahrung und Urteil. Ed. L. Landgrebe. Hamburg.
(1950 – 1966) Gesammelte Werke (Husserliana). Bisher 11 Bde. Den Haag.
(1965) Logique formelle et logique transcendentale. Übers. v. S. Bachelard. Paris.
L. Landgrebe: Der Weg der Phänomenologie (Gütersloh 1963). – A. Diemer, E. H. (Meisenheim [2]1965). – M. Farber: The foundation of phenomenology (New York [2]1962). – E. H. 1859 – 1959. Recueil commémoratif (Phaenomenologica 4, Haag 1959). – H. Spiegelberg: The phenomenological movement, 2 Bde. (Haag [2]1965).
HUXLEY, THOMAS HENRY
(1863) Evidence as to man's place in nature. London.
L. Huxley: Life and letters of T. H. H., 3 Bde. (London [3]1903).

HYADES, P. D. J., und DENIKER, J.
(1891) Mission scientifique du Cap Horn. Tome VII: Anthropologie, ethnographie. Paris.
HYMES, D. H.
(1963) Toward a history of linguistic anthropology. Anthr. Ling. 5/1 : 59 – 103. Indiana.
(Ed., 1964) Language in culture and society. New York.

IBN BATTUTA
([4]1957) Travels in Asia and Africa, 1325 – 1354. Translated and selected by H. A. R. Gibb. London.
IBN CHALDUN
(1958) The Muqaddimah. An introduction to history. Translated from the Arab by Franz Rosenthal. 3 Bde. New York.
(1951) Ausgewählte Abschnitte aus der Muqaddima. Ed. Annemarie Schimmel. Tübingen.
IBN DJUBAIR
(1907) The Travels of ... Ed. M. J. De Goeje. Leiden.
IMBELLONI, JOSÉ
(1936) Epítome de culturología. Buenos Aires.
(Iyer, Anantha Krishna) Nekr. H. E. Kaufmann ZE 69 : 104 (1938). – E. v. Eickstedt ZR 5 : 335 (1937).
JAEGER, WERNER
(1934) Paideia. Die Formung des griechischen Menschen. I. Berlin.
JASPERS, KARL
([3]1925) Psychologie der Weltanschauungen. Berlin.
(1923) Allgemeine Psychopathologie. Berlin.
(1931) Die geistige Situation der Zeit. Berlin.
(1948) Der philosophische Glaube. München: 41 ff.: Der Mensch.
(1949) Vom Ursprung und Ziel der Geschichte. München.
(1955) Schelling. Größe und Verhängnis. München.
JENNESS, DIAMOND
(1932) Indians of Canada. (Nat. Mus. of Canada, Bull. 65.) (Mehrere Neuauflagen.)
JENNINGS, JESSE D. und NORBECK, EDWARD
(Ed., 1964) Prehistoric man in the New World, Chicago.
JENSEN, ADOLF E.
(1948) Das religiöse Weltbild einer frühen Kultur. Stuttgart.
(1951, [2]1960) Mythos und Kult bei Naturvölkern. Wiesbaden.
Festschr. f. A. E. J. (München 1964). – Nekr. Paid 11 : 1 – 7 (1965).
JERVIS, G.
(1962) Il tarantismo pugliese. Il Lavoro Neuropsichiatrico 30 : 297 – 360.
JETTMAR, KARL
(1957) Urgeschichte Innerasiens (Asiatischer Steppengürtel und Sibirien). In: Abriß der Weltgeschichte. – Abriß der Vorgeschichte. München: 150 – 61.
(1962) s. Paulson-Hultkrantz-Jettmar.
(1964) Die frühen Steppenvölker. Der eurasiatische Tierstil. Entstehung und sozialer Hintergrund. Baden-Baden.
(1966a) Sibirien und der asiatische Steppengürtel. In: (Alimen, M.-H. und Steve, M.-J.): Fischers Weltgeschichte, Bd. I: Vorgeschichte. Frankfurt a. M.: 281 – 91.
(1966b) Die Entstehung der Reiternomaden. Saeculum 17 : 1 – 11.
JÖCHER, C. G.
(1750 – 1897) Allgemeines Gelehrtenlexikon. 4 Bde., 7 Erg.-Bde. Leipzig und Bremen. (Neudr. Hildesheim 1960 – 1961.)

JOHANNSEN, E.
(1925) Mysterien eines Bantu-Volkes. Leipzig.
JOHANSEN, PAUL
(1963) Nationale Vorurteile und Minderwertigkeitsgefühle als sozialer Faktor im mittelalterlichen Livland. In: Alteuropa und die moderne Gesellschaft. Festschr. Otto Brunner. Göttingen: 88 – 115.
JOHNSON, CHARLES SPURGEON
(1930) The Negro in American Civilization. New York.
JONAS, HANS
(1954, [3]1964) Gnosis und spätantiker Geist. I: Die mythologische Gnosis. – II: Von der Mythologie zur mystischen Philosophie. Göttingen.
(1963) Zwischen Nichts und Ewigkeit. Drei Aufsätze zur Lehre vom Menschen. Göttingen.
JONES, ERNEST
(1924) Psycho-Analysis and anthropology. JRAI 54 : 47 – 66.
(1960 – 1962) Das Leben und Werk von Sigmund Freud. 3 Bde. Bern.
JORDAN, PASCUAL
(1943) Die Physik des 20. Jahrhunderts. Braunschweig.
JUNG, CARL GUSTAV
(1940) Psychologie und Religion. Zürich.
(1946) Aufsätze zur Zeitgeschichte. Zürich.
(1944ff.) Gesammelte Werke. Zürich.
JUNG, CARL GUSTAV, und KERÉNYI, KARL
(1941) Einführung in das Wesen der Mythologie. Leipzig.
JUNGHUHN, FRANZ WILHELM
(1847) Die Battaländer und Sumatra. 2 Bde.
(1852 – 1854) Java. 3 Bde.

KAEGI, WERNER
(1947 – 1967) Jacob Burckhardt. Eine Biographie. (Bish. 4 Bde.) Basel.
KAEMPFER, ENGELBERT
(1712) Amoenitatum exoticarum politico-physico-medicarum fasciculi 5. Lemgo.
(1777) Geschichte und Beschreibung von Japan. Nach der Lamgoer Hdschr. ed. C. W. v. Dohm. (Neudruck m. e. Einf. v. H. Beck, 2 Bde., 1965.)
G. H. Klövekorn: Ärzte auf Forschungsreisen: E. K. (ed. i. A. Bayer-Farbenfabriken, Pharm.-wiss. Abt., Leverkusen). Beil. z. Therap. Ber., 1. Folge (1952). – K. Meier-Lemgo: Die Briefe E. K.'s. Abh. Ak. Wiss. u. Lit., Geistes- u. sozialwiss. Kl. 1965 (Wiesbaden 1965). – Ders.: E. K. (Hamburg [2]1960).
KAGAROV, EUGEN
(1932) Die Ethnographie der fremden Völker in der Sowjet-Union. Leningrad. (Russisch.)
KAINZ, FRIEDRICH
(1943 – 1965) Psychologie der Sprache. Bisher 5 Bde. Stuttgart.
KANT, IMMANUEL
(1775) Von den verschiedenen Rassen der Menschen. (Auch in: Werke in sechs Bänden, ed. W. Weischedel. VI : 11 – 30. Darmstadt 1964.)
(1785) Bestimmung des Begriffs einer Menschenrasse. (Auch in: Werke in sechs Bänden, ed. W. Weischedel. VI : 65 – 82. Darmstadt 1964. – Werke e. E. Cassirer. IV : 223 ff. Berlin 1922.)
(1786) Mutmaßlicher Anfang der Menschengeschichte. (Auch in : Werke in sechs Bänden. Ed. W. Weischedel. V : 85 – 102. – Werke ed. E. Cassirer. IV : 325 ff. Berlin 1922.)

(1788) Über den Gebrauch teleologischer Prinzipien in der Philosophie. (Auch in: Werke in sechs Bänden. Ed. W. Weischedel. V : 139 – 170. – Werke ed. E. Cassirer. IV : 487 ff. Berlin 1922.)
(1798, [2]1800) Anthropologie in pragmatischer Hinsicht. (Auch in: Werke in sechs Bänden. Ed. W. Weischedel. VI : 393 – 690. Darmstadt 1964.)
(1963) Kritik der Urteilskraft. (1. Druck 1790.) Ed. K. Vorländer. Hamburg.
Ch. Girtanner: Über das Kantische Prinzip für Naturgeschichte (Göttingen 1796). – Th. Elsenhans: Kants Rassentheorie und ihre bleibende Bedeutung (Leipzig 1904). – Georg Gerland: I. K., seine geographischen und anthropologischen Arbeiten (Berlin 1906).

KARDINER, ABRAM, und LINTON, RALPH
(1955) The individual and his society. New York.
(1959) The psychological frontiers of society. New York.

KARDINER, A., und PREBLE, EDWARD
(1963) They studied man. New York.

KARPF, FAY, B.
(1933) American social psychology. New York.

KARSTEN, RAFAEL
(1926) The civilisation of South American Indians. London.
(1935) The head-hunters of Western Amazonas. Helsingfors.
(1955) The religion of the Samek. Leiden.

(ten Kate, Herman Frederik Carel) Nekr. AmA 33 : 415 – 18 (1931, Bibl.). – P. Rivet: H. F. C. ten Kate. JSAm 23 : 236 – 42 (1931, Bibl.).

(Kaudern, Walter) Nekr. Etnologiska Studier 12 – 13 : 305 – 330 (1941).

KAUFMANN, FRITZ
([2]1958) Cassirer, Neo-Kantianism, and Phenomenology. In: (Schilpp, P. A.:) The philosophy of Ernst Cassirer. New York: 799 – 854.

KEANE, A. H.
(1880) Monograph on the relations of Indo-Chinese and Inter-Oceanic races and languages. London.
(1896) Ethnology. Cambridge.
(1899, [2]1920) Man, past and present. Cambridge.

KEITH, SIR ARTHUR
(1916, [2]1925) The antiquity of man. London.
(1919) The differentiation of mankind into racial types. Bournemouth.
(1922) Evolution and human races in the light of the hormone theory. Bull. Johns Hopkins Hosp.
(1928) The evolution of human races. JRAI 58 : 305 – 321.
(1948) A new theory of human evolution. London.
Nekr. Man 1956 : 131.

KENNEDY, R.
(1954) Bibliography of Indonesian peoples and cultures. YAS IV. New Haven, Conn.

KERN, FRITZ
(1952) Geschichte und Entwicklung. Bern.
Nekr. Anthr. 47 : 666 f. (1952).

KERN, HANS
(1927) Friedrich Nietzsche und die romantischen Theorien des Unbewußten. Zs. f. Menschenk. 3 : 1 – 11, 107 – 116, 174 – 181.

KERN, JOHAN HENDRIK CASPAR
(1886) De Fidjitaal vergeleken met hare verwanten in Indonesie en Polynesie. Amsterdam.

KING, J. H.
(1892) The supernatural, its origin, nature and evolution. 2 Bde. London.
KIRKPATRICK, E. A.
(1932) The sciences of man in the making. An orientation book. New York.
KIRN, PAUL
(1955) Das Bild des Menschen in der Geschichtschreibung von Polybios bis Ranke. Göttingen.
(Klaatsch, Hermann) Nekr. Eugen Fischer ZE 47 : 385 – 390 (1915).
KLAGES, LUDWIG
(1926, [3]1958) Die psychologischen Errungenschaften Nietzsches. Leipzig bzw. Bonn.
(1929 – 1932) Der Geist als Widersacher der Seele. 3 Bde. Leipzig.
KLAPROTH, HEINRICH JULIUS
(1823a, 1831) Asia polyglotta. Paris.
(1823b) Voyage ou Mont Caucase et en Géorgie. 2 Bde. Paris.
(1827) Der Kaukasus. Hertha, Zs. f. Erd-, Völker- und Staatenkunde 10 : 3 – 7, 103 bis 154.
(1826 – 1828) Mémoires relatifs à l'Asie. 3 Bde. Paris.
KLEMM, GUSTAV
(1843 – 1852) Allgemeine Kulturgeschichte der Menschheit. 10 Bde. Leipzig.
Vgl. Heydrich.
KLUCKHOHN, CLYDE
(1945) The personal document in anthropological science. In: (Gottschalk, L., Kluckhohn, C. u. Angell R.:) Social Science Research Council Bull. 53 : 79 – 173.
(1951) Spiegel der Menschheit. Zürich.
(1953) Universal categories of culture. In: (Kroeber, A. L :) Anthropology today. Chicago: 507 – 523.
(1961) Anthropology and the classics. Princeton.
(1962) Culture and behavior. New York.
Nekr. AmA 64 : 140 – 161 (1962).
KLÜPFEL, K.
(1966) N. Federmanns und H. Stadens Reisen in Südamerika 1529 – 1555. (1. Druck 1859.) Bibl. d. literarischen Vereins in Stuttgart 47.
KNOX, ROBERT
(1850) The races of men, a philosophical inquiry into the influence of race over the destiny of nation. London.
KOCH, JOSEPH
(1931) Sind die Pygmäen Menschen? Ein Kapitel aus der philosophischen Anthropologie der mittelalterlichen Scholastik. Arch. f. Gesch. d. Philos. 40 : 194 – 213.
KOCH-GRÜNBERG, THEODOR
(1911 – 1928) Vom Roroima zum Orinoco. 5 Bde. Stuttgart.
Nekr. M. Gusinde Anthr. 20 : 316 ff., 702 ff. (1925).
KÖHLER, WOLFGANG
([2]1921) Intelligenzprüfungen an Menschenaffen. Berlin.
KOENIGSWALD, G. H. R. v.
(Ed. 1958) Hundert Jahre Neandertaler 1856 – 1956.
(1965) Begegnungen mit dem Vormenschen. München.
KÖRNINGH, J. F.
(1956) Berättelse om e missionsresa till Lappland 1659 – 1660. (Acta Lapponica IX/1.) Uppsala.
KOHLER, JOSEF
(Ed., 1878ff.) Zeitschrift für vergleichende Rechtswissenschaft.

(1897) Zur Urgeschichte der Ehe. Totemismus, Gruppenehe, Mutterrecht. Stuttgart.
(Koppers, Wilhelm) Nekr. Anthr. 56 : 721 – 736 (1961).
KORFF, H. A.
([2]1954 – 1956) Geist der Goethezeit. 4 Bde. Leipzig.
KOVALEVSKIJ, M. M.
(1890) Tableaux des origines de l'évolution de la famille, et de la propriété. Stockholm.
(1910) Soziologie. 2 Bde. Petersburg. (Russisch.)
J. F. Hecker: Russian sociology (London [2]1934).
KOYRÉ, ALEXANDRE
(1961) Étude d'histoire de la pensée philosophique. Paris.
KRASCHENINNIKOV, S.
(1766) Beschreibung des Landes Kamtschatka. Lemgo.
KRAUSE, FRITZ
(1924) Das Wirtschaftsleben der Völker. Breslau.
(1929) Kulturwandel und Volkstum. MAW 59 : 247 – 265.
KRETSCHMER, ERNST
(1921, [23-24]1961) Körperbau und Charakter. Berlin.
([4]1930) Medizinische Psychologie. Leipzig.
([5]1958) Geniale Menschen. Berlin.
Nekr. Homo 15 : 64 (kurze Bibl.).
KRETSCHMER, KONRAD
(s. d.) Geschichte der geographischen Wissenschaft. In: Handbuch der geographischen Wissenschaft, ed. F. Klute. Allg. Geographie I. Potsdam.
KRICKEBERG, WALTER
(1939) Amerika. In: (Bernatzik, H. A.:) Die große Völkerkunde. Bd. III. Leipzig.
Nekr. Paid. 9 : 79 – 81 (1963).
KRIEGER, HEINRICH
(1936) Das Rassenrecht in den Vereinigten Staaten. Berlin.
KROEBER, ALFRED LOUIS
(1923, [2]1948) Anthropology. New York.
(Ed., 1925) Handbook of the Indians of California. Bull. 78, BAE. Washington, D. C.
(1935) History and science in anthropology. AmA 37 : 539 – 569.
(1939) Cultural and natural areas of native North America. UCPAAE 38. Berkeley.
(1944) Configurations of culture growth. Berkeley, Cal.
(1952) The nature of culture. Chicago.
(Ed., 1953) Anthropology today. Chicago.
(1955) History of anthropological thought. In: (Thomas, W. L.:) Yearbook of anthropology (New York): 293 – 311.
Essays in honor of A. L. K. (Berkeley 1936). – Nekr. Julian H. Steward AmA 63 : 1038 – 1087 (1961, Bibl.). – Man 1961 : 133.
KROPOTKIN, P. A.
(1902) Mutual aid, a factor of evolution. London.
P. A. K.: Memoiren eines Revolutionärs. 2 Bde. (Stuttgart [4]1907).
KROUPIANSKAJA, V., POTAPOV, L., und TERENTIEVA, L.
(1960) Problèmes essentiels de l'étude ethnographique des peuples de l'URSS. Moskau.
KRUEGER, FELIX
(1915) Über Entwicklungspsychologie, ihre sachliche und geschichtliche Notwendigkeit. Leipzig.
A. Wellek: Die Wiederherstellung der Seelenwissenschaft im Lebenswerk F. K.'s. (Hamburg 1950).

LA BARRE, WESTON
(1954) The human animal. Chicago.
(1958) The influence of Freud on anthropology. The Am. Imago 15 : 275 – 328.
(1964) Paralinguistics, kinesics, and cultural anthropology. In: (Sebeok, T. A., Hayes, A. S. u. Bateson, M. C.:) Approaches to Semiotics. Haag: 191 – 220.
LAFITAU, JOSEPH FRANÇOIS, S. J.
(1724) Mœurs des sauvages Amériquains, comparées aux mœurs des premiers temps. 2 Bde. Paris.
W. E. Mühlmann: Methodik der Völkerkunde (Stuttgart 1938): 20 ff. – Ders.: Rassen, Ethnien, Kulturen (Neuwied 1964): 217 ff.
LAHONTAN, LOUIS ARMAND DE
(1703) Nouveaux voyages . . . dans l'Amérique septentrionale. La Haye.
LAMARCK, JEAN-BAPTISTE ANTOINE DE
(1809) Philosophie zoologique. Paris.
LAMPRECHT, KARL
(1896) Alte und neue Richtungen in der Geschichtswissenschaft. Berlin.
(1905) Moderne Geschichtswissenschaft. Freiburg i. Br.
(1909) Zur universalgeschichtlichen Methodenbildung. Abh. Phil.-hist. Kl. Sächs. Ak. d. Wiss. 27 : 33 – 63.
(1912) Einführung in das historische Denken. Leipzig.
($^{4-6}$1920 – 1923) Deutsche Geschichte.
LANDGREBE, LUDWIG
(1963) Der Weg der Phänomenologie. Das Problem einer ursprünglichen Erfahrung. Gütersloh.
LANDMANN, MICHAEL
(1955, ^{2}1964) Philosophische Anthropologie. Menschliche Selbstdeutung in Geschichte und Gegenwart. Berlin.
LANDSBERG, PAUL L.
(1934, ^{2}1960) Einführung in die philosophische Anthropologie. Frankfurt a. M.
LANDTMAN, GUNNAR
(1927) The Kiwai Papuans of British New Guinea. London.
LANG, ANDREW
(1884) Custom and myth. London.
(1887) Myth, ritual, and religion. London.
(1898) The making of religion. London.
LANG, IRMGARD
(1955) Die Rassenverhältnisse Brasiliens. Eine soziologische und sozialgeschichtliche Untersuchung. (Phil. Diss. Mainz.)
LANGE-EICHBAUM, WILHELM
(1928, ^{3}1942) Genie, Irrsinn und Ruhm. München.
W. E. Mühlmann: Homo creator (Wiesbaden 1962): 60 – 69.
LANGSDORFF, H. G.
(1812) Bemerkungen auf einer Reise um die Welt in den Jahren 1803 – 1807. Frankfurt a. M.
(LANTERNARI, V.)
(1966) Il sogno e la civiltà umane. Introduzione di . . . Bari.
LAPOUGE s. VACHER DE LAPOUGE
LAS-CASAS, BARTOLOME DE
(1909) Historia apologética de las Indias. Madrid.
(1951) Historia de las Indias. 3 Bde. Mexiko. (Um die Mitte des 16. Jh. geschrieben, zahlr. lat. Auflagen.)

B. Becerra de Léon: Bibliografia de L. C. (La Habana 1949). – L. Hanke: B. de L. C. (Den Haag 1951).

LASSWELL, HAROLD D.
(1930) Psychopathology and politics. Chicago.
(Laufer, Berthold) Nekr. AmA 38 : 101 – 11 (1936, Bibl.).

LAWRENCE, WILLIAM
(1816) An introduction to comparative anatomy and physiology. London.
(1819 – 1822) Lectures on physiology, zoology, and the natural history of man. 2 Bde. London.

LAZARUS, MORITZ
(Ed., 1860 – 1890, zusammen mit H. Steinthal) Zeitschrift für Völkerpsychologie und Sprachwissenschaft. Berlin.

LEACH, E. R.
(1958) Rez. Radcliffe-Brown: „A natural history of society", und S. Nadel: „The theory of social structure". Man 1958 : 178.

LE BON, GUSTAVE
(1894) Les lois psychologiques d l'évolution des peuples. Paris.
(1895) Psychologie des foules. Paris.

LEBZELTER, VIKTOR
(1934) Eingeborenen-Kulturen in Südwest- und Südafrika. Leipzig.
Nekr. P. Wilhelm Schmidt Anthr. 32 : 271 – 75 (1937).

LE COMTE, LOUIS, S. J.
(1696 – 1701) Nouveaux mémoires sur l'état présent de la Chine. (1762 auf Einspruch der theol. Fakultät Paris und der Kurie in Rom durch das Parlament verbrannt.) 2 Bde. Amsterdam.

LEDEBOUR, C. F. v.
(1829 – 1830) Reise durch das Altai-Gebirge. 2 Bde. Berlin.

LEENHARDT, MAURICE
(1949) Les Carnets de Lucien Lévy-Bruhl. CIS 6 : 28 – 42.

LEEUW, GERARDUS VAN DER
(1933) Phänomenologie der Religion. Tübingen.

LEHMANN, FRIEDRICH RUDOLF
(1922) Mana. Der Begriff des „außerordentlich Wirkungsvollen" bei Südseevölkern. Leipzig.
(1930) Die polynesischen Tabusitten. Leipzig.
(1936) Die Herausbildung des Führertums auf niederen Stufen der Kultur. BA 19 : 63 – 77.
(Lehmann, Walter) Nekr. G. Kutscher AA 25 : 140 – 49 (1939, Bibl.).

LEHMANN-NITSCHE, ROBERT
(1907) Nouvelles recherches sur la formation pampéenne et l'homme fossile de la République Argentine. Rev. Mus. La Plata 14 : 143 – 488.
(1911) Adivinianzas Rioplatenses. Folklore Argentino No. I. Buenos Aires.
(1939) Studien zur südamerikanischen Mythologie. Die ätiologischen Motive. Hamburg.
Nekr. E. H. Snethlage AA 24 : 275 – 278 (1938).

LEIBNIZ, G. W.
(1710) Brevis designatio de originibus gentium, ductis potissimum ex indicio linguarum. (Miscellanea Berolinensia, ed. Berliner Akademie.)
(1712) Denkschrift an Zar Peter d. Gr. über „die Untersuchung der Sprachen in dem Czarischen Reich und angrenzenden Landen und die Beobachtung des Magnets in denselbigen."
(1717) Collectanea etymologica. Hannover.
(1838 – 1840) Deutsche Schriften, Ed. G. E. Grubauer. 2 Bde. Berlin.

(1843 – 1847) Historische Schriften. Hannover.
(1924ff.) Sämtliche Schriften und Briefe. Ed. Pr. Ak. d. Wiss.
LEITHÄUSER, JOACHIM G.
(1962) Ufer hinter dem Horizont. Die großen Entdecker der Erde. Berlin.
LELEWEL, J.
(1845 – 1857, ²1966) Géographie du Moyen-âge. 5 Bde., Atlas. Amsterdam.
LENZ, FRITZ
(1912) Über die krankhaften Erbanlagen des Mannes und die Bestimmung des Geschlechts beim Menschen. Jena.
(1921) Menschliche Auslese und Rassenhygiene (s. Baur-Fischer-Lenz).
(1941) Über Wege und Irrwege rassenkundlicher Untersuchungen. ZMA 39 : 385 – 413.
(1942) Noch einmal die Irrwege bei rassenkundlichen Untersuchungen. ZMA 40 : 185 bis 187.
(1944) Zur Problematik der psychologischen Erbforschung und der Lehre vom Schichtenbau der Seele. ARGB 37 : 6 – 21.
Bibl. Homo 3 : 2 – 4 (1952). – P. E. Becker: Anthr. Anz. 21 : 84 – 90 (1957).
LEON, NICOLAS
(1919) Historia de Anthropologia Fisica en Mexico. 2 : 229 – 264. AmJr. PhAnthr.
LEON-PORTILLA, M., und HEURER, R.
(1962) Rückkehr der Götter. Aufzeichnungen der Azteken über den Untergang ihres Reiches. Köln.
LEPSIUS, R.
(1880) Nubische Grammatik, mit einer Einleitung über die Völker und Sprachen Afrikas. Berlin.
LEROY, OLIVIER
(1927) La raison primitive. Paris.
LESER, PAUL
(1963) Zur Geschichte des Wortes Kulturkreis. Anthr. 58 : 1 – 36.
LESSON, PIERRE-ADOLPHE
(1880 – 1884) Les Polynesiens, leur origine, leurs migration. 4 Bde. Paris.
LETOURNEAU, CHARLES JEAN MARIE
(1880) La Sociologie d'après l'ethnographie. Paris.
(1890) L'évolution politique dans les diverses races humaines. Paris.
(1895) La guerre dans les diverses races humaines. Paris.
(1899) La monnaie chez les races de couleur. Bull. Soc. d'Anthrop. de Paris Vol. X, Series IV. Paris.
(1901) La psychologie ethnique. Paris.
LEVAILLANT, FRANÇOIS
(1780) Voyage de M. le Vaillant dans l'interieur de l'Afrique, (1780 – 1785). 2 Bde. Paris.
LÉVI-STRAUSS, CLAUDE
(1949) Les structures élémentaires de la parenté. Paris.
(1958) Anthropologie structurale. Paris.
(1962) La pensée sauvage. Paris.
LÉVY-BRUHL, LUCIEN
(1910) Les fonctions mentales dans les sociétés inferieures. Paris.
(1912) La mentalité primitive. Paris.
(1927) L'âme primitive. Paris.
(1931) Le surnaturel et la nature dans la mentalité primitive. Paris.
(1949) Les Carnets de . . . Paris. (S. a. Leenhardt.)
LEYBURN, JAMES G.
(1931) Handbook of Ethnography. New Haven.

LILIENFELD, PAUL V.
(1873 – 1881) Gedanken über die Sozialwissenschaft der Zukunft. 5 Bde. Rudolstadt.
(1898) Zur Verteidigung der organischen Methode in der Soziologie. Berlin.
LINCOLN, JACKSON STEWARD
(1935) The dream in primitive cultures. London.
LINDNER, GUSTAV ADOLPH
(1871) Ideen zur Psychologie der Gesellschaft, als Grundlage der Sozialwissenschaft. Wien.
LINNAEUS, CAROLUS
(1735) Systema naturae sive regna tria naturae. Leiden.
LINSCHOTEN, JOHANNES
(1961) Auf dem Wege zu einer phänomenologischen Psychologie. Die Psychologie von William James. Berlin.
LINTON, RALPH
(1936) The Study of Man. New York.
(Ed., 1945) The science of man in the world crisis. New York.
Nekr. J. Gillin AmA 56 : 274 (1954).
LIPPS, HANS
(1927 – 1928) Untersuchungen zur Phänomenologie der Erkenntnis. Bonn.
(1941) Die menschliche Natur. Frankfurt a. M.
(²1958) Die Verbindlichkeit der Sprache. Frankfurt a. M.
LIVINGSTONE, DAVID
(1857) Missionary Travels and Researches in South Africa. London.
(1859) Missionary Travels and Researches in South Africa. 2 Bde.
(1865) Narrative of an expedition in the Zambesi.
(1874) The last journals of in Central-Africa.
LOGAN, J. R.
(1847) The Orang Binua of Johore. Jr. Ind. Archipel. E. Asia, 1 : 242 – 293. Singapore.
(LÖNNROT, ELIAS)
(1835) Kalevala taikka vanhoja Karjalan runoja Suomen kansan muinosista ajoista. (Suomalaisen Kirjallisuuden Seuran Toimituksia.) Helsinki.
LÖWITH, KARL
(²1956) Nietzsches Philosophie der ewigen Wiederkehr des Gleichen. Stuttgart.
LONG, JOHN
(1791) Voyages and Travels of an Indian Interpreter and Trader, describing the manners and customs of the North American Indians. London.
LORENZ, KONRAD
(1954) Psychologie und Stammesgeschichte. In: (Heberer, Gerhard:) Die Evolution der Organismen. Stuttgart 1954. S. 131 – 172.
(⁴1964) Das sogenannte Böse. Zur Naturgeschichte der Aggression. Wien.
(1965 – 1966) Über tierisches und menschliches Verhalten. Aus dem Werdegang der Verhaltenslehre. Gesammelte Abhandlungen. 2 Bde. München.
LOVEJOY, ARTHUR O., und BOAS, GEORGE
(Ed. 1935) Primitivism and related ideas in antiquity. Bd. I: A documentary history of primitivism and related ideas. Baltimore.
LOWELL, ABBOTT LAWRENCE
(1923) Public Opinion in War and Peace. Cambridge.
LOWIE, ROBERT H.
(1912) On the Principle of Convergence in Ethnology. Jr. Am. Folk-Lore 25 : 24 – 42.
(1920) Primitive Society. New York.
(1922) Primitive Religion. New York.

(1927) The Origin of the State. New York.
(1934) An Introduction to Cultural Anthropology. New York.
(1937) [8]1960. The History of Ethnological Theory. New York.
(1948) Social Organization. New York.
(1956) Reminiscences of anthropological currents in America half a century ago. AA 58 : 995 – 1014.
Nekr. P. Radin AmA 60 : 358 – 75 (Bibl., 1958). – Man 1962 : 143. – RMP 11 : 241 ff. (1959).

LUBBOCK, JOHN
(1865) Prehistoric Times. London.
(1870) The Origin of Civilisation and the Condition of Man. London.

LUMLEY, FREDERIC ELMORE
(1925) Means of Social Control. New York, London.

LUSCHAN, FELIX v.
(1918) Zusammenhänge und Konvergenz. MAGW 18 : 1 – 117.
Nekr. ZE 56 112: ff. (1924, H. Virchow). – H. Grimm: Neue kleine Beiträge zur Kenntnis des Lebens und Wirkens F. v. L.'s. Forsch. u. Fortschr. 39 : 362 – 366 (1965).

LYND, ROBERT S., und LYND, HELENE M.
(1929) Middle Town, a study in contemporary American Culture. New York.

MAIER, HEINRICH
(1908) Psychologie des emotionalen Denkens. Tübingen.

MAINE, HENRY
(1861) Ancient Law. London.

MAJUMDAR, D. N.
(1937) A tribe in transition. Calcutta.
([4]1961) Races and cultures of India. Bombay.
Indian anthropology. Essays in memory of D. N. M., ed. T. N. Madan u. G. Sarana (London 1962).

MALINOWSKI, BRONISLAW
(1922) Argonauts of the Western Pacific. London.
(1924) Mutterrechtliche Familie und Oedipus-Komplex. Imago 10 : 228 ff.
(1925) Forschungen in einer mutterrechtlichen Gemeinschaft. ZVS I : 45 - 53, 278 – 284.
(1926) Crime and Custom in Savage Society. London.
(1927) Sex and Repression in Savage Society. London.
(1929) The Sexual Life of Savages in North-Western Melanesia. London.
(1936) The foundations of faith and morals. An anthropological analysis of primitive beliefs and conduct with special reference to the fundamental problems of religion and ethics. (Riddell Memorial Lectures 7th series 1934 – 1935, University of Durham). Oxford University Press, London.
Nekr. AmA 45 : 441 – 51 (Bibl., 1943). – (R. Firth:) Man and Culture. An evaluation of the work of B. M. (London [2]1959).

MALTHUS, THOMAS ROBERT
(1798) An Essay on the Principle of Population. Nachgedr.: London 1926. (Faksimile)

MANGOLD, EWALD K. B.
(1937) Frankreich und der Rassengedanke. München.

MANNHEIM, KARL
([3]1952) Ideologie und Utopie. Frankfurt a. M.

MANOUVRIER, LÉONCE
(1890) Classification naturelle des sciences. (Ass. Franç. Avanc. Sci. Compte rendu, 2). Paris.

MANTEGAZZA, PAUL
(s. d.) Die Physiologie des Hasses. Einzig autorisierte deutsche Ausgabe. A. d. Ital. v. R. Teuscher. Jena.
MARETT, ROBERT RANULPH
(1909) The Threshold of Religion. London.
(Ed., 1910) Die Anthropologie und die Klassiker. Heidelberg.
(1934) The Growth and Tendency of Anthropological and Ethnological Studies. (Congr. Intern. des Sciences Anthr. et. Ethnol.) London. Pp. 39 – 43.
MARINUS, A.
(1934) Ethnographie, Folklore et Archéologie en Russie soviétique. Bruxelles.
MARKHAM, CLEMENTS R.
(1873) Report by Polo de Ondegardo. London.
MARQUART, JOSEF
(1903) Osteuropäische und ostasiatische Streifzüge. Ethnologische und historisch-topographische Studien zur Geschichte des 9. und 10. Jahrhunderts. Leipzig.
MARR, N.
(1923) Der japhetitische Kaukasus und das dritte ethnische Element im Bildungsprozeß der mittelländischen Kultur. Übers. v. F. Braun. (Japhetitische Studien zur Sprache und Kultur Eurasiens, 2.) Leipzig.
MARTIN, EVERETT DEAN
(1920) The Behavior of Crowds. A psychological study. New York, London.
MARTIN, RUDOLF
(1914, ²1928) Lehrbuch der Anthropologie.
(1957 – 1966) Lehrbuch der Anthropologie. 3. völlig umgearbeitete und erweiterte Auflage ed. K. Saller. 4 Bde.
Nekr. AmA 28 : 414 ff. (1926).
MARTINO, ERNESTO DE
(1941) Naturalismo e storicismo nell' etnologia. Bari.
(1942) Religionsethnologie und Historizismus. Paid. 2 : 178 – 196.
(1961) La terra del rimorso. Milano.
MARTIUS, C. F. P. v.
(1867) Zur Ethnographie Amerikas, zumal Brasiliens. Leipzig.
MARTYR, PETRUS
(1933) De rebus oceanis et orbre novo decades tres. Basel.
(1892) De Orbe Novo ... Nevades Octo. Ed. J. Torrés Asensio. Madrid.
MASON, OTIS TUFTON
(1895) The Origins of Invention. London.
Nekr. AmA 10 : 661 ff. (Bibl., 1908).
MASPÉRO, HENRI
(1911) Contributions à l'étude du système phonétique des langues Thai. Bull. de l'Ecole Française d'Extrême-Orient 11 : 153 – 169. Hanoi.
MAS'UDI, MANUEL: in: MEHRENS, A. F.
(1874) Mas'ûdî, manuel de cosmographie. (Transl.) Kopenhagen.
(MASUOKA, JITZNICHI, und VALIEN, PRESTON)
(1961) Race Relations. Problems and Theory. Essays in Honor of Robert E. Park. Chapel Hill, N. C.
MATHIASSEN, THERKEL
(1927) Archaeology of the Central Eskimos. 2 Bde. I: Descriptive part. II: The Thule culture and its position within the Eskimo culture. (= Rep. 5th Thule Exp. IV). Kopenhagen.

(1928) Material culture of the Iglulik Eskimos. (= Rep. 5th Thule Exp. VI/1.) Kopenhagen.
(1930) The question of the origin of Eskimo culture. AmA 32 : 591 – 607.
(1930) Archaeological Collections from the Western Eskimos. (Rep, of the 5th Thule Exp. 10/1.) Kopenhagen.
(1933) Contributions to the Geography of Baffinland and Melville Peninsula. Rep. 5th Thule Exp. 1921 – 1924, Vol. I/3. Kopenhagen.

MAUDUIT, J. A.
(1960) Manuel d'Ethnographie. Paris.

MAUNIER, RENÉ
(1926) La construction collective de la maison en Kabylie. Paris.
(1929) Introduction à la sociologie. Paris.
(1938) Introduction au folklore juridique. Paris.

MAUPERTUIS, P. L. M. DE
(1768) Oeuvres. 4 Bde. Lyon.

MAUS, HEINZ
(1956) Geschichte der Soziologie. In: Handbuch der Soziologie, ed. W. Ziegenfuss, Stuttgart: 1 – 120.

MAUSS, MARCEL
(1904) L'origine des pouvoirs magiques dans les sociétés australiennes. Paris.
(1925) Sur un texte de Posidonius: Le suicide, contre prestation suprême. Revue Celtique 42 : 324 – 329.
(1950) Sociologie et Anthropologie. Paris.
Leacock, S.: The Ethnological Theory of M. M. AmA 56 : 58 – 73. (Bibl., 1954).

MCDOUGALL, WILLIAM
(1908) An Introduction to Social Psychology. London.

MCILWRAITH, T. F.
(1949) Anthropology. One Hundred Years of Science in Canada. Roy. Can. Inst. Centennial Vol., 1849 – 1949. Toronto.

MCLENNAN, JOHN FERGUSON
(1865) Primitive Marriage. An inquiry into the origin of the form of capture in marriage ceremonies. Edinburgh.
(1876) Studies in Ancient History. London.

MCLEOD, WILLIAM CHRISTIE
(1931) The Origin and History of Politics. New York.

MEAD, GEORGE H.
(1952) Mind, Self and Society. From the Standpoint of a social Behaviorist. Chicago.

MEAD, MARGARET
(1928) Coming of Age in Samoa; a psychological study in primitive youth for western civilisation. New York.
(1930) Growing up in New Guinea. (Neudr. Melbourne 1954.)

(MEILLET, ANTOINE und COHEN, MARCEL)
(1924) Les langues du monde. Paris.

MEINECKE, FRIEDRICH
(1936, ²1959) Die Entstehung des Historismus. München.

MEINERS, CHRISTOPH
(1785) Grundriß der Geschichte der Menschheit. Lemgo.
(1787 – 1792) Artikel in Göttingisches Historisches Magazin und Neues Göttingisches Historisches Magazin, ed. C. Meiners und L. T. Spittler. Hannover. Bibl. bei Ihle 1931 : 148 ff.

Alexander Ihle: Christoph Meiners und die Völkerkunde. (Göttingen 1931). Mit vollständiger Bibliographie.

MEINHOF, CARL
(1906) Grundzüge einer Grammatik der Bantusprachen. Berlin.
(1912) Die Sprachen der Hamiten. (Abh. d. Hamb. Kolonialinst. IX, Reihe B, Bd. 6.) Hamburg.

MENDEL, GREGOR
(1865) Versuche über Pflanzenhybriden. Verh. Naturf. Ver. in Brünn, 10.
([6]1940) Versuche über Pflanzenhybriden. Ed. E. Tschermak v. Seysenegg.
Krumbiegel, I.: Gregor Mendel und das Schicksal seiner Entdeckung. Stuttgart 1957).

MENGHIN, OSWALD
(1931) Weltgeschichte der Steinzeit. Wien.

MENZEL, ADOLF
(1936) Griechische Soziologie. (Sitz.-Ber. Ak. d. Wiss. Wien, Phil.-hist. KC., 216. Bd., 1. Abh.) Wien, Leipzig.

MERLEAU-PONTY, MAURICE
(1966) Phänomenologie der Wahrnehmung. Berlin.

MÉTRAUX, ALFRED
(1928) La civilisation matérielle des tribus Tupi-Guarani. Paris.
Nekr. AmA 66 : 603 ff. (1964).

MEYER, EDUARD
(1910) Kleine Schriften. Berlin.
([6]1953) Geschichte des Altertums. I. Band, 1. Hälfte. Einleitung. Elemente der Anthropologie. Darmstadt.

MICHEL, ERNST FRIEDRICH
(1915) Die anthropo-geographischen Anschauungen Montesquieus. (Diss. Heidelberg.) Bensheim.

MICHELIS, ENRICO DE
(1933) Su i problemi e i prozessi dell' etnogenese. Scientia 54 : 335 – 351.

MICHELS, ROBERT
(1926) Soziologie als Gesellschaftswissenschaft. Berlin.

MIDDENDORF, A. TH. V.
(1851) Reisen in den äußersten Norden und Osten Sibiriens. St. Petersburg.
(1848 – 1875) Sibirische Reise. 4 Bde. St. Petersburg.

MILLER, HERBERT A.
(1924) Races, Nations and Classes. Philadelphia.
(1933) The Beginnings of To-morrow. An introduction to the sociology of the Great Society. Boston.

MIROGLIO, ABEL
(1958) La psychologie des peuples. Paris.
(Ed., 1946ff.) Revue de psychologie des peuples. Le Havre (Bis 1966. 22 Bde.).

MISCH, GEORG
(1930) Lebensphilosophie und Phänomenologie.
(1949[3] – 1962) Geschichte der Autobiographie. Bisher 3 Bde. (in 6 Bänden).

MITRA, PANCHANAN
(1933) A History of American Anthropology. Calcutta.

MOERENHOUT, J. A.
(1837) Voyages aux fles du Grand Océan. 2 Bde.

MOLLISON, THEODOR
(1910) Die Körperproportionen der Primaten. Morphol. Jahrb. 42 : 79 – 304.

(1926) Serologische Verwandtschaftsforschung am Menschen und anderen Primaten. (Tagungsber. d. Dt. Anthr. Ges. 88.) Augsburg.
(1933) Phylogenie des Menschen. (Handb. d. Vererbungswissenschaften Bd. III.) Berlin.
MONEY-KYRLE, R. E.
(1930) The meaning of sacrifice. London.
MONTESQUIEU
(1748) De l'esprit des lois. 2 Bde. Paris.
MOONEY, JAMES
(1896) The Ghost-Dance Religion and the Sioux Outbreak of 1890. 14th Ann. Rep. BAE. 1892 – 1893, 2 : 641 – 1110. Washington, D. C.
Nekr. AmA 24 : 209 – 14 (1922, Bibl.).
MORGAN, LEWIS HENRY
(1851) League of the Ho-de-no-san-nee, or Iroquois. Rochester, New York, Boston.
(1868) A Conjectural Solution to the Origin of the Classificatory System of Relationships. Proc. Am. Acad. Arts. Sci., 7 : 436 – 477.
(1870) Systems of Consanguinity and Affinity of the Human Family. (Smith. Contr. to Know. 17.) Washington, D. C.
(1877) Ancient Society, or Researches in the Lines of Human Progress from Savagery through Barbarism to Civilization. (Neudr. 1964, ed. L. A. White.) Cambridge.
B. J. Stern: L. H. M., social evolutionist (Chicago 1931). – L. A. White: Extracts of L. H. M.'s European travel journals. Rochester Hist. Soc. Publications Vol. XVI. (Rochester, N. Y. 1937. – Ders., M.'s attitude toward religion and science. AmA 46 : 218 – 230 (1944). – Disk. über „M. and materialism" (CA 3 : 478 (1962) und 5 : 109 ff. (1964). – C. Resek: L. H. M., American scholar (Chicago 1960).
MORGAN, THOMAS HUNT
(1926) The theory of the gene. New Haven, Conn.
(Morley, Sylvanus Griswold) Nekr. J. Eric S. Thompson. Am. Antiquity 14 : 215 – 221. (1949, Bibl.)
MORRIS, D. J.
(1956) L'instinct dans le comportement des animaux et de l'homme. Paris.
MORTILLET, GABRIEL DE
(1869) Essai d'une classification des cavernes fondées sur les produites de l'industrie humaines. (Matériaux pour l'histoire primitive et naturelle de l'homme, 5). Paris.
MOWRER, ERNEST RUSSELL
(1927) Family disorganization; an introduction to a sociological analysis. Chicago.
(1932) The Family. Its organization and disorganization. Chicago.
(Muckermann, Hermann) Nekr. Homo 13 : 254 (Hauptwerke angeführt).
MÜHLMANN, WILHELM E.
(1936) Rassen- und Völkerkunde. Lebensprobleme der Rassen, Gesellschaften und Völker. Braunschweig.
(1938) Methodik der Völkerkunde. Stuttgart.
(1938) Staatsbildung und Amphiktyonien in Polynesien. Eine Studie zur Ethnologie und politischen Soziologie. Stuttgart.
(1940) Krieg und Frieden. (Kulturgesch. Bibl., N. F. hg. v. K. Stegmann v. Pritzwald, Reihe 2, Bd. II.) Heidelberg.
(1943) Der heutige Bestand der Naturvölker. Heidelberg.
(1944) Assimilation, Umvolkung, Volkwerdung. Ein globaler Überblick und ein Programm. Stuttgart.
(1948) Geschichte der Anthropologie. 1. Aufl. Bonn.
(1957) Sociology in Germany: Shift in Alignment. In: Becker u. Boskoff 1957 : 658 – 694.

(1961, ²1964) Chiliasmus und Nativismus. Studien zur Psychologie, Soziologie und historischen Kasuistik der Umsturzbewegungen. Berlin.
(1962) Homo Creator. Abhandlungen zur Soziologie, Anthropologie und Ethnologie. Wiesbaden.
(1964) Rassen, Ethnien, Kulturen. Moderne Ethnologie. Neuwied.
(1966a) Max Weber und die rationale Soziologie. (Heidelberger Sociologica 3. Tübingen.
(1966b) Umrisse und Probleme einer Kulturanthropologie. In: (Mühlmann, W. E., und Müller, E. W.:) Kulturanthropologie. Köln: 15 – 149.
(H. Reimann und K. Kiefer) Bibliographie 1928 – 1964: W. E. M. (Wiesbaden 1964).

(MÜHLMANN, WILHELM E., und MÜLLER, ERNST WILHELM)
(1966) Kulturanthropologie. Köln.

MÜLLER, JOHANNES
(1965) Die wissenschaftlichen Vereine und Gesellschaften Deutschlands im 19. Jahrh. Hildesheim.

MÜLLER, MAX
(1856) Comparative Mythology. London.
(1872) Lectures on the Science of Religion. New York.
(1873) Introduction to the Science of Religion. London, Oxford.
(Ed., 1875ff.) The sacred books of the East. Oxford.
(1897) Contributions to the Science of Mythology. 2 Bde. London.

MÜNSTER, SEBASTIAN
(1537) Cosmographia. Frankfurt.
K. H. Burmeister: S. M. Versuch eines biographischen Gesamtbildes (Basel 1963).

MUNRO, THOMAS
(1963) Evolution in the arts, and other theories of culture. New York.

MURDOCK, GEORGE PETER
(1949) Social Structure. New York.
(W. H. G. Goodenough:) Explorations in cultural anthropology. Essays in honor of G. P. M. (New York 1964).

NADEL, S. F.
(1957) The Theory of Social Structure. With a Memoir by Meyer Fortes. London.
Nekr. AmA 59 : 117 (1957).

NADER, L., KOCH, K. F. und COX, B.
(1966) The ethnography of law: a bibliographical survey. CA 7 : 267 – 294.

NEEDHAM, JOSEPH
(1955) Science, religion, and reality. Introductory essay by George Sarton. New York.

NEUVILLE, H.
(1933) L'espèce, la race et le métissage en anthropologie. Paris.

NICEFORO, ALFREDO
(1909) Anthropologie der nichtbesitzenden Klassen. Übers. u. eingel. v. Robert Michels. Leipzig.
(1907) Ricerche sui contadini. Palermo.
(1898) L'Italia barbara contemporanea. Milano und Palermo.
(1921) Les indices numériques de la civilisation et du progrès. Paris.
(1925) Maßstäbe der Überlegenheit und des Fortschritts einer Zivilisation. Jb. f. Soziol. I : 239 – 256.
(1951) Il mito della civiltà e il mito del progresso. Milano.
Nekr. K. V. Müller KZS 12 : 774 f. (1960).

NIEBUHR, CARSTEN
(1774–1837) Reisebeschreibung nach Arabien und anderen umliegenden Ländern. 3 Bde. Kopenhagen.
NIETZSCHE, FRIEDRICH
(1954–1956) Werke in drei Bänden. Ed. Karl Schlechta. München.
(Nimuendajú, Curt) Nekr. Herbert Baldus AmA 48 : 238–43 (1946, Bibl.).
NOACK, HERMANN
(²1965) Die Philosophie Westeuropas. Darmstadt.
NORDEN, EDUARD
(1923, 1959) Die germanische Urgeschichte in Tacitus' Germania. 3. Abdruck mit Ergänzungen. Leipzig.
NORDENSKIÖLD, ERLAND
(1929) The American Indian as an Inventor. JRAI 59 : 273–309.
(Ed., 1919–1938) Comparative Ethnographical Studies. 10 Bde. (Bd. 9 mit Beiträgen v. C. G. Santesson u. H. Wassén, Bd. 10 ed. H. Wassén). Göteborg.
Nekr. ZVS 8 : 378 f. (1932, H. Baldus).
NOTT, J. C., und GLIDDON, G. R.
(1854) Types of Mankind, or Ethnological Researches. Philadelphia.
NOVICOV, J.
(1893) Les luttes entre sociétés humaines et leurs phases successives. Paris.
(1910) La critique du Darwinisme social. Paris.
NOWOTNY, KARL A.
(1959) Über Aufgaben der Mexikanistik. AVk 14 : 119–131.
(²1962) Amerika. Die neue große Völkerkunde, ed. H. A. Bernatzik, Bd. III. Gütersloh.

ODEGARD, PETER H.
(1928) Pressure politics. The story of the Anti-Saloon Leage. New York.
(1930) The American Public Mind. New York.
OGBURN, WILLIAM FIELDING
(1923) Social Change with Respect to Culture and Original Nature. New York.
(1964) On Culture and Social Change. Selected Papers. (The Heritage of Sociology, 2.) Chicago.
ONDEGARDO, POLO DE
(1571) Informaciones acerca de la religión y gobierno de los Incas (etc). Neudr. ed. H. H. Urteaga. Lima 1916–1917.
(1560) s. Markham 1873.
OPPENHEIMER, FRANZ
(1926–1929) System der Soziologie. 4 Bde. Jena.
D'ORBIGNY, ALCIDE DESSALINES
(1839) L'homme américain, considéré sous ses rapports physiologiques et moraux. Paris.
(1839–1842) Voyage dans l'Amérique méridionale. Paris.
(ORSMOND, JOHN M.)
(1928) Ancient Tahiti. By Teurira Henry. Based on material recorded by ... (Bernice P. Bishop Mus. Bull. 48) Honolulu.
ORTEGA Y GASSET, J.
(1951) Der Aufstand der Massen. Stuttgart.
OTTO, RUDOLF
(1923) Aufsätze das Numinose betreffend. Stuttgart u. Gotha.
(1932) Das Gefühl des Überweltlichen (sensus numinis). München.
(1947) Das Heilige. München.

OTTO, WALTER F.
(1933) Dionysos. Mythos und Kultur. Frankfurt a. M.
(1959) Die Gestalt und das Sein. Gesammelte Abhandlungen über den Mythos und neue Bedeutung für die Menschheit. Darmstadt.
OVIEDO Y VALDÉS, G. FERNANDEZ DE
(1851 – 1855) La historia general de las Indias. 4 Bde. Madrid. Travail très important d'un gouverneur espagnol et chroniqueur général des Indes qui résida en Amérique plus de trente ans, pendant la premier moitie du XVIe siècle, et eut la libre disposition des documents d'archives les plus secrets. (Lejeal, 1902, Antiquités Mexicaines, Paris.)

PALLAS, PETER SIMON
(1771 – 1776) Reise durch verschiedene Provinzen des russischen Reichs. Petersburg.
Allg. Dt. Biogr. 25 (1887, F. Ratzel).
PAPAY, J.
(1922) Die Geschichte der ungarischen Sprachvergleichung. (Ungar.)
PARETO, V.
(1917 – 1919) Traité de sociologie générale. 2 Bde. Paris.
PARK, MUNGO
(1799) Reisen im Innern von Afrika. Berlin.
PARK, ROBERT EZRA
(1950) Race and Culture. Glencoe, Ill.
PARSONS, T.
([2]1949) The Structure of Social Action. Glencoe, Ill.
PARTRIDGE, GEORGE EVERETT
(1919) The Psychologie of Nations. New York.
PAULSON, IVAR
(1958) Die primitiven Seelenvorstellungen der nordeurasischen Völker. Stockholm.
(1961) Schutzgeister und Gottheiten des Wildes (der Jagdtiere und Fische) in Nordeurasien. Stockholm.
(1962) Die Religionen der nordasiatischen (sibirischen) Völker (S. 1 – 144) und die Religionen der finnischen Völker (S. 145 – 282). In: (Paulson-Hultkrantz-Jettmar:) Die Religionen Nordeurasiens und der amerikan. Arktis. Stuttgart.
(1963) Vom Wesen und aus der Geschichte der Religion. Stockholm.
PECHUEL-LÖSCHE, EDUARD
(1907) Volkskunde von Loango.
PENNIMAN, T. K.
([2]1952) A Hundred Years of Anthropology. London.
PERRY, WILLIAM JAMES
(1923) The Children of the Sun. A study in the early history of civilization. London.
PETERS, WILHELM
(1925) Die Vererbung geistiger Eigenschaften und die psychische Konstitution. Jena.
PETTAZZONI, R.
(1922) Dio. Formazione e sviluppo del monoteismo nella storia delle religione. Bd. I. Rom.
(1929 – 1936) La Confessione dei peccati. 3 Bde. (Storia delle religioni Bd. 8, 11, 12). Bologna.
(1931) Allwissende höchste Wesen bei primitiven Völkern. AR 29 : 108 – 129, 209 – 243.
(1960) Gottesidee. Der allwissende Gott. Zur Geschichte der Götteridee. Frankfurt 1960.
In memoria di Raffaelo Pettazzoni. Discorsi pronunciati il 18. dicembro 1959.

Comune dei San Giovanni in Persiceto (Provincia di Bologna). Biblioteca comunale „Giulio Cesare Croce“ (Modena 1960). – Nekr. Anthr. 55 : 871 ff. (1960).

PETZOLDT, J.
(1923) Das allgemeinste Entwicklungsgesetz. München.

PEYERE, ISAAC DE LA
(1965) Prae-Adamitae. o. O.

PFÄNDER, ALEXANDER
(1913 – 1916) Zur Psychologie der Gesinnungen. JPhF I : 325 – 404, III : 1 – 125.
(1933) Die Seele des Menschen. Versuch einer verstehenden Psychologie. Halle/S.
(1963) Phänomenologie des Wollens. Eine psychologische Analyse. Motive und Motivation. 3. unveränderte Aufl. m. e. Vorwort von Herbert Spiegelberg. München. (Phänomenol. d. W. 1. Aufl. 1900. Motive und Motivation zuerst 1911.)
H. Spiegelberg: Alexander Pfänders Phänomenologie. Nebst einem Anhang: Texte zur phänomenol. Philosophie aus dem Nachlaß. (Haag 1963).

PFEIFFER, GOTTFRIED
(1959) Alexander von Humboldt. Zum 100. Todestag am 6. Mai 1959. Entwicklungsjahre und amerikanische Reise. Ruperto-Carola. XI. Jahrg. Bd. 25 : 1 – 24 und Bd. 26 : 1 – 14.

PILLSBURY, WALTER BOWRES
(1919) The Psychology of Nationality and Internationalism. New York, London.

PINARD DE LA BOULLAYE, P. H.
(1922 – 1925) L'étude comparée des religions. 2 Bde. Paris.

PITRÉ, GIUSEPPE
(1872 – 1913) Biblioteca delle tradizioni popolari siciliane. 25 Bde. Palermo.
(1940ff.) Opere. (Edizione nazionale.) Rom und Florenz (geplant 50 Bde. Bisher 14 Bde. veröff.).
G. Cocchiara: G. P. e le tradizioni popolari (Palermo 1941). – Annali di Museo P. (1950 ff.).

(PITT-RIVERS), LANE-FOX, A. H.
(1868 – 1870) Primitive Warfare. Jr. United Service Inst., 11, 12, 13. Berichtet 1867 bis 1869. Neu abgedruckt in:

PITT-RIVERS, LANE-FOX, A. H.
(1906) The Evolution of Culture and Other Essays. Oxford. S. 45 – 185.

(Pittard, Eugène) Nekr. Homo 14 : 191 (1963. Einige Werke angeführt).

PLATE, LUDWIG
(1933) Vererbungslehre mit besonderer Berücksichtigung der Abstammungslehre und des Menschen. 2 Bde. Jena.

PLESSNER, HELMUTH
(1928, ²1965) Die Stufen des Organischen und der Mensch. Einleitung in die Philosophische Anthropologie. Berlin.
(1938, 1953) Phänomenologie: Das Werk Edmund Husserls. In: Zwischen Philosophie und Gesellschaft. Bern: 39 – 59.
(1950) Lachen und Weinen. Eine Untersuchung nach den Grenzen menschlichen Verhaltens. Slg. Dalp. München.
(1956) Über einige Motive der philosophischen Anthropologie. Studium Generale 9 : 445 bis 453.

PLISCHKE, HANS
(1925) Von den Barbaren zu den Primitiven. Leipzig.
(1937) Johann Friedrich Blumenbachs Einfluß auf die Entdeckungsreisen seiner Zeit. Göttingen.
Von fremden Völkern und Kulturen. Beiträge zur Völkerkunde. Hans Plischke

zum 65. Geburtstag gewidmet von seinen Kollegen und Freunden, Schülern und Mitarbeitern. Ed. Werner Lang, Walter Nippold, Günther Spannaus (Düsseldorf 1955). – Verzeichnis der Schriften von H. P. (Göttingen 1960).

PLOETZ, ALFRED
(1895) Grundlinien einer Rassenhygiene (1. Teil: Die Tüchtigkeit unserer Rasse und der Schutz der Schwachen.) Berlin.
(Ed., 1904ff.) Archiv für Rassen- und Gesellschaftsbiologie. Leipzig.

POCOCK, D. F.
(1961) Social Anthropology. London. New York.

POHLENZ, MAX
(1937, 1961) Herodot. Der erste Geschichtsschreiber des Abendlandes. Darmstadt.

POLO, MARCO
(^{3}1929) The book of Ser M. P. the Venetian concerning the kingdoms and marvels of the East. London.

(PORRAS BARRENECHIA, R.)
(1949 – 1950) Nuevos Documentos sobre el Inca Garcilaso. Lima.

PORTEUS, S. D.
(1937) Primitive Intelligence and Environment. New York.

POST, ALBERT HERMANN
(1894 – 1895) Grundriß der ethnologischen Jurisprudenz. 2 Bde. Oldenburg, Leipzig.

POVIÑA, A.
(1941) Historia de la sociología latinoamericana. Mexico.

(Powell, John Wesley) Nekr. AmA 20 : 432 – 36.

PREUSS, KONRAD THEODOR
(1906) Der dämonische Ursprung des griechischen Dramas, erläutert durch mexikanische Parallelen. Neue Jahrbücher f. d. Klassische Altertum, 1906 : 161 – 193.
(1914, ^{2}1923) Die geistige Kultur der Naturvölker. (Aus Natur und Geisteswelt Bd. 452.) Leipzig.
(1921 – 1923) Religion und Mythologie der Uitoto. 2 Bde. Göttingen.
(1922) Flutmythen der Uitoto und ihre Erklärung. Festschr. Ed. Seler. Stuttgart: 385 bis 400.
(1930) Tod und Unsterblichkeit im Glauben der Naturvölker. Tübingen.
(1937) Die Religion. In: (K. Th. Preuß:) Lehrbuch der Völkerkunde. Stuttgart: 57 – 123. (Lit.)
(Ed., 1937) Lehrbuch der Völkerkunde. Stuttgart.
Nekr. F. Rudolf Lehmann. ZE 71 : 145 ff. (1940). – Richard Thurnwald AR 36 : 181 – 189 (1939). – E. H. Snethlage AA 24 : 278 ff. (1938). – Jungbluth, H.: K. T. P. und seine religionsgeschichtlichen Grundanschauungen. (Darstellung und Bewertung. Diss. Bonn 1933).

PRICHARD, J. C.
(1813, ^{3}1836 – 1847) Researches into the Physical History of Mankind. 5 Bde. London.

PYPIN, A. N.
(1892) Geschichte der russischen Ethnographie. Petersburg. (Russisch.)

QUATREFAGES DE BRÉAU, A. DE
(1866) Les Polynésiens et leurs migrations. Paris.
(1877) L'espèce humaine. Paris.
(1886 – 1889) Histoire générale des races humaines. 2 Bde. Paris.
(1887) Les Pygmées. Paris.

QUATREFAGES DE BRÉAU, A. DE, und HAMY, E. T.
(1882) Crania ethnica.

QUESADA SOSA, A. MIRO
(²1948) El Inca Garcilaso. Madrid.
QUETELET, ADOLPHE
(1835, ²1869) Sur l'homme et le développement de ses facultés, ou essai de physique sociale. 2 Bde. Paris.
(1848) Du système social et les lois qui le régissent. Paris.
(1870) Anthropométrie, ou mesure des différentes facultés de l'homme. Bruxelles.
(1921) Soziale Physik, oder Abhandlung über die Entwicklung der Fähigkeiten des Menschen. Nach der Ausg. letzter Hand (1869) übers. v. V. Dorn, eingel. v. H. Waentig. 2 Bde. Jena.
QUIGGIN, A. HINGSON
(1949) Primitive Money: The Beginnings of Currency. London.
(Qvigstad, J. K.) Nekr. Man 1959 : 110.

RADCLIFFE-BROWN, A. R.
(1957) A Natural History of Society. Glencoe, Ill. Ref. Man 1958 : 178 (Leach).
(³1959) Structure and Function in Primitive Society. London.
Nekr. Fred Eggan zu W. Lloyd Warner. AA 58 : 544. – Fortes, M : Social Structure. Studies presented to A. R. R.-B. (New York 1963).
RADDE, GUSTAV
(1861) Berichte über Reisen im Süden von Ostsibirien in den Jahren 1855 – 1859. St. Petersburg. (Russisch.)
(1878) Die Chewsuren und ihr Land. Kassel.
RADIN, PAUL
(1924) Monotheism amongst Primitive Peoples. (Arthur Davis Memorial Lecture, 7.) London.
(1929) History of Ethnological Theories. AA 31 : 9 – 33.
(1932) Social Anthropology. New York, London.
(1933) The Method and Theory of Ethnology. New York.
(1937) Primitive Religion. Its Nature and Origin. New York.
(1954) Monotheism among Primitive Peoples. (Bollingen Foundation, Publ. No. 4.) Basel.
(³1957) Primitive Man as Philosopher. New York.
(Diamond, S.:) Culture in History. Essays in honor of P. R. (New York 1960).
RADIN, PAUL, KERÉNYI, KARL, JUNG, C. G.
(1954) Der göttliche Schelm. Ein indianischer Mythenzyklus. Zürich.
RADLOFF, WILHELM
(1866 – 1907) Proben der Volksliteratur der türkischen Stämme Südsibiriens. 10 Teile, nebst Übers. (8 Teile.) St. Petersburg.
(1884) Aus Sibirien. 2 Bde. Leipzig.
RASMUSSEN, KNUD
(1929) Intellectual Culture of the Iglulik Eskimos. Rep. 5th Thule Exp. Bd. VII/1. Kopenhagen.
(1930) Iglulik and Caribou Eskimo Tekst. Rep. 5th Thule Exp. VII/3. Kopenhagen.
(1930) Observations on the intellectual Culture of the Caribou Eskimos. Rep. 5th Thule Exp. 1921 – 1924 VII/2. Kopenhagen.
(1931) The Netsilik Eskimos. Social Life and Spiritual Culture. Rep. 5th Thule Exp. 1921 – 1924. VIII/1 – 2. Kopenhagen.
(1932) Intellectual Culture of the Copper Eskimos. Rep. 5th Thule Exp. Kopenhagen.
Nekr. W. Thalbitzer AmA 36 : 585 ff. (1934). – K. Birket-Smith JSAm 25 : 371 ff. (1933).

RATZEL, FRIEDRICH
(1882, 1891) Anthropo-Geographie, oder Grundzüge der Anwendung der Erdkunde auf die Geschichte. 2 Bde. Stuttgart.
(1885 – 1888) Völkerkunde. 3 Bde. Leipzig.
(1887) Die geographische Verbreitung des Bogens und der Pfeile in Afrika. Berl. Verh. Kgl. Sächs. Ges. d. Wiss. Leipzig, Phil.-hist. Kl.
(1891) Die afrikanischen Bögen. Ihre Verbreitung und Verwandtschaften. Leipzig.
(1897, [2]1903) Politische Geographie. München u. Berlin.
Zu F. R.'s Gedächtnis (Festschr., Leipzig 1904).
RATZENHOFER, GUSTAV
(1893) Wesen und Zweck der Politik. Leipzig.
(1898) Die sociologische Erkenntnis. Leipzig.
(1907) Sociologie. Leipzig.
L. Gumplowicz: La sociologia di Gustavo Ratzenhofer. Riv. Ital. di sociologia 9 : 269 – 97 (1905).
RAY, SIDNEY HERBERT
(1894) The Languages of British New Guinea. London.
REDFIELD, ROBERT
(1953) The primitive world and its transformations. Chicago.
(1962) Human Nature and the Study of Society. The Papers of –. 1. Vol. Chicago.
REESE, W.
(1914) Die griechischen Nachrichten über Indien bis zum Feldzug Alexanders d. Gr.
(Régúly, Antal) Karjalainen, K. F.: Dem Andenken Anton Régúlys. Finn.-Ugr. Forschungen VIII : 1 – 7 (1908). – Régúly Memorial Volume. Budapest 1963.
REINHARDT, KARL
(1921) Poseidonios. München.
(1954) Poseidonios von Apameia, der Rhodier genannt. Sonderdr. aus (Pauly Wissowa:) Reallex. d. klass. Altertumswiss. Sp. 561 – 826. Stuttgart.
RENSCH, BERNHARD
([2]1965) Vom Tier zum Halbgott.
RENTHE-FINK, LEONHARD V.
(1964) Geschichtlichkeit. Ihr terminologischer und begrifflicher Ursprung bei Hegel, Haym, Dilthey und Yorck. Göttingen.
RETZIUS, ANDERS ADOLF
(1842) Om formen af nordboernes cranier. (Förhand. vid naturforskarnes möte i Stockholm år 1842.) Stockholm.
(1856) Anatomiska iakttagelser. (Aftryck utur Förhandl. vid s. l. s. sammank. Hygiea. Supp. till n: o 11.) Stockholm.
(1860) Coup d'œil sur l'état actuel de l'ethnologie au point de vue de la forme du crane osseux. Genf.
REUTER, EDWARD BYRON
(1918) The Mulatto in the United States, including a study of the rôle of mixed blood races throughout the World. Boston.
(1927) The American Race Problem, a Study of the Negro. New York.
REUTER, EDWARD BYRON, und RUNNER, J. R.
(1931) The Family, Source Materials for the Study of Family and Personality. New York u. London.
RHOTERT, H.
(1938) Transjordanien. Vorgeschichtliche Forschungen. Stuttgart.
(1939) Betrachtungen zur Frage der Felsbildforschung. Paid. 1 : 159 – 167.
(1952) Libysche Felsbilder. Darmstadt.

RICCI s. BETTRAY
(1946) Leibniz und sein Rußlandbild. Berlin.
RICHTER, RAOUL
(1904–1908) Der Skeptizismus in der Philosophie und seine Überwindung. 2 Bde. Leipzig.
RICKERT, HEINRICH
(²1913) Die Grenzen der naturwissenschaftlichen Begriffsbildung. Eine logische Einleitung in die historischen Wissenschaften. Tübingen.
RIESMAN, D., GLAZER, N., DENNEY, R.
(1950) The Lonely Crowd. A Study of the Changing American Character. New Haven.
RIGNANO, EUGENIO
(1922) La Memoria biologica. Saggi di una nuova concezione filosofica della vita. Bologna. (Deutsch: Das Gedächtnis als Grundlage des Lebendigen. Wien, Leipzig 1931.)
RIPLEY, WILLIAM Z.
(1899) The Races of Europe: a sociological study. New York.
RISLEY, H. H.
(1892) The tribes and castes of Bengal. 4 Bde. Calcutta.
(1915) The people of India. London.
Nekr. Man 1912 :1.
RITTER, CARL
(1817–1818, ²1822–1859) Die Erdkunde in ihrem Verhältnis zur Natur und Geschichte des Menschen. 2 Teile. Berlin.
RIVERS, W. H. R.
(1900) A Genealogical Method of Collecting Social and Vital Statistics. JRAI 30 : 74–82.
(1914) The History of Melanesian Society. 2 Bde. Cambridge.
(1917–1918) Dreams and Primitive Culture. (Bull. John Rylands Library.) Manchester, London.
(1920) Instinct and the Unconscious. Cambridge.
(1922) History and Ethnology. London.
(1923) Conflict and Dreams. London.
(1926) Psychology and Ethnology. London.
RIVET, PAUL
(1957) Les origines de l'homme américain. Paris.
Nekr. Vallois, Homo 9 : 127 (1958). – H. Baldus RMP 11 : 233 ff. (1959).
ROBINET, JEAN-BAPTISTE-RENÉ
(1761) De la Nature. Amsterdam.
RODENWALDT, ERNST
(1927) Die Mestizen auf Kisar. 2 Bde. Batavia.
ROHDE, ERWIN
(1876) Der griechische Roman und seine Vorläufer. Leipzig.
ROHEIM, GEZA
(1925) Australian totemism. London.
(1932) Die Psycho-Analyse primitiver Kulturen. Imago 18/3–4. Wien.
(1943) The origin and function of culture. New York.
(1945) The eternal ones of the dream. New York.
Psychoanalysis and culture. Essays in honor of G. R., ed. G. B. Wilbur and W. Muensterberger (New York 1951, ²1965).
ROSS, EDWARD ALSWORTH
(1911) The Changing Chinese. The conflict and western cultures in China. New York.
ROSTAND, J. und TÉTRY, A.
(1955) Atlas de génétique humaine. Paris.

ROTH, WALTER EDMOND
(1897) Ethnological studies among the North-West-Central Queensland Aborigines. Brisbane u. London.
(1903) North Queensland Ethnography, Bull. No. 5: Superstition, Magic, and Medicine. Brisbane.
Nekr. M. J. Herskovits AmA 36 : 266 ff. (1934, Bibl.).
ROTHACKER, ERICH
(1926) Logik und Systematik der Geisteswissenschaften. (Handb. d. Philosophie, Abt. II, Abschn. III.) München.
(1948) Logik und Systematik der Geisteswissenschaften. Bonn.
(1956) Vorfragen der philosophischen Anthropologie. Studium Generale 9 : 339 – 343.
ROUSSEAU, J.-J.
(1750) Discours sur les sciences et les arts. (Erster „Discours".)
(1754) Discours sur l'origine et les fondements de l'Inégalité parmi les hommes (2. „Discours".)
(1762) Contrat social. Amsterdam.
(1864 – 1865) Ouevres de J.-J. Rousseau. 13 Bde. Paris.
(1955) Schriften zur Kulturkritik. (Discours sur cette question: Le rétablissement des sciences et des arts a-t-il contribué à épurer les mœurs? – Discours sur l'origine de l'inégalité parmi les hommes.) (Frz.-dt.) Übers. m. Einl. u. Anm. hrsg. v. Kurt Weigand. Hamburg.
M. Rang: Rousseaus Lehre vom Menschen (Göttingen ²1965).
RUBRUK, WILHELM V.
(1934) Reise zu den Mogolen 1253 – 1255. Ed. F. Risch. Leipzig.
RUMNEY, J.
(1934) Herbert Spencer's Sociology. London.
RUSSELL, R. V., und HIRA LAL, R. B.
(1916) Tribes and castes of the Central Provinces. 4 Bde. London.

ŠAFARIK, PAVEL JOSEF
(1837) Slowanské Starožitnosti. Prag. (Dt.: Schafariks Slawische Alterthümer. Hrsg. v. H. Wuttke. 2 Bde. Leipzig 1843 – 1844.)
SAGARD-THÉODAT, GABRIEL
(1632) Le grand voyage du pays des Hurons. Paris.
SAHAGUN, FR. BERNARDINO DE
(1829 – 1830) Historia general de las cosas de Nueva-España. Ed. C. M. de Bustamank. 3 Bde. México.
(1952ff.) Florentine Codex. General History of the Things of New Spain. Trans. from the Aztec into English by A. J. O. Anderson and Ch. E. Dibble. 12 Bde. Santa Fé.
SAJNOVICS, JANOS
(1770) Demonstratio Idioma Ungarorum et Lapponum idem esse. Kopenhagen.
SAMHABER, ERNST
(1955) Geschichte der Entdeckungsreise. Die großen Fahrten ins Unbekannte. München.
SAPIR, EDWARD
(1921) Language. Oxford.
(1924) Culture, genuine and spurious. AJS 29 : 401 – 429. (Neuabgedr. in: Sapir 1956 : 78 – 119.)
(1937) The contribution of psychiatry to an understanding of behavior in society. AJS 42 : 862 – 870.
(1956) Culture, Language and Personality. Ed. D. G. Mandelbaum. Berkeley, Los Angeles.
(1963) Selected writings in language, culture and personality. Ed. D. G. Mandelbaum. Berkeley.

Nekr. R. Benedict AmA 41 : 465 – 477 (1939, Bibl.). – Spier, L., Hallowell, I., and Newman, S.: Language, Culture, and Personality. Essays in Memory of E. S. (Menasha 1941).
(Sarasin, F. u. P.): Gedächtnis-Ausstellung Fritz und Paul Sarasin. (Führer d. d. Museum f. Völkerkunde Basel.) Vorw. v. Paul Hinderling (Basel 1959).
SARTON, GEORGE ALFRED LÉON
(1931) From Rabbi ben Ezra to Roger Bacon. 2 Tle. (Introduction to the History of Science, Bd. 2.) Washington, D. C.
SAYCE, RODERICK URWICK
(1933) Primitive Arts and Crafts. An Introduction to the Study of Material Culture. Cambridge.
SCHADEN, EGON
(1953) Indianerforschung in Brasilien gestern und heute. Staden-Jahrbuch 1 : 137 – 154. Sao Paulo.
SCHADEWALDT, WOLFGANG
(1929) Die Geschichtsschreibung des Thukydides. Berlin.
SCHÄFFLE, ALBERT E. F.
(1875 – 1878) Bau und Leben des sozialen Körpers. Encyclopädischer Entwurf einer realen Anatomie, Physiologie und Psychologie der menschlichen Gesellschaft. 4 Bde. Tübingen.
(1906) Abriß der Soziologie. Ed. K. Bücher. Tübingen.
SCHALLMAYER, WILHELM
(1903, [3]1918) Vererbung und Auslese in ihrer soziologischen und politischen Bedeutung. Jena.
SCHEBESTA, PAUL
(1927) Bei den Urwaldzwergen von Malaya. Leipzig.
(1928) Orang-Utan. Bei den Urwaldmenschen Malayas und Sumatras. Leipzig.
(1938 – 1948) Die Bambuti-Pygmäen vom Ituri. 3 Bde. Brüssel.
SCHEBESTA, PAUL, und LEBZELTER, VIKTOR
(1933) Anthropology of the Central African Pygmies in the Belgian Congo. Prag.
SCHEDEL, HARTMANN
(1493) Chronicorum liber. Nürnberg.
SCHEFFER (US), JOHANNES
(1673) Lapponia. Frankfurt.
SCHEIDT, WALTER
(1925) Allgemeine Rassenkunde. München.
(1930a) Die rassischen Verhältnisse in Nordeuropa nach dem gegenwärtigen Stand der Forschung. Stuttgart.
(1930b) Annahme und Nachweis von Rassenvermischung. ZmA 27 : 94 – 116.
(1930c) Untersuchungen über Rassenmischung. ARGB 22 : 1 – 20.
(Ed., 1930 – 1931) Rassenbiologie und Kulturpolitik. Leipzig.
(1931) Alemannische Bauern in Reichenauischen Herrschaftsgebieten am Bodensee. In: Dt. Rassenkunde. Ed. Eugen Fischer, Bd. VI. Jena.
(1948) Lehrbuch der Anthropologie. Hamburg.
SCHEIDT, WALTER, und WRIEDE, HINRICH
(1927) Die Elbinsel Finkenwärder. Mit einem Anh. v. Wilhelm Peßler u. Walter Scheidt: Anlage und Arbeitsweise rassenkundlicher und volkstumskundlicher Erhebungen in Deutschland. München.
SCHELER, MAX
(1923) Nation und Weltanschauung. Leipzig.
(1926) Die Wissensformen und die Gesellschaft. Leipzig.

(1948) Die Stellung des Menschen im Kosmos.
(1954) Der Formalismus in der Ethik und die materiale Wertethik. (Ges. Werke, Bd. II.) Bern.
N. Hartmann [1928] 1955 – 1958 : III : 350 – 357. – A. Schutz: Collected papers, 3 Bde. (Haag 1962 – 1966) I : 150 ff., III : 133 ff. – H. Spiegelberg: The phenomenological movement, 2 Bde. (Haag ²1965) I : 228 ff.

SCHELLING, F. W. J. v.
(1856) Einleitung in die Philosophie der Mythologie. 2 Bde. Stuttgart, Augsburg. (Neudr. Darmstadt 1957.)
P. Honigsheim: Schelling als Sozialphilosoph und seine Auswirkungen in Deutschland. KZS VI : 260 – 270 (1953 – 1954). – K. Jaspers: Schelling (München 1955).

SCHEMANN, L.
(1928 – 1931) Die Rasse in den Geisteswissenschaften. Studien zur Geschichte des Rassengedankens. 3 Bde. München.

SCHIEMENZ, G. P.
(1964) Uralistik in den USA. UAJ 35 : 78 – 83.

SCHLEGEL, FRIEDRICH
(1808) Über die Sprache und Weisheit der Indier. Heidelberg.

SCHLEIERMACHER, FRIEDRICH
(1799) Über die Religion. Reden an die Gebildeten unter ihren Verächtern. Göttingen.

SCHLESIER, ERHARD
(1955) Der Stand der ethnographischen Erforschung Neuguineas. Haag.
(1956) Die Grundlagen der Klanbildung. Zwei Beiträge zur völkerkundlichen Methodik und Soziologie auf Grund melanesischen Materials. Göttingen.
(1958) Die melanesischen Geheimkulte. Untersuchung über ein Grenzgebiet der ethnologischen Religions- und Gesellschaftsforschung und zur Siedlungsgeschichte Melanesiens. Göttingen.

SCHLÖZER, A. L. v.
(1771) Allgemeine nordische Geschichte. Halle.
(1802 – 1809) Übers. d. Nestorchronik. 5 Bde. Göttingen.
(1802) Handbuch der Geschichte des Kaiserthums Rußland, vom Anfang des Staats bis zum Tode Katharina II. Göttingen.

SCHMIDT, EMIL
(1888) Anthropologische Methoden. Leipzig.
(1894) Vorgeschichte Nordamerikas im Gebiete der Vereinigten Staaten.
(1897a) Die ältesten Spuren des Menschen in Nordamerika. Hamburg.
(1897b) Ceylon. Berlin.
Nekr. AA 6 : S. I – IV (1907).

SCHMIDT, MAX
(1920 – 1921) Grundriß der ethnologischen Volkswirtschaftslehre. 2 Bde. Stuttgart.

SCHMIDT, P. WILHELM
(1899) Das Verhältnis der melanesischen Sprachen zu den polynesischen und untereinander. (Sitzungsberichte der Kaiserl. Akad. d. Wiss., Wien, CXLI.)
(1899) Die sprachlichen Verhältnisse Ozeaniens in ihrer Bedeutung für die Ethnologie. (Mitt. Anthr. Ges. Wien, XXIX : 245 – 258.)
(1901) Die Jabim-Sprache und ihre Stellung innerhalb der melanesischen Sprache. (Sitzungsberichte d. Kaiserl. Akad. d. Wiss., Wien, Phil-hist. Kl. CXLII, 9. Abh.)
(1901) Die Sprache der Sakai und Semang auf Malakka und ihr Verhältnis zu den Mon-Khmer-Sprachen. (Bijdragen 6. Volgr., D VIII : 399 – 583).
(1906) Die Mon-Khmer-Völker, ein Bindeglied zwischen Völkern Zentralasiens und Austronesiens. Braunschweig.

(1912–1955) Der Ursprung der Gottesidee. 12 Bde. (Bd. 12 ed. F. Bornemann.) Münster i. W.
(1926) Die Sprachfamilien und Sprachenkreise der Erde. Heidelberg.
(1930) Handbuch der vergleichenden Religionsgeschichte. Münster i. W.
(1937) Handbuch der Methode der kultur-historischen Ethnologie. Münster.
(1937–1940) Das Eigentum auf den ältesten Stufen der Menschheit. 2 Bde. Münster i. W.
F. Bornemann: Verzeichnis der Schriften von P. W. S. (1868–1954). Anthr. 49 : 385–432 (1954). – J. Henninger: P. W. S.: Eine biographische Skizze. (Freiburg [Schweiz] 1956). – Festschrift (Publication d'Hommage) offerte à P. W. S. Ed. W. Koppers (Wien 1928).
Schmidt, P. Wilhelm und Koppers, P. W.
(1924) Völker und Kulturen. Bd. I. Gesellschaft und Wirtschaft der Völker. Regensburg.
Schneider, O.
(1905) Muschelgeld-Studien. Nach dem hinterlassenen Ms. bearb. v. Carl Ribbe. Dresden.
Schoetensack, O.
(1908) Der Unterkiefer des Homo heidelbergensis. Leipzig.
Schomburgk, Richard
(1847–1848) Reisen in Britisch-Guiana in den Jahren 1840–1844. 3 Bde.
Schomburgk, Robert
(1841) Reisen in Guiana und am Orinoko. 1835–1839.
Schopenhauer, Arthur
(s. d.) Sämtliche Werke. 6 Bde. Ed. E. Grisebach. Leipzig.
Schott, Rüdiger
(1956) Anfänge der Privat- und Planwirtschaft. Braunschweig.
(1960) Das Geschichtsbild der sowjetischen Ethnographie. Saeculum XI : 27–63.
Schott, Wilhelm
(1836) Versuch über die Tartarischen Sprachen. Berlin.
Schrenck, Leopold v.
(1858–1900) Reisen und Forschungen im Amurlande. 4 Bde. u. Anh. St. Petersburg.
Schrenk, A. G.
(1848–1854) Reise nach dem Nordosten des europäischen Rußland durch die Tundren der Samojeden zum arktischen Uralgebirge. 2 Teile. Dorpat.
Schrieke, Bertram J. O.
(1936) Alien Americans, a study of race relations. New York.
(Schrier, A. M., Harlow, H. F. und Stollnitz, F.)
(1965) Behavior of nonhuman primates. 2 Bde. New York.
Schultze-Jena, Leonhard
(1933–1938) Indiana. 3 Bde. Jena.
Nekr. G. Kutscher BA 3 : 249 ff. (1955).
Schurtz, H.
(1898) Grundriß einer Entstehungsgeschichte des Geldes. Weimar.
(1900) Urgeschichte der Kultur. Leipzig.
(1902) Altersklassen und Männerbünde. Eine Darstellung der Grundformen der Gesellschaft. Berlin.
Schutz, Alfred
(1957) Das Problem der transzendentalen Intersubjektivität bei Husserl. Phil. Rdsch. 5/2, 1957 : 81–107.
(1962–1966) Collected Papers. 3 Bde. Haag.
Schwalbe, Gustav
(1899–1921) Studien über Pithecanthropus erectus Dubois. ZMA 1 : 16–240.

(1901) Über die spezifischen Merkmale des Neandertalschädels. Verh. Anat. Ges. Bonn. *Nekr. Anat. Anz. 49 : 210 – 221 (1916, Bibl.).*

(SCHWALBE, GUSTAV und FISCHER, EUGEN)

(1923) Anthropologie. In: Die Kultur der Gegenwart. 3, 5. Leipzig.

SCHWARTZ, EDUARD

(1919) Das Geschichtswerk des Thukydides. Bonn.

SCHWIDETZKY, ILSE

(1942) Über Wege rassenkundlicher Untersuchungen. Entgegnung an F. Lenz. ZMA 40 : 178 – 184.

(1952) Die alpine Rasse: Beitrag zu einem Existenzbeweis. Homo 3 : 60 – 75.

(1955) Rückblick auf die regional-anthropologische Untersuchung Schlesiens. Jahrb. Schles. Friedrich.-Wilhelms-Univ. Breslau. I : 112 – 132.

(1959) Das Menschenbild der Biologie. Stuttgart.

(Ed., 1962) Die neue Rassenkunde. Stuttgart.

(1962) Variations- und Typenkunde des Menschen. In: Handb. d. Biologie, ed. L. v. Bertalanffy u. F. Geßner. Konstanz.

SELER, EDUARD

(1902 – 1923) Gesammelte Abhandlungen zur Amerikanischen Sprach- und Altertumskunde. 5 Bde. Berlin.
Festschrift E. S. Ed. Walter Lehmann (Stuttgart 1922). – Nekr. K. Th. Preuss ZE 55 : 1 ff. (1923).

SELIGMAN, BRENDA, s. SELIGMAN, C. G.

SELIGMAN, C. G. und B. Z.

(1911) The Veddas. Cambridge.
Essays presented to C. G. S. Ed. E. E. Evans-Pritchard (London 1934). – Nekr. M. J. Herskovits AmA 43 : 437 ff. (1941). – M. Fortes: Memoir Brenda Z. S. Man 1965 : 216.

SERGI, GIUSEPPE

(1895) Origine e diffusione della stirpa mediterranea: induzioni antropologiche. Roma. *Nekr. ZR 5 : 111 (1937).*

SEZNEC, JEAN

(²1961) Ethnological legends at the Burgundian court, in France, in Italy. In: Seznec: The Survival of the Pagan Gods. New York: 24 – 26.

SHAPIRO, HARRY L.

(1959) The History and Development of Physical Anthropology. AmA 61 : 371 – 379.

SIEBOLD, PHILIPP FRANZ V.

(1832 – 1858) Nippon. Archiv zur Beschreibung von Japan. Leiden.
Zum 75. Todestag des Japanforschers P. F. v. S. Pet. Mitt. 87/12 : 433 – 437 (1941).

SIGHELE, SCIPIO

(1897) La Delinquenza settaria, appunti di sociologia. Milano.

(1898) Psychologie des sectes. Paris.

SIMMEL, GEORG

(1907) Philosophie des Geldes. Leipzig.

SIMPSON, G. G.

(1945) The principles of classification and a classifiaction mammals. Bull. Am. Mus. Nat. Hist. 85 : I – XXIV, 1 – 350.

SINOR, DENIS

(1963) L'Ouralien. In: Introduction à l'étude de l'Eurasie centrale. Wiesbaden.

ŠIROKOGOROV, S. M.

(1923) Ethnos. Allgemeine Prinzipien der Variationen von ethnographischen und ethnischen Phänomenen. Shanghai. (Russ.)

(1924) Ethnical Unit and Milieu. A Summary of the Ethnos. Shanghai.
(1931) Ethnological and Linguistical Aspects of the Ural-Altaic Hypothesis. Peiping. (Nachdr. aus Tsing Hua Jf. VI). Kap. I, Ethnos.
(1935) Psychomental Complex of the Tungus. London.
Nekr. W. E. Mühlmann: AA 26 : 55 – 64. (1940, Bibl.)

SJÖGREN, ANDREAS JOHANN
(1861) Historisch-ethnographische Abhandlungen über den finnisch-russischen Norden. St. Petersburg.

(SLOTKIN, J. S.)
(1965) Readings in early anthropology. Chicago.

SMALL, ALBION WOODBURY
(1905) General Sociology, an exposition of the main development in sociological theory from Spencer to Ratzenhofer, Chicago.
(1924) Origins of Sociology. Chicago.

(Smith, Edwin Williams) Nekr. Man 1959 : 332.

SMITH, G. ELLIOT
(1929) The Migrations of Early Culture. Manchester.
(1931) The Search for Man's Ancestors. London.

SMITH, S. P.
([2]1904) Hawaiki: the original home of the Maori, with a sketch of Polynesian history. Christchurch, N. Z. London.
Nekr. Man 1922 : 70.

SÖDERBLOM, NATHAN
([2-3]1916) Studiet av religionen. Stockholm.

SOEMMERRING, SAMUEL THOMAS
(1875) Über die körperliche Verschiedenheit des Negers vom Europäer. Frankfurt a. M., Mainz.

SOROKIN, PITIRIM A.
(1925) The Sociology of Revolution. Philadelphia, London.
(1927) Social Mobility. New York.
(1928) Contemporary Sociological Theories. New York.
(1937 – 1941) Social and Cultural Dynamics. 4 Bde. New York.

SOROKIN, PITIRIM A., und ZIMMERMANN, C. C.
(1929) Principles of Rural-urban Sociology. New York.

SOROKIN, PITIRIM A., ZIMMERMANN, C. G., GALPIN, C. J.
(1930 – 1932) Systematic Source Book in Rural Sociology. 3 Bde. Minneapolis.

SPENCER, B., und GILLEN, J. F.
(1899) The Native Tribes of Central Australia. London.

SPENCER, HERBERT
(1863) First principles. London.
(1864 – 1867) Principles of Biology. 2 Bde. London.
([2]1870 – 1872) Principles of Psychology. 2 Bde. London.
(1873 – 1919) Descriptive Sociology. London.
(1880 – 1896) The Principles of Sociology. 3 Bde. New York. (Deutsch: Die Principien der Sociologie. 4 Bde. Stuttgart 1877 – 1897.)

SPENCER, ROBERT F., JENNINGS, J. D. et al.
(1965) The native Americans. Prehistory and ethnology of North American Indians. New York.

SPIEGELBERG, HERBERT
([2]1965) The phenomenological movement. 2 Bde. Haag.

SPIER, LESLIE
(1935) The prophet dance in the Northwest and its derivatives. General Series in Anthropology I : 1 – 74.
Nekr. AmA 67 : 1258 ff. (1965).
STADEN, HANS
(1925) Warhaftige Historia und beschreibung eyner Landtschafft der wilden, nackete, grimmigen Menschenfresser Leuthen in der Newenwelt America gelegen. (Faks. d. Erstausg. „Marpurg uff Fastnacht 1557".) Frankfurt a. M.
STANNER, W. E. H.
(1933 – 1934) Ceremonial economics of the Mulluk Mulluk and Madngella tribes of the Daly River, North Australia. Oc 4 : 156 – 175, 458 – 471.
STEFANSSON, V.
(1927) The Standardization of Error. New York.
(1936) Adventures in Error. New York.
STEIN, OTTO
(1921) Megasthenes und Kautilya. Wien.
(Steinen, Karl v. d.) Nekr. Erland Nordenskiöld JSAm. 22 : 221 – 227 (1930, Bibl.).
STEINMETZ, S. R.
(1894) Ethnologische Studien zur ersten Entwicklung der Strafe. 2 Bde. Leiden, Leipzig.
(1900) Classification des types sociaux et catalogue des peuples. Année sociologique. 1900.
(1928 – 1930) Gesammelte kleinere Schriften zur Ethnologie und Soziologie. 3 Bde. Groningen.
(1929) Soziologie des Krieges. Leipzig.
STEINTHAL, H., s. LAZARUS
STELLER, G. W.
(1774) Beschreibung vom Lande Kamtschatka. Frankfurt u. Leipzig.
STERN, CURT
(1949) Principles of human genetics. (Dt. Übers.: Grundlagen der menschlichen Erblehre. Göttingen 1955.)
(Sternberg, Leo) S. F. Oldenburg u. A. N. Samoilovituel,: Zum Gedächtnis L. J. Sternbergs (1861 – 1921. (Leningrad 1930, russ.). – Nekr.: Anthr. 23 : 135 – 140 (1928). – AmA 30, 180 f. und 31 : 568 – 71 (1929). – Brüllow-Schaskolsky: Leo Sternberg als Soziologe und Ethnologe. ZVS 6 : 445 – 454 (1930).
(STEWARD, JULIAN H.)
(1946) Handbook of South American Indians. Washington, D. C. (Neudr. 1963/64).
(R. A. Manners:) Process and pattern in culture. Essays in honor of J. H. S. (Chicago 1964).
STIPA, G.
(1963) Uralic. In: Current trends in linguistics. Vol. I. Haag.
(1964) Entwicklung und neuester Stand der Finno-Ugristik in der Sowjet-Union. UrAltJb 35 : 274 – 283.
STODDARD, LOTHROP
(1920) The rising tide of color against white world supremacy. New York.
(1923) The revolt of civilization. The menace of the under man. New York. (Deutsch: Der Kulturumsturz. Die Drohung des Untermenschen. München 1925.)
STRAHLENBERG, PHILIP J.
(1730) Das Nord- und Ostliche Theil von Europa und Asia. Stockholm.
STRASSER, STEPHAN
(1964) Phänomenologie und Erfahrungswissenschaft vom Menschen. (Phänomenol.-psychol. Forschungen 5.) Berlin.

STRATTON, GEORGE MALCOM
(1929) Social Psychology of international Conduct. New York, London.
STRATZ, C. H.
(1904) Naturgeschichte des Menschen. Stuttgart.
STRAUS, ERWIN
(1935, [2]1956) Vom Sinn der Sinne. Heidelberg.
(1960, [2]1966) Psychologie der menschlichen Welt. Gesammelte Schriften. Berlin.
(Festschr.) Conditio humana. Ed. W. v. Baeyer u. R. M. Griffith (Berlin 1966).
(Struck, Berhard) Festschr. zum 65. Geburtstage am 28. August 1953. Beiträge zur Anthropologie und Ethnologie. Wissensch. Zs. d. Friedr.-Schiller-Univ. Jena, Jg. 3 (1953 bis 1954).
STUBBE, H.
([2]1965) Kurze Geschichte der Genetik bis zur Wiederentdeckung der Vererbungsregeln Gregor Mendels. Jena.
SUMNER, WILLIAM GRAHAM
(1906, 1959) Folkways. New York.
R. E. Park: William Graham Sumners Gesellschaftsbegriff. KVS 12 : 83 – 92 (1933).
SUMNER, WILLIAM GRAHAM, und KELLER, ALBERT G.
(1927) The Science of Society. 4 Bde. New Haven, London.
SWANTON, JOHN REED
(1905) Contributions to the Ethnology of the Haida. (Publ. Jesup North Pacific Exp. V, 1.) Leiden, New York.
(1924) Southern Contacts of the Indians North of the Gulf of Mexico. (Sep. dos Annaes do XX Congr. inter. de americanistas, Rio de Janeiro: 53 – 59.) Rio de Janeiro.
(1952) The Indian Tribes of North America. (BAE, Bull. 145.) Washington, D. C.

TAINE, HIPPOLYTE
(1870) De l'intelligence. 2 Bde. Paris.
(1875 – 1893) Les origines de la France contemporaine. 6 Bde. Paris.
(1882) Philosophie de l'art. 2 Bde. Paris.
([12]1905 – 1906) Histoire de la littérature anglaise. 5 Bde. Paris.
TALMON, J. L.
(1955) The Origins of Totalitarian Democracy. London.
(1960) Political Messianism. The Romantic Phase. London.
TARDE, GABRIEL
(1890) Les lois de l'imitation. Paris.
(1898) Etude de psychologie sociale. Paris.
(1895) La logique sociale. Paris.
TAX, SOL
(1955) From Lafitau to Radcliffe-Brown: a Short History of the Study of Social Organization. In: Social Anthropology of North American Tribes. Chicago: 445 – 481.
(1953) Penny capitalism. A Guatemalan Indian economy. Washington.
TAYLOR, GRIFFITH
(1937) Environment, Race, and Migration. Chicago.
(Teilhard de Chardin, Pierre) K. Löwith: Philos. Rdsch. 10/3 – 4 : 187 – 208 (1962). – F. Keiter: Homo 13 : 204 (1962). – C. Cuénot: Pierre Teilhard de Chardin (Paris 1959). – P. B. Merawar: Über T. de Ch. Club Voltaire I : 31 – 39 (1963).
TEMPLE, WILLIAM
(1680) An Essay upon the Original and Nature of Government. London.

TERMER, FRANZ
(1952) Die Mayaforschung. Nova Acta Leopoldina. N. F. Band 15, No. 105 : 97 – 163. Leipzig.
THALBITZER, WILLIAM
(1910) Eskimo. In: Handbook of American Indian Languages. Bd. 1 (Am.) Ethnol. Bull. 40, pt. 1 : 971 – 1069.
(1912) Der ethnographische Zusammenhang der Eskimo Grönlands mit denen der Hudsonbai. In: Baessler-Archiv 2 : 32 – 44.
(1914) The Ammassalik Eskimos. Contributions to the Ethnology of the East Greenland Natives. Copenhagen.
(1930) Les magiciens Esquimaux, leurs conceptions du monde, de l'âme et de la vie. JSAm 22 : 73 – 106.
Nekr. Man 1959 : 284.
THAPAR, ROMILA
(1961) Aśoka and the decline of the Mauryas. London.
THIERRY, AMÉDÉE
(1828, [10]1877) Histoire des Gaulois jusqu'à la domination romaine. 3 Bde. Paris.
(1840 – 1847) Histoire de la Gaule sous l'administration romaine. 3 Bde. Paris.
THIERRY, AUGUSTIN
([2]1836) Dix ans d'études historiques. Paris.
(1856 – 1860) Oeuvres complètes 10 Bde. Paris.
THILENIUS, GEORG
(1906) Volkskunde und Völkerkunde. Mitt. Verb. Dt. Vereine f. Volkskunde. 3 : 14 ff.
(1920) Primitives Geld. AA 18 : 1 – 33.
Nekr. W. E. Mühlmann AA 24, Beilage S. I – IV (1938).
THOMAS, NORTHCOTE WHITRIDGE
(1906) Kinship organisations and group marriage in Australia. Cambridge.
THOMAS, WILLIAM J.
(1937) Primitive Behavior, an Introduction to the Social Sciences. New York, London.
THOMAS, WILLIAM J., und ZNANIECKI, FLORIAN
(1918 – 1920) The Polish Peasant in Europe and America. 5 Bde. Chicago.
THOMPSON, WARREN S.
(1931) Eugenics as viewed by a sociologist. In: REUTER und RUNNER, s. diese.
THORNDIKE, LYSEN
(1923 – 1958) A history of magic and experimental science during the first thirteen centuries of our era. 8 Bde. New York.
THUNBERG, CARL PETER
(1796) Voyages au Japon. 2 Bde. Paris.
THURNWALD, RICHHARD
(1916) Bánaro Society. Mem. Am. Anthr. Ass. 3 : 251 – 391.
(1921) Die Gemeinde der Bánaro. Stuttgart.
(1922) Psychologie des primitiven Menschen. Hb. vgl. Psychol., 1 : 147 – 320. München.
(1924) Zur Kritik der Gesellschaftsbiologie. Arch. f. Sozialw., Bd. 25 : 462 – 499.
(Ed., 1925 – 1933) Zeitschrift für Völkerpsychologie und Soziologie. 9 Bde.
(Ed., 1925 – 1935) Forschungen zur Völkerpsychologie und Soziologie. 14 Bde.
(1928) Prä-Logik? ZVS 4 : 324 – 330.
(1931 – 1935) Die menschlische Gesellschaft in ihren ethno-soziologischen Grundlagen. 5 Bde. Berlin.
(1935) Black and White in East Africa. London.
(1936) Gegenseitigkeit im Aufbau und Funktionieren der Gesellungen. In: Reine und angewandte Soziologie. (Tönnies-Festschr.) Leipzig: 275 – 297.

(1936 – 1937) Contributions toward Analysis of the Mechanism of Culture. AfS 1 : 387 bis 395, 604 – 613, 2 : 26 – 42. (Auch deutsch in Mühlmann/Müller [Ed.] 1966.)
(1939) Koloniale Gestaltung. Methoden und Probleme überseeischer Ausdehnung. Hamburg.
(Festgabe) Ed. W. E. Mühlmann: AA 25 : 65 – 70 (1939, Bibl.). – (Festschr.) Beitr. z. Gesellungs- und Völkerwissenschaft (Berlin 1950). – Nekr. L. Adam Oc. 25 : 145 ff. (1955). – R. H. Lowie: AmA 56 : 863 ff. (1954).

THURSTON, EDGAR
(1906) Ethnographic Notes in southern India. Madras.
(1909) Castes and tribes of Southern India. Madras.
(1912) Omens and superstitions of Southern India. London.

TÖRÖK, AURÉL
(1890) Grundzüge einer systematischen Kraniometrie. Stuttgart.

TOPINARD, PAUL
(1876) L'Anthropologie. (Bibl. des Sciences contemporaines. 3) Paris.
(1876) Anthropologie, ethnologie et ethnographie. Bull. Soc. d'Anthrop.
(1885) Eléménts d'Anthropologie générale. Paris.
Nekr. AmA 14 : 196 – 197 (1912).

TOPITSCH, ERNST
(1958) Vom Ursprung und Ende der Metaphysik. Eine Studie zur Weltanschauungskritik. Wien.

TORRIANI, LEONARDO
(1940) Die Kanarischen Inseln und ihre Bewohner. Eine unbekannte Bilderhandschrift vom Jahre 1590. Ed. D. J. Wölfel. Leipzig 1940.

TROELTSCH, E.
(1923) Die Soziallehren der christlichen Kirchen und Gruppen. Tübingen.

TRÜDINGER, KARL
(1918) Studien zur Geschichte der griechisch-römischen Ethnographie. Basel.

TSCHERMAK V. SEYSENEGG, ERICH
(1958) Leben und Wirken eines österreichischen Pflanzen-Züchters. Beiträge zur Geschichte der Wiederentdeckung der Mendelschen Gesetze.

TURNEY-HIGH, HARRY HOLBERT
(1949) Primitive war: Its practice and concepts. Columbia, S. C.

TYLOR, EDWARD B.
(1861) Anahuac, or Mexico and the Mexicans, ancient and modern.
(1865, 1964) Researches into the Early History of Mankind. (Classics in Anthropology, Bd. I.) Chicago.
(1871) Primitive Culture: researches into the development of mythology, philosophy, religion, art, and custom. London.
(1881) Anthropology: an introduction to the study of man and civilization. London.
(1899) On a Method of Investigating the Development of Institutions, applied to the laws of marriage and descent. (Jr. of the Anthr. Inst.)
Nekr. R. H. Lowie AmA 19 : 262 – 69 (1917). – R. R. Marett: T. (New York 1936).

TYSON, EDWARD
(1699) Orang-Outang, sive Homo Sylvestris: or, The Anatomy of a Pygmie compared with that of a Monkey, an Ape, and a man. London.

VACCARO, MICH. ANG.
(1886) La lotta per l'esistenza e i suoi effetti nell' umanità. Roma.
(1898) Les bases sociologiques du droit et de l'état. (Bibliothèque Sociologique Internationale.) Paris.

VACHER DE LAPOUGE, GEORGES
(1895) Les sélections sociales. Paris.
(1899) L'Aryen, son rôle social. Paris.
VALDOUR, J.
(1931) Les méthodes de liaison entre la science sociale expérimentale et les autres sciences naturelles. Etude historique et critique. Paris.
VANOVERBERGH, MORICE
(1954) Religion and Magic among the Isneg. Anthr. 49 : 233 – 275, 1004 – 1012.
VANSINA, JAN
(1961) De la tradition orale: Essai de méthode historique. Ann. Mus. R. de l'Afr. centr., Science humaines, Série in 8⁰. Tervuren.
VEBLEN, THORSTEIN
(1934) Essays in our changing order. Ed. Leon Ardzrooni. New York.
D. F. Dowd: T. V. (Ithaca, N. Y. 1958). – D. Riesman: T. V. (New York 1953).
VENTURINI, AUGUSTIN
(1935) Sociología general: La interdependencia. La Coruña.
VERSCHUER, OTHMAR FRHR. v.
(1954) Wirksame Faktoren im Leben des Menschen. Beobachtungen an ein- und zweieiigen Zwillingen durch 25 Jahre. Wiesbaden.
(1958) Erblehre des Menschen. Konstanz.
(1959) Genetik des Menschen. Lehrbuch der Humangenetik.
Festgabe Homo 7/2 – 3 (1956, Bibl.).
VESALIUS, ANDREAS
(1542) De humani corporis fabrica. Padua.
VIATTE, AUGUSTE
(1965) Les sources spirituelles du romantisme. Illuminisme – théosophie. 2 Bde. Paris.
VICO, GIAMBATTISTA
(1725) Scienza nuova. Dt.: Die Neue Wissenschaft über die gemeinschaftliche Natur der Völker. Übers. u. eingel. v. Erich Auerbach. München 1924.)
Groce, Benedetto: La filosofia di Giovanni Battista Vico (Bari ²1949).
VIERKANDT, ALFRED
(1895) Naturvölker und Kulturvölker. Ein Beitrag zur Sozialpsychologie. Leipzig.
(1907) Die Anfänge der Religion und Zauberei. Globus 92 : 21 ff., 40 ff., 61 ff.
(1908) Die Stetigkeit im Kulturwandel. Leipzig.
(1923, ²1928) Gesellschaftslehre. Stuttgart.
(1937) Die entwicklungspsychologische Theorie der Zauberei. Arch. ges. Ps. 98 : 420 bis 489.
Festschr. „Gegenwartsprobleme der Soziologie" ed. G. Eisermann (Potsdam 1948).
VIRCHOW, RUDOLF
(1874) Über Wunder. Rede gehalten auf der 1. Allg. Sitzg. 47. Vers. dt. Naturforscher und Ärzte, Breslau 1874.
Nekr. Franz Boas, Science 16 : 441 – 45 (1902). – Gedächtnisfeier für R. V. ZE 34 : 311 – 330 (1902). – E. H. Ackerknecht: R. V. (Madison, Wis. 1953). – Wolfgang Jacob: Medizinische Anthropologie im 19. Jh. Zur Geistesgeschichte der sozialen Medizin in der allgemeinen Krankheitslehre R. V.'s (Stuttgart 1967).
VLEUGELS, WILHELM
(1930) Die Masse. Ein Beitrag zur Lehre von den sozialen Gebilden. München.
VOEGELIN, ERICH
(1933) Die Rassenidee in der Geistesgeschichte von Ray bis Carus. Berlin.
VOGEL, FRIEDRICH
(1961) Lehrbuch der allgemeinen Humangenetik. Berlin.

VOGT, CARL
(1863) Vorlesungen über den Menschen, seine Stellung in der Schöpfung und in der Geschichte der Erde. 2 Bde. Gießen.
VOLTAIRE
(1756) Essai sur les mœurs et l'esprit des nations. 7 Bde.
W. Engemann: Das ethnographische Weltbild Voltaires. ZE 61 : 263–277 (1929). – Ders.: Voltaire und China. (Phil. Diss, Leipzig 1932). – W. Kaegi: Historische Meditationen (Zürich 1942): 221ff.
DE VRIES, HUGO
(1901–1903) Die Mutationstheorie. Versuche und Beobachtungen über die Entstehung von Arten im Pflanzenreich. 2 Bde. Leipzig.
WACH, JOACHIM
(1926–1933) Das Verstehen. Grundzüge einer Geschichte der hermeneutischen Theorie im 19. Jh. 3 Bde. Tübingen.
WAHLE, ERNST
(1941) Zur ethnischen Deutung frühgeschichtlicher Kulturprovinzen. (Sitzungsber. Heidelberger Ak. d. Wiss., Phil.-hist. Kl. 1940–1941, 2. Abh.) Heidelberg.
WAITZ, THEODOR
(1859–1872) Anthropologie der Naturvölker. 6 Bde. (Bd. 6 v. G. Gerland.) Leipzig.
WALLACE, A. R.
(1858) On the tendency of varieties to depart indefinitely from the original type. Jr. of the Linnaean Soc. III.
WALLIS, W. D.
(1926) An Introduction to Anthropology. New York, London.
(1930) Culture and Progress. New York.
WALTHER, ANDREAS
(1927) Soziologie und Sozialwissenschaften in Amerika. Karlsruhe.
WARD, LESTER F.
(1883) Dynamic sociology. New York.
(1898) Outlines of sociology. New York.
(1903) Pure Sociology. New York.
(1906) Applied Sociology. Boston.
WARNER, W. LLOYD
(1937) A black civilization. A social study of an Australian tribe. New York, London.
WARNER, W. LLOYD, JUNKER, B. H., ADAMS, W. A.
(1941) Color and Human Nature. Washington.
WARNER, W. LLOYD, und SROLE, LEO
(1945) The social systems of American ethnic groups. New Haven.
WASHBURN, S. L.
(1963) The Study of Race. CA 4 : 138.
(WAUCHOPE, ROBERT)
(1964ff.) Handbook of Middle American Indians. 11 Bde. Austin.
WEBER, M. J.
(1824) Handbuch der vergleichenden Osteologie. Anatomisch, physiologisch, philosophisch und geschichtlich bearbeitet. Bonn.
WEBER, MAX
(1921) Gesammelte politische Schriften. München.
(1922, ²1951) Gesammelte Aufsätze zur Wissenschaftslehre. Tübingen.
(1922–1923) Gesammelte Aufsätze zur Religionssoziologie. 3 Bde. Tübingen.
(1923) Wirtschaftsgeschichte, Abriß der universalen Sozial- und Wirtschaftsgeschichte. München.

(1924) Gesammelte Aufsätze zur Soziologie und Sozialpolitik. Tübingen.
(1924) Gesammelte Aufsätze zur Sozial-Wirtschaftsgeschichte. Tübingen.
(1925, [4]1956) Wirtschaft und Gesellschaft. Tübingen.
WEBSTER, HUTTON
(1908) Primitive secret societies. A study in early politics and religion. New York.
(Weidenreich, Franz) Nekr. AmA 51 : 85 – 90 (1949). – Am. Jr. Phys. Anthr. 1949 (Bibl.).
WEIN, HERMANN
(1950) Das Problem des Relativismus. Berlin.
WEINERT, HANS
(1939) Africanthropus. ZMA 38 : 18 – 24.
(1940) Der geistige Aufstieg der Menschheit vom Ursprung bis zur Gegenwart. Stuttgart.
([2]1941) Die Entstehung der Menschenrassen. Stuttgart.
([2]1944) Ursprung der Menschheit. Stuttgart.
WELLEK, ALBERT
([2]1953) Das Problem des seelischen Seins. Meisenheim.
(1955) Ganzheitspsychologie und Strukturtheorie. Bern.
(1963a) Musikpsychologie und Musikästhetik, Frankfurt a. M.
(1963b) Psychologie. (Dalp Taschenbücher.) Bern.
WERDER, PETER V.
(1938) Staatsgefüge in Westafrika. Eine ethnosoziologische Untersuchung über Hochformen der sozialen und staatlichen Organisation im Westsudan. ZvglRev. 52, Beilageh. 11. Stuttgart.
WERNER, HEINZ
([2]1933) Einführung in die Entwicklungspsychologie. Leipzig.
WESTERMANN, DIEDRICH
(Ed., 1940) Die Naturvölker im Ausgleich mit der neuen Zeit. Stuttgart.
(1952) Geschichte Afrikas. Köln.
Nekr. Mitt. Inst. f. Orientforschung 5 : 45 – 83. (1957, Bibl.).
WESTERMARCK, ED.
(1906 – 1908) The Origin and Development of the Moral Ideas. 2 Bde. London, New York.
(1889, [5]1922) The History of Human Marriage. 3 Bde. New York.
Edward Westermarck 70 Jahre alt. KVS 11 : 469 – 471 (1933).
WEULE, KARL
(1915) Zur Kartographie der Naturvölker. Peterm. Mitt. 61.
WHITE, ANDREW D.
(s. d.) Geschichte der Fehde zwischen Wissenschaft und Theologie in der Christenheit. Leipzig.
WHITE, LESLIE A.
(1949, [2]1958) The science of culture, the study of man and civilization. New York.
(1959) „Culturology“ in Webster's dictionary: 31.
(1966) The social organization of ethnological theory. Rice University Studies 52: No. 4. Houston, Texas.
WHORF, BENJAMIN L.
(1952) Collected papers on metalinguistics. Washington, D. C.
(1956) Language, thought and reality. New York.
WIED, MAXIMILIAN PRINZ ZU
(1820 – 1821) Reise nach Brasilien 1815 – 1817. 2 Bde. Frankfurt a. M.
(1838 – 1841) Reise in das innere Nordamerika in den Jahren 1832 – 1834. 2 Bde. u. Atlas. Koblenz.
H. Baldus: Maximilian Prinz zu Wied in seiner Bedeutung für die Indianer-

forschung in Brasilien. (Proc. 32, Intern. Congr. of Americanists, Copenhagen.) (Kopenhagen 1958).
WIESCHHOFF, H. A.
(1945) Primitive Money. (Univ. of Pennsylvania, Bul. Vol. 11 N. 3.) Philadelphia.
WIESE, LEOPOLD V.
(1929) Allgemeine Soziologie als Lehre von den Beziehungen und Beziehungsgebilden der Menschen. München.
([5]1954) Soziologie. Geschichte und Hauptprobleme. (Slg. Göschen 101.) Berlin.
WILLEY, GORDON R.
(1966) An introduction to American archaeology. Vol. I: North an Middle America. New York.
WILLEY, GORDON R. und PHILLIPS, PHILIP
(1958) Method an theory in American archaeology. Chicago.
WILLIAMS, JOHN
(1837) A Narrative of Missionary Enterprise in the South Sea Islands. London.
WILLIAMSON, ROBERT WOOD
(1924) The Social and Political Systems of Central Polynesia. 3 Bde. Cambridge.
(1933) Religions and Cosmic Beliefs of Central Polynesia. Cambridge.
Nekr. Man 1932 : 150.
WINTHUIS, JOSEF
(1935) Mythos und Kult der Steinzeit. Stuttgart.
Nekr. Anthr. 51 : 1080 – 1082 (1956).
(Wirz, Paul) Nekr. A. Bühler: Verh. Naturf. Ges. Basel 66 : 185 – 194 (1955).
WISSE, J.
(1933) Selbstmord und Todesfurcht bei den Naturvölkern. Zutphen.
WISSLER, CLARK
(1917) The American Indian: an introduction to the Anthropology of the New World. New York.
(1923a) State and Local archeological Surveys, suggestions in method and technique. (Iowa State Hist. Soc. Bull. of Inform. Ser. 11.) Iowa City.
(1923b) Man and Culture. New York.
(1929) An Introduction to Social Anthropology. New York.
Nekr. AmA 50 : 292 – 304 (1948, Bibl.), erg. 51 : 527 – 528 (1949).
WÖLFEL, DOMINIK J.
(1942) Die Hauptprobleme Weißafrikas. AA 27 : 89 – 140.
(1951) Die Religionen des vorindogermanischen Europa. In: Christus und die Religionen der Erde. Wien: 163 – 537.
(1965) Monumenta Linguae Canariae. Die kanarischen Sprachdenkmäler. Eine Studie zur Vor- und Frühgeschichte Weißafrikas. Graz.
Nekr. Homo 14 : 191 (1963). – Eugen Fischer ZMA 57 : 207 ff. (1966).
WOLF, E. R.
(1964) Anthropology, humanistic scholarship in America. Englewood Cliffs, N. Y.
WOOFTER, THOMAS JACKSON
(1933) Races and Ethnic Groups in American Life. New York, London.
WORMINGTON, H. M.
(1957) Ancient man in North America. Denver (Col.).
WUNDT, WILHELM
(1880 – 1883, [5]1920 – 1921) Logik. Stuttgart.
(1889, [4]1919) System der Philosophie. Leipzig.
(1900 – 1921) Völkerpsychologie. Eine Untersuchung der Entwicklungsgesetze von Sprache, Mythos und Sitte. 10 Bde. Stuttgart.

(1912) Elemente der Völkerpsychologie. Leipzig.

YORCK V. WARTENBURG, P.
(1923) Briefwechsel zwischen Wilhelm Dilthey und dem Grafen***. Leipzig.
YOUNG, DONALD RAMSAY
(1932) American minority peoples, a study in racial and cultural conflicts in the United States. New York, London.
YOUNG, PAULINE V.
(1932) The Pilgrims of Russian-town. Chicago.

ZNANIECKI, F.
(1940) The social role of the man of knowledge. New York.
ZUCKERMAN, S.
(1932) The Social Life of Monkeys and Apes. New York.
(1933) Functional Affinities of Man, Monkeys, and Apes. London.
ZUTT, JÜRG
(1963) Auf dem Wege zu einer anthropologischen Psychiatrie. Berlin.

NAMENREGISTER

SACHREGISTER